Über Neidhart (vermutlich 1170–1240), den großen Dichter, Sänger und Komponisten des Hohen Mittelalters, weiß man heute kaum mehr etwas. Herkunft, Lebensumstände und Aufenthaltsorte dieses berühmten Zeitgenossen Wolframs von Eschenbach liegen im dunkeln. Seine vielen schillernden, frechen, erotischen Lieder, die die Jahrhunderte überdauert haben, bezeugen jedoch, wie groß Neidharts Erfolg schon zu seinen Lebzeiten war.

Im zweiten Band seiner *Trilogie des Mittelalters* rekonstruiert Dieter Kühn die ›Lebensreise‹ dieses Sängers, der von Auftritt zu Auftritt zog, um vor meist höfischem Publikum zu singen. Jeder Anspielung der eigens, und zwar »hervorragend« (F.A.Z.) übersetzten Lieder folgend, spürt er den Möglichkeiten, ja Wahrscheinlichkeiten nach. Aus der Perspektive der ›Fahrenden‹ schildert er, was Reisen damals bedeutete: auf schlechten Straßen und Wegen, bedroht von Krankheiten und Seuchen, konfrontiert mit Elend, Hunger und Schmutz. Anschaulich (und stets gestützt durch wissenschaftliche Erkenntnis) erzählt er über Wirtshäuser und Bordelle, Tischsitten und Bankette, Kreuzzüge, Pilgerfahrten, höfisches Leben und vieles andere mehr. Auf diese Weise »entsteht ein ungemein farbiges und lebendiges Panorama der mittelalterlichen Kultur« im 13. Jahrhundert (F.A.Z.), vor dem auch Neidhart und sein Reuental sichtbar werden.

Dieter Kühn, geboren 1935, lebt als freier Schriftsteller in Köln. Für seine Romane, Biographien, Erzählungen, Hör- und Schauspiele wurde er mit zahlreichen Literaturpreisen ausgezeichnet. Zuletzt veröffentlichte er die Biographie *Clara Schumann, Klavier* (1996, S. Fischer).

Im Fischer Taschenbuch Verlag liegen von Dieter Kühn bereits vor: der dritte Band seiner Mittelalter-Trilogie *Ich Wolkenstein* (Bd. 13334), der Roman *Beethoven und der schwarze Geiger* (Bd. 13170) sowie die Kinderbücher *Es fliegt ein Pferd ins Abendland* (Bd. 80009) und *Prinz Achmed und die Pferde des Sultans* (Bd. 80111). Der erste Band der Mittelalter-Trilogie *Der Parzival des Wolfram von Eschenbach* wird ebenfalls als Fischer Taschenbuch neu aufgelegt.

Dieter Kühn

Neidhart und das Reuental

Eine Lebensreise

Fischer Taschenbuch Verlag

Trilogie des Mittelalters: Zweiter Band
Neufassung

Veröffentlicht im Fischer Taschenbuch Verlag GmbH,
Frankfurt am Main, November 1996

© 1988 Insel Verlag, Frankfurt am Main
Für diese überarbeitete Neuausgabe:
© 1996 Fischer Taschenbuch Verlag GmbH, Frankfurt am Main
Gesamtherstellung: Clausen & Bosse, Leck
Printed in Germany
ISBN 3-596-13335-1

Gedruckt auf chlor- und säurefreiem Papier

Lilien, Bauernrosen, Pfingstrosen begießt der namenlose Mönch von Heisterbach im Kräutergarten des Klosters, bewässert Liebstöckel, Selleriekraut, Gartenkerbel, füllt den Bottich nach am Trog, beugt sich über Andorn, Zitronenmelisse, Eberraute an diesem frühen Sommermorgen, aber während er Lilie und Liebstöckel, Pfingstrose und Selleriekraut, Bauernrose und Zitronenmelisse Wasser gibt, hat er kein Auge für Blüten und Blätter, er denkt nach über die Frage, die ein Psalm, ein Satz eines Psalms ausgelöst hat, dieser Satz zieht all seine Gedanken an sich, von diesem Satz kommt er nicht los: Vor Gott sind tausend Jahre wie ein Tag.

Während der Mönch den Holzbottich wieder nachfüllt und Betonie, Muskateller-Salbei, Wermut begießt, wiederholen sich in seinem Kopf die Fragen, die ihn nachts für Stunden wachhalten, und früher als sonst ist er in den Kräutergarten gegangen: Was ist ein Jahrhundert? Was ist ein Jahrtausend? Was ist Zeit, das Vergehen von Zeit?

Mit diesen Fragen ist seine Aufmerksamkeit so sehr nach innen gesogen, daß er nicht wahrnimmt, wie er den Klostergarten, den Klosterbereich verläßt, und er geht an der Außenmauer entlang, dann auf dem sacht bergauf führenden Pfad. Und echohaft wiederholen sich in seinem Kopf die Fragen, weil er keine Antwort findet, nicht in Büchern, die er gelesen hat, nicht in Texten, die in Kirche und Refektorium vorgelesen wurden, nicht in eigenen Gedanken. Als wolle er schneller ans Ziel seiner Überlegungen kommen, schreitet der Mönch rascher aus, obwohl der Weg bald steiler wird, ein Weg, den er oft schon gegangen ist, Verbindungsweg zwischen dem Kloster in der Senke und dem alten Kloster auf dem Berg, ein Weg, der keine Aufmerksamkeit von ihm fordert, und so können sich die Fragen wiederholen: Was ist ein Jahrhundert? Was ist ein Jahrtausend? Was ist Zeit, das Vergehen von Zeit?

Nach recht kurzer Zeitspanne, die er kaum wahrnimmt, erreicht er die Kuppe des Petersbergs, bleibt stehen, schaut hinunter auf den Rhein, der weite Mäander bildet, der sich in der Ebene begleiten läßt von Nebenläufen, die Sandbänke, Inseln, Auwälder umschließen; er sieht ein Boot mit Segel den Fluß hinabgleiten, sieht zwei Schiffe, die mit Pferden getreidelt werden, er hat scharfe Augen.

Der Mönch setzt sich. »Tausend Jahre sind vor Dir wie der Tag, der gestern vergangen ist.« Jahrzehntelang, so denkt der Mönch, könnte er hier oben sitzen, auf die weitgeschwungene Mäanderlinie des Rheins blickend, und sie würde ihren Verlauf nicht ändern; zwar wird sich der Rhein zuweilen mächtig ausdehnen, wird seeweit in der Ebene nordwärts, doch er wird in sein Flußbett zurückkehren, wird sich darin zusammenziehen zu schmaler Fahrrinne, viel Sand, Kies, Fels wird man sehen, und dann wieder macht sich der Fluß breit in seinem Bett. Und er wird Eisschollen tragen, wird unsichtbar unter einem Eispanzer, doch der wird zerbrechen, Eisschollen, die sich am Ufer stauen, werden übereinandergeschoben, und die Eisschollen werden zerbröckeln, zerbröseln. Könnte er – dies sehend, dies bedenkend – erfahren, was Jahrhunderte sind, was ein Jahrtausend ist? Würde sich, was er hier in zehn Jahren sähe, in einem Jahrhundert nicht zehnfach wiederholen, würde sich, was er hier in einem Jahrhundert sähe, in einem Jahrtausend nicht wiederum zehnfach wiederholen? Wäre hier schon die Antwort auf die Fragen, die ihn auf diesen Berg geführt haben?

Die Klosterruine hier oben, das Kloster unten in der Senke: eine Strecke Raum, eine Spanne Zeit. Aber was ist ein Jahrhundert, was ist Zeit? Es könnte durchaus ein Jahrzehnt geben, in dem sich nicht einmal die Ufer des Flusses verändern, zwischen denen er – Sonnentag für Sonnentag – eingeschmolzenem Silber gleicht, das stumpf wird in der Dämmerung. Oder: dieser Strom leuchtet auf wie ein Smaragd, dieser Smaragd könnte eine solche Leuchtkraft entwikkeln, als wäre eine zweite Lichtquelle unter ihm, und dieses Grün wird in sich zusammensinken, um sich erneut zu entfalten. Und Tag für Tag gleiten Schiffe stromab, werden von Menschen und Pferden stromauf gezogen, gleiten Schiffe stromab, werden von Menschen und Pferden stromauf gezogen, gleiten Schiffe stromab, werden von Menschen und Pferden stromauf gezogen, und die Wiederholungen werden sich wiederholen, und das Bild wird erstarren, und er wird keine Antwort finden auf die Fragen.

Bei Spaziergängen in der Eifel sagte ich mir zuweilen: Ungefähr wie dieser Waldweg wird eine Fernstraße zu Neidharts Zeit ausgesehen haben; sie wird kaum breiter gewesen sein, und sie war nur in wenigen Abschnitten befestigt; bei schlechtem Wetter war solch eine Wegstraße, solch ein Straßenweg also tief ausgefahren, Hufe sanken ein in den weichen Grund; im Sommer viel Staub. Das führte ich mir so vor Augen, stellte ich mir so vor, malte ich mir so aus. Aber hier hatte ich zu direkt übersetzt: »Weg« heute und »wec« damals, es waren ganz verschiedene Phänomene. Ich lese einen Aufsatz von Dietrich Denecke und sehe alles mit anderen Augen.

Beispielsweise im Wehebachtal spazierend, auf festem Weg, der am Bach entlangführt, muß ich den »wec« oder »Weg« als erstes höherrücken: an den Fuß des jeweiligen Hangs oder gleich auf den Hangrücken. Denn Wege, Straßen führten zu Neidharts Zeit so gut wie niemals durch Täler, die Talsohlen waren meist sumpfig. Also erwähne ich hier nur: Wege am Hangfuß, Wege auf den Höhen.

Im Mittelalter waren Wege, waren auch Fernstraßen in der Regel nicht befestigt – vom Chaussee-Vorbild muß ich wegkommen, wenn ich ein genaues Bild gewinnen will von Neidharts »Wegen und Stegen«. Selbst wenn ich genau wüßte, von welchem Ort zu welchem Ort Neidhart geritten ist und wie dort damals die Trasse verlaufen war – ich könnte mich nicht auf seinen ›Spuren‹ bewegen. Allenfalls im Hochgebirge: dort waren Wege an gefährlichen Abschnitten von Mauern gestützt, dort waren zuweilen sogar Radrinnen in den Fels gemeißelt. Neidhart auf solch einem Weg unterwegs nach Italien, und ich auf solch einem Weg: unsere Bewegungslinien könnten dicht parallel verlaufen, könnten schrittweise sogar identisch sein. Aber Neidhart ging und ritt selten im Gebirge – nur wenn es sich überhaupt nicht vermeiden ließ. Und schon in Mittelgebirgen führen meine Wege und seine Wege oft weit auseinander, und dies erst recht in Ebenen.

Und wie sahen Neidharts Wege und Straßen aus? Etwa so: tiefe Radrinnen, Radfurchen; zwischen den Radrinnen und Radfurchen der Boden aufgerissen von den Hufen der Zugochsen und Zugpferde. Hier ritt man nicht gern zu Neidharts Zeit, man wich seitlich aus: Reitpfade neben den Wegen für Frachtfuhrwerke. Nun gab es auf den Fernstraßen auch Gegenverkehr, und da fuhr man nicht in Ausweichbuchten von chausseeähnlichen Straßen, sondern: entgegenkommende Fuhrwerke mußten aneinander vorbeifahren. Also: zweifach die Radspuren, Radrinnen, Radfurchen. Wenn es länger regnete, wurde der Boden weich, wurde grundlos, die Fuhrleute mußten festen Grund suchen, also fuhren sie dort, wo noch nicht viele Fuhrwerke gefahren waren, vielleicht sogar dort, wo zuvor überhaupt kein Fuhrwerk gefahren war – vorausgesetzt, das Gelände ließ das zu. Am einfachsten war oder schien das Ausweichen in Gebieten, die wir heute als Kulturlandschaft bezeichnen: dort fuhr man über Weiden, über Felder. Wenn das schlechte Wetter anhielt, waren bald auch die neuen Spuren tief ausgefahren, und man wich noch weiter aus. So entstand, was man im vorigen Weltkrieg, vor allem in Rußland, als Rollbahn bezeichnet hat: eine Piste mit mehreren parallelen Wagenspuren, Fahrspuren. Dietrich Denecke: »Die Wegetrassen waren im Mittelalter allgemein als Spurenstränge ausgebildet, das heißt, sie bestanden aus mehreren parallel verlaufenden Geleisen und Pfaden. Bei Gefällstrecken erweiterten sich die Stränge zu Spurenbündeln und Spurenfeldern, da hier die Erosion stärker zerstörend wirkte und deshalb immer wieder neue Spuren eingeschlagen wurden.«

Reiter, Fuhrleute hatten nicht nur mit Schwierigkeiten des Geländes zu kämpfen – auch mit Schwierigkeiten, die ihnen Anwohner bereiteten. Wieder Denecke: »Die Anrainer versuchten, die ständig ausufernden Trassen durch parallel gezogene Gräben und Wälle einzuengen oder die Bildung weiterer Fahrspuren durch quer verlaufende Wälle (Wegesperren) zu verhindern. Diese Maßnahmen waren jedoch nicht immer erfolgreich, suchten sich doch die Fuhrleute und Reisenden immer wieder festen und auch ebenen Untergrund, der in den zerfurchten Hohlwegen sehr oft nicht gegeben war.«

Die Interessen der Reisenden und die Interessen der Ortsansässigen ließen sich hier nicht vereinbaren. Und weil es im Mittelalter wenig Regelung von oben herab gab, bekämpfte man sich ständig. Der wütende Bauer, der die befahrenen Felder retten wollte, und der wütende Fuhrmann, der Einengungen nicht hinnehmen konnte und wollte, der solche Hindernisse wieder zerstörte, sie waren nicht zu versöhnen. Und weil man Affekten sofort nachgab, wird Neidhart am Rand der Wege, Straßen, Rollbahnen wohl mehr als einmal eine Schlägerei erlebt haben; Schlägereien waren üblich.

Gelang es Herren und Bauern, durch Längsgräben und Längswälle, durch Quergräben und Querwälle die Rollbahn wieder auf eine Trasse einzuengen, so wurde die Piste bei Regen oft so tief ausgefahren, daß sie bald nicht mehr benutzt werden konnte – es sei denn, man befestigte sie. »Der Ausbau von Straßen im Mittelalter bestand in einer Festlegung der Trasse in einer möglichst günstigen Linienführung, in einer teilweisen Befestigung mit Holz, Schotter oder einer Pflasterung, in der Anlage von Abzugsgräben.« Aber das geschah immer nur regional, lokal. Übergreifende Planung und Ausführung gab es nicht (mehr), es gab keinen Staat im Sinne der Römer und im heutigen Sinn, Aktivität wurde selten organisiert – am ehesten geschah das in Kriegen. Es lag aber im Interesse der Anrainer, daß Wege und Pisten befahrbar blieben – sonst uferte alles wieder aus.

Zuweilen wurden die Anrainer auch von ihren Herren zum Straßenbau gezwungen. Solche Arbeiten wurden wohl lustlos ausgeführt: Plackerei, von der man selbst nichts hatte. So wollte man letztlich nur verhindern, daß Hufe und Räder zu tief einsanken – und wochenlanger Regen war zu Neidharts Zeit keine Seltenheit, in Chroniken wird mehrfach von verregneten Sommern berichtet. Wenn ich Neidhart als Reiter vor mir sehe, dann auf Schlammstrekken, wie sie Soldaten im Rußlandfeldzug erlebten. Glitsch, Matsch, Glitsch, Matsch – so ähnlich wird oft der Basso ostinato seiner Lebensreise gewesen sein.

Doch es gab auch Wegstrecken, die befestigt waren, mit Steinen und mit Holz. Dort ging es »über Stock und Stein«. Auch hier muß ich übersetzen, denn »Stock« und »stock« sind nicht mehr identisch. Der »stock« war im Mittelalter der Baumstamm, vielfach auch der gekappte Baumstamm. Man schnitt Bäume sehr häufig auf den Stock, weil Äste für Flechtwerk, für Faschinen, für Fachwerkbauten gebraucht wurden. Solch ein auf den Stock gehackter oder gesägter Baum war etwa anderthalb bis zwei Meter hoch, trieb aus mit möglichst zahlreichen Ästen. Viele der Baumstämme, die Neidhart unterwegs gesehen hat, waren auf den Stock geschnitten. Und vielleicht kam es auch vor, daß man solch einen auf den Stock geschnittenen Stamm umhackte oder absägte und in den Schlamm warf. Ein vorbildlich befestigter Wegabschnitt dürfte in feuchtem Terrain ausgesehen haben wie die »Knüppeldämme«, die im Rußlandfeldzug fotografiert und gefilmt wurden.

Unsere Vorstellungen über vergangene Epochen werden oft mitgeprägt von Filmbildern. Bei Außenaufnahmen bevorzugt man selbstverständlich das trockene, das schöne Wetter. Vergangenheit im Film ist also vielfach besonnte Vergangenheit: hier haben sich fast schon Bild-Normen entwickelt. Würde ich einen Film über Neidhart drehen, so würde ich beispielsweise in einem Manövergelände filmen – dort führen Reifen- und Kettenspuren um Büsche, um Bäume, um Busch- und Baumgruppen herum, vereinen sich wieder, führen erneut auseinander, Parallelen finden weitere Parallelen, und in solcher Matschlandschaft reitet der Mann mit einem (beispielsweise roten) Umhang, mit einem ledernen Harfenfutteral auf dem Rücken, und seine Beine sind bis an die Knie mit Dreck bespritzt, und die Kleidung saugt sichtlich Wasser, und in langen, quälend langen Bildeinstellungen: Glitsch, Matsch, Glitsch, Matsch... Und bei trockenem, schönem Wetter wird vom weichgetretenen, weichgefahrenen Boden Staub aufgewirbelt, und Wind zieht Staubschleppen mit sich, entfaltet Staubfahnen, läßt Staub kreiseln... Wehe, wenn diese äußerst unregelmäßige Oberfläche wieder naß wird und dann gefriert! Oder wenn Schnee fällt, und der Reiter sieht die Löcher und Rinnen nicht mehr genau genug! Nur ja nicht im Winter reisen: das war wohl auch Neidharts Devise.

Um 1200: Europa... Römisches Reich, nördlich der Alpen... Donauraum...

Neidhart, ein Mann von Ende Zwanzig: unterwegs. Und reitend sieht er Landschaft, sieht, in der Sprache seiner Zeit, »felt« und »walt«, »heide« und »weide«. Sehen wir mit diesen Wörtern, was

Neidhart sah? Nur scheinbar sind diese Wörter identisch geblieben, nur scheinbar bezeichnen sie gleiche Phänomene.

Beispielsweise »diu heide«: sie ist nicht identisch mit »Heide«, wie sie sich ausdehnt in der Umgebung von Lüneburg, wie ich sie in der schmalen »Drover Heide« durchfahre zwischen Düren und Abenden, »heide« bedeutete im Mittelalter eigentlich nur: weder Wald noch Feld, sondern offenes Land, das nicht sumpfig ist, sich also nutzen läßt.

Und die »weide«: hier dürfen wir uns auch nicht die satten, unkrautfreien, sogar blumenfreien, eingezäunten Weideflächen für (subventionierte) Rinder vorstellen – die Weidemöglichkeiten waren damals eng begrenzt. Schweine mußten ihr Futter oft an Waldrändern suchen, fraßen hier vor allem Eicheln; auch Rinder wurden in Wälder, in Waldstreifen getrieben; die Waldweide für Schafe und Ziegen wurde vielfach verboten, wegen der hohen »Verbißschäden«, wie so etwas heute heißt. Es gab freilich auch offene Weideflächen, etwa auf Almen.

Auch ein »felt« hat zu Neidharts Zeit anders ausgesehen als heute, vor allem an Hügelhängen, Bergflanken; was Neidhart gesehen hat, müssen wir erst wieder rekonstruieren – und hierzu finde ich Materialien im Oswald-Buch von Lambertus Okken und Hans-Dieter Mück. Ein Bauer, der neue Feldflächen brauchte, fällte die Bäume, trennte Äste von den Stämmen, transportierte die Stämme ab, breitete die Äste auf der Fläche aus, zündete sie an: die Brandrodung. So gewann er eine Ackerfläche mit Baumstubben; immerhin war sie mit Holzasche gedüngt. Zwischen den Baumstümpfen, Baumstökken wurde mit der Hacke oder dem Pflug der Boden aufgerissen oder auch nur geritzt, wurde Getreide gesät. Nach wenigen Jahren gab der Boden nicht mehr genug her – Düngung war selten. In der Zwischenzeit hatten die Baumstubben auch längst wieder ausgeschlagen: Büsche auf den Stümpfen. Das Feld wurde zur Weidefläche. Erst Getreide zwischen Baumstubben, und nun Vieh zwischen Stubben mit rasch wachsenden Ästen. Waren sie lang und stark genug, wurden sie abgehackt – die starken Äste wurden für Zäune benutzt oder als Brennholz verwertet, das kleinere Geäst ließ man liegen und trocknen, zündete es an: das Staudenbrennen. Nach dieser neuen Düngung wurde die Fläche wieder als Getreidefeld benutzt. Dann wieder Nutzung als Weide. Weder als Felder noch als Weiden konnten die Stubben- und Staudenflächen der Hanglagen ergiebig sein.

So reichten die Weideflächen nie aus – wichtig war deshalb im Mittelalter das Futtersammeln. Dafür waren Mädchen zuständig: »Graserinnen«. Sie durften Gras mit der Hand ausrupfen, nicht mit der Sichel schneiden. Und sie rissen Blätter von Ästen, vor allem im Mai, das Winterfutter war längst aufgebraucht, so war zum Übergang das Laubfüttern notwendig. Büsche, niedrige Bäume, die im Frühling kahlgerupft waren – das fiel damals wohl kaum auf.

Und zuletzt das Stichwort »der walt«. Es gab damals noch viel Hochwald, Urwald in Deutschland, beispielsweise im Harz, im Bayerischen Wald, im Odenwald, im Schwarzwald, in den Voralpen; dieser Hochwald war meist »undurchdringlich«, wie es später hieß, lag jenseits der Fernstraßen. Den sah ein Neidhart also kaum: man ritt meist durch Niederwald. Also weniger Ahorn, Buche, Eiche, sondern Birke, Eberesche, Haselbusch, Weide – in der Forstwirtschaft nennt man sie »Destruktionsanzeiger«.

Denn Wald wurde oft sehr intensiv genutzt in der rohstoffarmen Zeit. Besonders der große Bedarf an Brennholz lichtete die Wälder. Es gab strenge Verbote von Regionalherren, Lehnsherren, sie wollten wahllosen Holzeinschlag verhindern. Auch Städte begannen, ihre Wälder durch Verbote zu schützen. Dennoch, es wurde in oft weiten Regionen abgeholzt, vor allem zur Gewinnung der Holzkohle. Die wurde vielfach in »Grubenmeilern« hergestellt, aber auch in »Platzmeilern« – so lese ich bei Hillebrecht. Beide Formen der Köhlerei werden Neidhart vertraut gewesen sein.

Sehr viel Holz wurde auch gebraucht für die noch primitive Verhüttung von Eisen: für eine Ochsenkarre Erzgestein brauchte man mehr als sechzig Festmeter Holz, meist umgewandelt in Holzkohle. Das Erz folgte den zurückweichenden Wäldern.

Enorm viel Holz wurde auch verheizt unter den Siedepfannen der Salzgewinnung. In der Umgebung von Reichenhall oder Salzburg wird Neidhart weite Kahlschlagflächen gesehen haben, aber auch die sogenannten Sudwälder: Niederwälder, die man nach möglichst wenigen Jahren schlug, weil Holztransport über längere Strecken hinweg mühsam war. Holz für Siedepfannen – unter denen dürfen wir uns nicht vergrößerte Bratpfannen vorstellen, es waren Dutzende von Quadratmetern weite Flächen, auf denen Sole verkocht wurde.

Waldweide, Niederwald, Kahlschlag – wir können hier nicht heutige Wahrnehmungsmuster projizieren! Niederwald und Kahlschlag waren einem Neidhart, waren wohl allen Reisenden erheblich lieber als Hochwald: der behinderte sie noch mehr und war noch gefährlicher.

Neidhart ritt in Bayern und in Österreich – und er ritt in einer anderen Welt. Es dokumentiert sich Distanz. Mein Blick folgt ihm noch eine Zeitlang, bis Neidhart, in Mäanderbewegungen reitend, im Niederwald unsichtbar wird.

Neidhart unterwegs…: hat er immer das sprichwörtliche Dach über dem Kopf? Ich informiere mich in einem Buch, das Vorträge eines Symposions sammelt unter dem Titel *Gastfreundschaft, Taverne und Gasthaus im Mittelalter.*

Was als erstes meine Vorstellungen revidiert: für das Mittelalter kann nach Hans Conrad Peyer »das Übernachten in Zelten und unter freiem Himmel an Bedeutung gar nicht überschätzt werden«. Rückschluß auf Neidhart: auch er dürfte wiederholt unter freiem Himmel genächtigt haben.

Als glücklich pries man sich bereits, wenn man in einer kleinen Stadt, in der man kein Bett fand, unter Tischen von Händlern oder Wechslern schlafen konnte. Und sehr glücklich, wer bei naßkaltem Wetter in einen Backofen kriechen konnte, in dem womöglich noch etwas Wärme gespeichert war. Als professioneller Reisender hatte Neidhart wahrscheinlich ein Zelt dabei, für den Notfall. Es gab noch keine imprägnierten Zeltplanen, man wurde naß, wenn es länger regnete. Auch dies also müssen wir sehen, als Möglichkeit: Neidhart naß in winzigem Zelt, Neidhart frierend.

Und die Gasthäuser? Im Späten Mittelalter, zur Zeit des Oswald von Wolkenstein, sind Gasthäuser weit verbreitet, aber daraus lassen sich keine Rückschlüsse ziehen auf Neidharts Zeit – trotz der oft langsamen Veränderungen im Mittelalter. Ich lese, daß sich »kommerzielle Gastlichkeit« erst an der Wende vom 12. zum 13. Jahrhundert zu entwickeln begann, dies aber nur langsam, und besonders langsam nördlich der Alpen.

Was es dort zu Neidharts Zeit offenbar nicht gab: Gasthäuser, in denen man übernachten *und* essen konnte. Das wurde erst später kombiniert. Es gab Gasthäuser, die Speisen und Getränke anboten: die Tavernen, aber es gab nur selten Gasthäuser, in denen man nächtigen konnte.

Ich betrachte eine Landkarte mit der Überschrift »Tavernen des Hochmittelalters im bayerischen Altsiedelland«. Viele Markierungen an Flüssen, viele Tavernen-Zeichen aber auch zwischen Flüssen. Die Tavernen von Winkelhausen und Pfaffenhofen, von Dünzlau und Vohburg, von Altdorf und Altheim, von Perkam und Pilling, von Atting und Öbling, von Reith und Hals – vielleicht war Neidhart zumindest in einer dieser Tavernen eingekehrt, und in einigen der weiteren Tavernen, die ich nicht aufzähle. Aber, noch einmal: sie hatten keine Gästezimmer. Gasthäuser gab es zahlreich in Italien, an der großen Pilgerroute der Via Francigena und in Nordspanien, am Camino de Santiago; in Bayern und Österreich waren sie noch selten. Sie unterschieden sich äußerlich von anderen Häusern nur durch ihr Schild. In diesen Gasthäusern: zwei bis sechs Betten. Ein Bett war noch nicht, was heute als »Schlafeinheit« bezeichnet wird: in einem Bett schliefen zwei, drei, vier Gäste, und das nackt, wie damals üblich.

Daß man ›wie die Heringe‹ im Bett lag, das wurde nicht nur durch Bettmangel erzwungen, das war ganz selbstverständlich so. Auch wenn genügend Betten und Räume vorhanden waren: man wäre kaum auf den Gedanken gekommen, sich zum Schlafen in ein Zimmer, in ein eigenes Bett zurückzuziehen. Selbst in Burgen schliefen durchweg zwei Personen in einem Bett, mindestens zwei: Mann und Frau, Hausherr und bevorzugter Gast, Frau und Sohn oder Tochter; war Besuch in der Burg, rückte man noch enger zusammen – sogar die Heiligen Drei Könige liegen, auf einem französischen

Kapitell, gemeinsam in einem Bett, ein Mantel deckt sie zu, ein Engel steht an ihrer Seite.

Zweite Folgerung also: Neidhart gelegentlich in einem der (frühen) Gasthäuser Bayerns und Österreichs, nackt zwischen nackten Fremden. Bettwäsche, die täglich gewechselt wurde – das wäre damals utopisch erschienen. Im Späten Mittelalter wurde das Bettzeug wochenlang, zuweilen monatelang benutzt, das wird zu Neidharts Zeit kaum anders gewesen sein. Flöhe, Läuse, Wanzen. Infektionen mit Hautkrankheiten. Na, was solls – wenigstens warm in einem Bett geschlafen! So ähnlich könnte auch Neidhart reagiert haben.

Nächstes Stichwort: Hospize. Hier wurden Arme versorgt und Kranke gepflegt, hier verbrachten alte Leute ohne Familie ihren Lebensabend, hier konnten, in begrenzter Zahl, auch Reisende übernachten, vor allem Pilger. Solche Spitäler gab es in wachsender Zahl in Frankreich, sie waren aber noch vergleichsweise selten im deutschen Bereich. Zum Stichwort »mildtätige Gastlichkeit der neu gegründeten Hospize« brauche ich keine Details zu sammeln. Sie brächten sowieso kaum Varianten: jeweils mehrere Reisende nackt in einem Bett.

Weiteres Stichwort: Übernachten in Burgen. Dies bot sich Reisenden in Sachen höfischer Literatur am ehesten an – theoretisch. Ob und wie man untergebracht wurde, hing davon ab, wie Burgherr oder Verwalter die ›Fahrenden‹ einschätzte. Mußten die weiterziehen? Kamen sie in eine Scheune? Durften sie in der Burg übernachten? Dies konnte so aussehen: in einem Raum lagen mehrere Bewohner und Gäste auf Matratzen und Matten. Ein Vorrecht konnte es sein, an der Wand zu liegen.

Letztes Stichwort: Klostergastlichkeit. Sie war in Ordensstatuten festgelegt, beispielsweise bei den Benediktinern, schon zur karolingischen Zeit, und hier dürfte sich bis in Neidharts Jahrzehnte wenig geändert haben. Nach dem Referat von Thomas Schuler lasse ich Neidhart in einem gleichsam idealtypischen Kloster übernachten.

Er kommt zur Pforte geritten, sie ist verschlossen. Klopft er oder ruft er? Rufen galt als Signal der Armut; wer ritt, gehörte nicht zu den Armen. Weil Neidhart selbst einmal erwähnt, er reite dorthin, wo Hof gehalten wird (ze hove rîten), schreibe ich ihm auch in diesem Kapitel ein Pferd zu.

Also: Neidhart klopft, pocht oder schlägt ans Klostertor. Der Pförtner öffnet, grüßt, fragt nach dem Begehr. Will ein Fußreisender übernachten, wird er gleich zur Herberge geschickt, zum hospitale pauperum. Wer beritten ist, wird nicht abgefertigt, sondern empfangen – es sei denn, der Abt hat eine rigorose Anweisung erlassen zum Umgang mit Spielleuten. Ich setze voraus: Neidhart hebt sich durch Selbstdarstellung, Selbstpräsentation ab vom gewöhnlichen Volk der Spielleute, die höchstens in der Herberge der Armen untergebracht werden, gehört also zu den Gästen, die dem Abt gemeldet werden müssen. Wenn gerade gegessen oder gebetet wird, muß der Pförtner mit der Anmeldung warten. Wahrscheinlich wird er sich solange mit dem Fremden unterhalten, will von ihm Neues hören – Nachrichten auf Hufen sind schneller als Nachrichten auf Füßen. Schließlich kann der neue Gast dem Abt gemeldet werden. Der entscheidet, wie dieser berittene Laie aufgenommen, behandelt wird.

Wahrscheinlich wird der Gast von einem Mönch begrüßt. Sie sprechen ein Gebet. Neidhart wird zum Gästehaus geführt, das außerhalb des ›Klaustralbereiches‹ liegt, zwischen der äußeren und inneren Klosterpforte. In einem kleinen Kloster sähe es einfacher aus: ein Raum für bessere, ein Raum für arme Gäste. Noch stärker vereinfacht: ein Raum für Reiter, ein Raum für Fußwanderer. Auch in größeren Klöstern ist die Zahl der Schlafplätze insgesamt gering: ein, zwei oder drei Dutzend.

Das Gästehaus als Holzhaus. Es dürfte so aufgeteilt sein: ein ›Speiseraum mit Feuerstelle‹; an den Stirnseiten Schlafzimmer; an den Längsseiten ›Räume für Knechte und Pferde‹; eine angebaute Latrine. Dieses Gästehaus in einiger Distanz zum Schlaftrakt, zum Dormitorium des Konvents, denn, so heißt es in einem Tractatus: »Die Laien bleiben bis Mitternacht auf und reden und machen Spaß.«

Die Gäste bekommen zum Abendessen Brot, auch weitere Lebensmittel, sie machen sich das Essen selbst. Vielleicht hilft ein

Mönch – zum Beispiel wenn ein höherer Geistlicher unter den Gästen weilt. Der kann aber auch zum Tisch des Abtes eingeladen werden – ein Laie nicht. Selbstverständlich erhalten die Gäste zum Essen Bier oder Wein. Man wird ins Erzählen kommen, wird vielleicht zu singen beginnen. Und wenn Neidhart nun aufgefordert würde, ein paar Lieder zum besten zu geben, so könnte er nicht ausweichen: In Literaturgeschichten werde ich als höfischer Sänger bezeichnet, drum darf ich nicht überall singen... Also: das Instrument ausgepackt... Gestimmt... Diensttuende oder vielleicht auch dienstfreie Mönche hören seinen Liedern zu. Schließlich kriecht man ins Bett: auch im Kloster-Gästehaus sind es jeweils mehrere Gäste, nackt wie gewohnt.

Nachtvögel... Glockenläuten... Morgengebet... Messe... Frühstück... Zum Aufbruch Wegzehrung: Mischbrot; ein oder zwei »pensae« Käse oder Speck; eventuell ein Stück Aal. Und ein Abschiedstrunk, bevor es weitergeht.

N eidhart, ein Mann von Ende Zwanzig: unterwegs. Im Lederfutteral auf seinem Rücken das Instrument, mit dem er sich begleitet beim Vortrag eigener Lieder. Vor allem in Burgen und Städten sucht und findet er Gelegenheiten, als Sänger aufzutreten. Ich skizziere nun seine Annäherung an eine gleichsam ›idealtypische‹ Stadt des Mittelalters.

Schon einige Meilen vor der Stadt wird der Reiter, der ›Fahrende‹ die ersten Vorzeichen sehen: einen Turm an der Straße. Und: langgezogene Gräben, Hecken – die Landwehr, der vorgeschobene Verteidigungsbereich der Stadt. Diese Gräben, Hecken, Türme sollen auch verhindern, daß Kaufleute mit ihren Waren die Stadt umfahren – sie müssen durch die Stadt hindurch, müssen Zoll bezahlen, zumindest Gebühren entrichten. So kann das Landwehrsystem weit ins Land hinausreichen.

Zwischen Landwehr und Stadtmauer: Weideflächen, Felder, einige Höfe, Mühlen, die Hinrichtungsstätte. Der Reisende wird schließlich den Graben überqueren, der auch Abfallgraben ist – Fäulnis, süßlicher Verwesungsgestank. Droht ein Krieg, so müssen die Gräben leergeräumt werden: je tiefer der Graben, desto schwerer hat es der Feind.

Das Stadttor. Hier wird der Reisende befragt: Woher, wohin? Er muß eventuell einen Stadtbewohner nennen, der hergerufen wird, um für ihn zu bürgen.

Hinter dem Mauerring, an der Wallstraße: Handwerksbetriebe, die mit offnem Feuer arbeiten – vor allem Schmiede. Oder Betriebe, die Gestank verbreiten, vor allem Gerbereien. Und »kleine Bauern, Gärtner, Tagelöhner«.

Je näher man zum Zentrum kommt, desto gehobener der soziale Status. Freilich, es gibt keine Straßen, in denen besitzende Bürger unter sich sind: arme Leute dürfen vor Bürgerhäusern ihre Hütten errichten, die sogenannten Gottesbuden; der Platz ist kostenlos. Wo Menschen wohnen in dieser weithin noch menschenleeren Welt, da wohnen sie eng zusammengerückt.

Diese Gottesbuden reihen sich freilich nicht vor Geschäften, vor Läden: die Händler brauchen Platz, um ihre großen Geschäfts- und Fensterläden zu öffnen. Die Läden werden nicht beiseite geschwenkt, sondern hoch- und heruntergeklappt; die obere Hälfte wird mit einem Seil an einem Haken arretiert, hängt schräg vor, schützt ausgestellte Waren vor Regen; die untere Hälfte wird waagrecht herausgeklappt, auf Böcken oder Stützen abgelegt: der Ladentisch. Auch Bänke als Verkaufsstände. Und Waren an Schragen, also an Gestellen aufgehängt oder auf dem Boden ausgebreitet.

Gassenzüge, die jeweils gleichen Branchen vorbehalten sind: Metzger neben Metzgern, Steingutverkäufer neben Steingutverkäufern, Altkleiderhändler neben Altkleiderhändlern (und das war eine florierende Branche im Hohen Mittelalter!). Ein Hühnermarkt: Geflügel und Eier. Und Stände für Gewürze, für Heilmittel, für Kurz- und Lederwaren, Hausgeräte, Tonwaren, Drechslerwaren. Und Marktstände für Wolltuchweber, Bettdeckenweber. Und eine »Brothalle«. In den Wohnstraßen wie in den Ladenstraßen: die üblichen Abfälle, der übliche Kot. Zwischen den Schweinen, die suhlen, wühlen, fressen, auch Schweine mit Glöckchen: Antonius-Schweine des Antoniter-Ordens.

In der Mitte der Stadt das Rathaus. Das ist noch kein dominierendes Gebäude: die prachtvollen Rathäuser werden erst später gebaut. Aber wie klein das Rathaus auch sein mag – ein Pranger steht davor. Dort findet auch das öffentliche Auspeitschen statt, das Straf-Amputieren von Händen. In der Stadtmitte vielfach auch ein Spital – es ist zugleich »Krankenhaus, Altersheim, Armenhaus, Pilgerherberge und Obdachlosenasyl« (Edith Ennen).

Die größten Gebäude einer mittelalterlichen Stadt sind die Kirchen. Die Weite und Stille, die wir in (renovierten) romanischen Kirchen gewohnt sind, sie gab es noch nicht: Dutzende von Altären, von reichen Bürgern gestiftet, und wenn an den Wänden, in den Seitenschiffen kein Platz mehr ist, werden sie in das Hauptschiff gestellt, und dazu: Grabmäler, Chorstühle, Emporen und hölzerne Trennwände. Irgendwo wird in solch einer vollgestellten Kirche immer eine Messe gelesen, oft sind es mehrere gleichzeitig: jede Zunft, jede Innung, jede bürgerlich-städtische Organisation hat ihren Winkel, ihren Altar, ihren eigenen Priester – manchmal sind in solch einer Pfarrkirche ein, zwei, drei, ja vier Dutzend Pfarrer tätig, also bilden sich an Sonntagen überall Gruppen und Grüppchen – ein hoher Stimmpegel. Und der Geruch von Urin und Wachs, von Weihrauch-Ersatz und beizendem Kienspan...

Durch den Mund einer (fiktiven) jungen Frau preist Neidhart in einem seiner Lieder die Städte »Passau, Regensburg und Wien«. Biographische Relevanz: sehr gering. Dennoch läßt sich kaum vorstellen, daß Neidhart, als Dichter des Donauraums, ausgerechnet um eine dieser Städte einen Bogen gemacht haben sollte.

Passau: damals dominierender Bischofssitz im Donauraum. Regensburg: eine der größten Städte Europas, reich vor allem durch den Salzhandel, berühmt durch das noch recht neue Wunderwerk der mehr als dreihundert Meter langen »Steinernen Brücke« über die beiden Donau-Arme. Wien: wohl die wichtigste Residenz des Herzogs Friedrich, der Neidhart zuletzt ein Haus und damit wohl eine feste Anstellung verschaffen wird. Ja, mit diesen Städtenamen sind entschiedene Markierungen gesetzt im Raum, in dem Neidhart als Dichterkomponist und Sänger von Burg zu Burg reitet – falls er nicht in einem Flußboot reist.

Passau! Ich lasse Neidhart mit diesem Namen eine Spielpartie eröffnen, reagiere mit einem Gegenzug, entwerfe, wie Neidhart nach Passau reitet. Damit setze ich voraus: auch er will am Hof von Bischof Wolfger auftreten.

Bischof Wolfger als *möglicher* Gastgeber und Gönner. Ich stelle ihn kurz vor, beginne mit einem Kuriosum: erst vier Monate nach seiner Wahl zum Bischof wurde Wolfger zum Priester geweiht. Die näheren Angaben: am 11. März 1191 die Bischofswahl, am 2. Juni die Priesterweihe. Wolfger war zum Zeitpunkt der Amtsübernahme ein Mann von fünfzig, Mitte Fünfzig.

Wolfkerus Dei gratia Patauiensis episcopus: er förderte offenbar die Literatur. Um 1200, so scheint festzustehen, ist das Nibelungenlied verfaßt worden, und zwar mit aller Wahrscheinlichkeit von einem Dichter, der zum Passauer Bischofshof gehörte: naheliegend, daß Wolfger diese Arbeit unterstützte. Und er hat, 1203, Neidharts Kollegen Walther von der Vogelweide ein Geldgeschenk gemacht; das ist, mit Datum, dokumentiert. Hätte Wolfger doch auch Neidhart honoriert und dies aufschreiben lassen! Aber der Bischof hat es versäumt, in der Neidhart-Forschung eine wichtige Rolle zu spielen.

Dennoch: ein Neidhart, der als ›Liedermacher‹ unterwegs war, er dürfte mit größter Wahrscheinlichkeit versucht haben, auch in der Bischofsresidenz Passau aufzutreten. In der ›Branche‹ wird bekannt gewesen sein, daß der hohe Herr ein offnes Ohr für Literatur und Musik hatte, daß er generös war.

Nach Lücken im Reiseprogramm des Passauer Bischofs suchend, kann ich (mit allem Vorbehalt und auf jederzeitigen Widerruf) folgende Angebote machen: Der Dichter und Sänger Neidhart könnte im Sommer 1203 am Passauer Bischofshof aufgetreten sein oder im Februar, März 1204. Aber man reise lieber im Sommer, also: 1203.

Neidharts (*möglicher*) Auftritt in Passau hätte wahrscheinlich stattgefunden im Amts- und Wohnsitz der Bischöfe; diese Bischofspfalz »zwischen Domhügel und Innufer; sie war befestigt«.

Ein erstes Set von Liedtexten, die Neidhart in Passau und andernorts vorgetragen haben könnte.

Diese ersten Beispiele sind nicht seine frühesten Liedtexte. Ich entwerfe (oder übernehme) keine Werkchronologie: ohne Vorstufen (und Vorstudien), ohne Entwicklungs-Schema ist Neidhart auch als Dichter in diesem Buch sofort präsent.

Als Dichter – hier muß ich (wie bei Liedtexten des Wolfram von Eschenbach oder des Oswald von Wolkenstein) betonen, daß nicht Gedichte übertragen werden, sondern Texte, die gesungen wurden. Ohne Noten jedoch wirken die Liedtexte im Druck wie Gedichte.

Ich stelle als erstes ein Frühlingslied vor: eine Streitszene zwischen Mutter und Tochter – eins der beliebtesten, offenbar erfolgreichsten Textmuster des Dichters Neidhart.

Nun ist der kalte Winter längst vorbei,
die Nacht ist kurz, der Tag wird länger,
die wonnevolle Zeit beginnt,
die allen Menschen Freude schenkt.
Die Vögel sangen nie so schön wie jetzt.

Die reine Augenweide kam zu uns:
im offnen Lande sieht man Rosenwunder,
Blumen sprießen aus dem Gras.
Wie frisch betaut die Wiese war,
auf der mein Freund mir für den Kranz gepflückt!

Der Wald hat seine Fahlheit ganz vergessen,
auf grünen Zweig hat sich der Mai gesetzt;
er hat viel Laub herbeigeschafft.
»Freundin, rasch den Kopfputz auf!
Du weißt, ich will mit einem Ritter gehn!«

Das hörte ihre Mutter heimlich mit,
sie rief: »Nun mache mir doch nichts mehr vor,
man weiß, wie flatterhaft du bist!

21

So binde dir ein Kopftuch um!
Dein Kleid bleibt hier, wenn du zum Tanzen willst!«

»Mutter, wer gibt dir das Recht,
daß ich Euch um mein Tanzkleid bitten muß?!
Habt keinen Faden für gesponnen!
So hört schon auf mit dem Geschrei!
Den Schlüssel her! Sofort die Kammer auf!«

Das Kleid, es war in einer Truhe eingeschlossen,
die ward mit einem Stuhlbein aufgebrochen –
Schlimmres sah die Alte nie!
Als das Kind die Truhe sprengte,
verschlug es ihr die Sprache, war sie stumm.

Sie nahm sogleich das Kleid heraus –
gut gefaltet war es aufbewahrt.
Ihr Gürtel war ein schmaler Riemen.
Und zu dem vom Reuental
warf die Schöne ihren buntgefleckten Ball.

Die Alte packte einen großen Rocken,
stieß die Tochter und verbläute sie.
»Das ist für den vom Reuental!
Speckig ist sein Mantelkragen!
Und jetzt hau ab! Der Teufel steckt in dir!«

Der folgende Text: ein erotisches Lied. Bei erotischen Liedtexten ist
Neidharts Spektrum besonders breit; ich halte Neidhart (auch) für
einen der besten erotischen Dichter unserer Sprache.

Die hellen, schönen, klaren Sommertage,
sie sind vorbei,
ach, leider, denn die Zeit ist trüb.
So wär ich ohne Lebensfreude,
gäb es nicht

Hoffnung, die mir lieb ist und vertraut:
all mein Denken richtet sich
auf ein Mädchen. Liebt sie mich,
so bin ich froh –
ich hab das schönste Stück der Welt!

Ja, dieser Frau bin ich mein Leben lang
schon zugeneigt –
für mich bleibt sie im Wesen ganz die junge Dame.
Mein Herz hat mich schon lang für sie bestimmt,
doch bringt das nichts
an Gegenliebe. So ist es heute noch!
Wenn sie mich liebte, wie ichs gerne hätte,
sie wär die Frau, die allen Liebeskummer
von mir nähme.
Sie tut es nicht. Und dennoch singe ich.

Sie ist so sanft, dazu noch klug –
das stimmt genau!
Höfisch fein ist ihr Benehmen.
Sie macht sich nur beliebt, tut keinem weh –
so ist es stets.
Nur das Beste sagte ich ihr nach.
Drum liegt mir sehr an ihrer Liebe.
Mir gings mal gut! Sie war so froh gestimmt:
ich war bei ihr
und hielt ihr Hemd, bis es gefältelt war.

Da bat die Schöne mich, zu singen –
ein eignes Lied.
Das hat mich sehr gefreut.
Man brachte ihr die Hüftschnur. Und sie zog
die Falten eng.
Ich kriegte keinen Ton heraus,
genierte mich … Doch die Edle zeigte hier
nobles Verständnis. Schenkte aus dem Krug mir nach,

damit die Stimme
wieder hell und klar erklang.

Gierig trank ich ihren Birnenmost –
sie sah das gern.
So sang ich reichlich Lieder für uns beide.
Freundlich sagte sie zur Dienerin
mit Feingefühl:
»Hol uns wieder einen vollen Krug.
Wir wollen diesen Tag mit Lust beschließen –
wir lassen uns die braunen Nüsse munden...«
Darauf die Magd:
»Ich biete hierzu meine reifen Birnen an.«

Als Kontrast zum Frühlingslied, zum erotischen Lied nun ein Winterlied. Das Winterlied ist das wohl berühmteste, langlebigste Muster, das Neidhart entwickelt hat. Charakteristisch für die Winterlieder ist die gestaffelte Klage: über den Winteranfang; über die Schwierigkeiten mit einer angebeteten Dame; über Ärger mit Rüpeln und Tölpeln.

Ganz besonders schmerzt es mich,
daß den Winter niemand daran hindern kann,
uns die Blumen,
auch den Klee zu rauben,
und dazu noch manchen hellen Jubeltag.
Leider werden sie jetzt immer trüber;
traurig stimmt mich das;
es beginnt ihr Abschiednehmen.
Würfelspiel
ist nun in der Stube wieder dran.

Künzel will dabei die Aufsicht führen,
er verbietet Lachen, Sprechen, Augenzeichen,
setzt sich damit durch.
Doch da grinst das Jeutelein –
aua, kriegt gleich tüchtig eines auf die Hand!

Bin deshalb betrübt:
hat sich heuer schon verletzt, am Finger,
als sie für die Tante Gerste schnitt.
Tut mir leid…
Künzel, lieber Herr, schlagt nicht gar so hart!

Reden wir nicht weiter drüber,
sprechen wir nun von den Mädchen, eingeladen
zur danse d'honneur.
Jeute sage ihnen allen,
daß sie dort mit Hilde nach der Fiedel schreiten –
dieser Tanz wird grandios!
Diemut, Gisel tun sich da zusammen,
und die Wendel schließt sich an.
Engelmut:
ruft uns Chünze übern Zaun herbei!

Richt ihr aus: der Mann sei hier.
Soll ein kurzes Kleidchen, ihren Mantel nehmen,
wenn sie zu ihm will.
Hats doch immer schon gewollt –
also kommt er ihr an diesem Feiertag gerade recht!
Alles nehme seinen Lauf…
Bitte sie, das Liebeskräutchen einzustecken.
Mir ist lieber, sie kommt her,
als daß er
sie daheim in Sack und Asche sieht.

Chünze wartete nicht länger,
ging, wohin die Engelmut sie schickte.
Ja, sie wollte gleich dorthin,
hat sich schnellstens angezogen!
Außen, innen war ihr Kleid von roter Seide,
ihre Schleppe war nur kurz.
Wer landein, landaus nach Frauen sucht:
keine gönnte ich so sehr,

glaubt es mir,
meinem Mütterlein als Schwiegertochter…

Und nun das zweite Frühlings- oder eher: Sommerlied dieses Sets,
eins der sogenannten Dialoglieder (»Wechsel«) zwischen Mutter
und Tochter.

>>Der Sommer kommt zu uns«,
rief ein Mädchen, »ja, ich habe
    den vom Reuental gehört!
Ha, den will ich preisen!
Mein Herz schlägt freudig ihm entgegen,
    wie verrückt –
ich höre ihn dort singen, vor den jungen Leuten.
Ah, ich halte es nicht länger aus,
zur Linde tanze ich an seiner Hand.«

Die Mutter rief ihr nach:
»Tochter, nicht so hastig,
    höre doch auf mich!
Denk an deine Freundin Jeute –
vorges Jahr geschah mit der,
    was ihre Mutter kommen sah!
Nach dem Tanz mit ihm schwoll ihr der Bauch,
sie hat ein Kind geboren, das sie *Lämmchen* nannte –
Pimmel-Pimpern hat er sie gelehrt!«

»Mutter, hört schon auf!
Ein Rosenkränzchen hat er mir geschenkt,
    das leuchtet hell
auf meinem Kopf.
Auch hat er mir zwei rote Strümpfe mitgebracht,
    übern Rhein,
die werd ich anziehn, heuer noch!
Worum er mich gebeten, weiß nur ich allein.
Nein, ich geb auf Euren Ratschlag nichts.«

Die Mutter war vergrätzt,
weil die Tochter in den Wind schlug,
　　was sie ihr gesagt.
Das selbstbewußte Mädchen:
»Ich bin ihm fest versprochen,
　　er hat mein Pfand darauf;
mein Ansehn setzt das nicht aufs Spiel.
Nein, ich kehr auf keinen Fall zurück.
Er soll mich seine scharfen Sprünge lehren.«

Die Mutter rief: »Dann geh!
Obs dir gut geht oder schlecht,
　　das liegt allein bei dir.
Du bist nicht recht gescheit.
Willst du mit ihm ins *Reuen*tal –
　　dort bringt er dich auch hin!
Wirfst dich für sein Tanzlied weg…
Er wird dich knuffen, schlagen, prügeln –
und du mußt zwei Wiegen schaukeln.«

Auch im folgenden zweiten Winterlied: nach dem »Natureingang«,
dem Opening mit der obligatorischen Klage über die kalte Jahreszeit, wird eins der ebenfalls obligatorischen Rüpelspiele von An-
wohnern des Reuentals heraufbeschworen: das Sänger-Ich, das sich
über anmaßende Tölpel ärgert, besonders als einer von ihnen seiner
lieben Friederun den Spiegel raubt.

Der Spiegelraub: ein häufig wiederkehrendes Motiv in Neidharts
Dichtungen. Dieser Spiegelraub wird nie detailliert geschildert, aber
wiederholt wird auf ihn angespielt: ein Grobian reißt Friederun,
einer Freundin oder Geliebten des Sänger-Ichs, einen Spiegel vom
Gürtel. Dieser Spiegel wird doppelt interpretiert: als Gebrauchs-
gegenstand, der bezeichnend ist für die höhere Welt des Adels,
und als sexuelles Symbol – so etwas wie der Spiegel der Jungfräulich-
keit.

Es zeigt sich auch in diesem Liedtext, daß Neidhart sehr artifiziell
geschrieben hat: Liedtexte mit wahrhaft doppeltem Boden! Dieses

Lied setzt ein auf der Ebene hochstilisierten, ritualisierten gesellschaftlichen Benehmens, es wird fortgesetzt auf der Ebene (kari-
kierten) unhöfischen Verhaltens.

Stumm geworden ist nun alles Vogelsingen,
der böse Winter hat den Sommer fortgejagt.
Viele Herzen sind drum ohne Schwung und Lust,
Hochgefühl verebbt an allen Höfen.
Nur *ich* hab meine Lebensfreude nicht verloren,
weil die Allerschönste mir dies untersagte.
Ihr Befehl
wird von mir befolgt, solang ich lebe.
Meine Freunde, wünscht mir nun mit Gottes Hilfe,
daß sie meiner Liebe die Erfüllung schenkt.

Niemand frage mich nach meinem grauen Haar!
Ah, ich hab mir eingebildet, künftig hätt ich Ruhe
vor den Gigerln – doch sie denken gar nicht dran!
Reichlich Ärger bringen sie mir ein,
haben nichts im Kopf als meine Dame.
Brächt man die vors Hofgericht, mir wär es recht.
Eisenbrecht
und Goschel, weit bekannt als Deppen,
laufend fügen sie mir Unrecht zu.
Wie verlor denn ihren Spiegel Friederun?!

So hat auch meine Dame ihren Ring verloren,
als sie im Reien tanzte, bei der schrägen Polonaise.
Sie wehrte sich – man riß ihn von der edlen Hand!
Sie hat wohl Grund genug, dem aus dem Weg zu gehn,
der ihr den Ring so frech entriß.
Möge dieser blöde Hund das einmal büßen!
Mir tuts leid,
daß er die Chance fand, bei ihr.
Ach, der Ring, den hätte sie verschmerzt,
hätte er ihr nicht die Hand verstaucht!

Wir wollen jetzt nicht weiter davon reden –
in die Stube gehn wir nun! Im Hohen Haus
kommt zum Tanz viel junges Volk zusammen.
Zwei der Tölpel (solln zum Teufel gehn!)
tragen enge Jacken, wie am Hof so Mode;
österreichisch ist das Tuch. Wer nimmts mit denen auf?
Schön verziert
waren ihre Gürtel mit Metallbeschlägen.
Eitel recken sie die Hälse
bei dem Tanz – ich habe mich geschämt.

Ganz besonders ärgert mich an Brinewart,
daß er zu den beiden üblen Burschen hält.
So viel Frechheit und auch Arroganz –
ich verlier fast den Verstand!
Wär mein Zorn noch größer als mein Anstand,
sie hätten es mir büßen müssen!
Alle drei
sind außer Rand und Band!
Herrgott, schaff sie mir vom Hals!
Vor allem fuchst mich Engelmar.

Die meine Wiese niedertrampeln wollen –
völlig kleinlaut sind sie nun geworden,
tun grad so, als wäre alles längst verloren.
Sie schwangen einst die Büttelschwerter hoch –
heute tragen sie nur Hirtenstecken.
Hübsche Hüte früher – Haargestruwwel jetzt.
Ja so ›gut‹
soll es allen einmal gehen, überall!
Salzsack drauf! Das wird sie mir schon beugen!
Und ich hab mei Ruh im Reuental.

Weder an Neidhart noch an ein Reuental denkend, sehe ich – auf der Bundesstraße 314 von Waldshut nach Geisingen fahrend – auf einem Richtungsschild den Namen Ofteringen-Reuental, will nicht so recht darauf reagieren, fahre weiter, lese an einem anscheinend alten Gebäude die Aufschrift *Reuentaler Mühle*, kann jetzt doch nicht weiterfahren, muß umkehren, und da ist wieder dieses Richtungsschild, ganz offiziell: Reuental.

Ich überquere die Wutach, an der ich schon seit einiger Zeit entlanggefahren bin, auf einer Lesereise im Südwesten der Bundesrepublik: ein Termin in Waldshut, der nächste in Tübingen – das ›Singen‹, wie Heinrich Böll sagte, das ›Tingeln‹ eines Schriftstellers, zu dessen Beruf das Reisen gehört.

Schon ist vor mir die sichtlich alte, behäbig massiv wirkende Reuentaler Mühle, und ich sehe ein Straßenschild mit der Aufschrift Reuental. Ich fahre auf einem asphaltierten Wirtschaftsweg weiter, einem Holzschild folgend, ein gemächlich ansteigender Weg am Hang. Rechts die Talsohle, sie scheint feucht zu sein, ein dichter Brennessel- und Sauerampferstreifen. Ich überquere einen schmalen Bach, komme an einem Teich vorbei, sehe Hangwiesen bis zum Talrand. Ich halte an einem geschotterten Holzstapelplatz, auf dem nur ein paar Stämme liegen, schlendre an einem Hochstand vorbei in die Talsohle, stehe in einem Tal namens Reuental.

Kein Tal mit landschaftlicher Prachtentfaltung, ein eher bescheidenes Nebental im südlichen Schwarzwald. Junihimmel, wolkenlos, die rasch ansteigende Temperatur dieses Vormittags. Ein Bauer, neben ihm ein Kind, fährt mit einem Traktor hin und her auf der Wiese mit trockenem Heu, vorn ein Betonblock als Gegengewicht für Hangfahrten, hinten angekuppelt der Heusammler.

In der Talmulde ist ein blumenreicher Grasstreifen nicht geschnitten worden: wie ein Haarstreifen auf sonst kahlgeschorenem ›Irokesenschädel‹. Sickerwasser, schmaler Streifen Feuchtbiotop; Traktoren würden sich hier festfahren. Moorflora: Sumpf-Schlangenwurz, Moorsteinbrech, Moorbinse, Rote Sumpfgladiole? Das Heu, das in diesem Reuental duftet, es dürfte schwach radioaktiv sein, denn auch über Reuental wird Fallout herabgeregnet sein nach der Reaktorschmelze in der Ukraine wenige Monate zuvor.

Ich gehe zum Wagen zurück, fahre auf die Höhe: Ende und Beginn des Reuentals. Ein Hof: drei große Gebäude, der Vogelhof, und weit ist von hier der Blick nordwärts, über das kleine Reuental hinaus, in den Schwarzwald: Wiesenflächen, Waldhänge.

Ein junger Mann kommt heran, ich frage ihn scheinheilig, was dies für ein komischer Name sei, »Reuental«, so was hätte ich noch nie gehört. Und mit lässiger Artikulation in alemannischem Deutsch erzählt er mir eine kurze Geschichte, von der ich nur einige Stichwörter verstehe: Kloster da unten... Ofteringen... uneheliches Kind... in das Tal geschickt... bereut. Aha, Volksetymologie. Er ist nicht ganz sicher, obs wirklich so war, aber er hat das in der Schule gehört.

Ich spaziere weiter. Ein offenbar von einem Anwohner gefertigtes, nicht von der öffentlichen Hand erstelltes Sperrholzschild an einer Latte weist in das Tal hinunter, das ich heraufgekommen bin: Reuental. Und ein Kindskopf mit Schielaugen, Strubbeln, abstehenden Ohren, langer roter Zunge soll aufheitern: Man wird diesen Weg nicht bereuen...

Schritt für Schritt entfaltet sich das Panorama; bald habe ich, auf dem Höhenrücken stehend, eine weite Region Schweiz vor mir. Etwas tiefer am sanft abfallenden Hang eine kleine Kirche. Wind in Getreidefeldern, Lerchen mit raschen Flügelschlägen und unablässigem Gezwitscher – als würde dieses hohe, helle Geräusch mit einer kleinen Kurbel aus ihnen herausgedreht oder als würden sie es aus sich herausflügeln. Weinstöcke, Weinhänge. Die Kapelle mit Vorbau, eine Aufschrift über der Kirchentür: »Dem allgütigen Gott nach Angst und Not Schmerz Tod und Leid in Dankbarkeit die Pfarrgemeinde Erzingen 1945.«

Im Weinfeld hinter der Kapelle eine alte Frau, sie bindet Reben hoch: Ein Unwetter voriger Tage, eine halbe Stunde lang Hagel, enteneiergroß, so langen Hagelschlag hätten sie noch nie erlebt, alles war mit Eis bedeckt, im Juni. Und sie zeigt mir, wie Triebe von Hagelkörnern geknickt, gekappt worden sind. Kopftuch, Kittelkleid, feste Schuhe. Der Wein dieser Lage Kapellenberg kommt in die Genossenschaft, nur noch wenige Bauern stellen eigenen Wein her, für sich selbst. Ich frage nach dem Namen Reuental. Das heiße eben so, und sagt sie nicht auch: Das sei auch so? Sie versucht eine eigene Deutung: Dort kann man bereuen, wenn man gesündigt hat… Und sie zeigt lachend ihre vereinzelt stehenden Zähne, bindet weitere Reben auf. Die Blüte war glücklicherweise schon vorbei; Andeutungen von Beeren in diesem wochenlang verspäteten Sommer. Ich schaue hinein in die Schweiz. Wind, der den Hang heraufzieht. Wolkenloser Himmel weiterhin, in der Ferne verschleiert. Und unablässig das Lerchengezwitscher.

Zum Vogelhof. Von dort aus den Hang hinab. Ich schlendre über die gemähte Wiese, inspiziere den feuchten Talgrund: dieses Tal muß früher einmal sehr viel stärker versumpft gewesen sein, bei der Melioration wird man vor allem für den Abfluß des Wassers gesorgt haben, ein Bett für den Bach, der an der Reuentaler Mühle in den Mühlbach mündet oder gleich in die Wutach. Ein Tal, das sicher viel Arbeit gemacht hat: die Rodungen, die Abflußgräben, Drainagen, aber es wird wohl nicht viel eingebracht haben in Zeiten ohne Subventionen für die Landwirtschaft. Ein Name also, der hier offenbar zutraf.

Ein selbstverständlicher Name: ich esse einen Apfel im Reuental, ich sitze und sonne mich im Reuental, ich schlendre umher im Reuental. Reuental nicht nur als handgeschriebener und getippter und gedruckter Name in Erörterungen, Reuental als Realität, in der ich mich umsehen kann.

Ich fahre hinunter zur Reuentaler Mühle, speise mit Blick auf den langsam fließenden Mühlbach; das Holz des Mühlrads morsch, verrottet. Vielleicht ist hier nach dem Krieg noch gemahlen worden, ehe die Mühle in ein Restaurant umgewandelt wurde, von Mitgliedern einer Familie, die seit 1308 hier leben soll, wie ich im Vortext der Speisekarte lese und im Faltblatt-Prospekt. Reuental hat eine Postleitzahl, eine telefonische Vorwahlnummer. Östlich des Reuentals liegt Schaffhausen, südwestlich Waldshut, nördlich Donaueschingen, südlich die Schweiz. Auch ich war in Reuental, so werde ich erzählen können. Noch sitze, esse, trinke ich am Ausgang des Reuentals. Eine Katze hat sich unter meinen Stuhl gelegt; Wind läßt Pappelblätter flirren; lautlos der Mühlbach hinter dem niedrigen Holzzaun; Männer in Jeans-Shorts erhöhen mit dem Gabelstapler die Bretterhalde. Ich kraule die Reuentaler Katze, die klein ist, mir deshalb jung erscheint, die aber, wie mir die Kellnerin erzählt, eine alte Katze ist.

Nach dem Kaffee fahre ich los: das Straßenschild Reuental, das Hinweisschild Ofteringen-Reuental. Ich fahre weiter Richtung Autobahn.

Die erfolgreichste Erfindung des Dichters Neidhart war ein Knappe oder Ritter, der in einem überaus ländlichen Umfeld lebt, in einem Krähwinkel oder Hintertupfingen, das Neidhart »Reuental« nennt. Er hat so oft und so viel vom Reuental und vom Mann im Reuental gesungen, daß beide Namen zusammenrückten, ja zeitweise zusammenwuchsen: Neidhart und Reuental. Das las sich so: Neidhart von Reuental oder: Neidhart aus dem Reuental. Auch ich habe mich beteiligt am Zusammenführen des Personennamens und des Orts- oder Talnamens, nun muß ich sie wieder auseinanderrücken, dazu stimuliert vor allem von Lothar Voetz, bei intensiven Gesprächen in der Heidelberger Universität.

Es ist freilich nicht völlig auszuschließen, daß Neidhart tatsächlich aus einem Reuental in Bayern stammt. Oder daß er dort wohnte, solange er nicht unterwegs war. Zitat aus Schweikles Neidhart-Monographie, die für diese Neufassung ebenfalls wichtig wurde: »Möglich, daß Neidhart aus irgendeinem Reuental stammte und er die symbolische Interpretierbarkeit dieses Namens (Jammertal) für seine Dichtung nutzte.«

Falls Neidhart dieses Reuental nicht erfunden, sondern vorgefunden hat (was ja, wie sich eben zeigte, heute noch möglich ist…), so hat er das Angebot aufgegriffen – und umgesetzt. Ein Ortsname, Talname, mit dem sich variantenreich spielen ließ!

Ursprünglich konnte Reuental als Leidenstal, Jammertal ein bewußt gesetzter Name sein für einen »Ort büßender Zurückgezogenheit«, wie es Theo Schumacher formuliert. Es konnte also im Frühen Mittelalter einen Mann gegeben haben, der sich in ein karges Tal zurückzog, um zu büßen, und er nannte das Tal sein Jammertal, sein irdisches Tal der Leiden. Und die Umgebung gewöhnte sich an diesen Namen, er überlebte den Büßer – oder es folgten weitere Büßer. Im Lauf der Jahrhunderte jedenfalls wurde aus diesem bewußt gewählten Namen ein geläufiger Name, über den man nicht weiter nachdachte, der Name war »losgelöst aus seinem ursprünglichen Bedeutungsfeld«, war nun ein Name, der »bezeichnet, ohne zu bedeuten«. Und nun kommt ein Dichter, hört aus dem Namen die alte, fast vergessene Bedeutung heraus, nimmt ihn wieder beim Wort, lädt ihn erneut mit Bedeutung auf, macht diesen »sprechenden Namen« zu seinem privaten Mythos.

Es gibt heute noch ähnliche Namen. Im Verzeichnis der Postleitzahlen finde ich ein Leidenborn (bei Prym in der Eifel), ein Leideneck (bei Kastellaun), ein Leidenhofen (bei Marburg). Mit jedem dieser Namen könnte ein Dichter, zumindest ein Heimatdichter spielen: Was kann Leidenborn für mich andres sein als Quell unablässiger Leiden...? Da sitze ich im Eck von Leideneck, aber so ist es Dichtern bekanntlich stets ergangen... Und in Leidenhofen, was kann ich dort anderes erwarten als Leid?

Sogar das Jammertal (und genau das ist die heutige Bedeutung des damaligen ›Riuwental‹) finde ich, zufällig, nachgewiesen: in einer Zeitung wird ein ›Silence-Hotel Jammertal‹ erwähnt, im südlichen Münsterland. Der Name hat sich so weit abgelöst von seiner ursprünglichen Bedeutung, daß mit ihm für ein Hotel geworben werden kann – ein Swimmingpool im Basement könnte die alte Konnotation vollends vergessen machen. Aber es bleiben Spielmöglichkeiten, Spielangebote.

D avon will, davon muß ich euch ein Lied singen: Ich, Dieter, in einem Ambiente, in dem mir übel mitgespielt wird, in dem ich bittere Erfahrungen mache.

Inhalt der ersten Strophe dieses neuen Liedes im alten Neidhart-Ton: um dem Lärm der stark frequentierten Bundesstraße vor dem Haus in Düren zu entkommen, pachtete ich ein altes Forsthaus; bruchsteingemauert steht es auf einer Höhe. Ich sehe von hier – jenseits des Wehebach-Tals – das Dorf Hürtgen, etwa zwei Kilometer Luftlinie südostwärts; der nächste Bauernhof ist einige hundert

Meter entfernt; zwanzig Schritte vor dem Forsthaus eine schmale Straße, die ein paar hundert Meter weiter gesperrt ist: sie führt hinab in die neue Wehebach-Talsperre. So wird diese Straße werktags nur von den wenigen Anliegern, sonntags von einigen Ausflüglern befahren, bis zum nahen Wander-Parkplatz. Stille auf dieser Eifelhöhe. Sie wird nur gelegentlich, mit akustischer Brutalität, von Düsenjägern im Tief- und Tiefstflug unterbrochen: sie reißen die Stille auf, ziehen mir schmerzhaft den Scheitel. Aber rasch wächst die Stille wieder zusammen, die Schnittränder flimmern, schwingen ein wenig nach, ich arbeite weiter am Neidhart-Buch. Zu dieser Zeit (Mitte der achtziger Jahre) plane ich ein Kapitel, in dem ich Lyrik europäischer Zeitgenossen Neidharts vorstellen will in Übersetzungen, beispielsweise aus den *Siete Canciones de amigo* von Martim Codax: Ondas do mar de Vigo, Wellen des Meeres bei Vigo…

Inhalt der zweiten Strophe meiner Weheklage am Wehebach: auf der Straße vor dem Forsthaus fahren zwei Burschen mit Mopeds hin und her – von der Schranke zum Ortsschild Kleinhau, vom Ortsschild Kleinhau zur Schranke, von der Schranke zum Ortsschild Kleinhau, und für diese Strecke brauchen sie jeweils einige Sekunden weniger – jedenfalls scheint mir die Zeitspanne, die sie am Haus vorbeirasen, immer kürzer zu sein. Sie liegen fast auf den schmalen Maschinen, deren Schalldämpfer durchbohrt oder kurzgesägt sind, in nordeifeler Artikulation schreien sie sich technische Mitteilungen zu – für sie ist dies eine Privatstraße, hier taucht keine Polizei auf, keiner also kann sie daran hindern, mich zu stören. Und ich versuche, metrisch zu formulieren, wie die Liebende gelobt, sie werde zur Heiligen Jungfrau von Vigo wallfahrten, schon kommen sie zurück, das helle, hohe, böse Geräusch fetzt alles auf, ich muß mich wieder in das Metrum einfinden, in dem die Liebende gelobt, sie werde zur Heiligen Jungfrau von Vigo wallfahrten, wenn ihr amigo zurückkehre: irey madre vivo – und sie rasen unausweichlich heran, irey madre vivo, ich komme erneut aus dem Takt, der Faden reißt, ich muß ihn wieder verknüpfen, muß wieder in das Metrum hineinfinden, in dem die Liebende die Wallfahrt verspricht, wenn ihr Freund lebend zurückkehrt auf dem Meer, an dem sie steht, schon knattern sie wieder heran: Krähenfüße, Krähenfüße, denkt mein flirrendes

Hirn, Krähenfüße, ausgestreut auf der Straße, die mitten durch meinen Kopf führt, Gedankenkräutlein rechts, Assoziationskräutlein links vergiftend, ja, auf dieser Straße sollte ich Krähenfüße ausstreuen, aber die Luft dürfte aus den Reifen nur sanft entweichen, stürzen dürften die beiden Burschen nicht, da hätte ich Bauern umliegender Höfe, Dörfler aus Kleinhau am Hals, ich brauche hier aber Ruhe, um mit vergleichendem Blick auf Neidhart Strophen des Martim Codax zu übersetzen, im Forsthaus über dem *Wehe*bach.

Dritte Strophe der Weheklage: weitere Neuigkeiten aus der Region des Wehebachs! Ich habe die Burschen angehalten, habe ihnen sinngemäß gesagt: Leute, könnt ihr nicht woanders fahren, die Eifel ist weit genug, immer nur hier auf und ab, und das ohne Schalldämpfer, das nervt einen völlig – und so weiter. Sie fuhren weg. Und die Liebende ging in leichtem Versfuß mit ihrer Schwester zur Kirche von Vigo, und sie schauten hinaus auf das Meer. Als es völlig finster war, kamen die beiden Burschen zurück, mit Verstärkung; junge Leute aus Kleinhau oder Hürtgen oder Vossenack, auch sie auf kleinen Motorrädern mit vorsätzlich beschädigten oder abmontierten Schalldämpfern, irey madre vivo, irey madre vivo, irey madre vivo, und sie bremsten ab vor dem Forsthaus, blieben auf ihren Maschinen sitzen, drehten die Gasgriffe: Aufjaulen, Hochkreischen – ein Ständchen. Ondas do mar de Vigo, Wellen des Meeres von Vigo. Und ich fluchte in Prosa auf diese Bauernsöhne, die offenbar zuviel Geld, zuviel Zeit haben, die Treibstoff und Sauerstoff verbrauchen, um die Stille zu töten, die ich gesucht, gefunden, gepachtet habe, ein Dünnhäuter unter Dickfellern.

Blick zurück auf den Beginn eines Lebens, das zur Lebensreise wird: Neidharts Geburt.

Und damit die Skizze der ersten von sieben Frauen, die in diesem Buch auftreten. Hier ist es eine Hebamme.

Einen größeren Teil ihrer Arbeitszeit verbringt sie wartend; in der Wartezeit, bei kleineren Vorbereitungen, unterhält sie sich mit der Gebärenden, mit Frauen des Haushalts oder der Nachbarschaft. Auch in dieser Skizze hat sie Zeit, auf einem dreibeinigen Hocker am Bett sitzend oder neben dem Gebärstuhl.

Um die Wehen zu fördern, hat sie der jungen Frau ein bewährtes Mittel gegeben: dreimal Mutterkorn, auch Kornzapfen genannt – braunviolette, vergrößerte Roggenkörner. Dieses Wehenmittel wird heute noch modifiziert benutzt: es wirkt kontrahierend auf die Gebärmutter ein. Verzweifelte Frauen versuchten damals, mit Mutterkorn abzutreiben, indem sie mehr als jeweils drei Körner aßen – das endete durchweg tödlich, denn durch Mutterkorn wird das sogenannte Antoniusfieber ausgelöst, ein Kapitel für sich.

Dosiert die Hebamme das Mutterkorngift immer vorsichtig genug? Gibt sie, wenn die Wehen zu lang auf sich warten lassen, wenn sie zu häufig nachlassen, schon mal ein Körnchen mehr? Hat es diese Hebamme schon erlebt, daß eine Frau bei der Geburt starb? Oder am Kindbettfieber? Die Hebamme wird genauer als andere Frauen wissen, wie hoch die Kindersterblichkeit ist in jener Epoche: 15 bis 20 Prozent sterben im ersten, etwa 40 Prozent bis zum dreizehnten Jahr.

Wird in solch einem Zimmer, wird in einem Kreis wartender Frauen auch über Gerüchte gesprochen, nach denen Kinder getötet werden? Vor allem schwächliche Kleinkinder und mißgebildete? Und speziell Mädchen, wie immer wieder geraunt wird? Auch die Frau in diesem Zimmer wird hoffen, daß sie einen Sohn gebären wird, das hebt ihr Ansehen bei Mann, Familie, Nachbarschaft, da wird sie vielleicht sogar beschenkt. Würde diese Frau ein Mädchen aussetzen, würde sie ein Mädchen töten?

Daß Neugeborene, daß Kleinstkinder getötet wurden, ließ sich damals kaum nachweisen, denn die häufigste Todesart war das Erdrücken. Neugeborene, Kleinstkinder wurden von Müttern oder Ammen oft mit ins Bett genommen, vor allem wenn es kalt war oder wenn sie Angst vor Ratten oder Schlangen hatten. Immer wieder kam es vor, daß sich eine Frau im Schlaf auf das Baby wälzte, es erstickte. Das mußte gebeichtet werden, die Buße aber war gering. Bei schwergewichtigen oder als grob geltenden Frauen war man schon strenger, ganz besonders, wenn bekannt war, bekannt wurde, daß sie tranken.

Gesprächsthema in einem Zimmer, in dem eine Geburt bevorsteht? Oder redet man über völlig andere Fragen? Und man gibt dieser Hebamme, die eine vielleicht schon ältere Frau ist, ein gutes Essen, damit sie bei Laune und bei Kräften bleibt? Füllt man ihr einen Holznapf mit Wein? Das könnte ihre Gesprächigkeit fördern, vielleicht sogar ihre Bereitschaft, erste Hinweise zu geben zur Pflege des Neugeborenen.

Als selbstverständlich wird es auch diese Hebamme voraussetzen, daß das Kind gestillt wird – und zwar bei Jungen länger als bei Mädchen. Im Durchschnitt waren es fast zwei Jahre. Damit wurde die zeitliche Distanz zwischen Schwangerschaften vergrößert. Auch deshalb war die durchschnittliche Kinderzahl einer Familie kaum größer als heute – eine Auswirkung vor allem aber der hohen Kindersterblichkeit. Familien mit ein bis drei Kindern waren fast die Norm. Es gab selbstverständlich auch kinderreiche Familien.

Stunden des Wartens vor einer Geburt. Wenn das Kind geboren wird – wie behandelt man es zuerst? Das Neugeborene muß gesäubert, gebadet werden, dazu wird die Hebamme warmes Wasser mit Kräutern verwenden. Vielleicht stippt sie anschließend einen Finger in Honig und führt ihn in den Mund des Neugeborenen, um seinen Appetit zu wecken. Vielleicht massiert sie die Glieder: das weiche, zarte Fleisch muß gestärkt werden. Wahrscheinlich schlägt sie auch vor, das Neugeborene die ersten drei Wochen in einem halbdunklen Zimmer schlafen zu lassen, damit sich die Augen langsam ans Licht gewöhnen. Ganz sicher wird sie darauf hinweisen, daß Neugeborene in den ersten Monaten gewickelt werden müssen: weil die Glieder des Kindchens so schwach sind, können sie leicht verformt werden. Die Hebamme könnte hier einen beliebten Vergleich bringen: So wie der Gärtner zarte Pflänzchen an Stöcken aufbindet, bis sie aufrecht stehen mit Stengel und Blättern, mit Stamm und Ästen, so muß das Kindchen »aufgebunden« werden.

Auch Neidhart war einmal ein Wickelkind. Ich lege diesem Wickelkind ein paar Sätze in die Wiege.

Bei der Arbeit auch an diesem Buch stellte ich wiederholt fest, was zwar allgemein bekannt ist oder als allgemein bekannt gilt, was mich in konkreten Fällen jedoch überraschte: wie konservativ, also bewahrend, Sprache ist. Was Menschen einmal gedacht, getan, geformt haben, das mögen Individuen und Generationen zwar wieder vergessen, doch die Sprache vergißt es so rasch nicht. Seit Generationen werden Babys, Kleinstkinder nicht mehr gewickelt, also sanft gefesselt, doch das Wort ›Wickelkind‹ hat immer noch Präsenz. Zwar heißt es heute, modifiziert, ein Baby werde in Windeln gewickelt, aber diese Kompromiß-Formulierung ist ungenau: Windeln werden heute nur noch angelegt oder eingelegt, und damit basta. Was mit dem Wickeln des Wickelkindes aber ursprünglich gemeint war: das Baby, das Kleinstkind wurde von oben bis unten mit zartem Nachdruck bewegungsunfähig gemacht. Es dauerte Jahrhunderte, ehe dieses wohlmeinende Fesseln kritisiert wurde, aber das Wickeln hat solche Kritik noch lange überlebt. Abraham a Santa Clara: »Die Kinder kommen kaum aus der Wiege, so werden sie schon geschmiert, geschnürt, geschmückt, gedrückt, und die Seel hat in ihrem zarten Leib ein gar hartes Quartier, indem die Kinder gleich von Jugend auf mit Brusteisen und Halseisen derart zusammengepreßt werden, daß sie fast keinen Atem schöpfen können. Das alles geschieht, damit man sie gewöhnt, einen geraden Leib zu bekommen – und sollte man ihnen auch einen Bratspieß durchziehen, so ist es eben der Brauch der Welt.«

Ein Wickelkind: die konkrete Vorstellung, wie früher gewickelt worden ist, sie bleibt heute in der Realienkunde isoliert; ›Wickelkind‹ ist ein beinah inhaltsleeres Wort geworden, das höchstens noch assoziiert: ganz kleines Kind, und vielleicht noch: hilfloses Kindchen. In diesem Wort ist die Erinnerung verpuppt, daß Dutzende, Hunderte, wohl Tausende von Millionen Kindern umwikkelt wurden wie Mumien und daß ihre ersten, noch unbewußten Erfahrungen die der Einengung, ja Einschnürung waren, der angelegten Fesseln.

Wann, ungefähr, wurde Neidhart geboren? Hier muß ein wenig kombiniert werden...

In einer wohl späten Liedstrophe spielt Neidhart (oder, um es philologisch exakt zu formulieren: spielt das Sänger-Ich) auf sein hohes Alter an – hoch im Vergleich zur damaligen Lebenserwartung, die bei etwa vierzig Jahren lag.

> Bin ich im Begriff, wahrhaftig zu bereuen,
> und mein Sinnen und mein Trachten
> richten sich aufs Seelenheil,
> das ich ganz verhagelt habe
> mit Gesang (bisher schon fünfzig Jahre lang!),
> so sehe ich: sie hecken etwas Neues aus.

Falls diese Zahl nicht Symbol ist, falls wir sie wirklich als Angabe von Berufsjahren nehmen können – wie hoch dürfen wir den Renommier-Quotienten ansetzen? Wenn Neidhart singt, er habe fünfzig Jahre lang Lieder vorgetragen, so sehe ich keinen überzeugenden Anlaß, ihm das nicht zu glauben. Ich halte mich an die 50 – die einzige Zahl zu seinem Leben, die überliefert ist.

Nun wird Neidhart diese Liedzeile kaum im letzten Lebensjahr gedichtet haben, es wird Spielraum bleiben zwischen der Bekundung christlicher Reue und dem Tod. Neidharts letzte Anspielung auf ein zeitgenössisches Ereignis läßt auf das Jahr 1240 schließen. An diese Richtzahl hat man sich inzwischen gewöhnt.

Und nun das Geburtsjahr: Neidhart wird nicht schon in der Kindheit Lieder gedichtet, komponiert und vorgetragen haben, als ein Amadeus Nithardus, also rechne ich zu den 50 Jahren noch zwei Jahrzehnte hinzu. Neidhart könnte demnach um 1170 geboren sein. Oder etwas später.

Und hier gleich die Frage: Wie kam Neidhart zum Singen, zum Komponieren, zum Verfassen von Liedtexten? Durch eine Art Urzeugung ging das nicht! Neidhart als ein Naturgenie: das wäre rückwirkende Übertragung eines Klischees. Sein Beruf hatte technische Voraussetzungen: daß er notengetreu singen konnte; daß er zumindest *ein* Instrument spielen konnte; daß er übernommene Melodien adaptieren oder eigene Melodien komponieren konnte; daß er wohl auch mit musikalischen Notationen umgehen konnte; daß er vielleicht sogar (ein wenig) lesen, womöglich Notizen machen konnte. Wie ließen sich solche Kenntnisse, Fertigkeiten erwerben?

Denkbar ist: Neidhart, beispielsweise als junger Diener eines Panzerreiters, hat irgendwo einen Sänger kennengelernt, bei einem Auftritt, es ist ein Funke übergesprungen, und er hat sich umgehört, umgetan, hat ein Instrument erlernt, vielleicht bei seinem Lehrherrn oder bei einem Musiker, hat seine ersten Liedtexte entwickelt, hat sie vorgetragen.

Jetzt frage ich mich aber: Wenn Neidhart später einmal ein altes Lied wieder in sein Repertoire aufnehmen wollte – hat er Texte auswendig behalten, die er viele Jahre, womöglich Jahrzehnte früher konzipiert und präsentiert hatte? Hat sie auswendig behalten trotz seines langen Wanderlebens?

Die Fähigkeit, etwas nicht-schriftlich auszuarbeiten und nicht-schriftlich im Gedächtnis zu bewahren: in Neidharts (und Wolframs) Zeit war dies erheblich stärker entwickelt als heute. Trotz des gut trainierten Gedächtnisses in einer Zeit noch ohne ›Reizüberflutung‹: kann man solche Gedächtnisleistungen als selbstverständlich voraussetzen? Konnten nicht Lücken entstehen, Strophen verschwinden?

Wäre es also denkbar, daß Neidhart zumindest Notizen machen konnte? Beispielsweise auf den damals üblichen Wachstäfelchen, in die man mit metallenen Griffeln einritzte, was man bewahren oder was man noch einmal überprüfen wollte? Oder wurden Texte niedergeschrieben in einem Vortragsheftchen oder in einer kleinen Schriftrolle, wie sie oft abgebildet ist in Buchilluminationen des Hohen Mittelalters? Angenommen, er konnte Entwürfe notieren, konnte Liedtexte aufschreiben, für den eigenen Gebrauch – wo und wie hätte er das Lesen und Schreiben lernen können? In einer Klosterschule?

Wo und wie auch immer: Neidhart muß eine Ausbildung gehabt haben, die ihn zum professionellen Sänger machte. Wenn er sich gegen die starke Konkurrenz durchsetzen und in seiner Position halten wollte, so mußte man auch seiner Stimme nachsagen können, was bei Walther von der Vogelweide gerühmt wurde: daß seine Stimme kräftig ist, daß er »spaehe organieret«, also kunstreich vorträgt, daß er seinen »sanc wandelieret«, daß er variationsreich, variantenreich singt. Dazu das Beherrschen mindestens eines Instruments! Und das Bearbeiten oder Erfinden von Melodien! Und das Verfassen von Liedtexten!

Und für welches Publikum sang und spielte er? Trat er in Gasthäusern auf, bei Bauernhochzeiten, spielte er auf bei Tänzen im Freien? Nein, auch er dichtete, komponierte, sang für höfisches Publikum: weltliche Herren in Burgen, geistliche Herren in befestigten Amtssitzen, in Stadthäusern.

N eidhart als Sänger, wohl auch als Instrumentalist unterwegs – wie war sein gesellschaftlicher Status?

Ausschließen läßt sich auf jeden Fall: daß er (wie später Oswald von Wolkenstein) als Adliger für sich selbst und für Standesgenossen dichtete, vertonte, vortrug. Er merkt selbst einmal an, er gehöre nicht zum Adel, denke aber wie ein Adliger – also wie sein Publikum. Neidhart war offenbar Dichter von Beruf. Und wie sein Kollege Walther von der Vogelweide war er beruflich viel auf Reisen. Gehörte er demnach zu den »Fahrenden«, zu den »Spielleuten«?

Der Fahrende: fester Begriff in der Mediävistik, aber mit diesem Begriff läßt sich nicht abgrenzen, ausgrenzen. Unter den Fahrenden gab es ein breites Spektrum zwischen (beispielsweise) Tierstimmen-Imitatoren und Rezitatoren von Werken der Literatur. Ähnlich weit das Spektrum bei Spielleuten, die zugleich Fahrende waren: zwischen unbedarften Gauklern und virtuosen Instrumentalisten. Fahrender, Spielmann: von Neidhart lassen sich diese beiden Begriffe nicht fernhalten, er dürfte viel mit Fahrenden gereist, oft mit Spielleuten aufgetreten sein. Welcher Begriff aber trifft auf ihn zu?

Walther von der Vogelweide wurde in einem Dokument als »cantor« bezeichnet, und hier schlägt Joachim Bumke als Übersetzung vor: Reisender Sänger. Genau dies dürfte auf Neidhart zutreffen: er war reisender Sänger. Reisend suchte er Gelegenheiten für Auftritte vor höfischen Gesellschaftskreisen. Und er zog mit Herrschaften umher, die vielfach reisend regierten, in ihrer Region, in ihrem Land.

Also, ich halte zwei Begriffe fest: *Berufsdichter* und *Reisender Sänger*. Neidhart fand sein Publikum in einer Gesellschaftsklasse, in der die Männer vielfach unterwegs waren. Das wird von Wissenschaftlern auf einen Begriff gebracht, der zugleich für Zugvögel zutrifft: Migration.

Viel Reisebewegung im Mittelalter! Panzerreiter zogen umher und suchten militärische Engagements oder Verdienstmöglichkeiten auf Turnieren; Studenten, Scholaren wanderten zu (ausländischen) Universitäten; alte Kleriker, »Luderpfaffen«, Bettler tippelten dahin; Kaufleute begleiteten vielfach noch persönlich ihre Waren; immer wieder wurden Trupps, Truppen, Heere in Marsch gesetzt; und in allen Richtungen wurde Europa durchzogen von Pilgergruppen, Pilgerscharen, Pilgerkolonnen.

Auch der Liederkomponist und Sänger Neidhart war unterwegs. Oder, wie man heute sagen würde: on the road. Motto eines Lyrikertreffens: Poetry on the road.

So weit seine Reisen auch hinausführen mochten ins Fremde, auch für ihn gab es Städte und Stätten, zu denen er zurückkehrte. Einer dieser Anlaufpunkte dürfte Landshut gewesen sein. In einer Liedstrophe schickt das Sänger-Ich, diesmal von einer Pilgerreise heimkehrend, einen Boten voraus nach Landshut: er soll die baldige Ankunft melden, soll Grüße überbringen.

Bote , sag der liebenswerten Frau:
das Glücksrad dreht sich mir nach Wunsch!
Richte du in Landshut aus:
wir sind alle hochgestimmt
und gesund.

Dankbar für kleinste Hinweise, greife ich das Stichwort Landshut auf, versuche es einzuordnen in damalige Konstellationen, versuche – mit gebührender Vorsicht – Schlüsse zu ziehen.

Landshut: ich werde diese Stadt noch skizzieren. Sie wird, so nehme ich hier voraus, zu einer der wichtigsten Residenzen des Herzogs von Bayern. Seine Hauptstadt wird Landshut freilich nicht, der Herzog wird weiterhin Hof halten in vielen Städten und Burgen des Landes, doch Landshut gewinnt fast zentrale Bedeutung.

Neidharts Grüße nach Landshut: er fingiert, daß sie einer oder seiner Frau gelten. Aber auch dieses Lied wird vor höfischem Publikum gesungen, vor höfischen Mitreisenden und nach der Rückkehr vielleicht noch einmal am Hof zu Landshut. So ist es nur scheinadressiert an die Frau – die wahre Anschrift der Botschaft ist der Hof. Hier ist die Anschrift seines potentiellen Dienstherrn, die Anschrift vielleicht auch seines Lehnsherrn.

Herzog Ludwig I. von Bayern: nie singt Neidhart von ihm; der Wittelsbacher dürfte dennoch eine Rolle gespielt haben in seinem Leben.

1174 in Kelheim geboren, war er ungefähr in Neidharts Alter. Er wuchs auf in der Burg Kelheim; als er neun war, starb sein Vater, Ludwig wurde zum Nachfolger ernannt. Das Herzogtum mußte erst einmal für ihn regiert werden: drei Onkel und seine Mutter Agnes übernahmen die Vormundschaft. Mit vierzehn Jahren wurde Ludwig für volljährig erklärt. Einer der Titel, die ihm verliehen wurden, war »dux totius bavariae«, Fürst des gesamten Bayern. Aber dieser Titel erscheint in einigen der Dokumente, die in Kloster-Skriptorien gefälscht oder verfälscht wurden. Mit diesem

Titel wurde ein Anspruch formuliert, keine Realität benannt. Das Herzogtum Bayern war alles andere als ein zusammenhängendes, homogenes, vom Herzog unangefochten regiertes Territorium; kartographisch glich es einem Flickerlteppich. Überall gab es Städte, Landstriche, deren Herren sich vom Herzog nicht dreinreden lassen wollten, ja, die dem Landesherrn so viel Macht und Besitz abnehmen wollten wie irgend möglich. Dieses Gerangel wird typisch bleiben bis in die Zeit eines Oswald von Wolkenstein, auch er wird zu den Adligen gehören, die ihren Landesherrn bekämpfen. Hier zeigt sich eine Grundkonstellation.

Die acht Bischöfe von Bayern waren besonders hartnäckige und entschiedene Gegner des Herzogs. Auch die hohen weltlichen Herren wollten sich dem Herzog nicht unterstellen. Für mehrere Namen nur zwei: die von Bogen, die von Andechs. Mit den Andechsern hatte Ludwig am härtesten zu kämpfen, vierzig Jahre lang.

Die militärischen Auseinandersetzungen blieben regional und zeitlich begrenzt, aber: Neidhart wuchs auf, Neidhart lebte in einem politisch instabilen Gebilde, in einem allgemeinen Gerangel um Macht, in einer Zeit der Fehden und Kriege.

Später, wenn Neidhart vorwiegend in Österreich lebt, wird er sich in seinen Liedern wiederholt an Herzog Friedrich von Babenberg wenden. Warum aber wird in der Neidhart-Überlieferung kein einziges Mal Herzog Ludwig erwähnt? Wollte der Herzog mit diesem Sänger eventuell doch nichts zu tun haben? Oder wollte er als Gastgeber, als Gönner, nicht genannt werden? Dies wäre recht unwahrscheinlich.

Ich wage eine These: Herzog Ludwig könnte es seiner Gemahlin überlassen haben, Neidhart an den Hof zu rufen, ihn für Auftritte zu honorieren. Zumindest in Schwänken des Spätmittelalters wird Neidhart mit der Herzogin von Bayern zusammengeführt. Schiere Fiktion? Oder könnte, ich betone: *könnte* diese Konstellation einen realen Kern besitzen?

Als Beispiel der Hosen-Schwank. Der Sänger, der mit Neidhart identifiziert wird, kommt nach Nürnberg, staffiert sich mit neuen Beinlingen, also einer Hose aus, deren Preis er trickreich herunterhandelt; er wird danach von einem hohen Repräsentanten zur Burg des Landesherrn eingeladen.

> Ich ging hinauf zum Fürstensaal,
> der war ringsumher geschmückt.
> Ich stand und wartete ein wenig.
> Man lud die Damen dorthin ein –
>   sie sollten sich beeilen!
> Ich legte mir schon mal zurecht,
> wie ich vor den edlen Damen
> aufträt, höfisch im Betragen.
> Viele drängten sich heran,
>   wollten wissen, wer ich sei.
> Und schon kam die Herzogin
> mit ihren Damen, edlen Fräuleins,
> ihren vielen jungen Mädchen –
> alle wollten sie mich sehen.
> Es hieß: »Er weiß die Form zu wahren,
> so bleibe er bei uns am Hof!«
> Was ich selbst erbitten müßte,
> das erbaten sie von mir...

Am Ende des elf Strophen langen Liedtextes ›berichtet‹ das Sänger-Ich:

> Und Gott belohnte mich dafür,
> daß ich in meinem Herzen nie
> einen braven Mann gehaßt,
> bloß Tölpel, die es übertrieben,
> die mich schmählich angeschwärzt
> bei der Herzogin von Bayern
>   und die nur mein Schlimmstes wollten.

Im berühmten Veilchen-Schwank wird erzählt, wie ein Bauer den Sänger desavouierte. Ich werde die Ballade später vorstellen – hier nur drei Zeilen.

Und die Herzogin von Bayern
führte ich an meiner Hand;
Pfeifen, Fiedeln, Flöten folgten.

Ich muß gleich anmerken: in einer Alternativ-Version dieses Schwanks ist es die hohe Dame zu Wien. Dies könnte eine Modifizierung des Liedtextes für das neue Publikum sein, vor dem es gesungen wurde. Trotz dieser Variante: die Konstellation Herzogin von Bayern und Neidhart könnte durchaus einen Nukleus historischer Realität besitzen. Denn: vieles wurde weitererzählt auch in damaligen literarischen Kreisen; diese Mitteilungen veränderten sich zwar im Prozeß des Tradierens, Stilisierens, dennoch bleibt (im Spielraum des Wahrscheinlichen) denkbar, daß die Herzogin von Bayern den Dichterkomponisten Neidhart förderte, zumindest zeitweise.

Ludmilla von Böhmen wäre nicht die erste Frau am Wittelsbacher Hof, die Literatur förderte. Auch Agnes, die Mutter des Herzogs, war an Literatur interessiert, und dies aktiv. Und sie folgte damit wiederum dem Vorbild ihrer Mutter. Warum sollte sich nicht auch die Gemahlin des Herzogs Ludwig für Literatur und Musik interessieren und Künstler fördern? Joachim Bumke hat die Rolle der fürstlichen Gönnerin beschrieben in seinen Büchern *Mäzene im Mittelalter* und *Höfisches Leben*.

Mäzene und Gönnerinnen werden allerdings eher in epischen als in lyrischen Werken genannt: bei höfischen Epen und Romanen der Volkssprache war kontinuierliche, zumindest längerfristige Unterstützung notwendig – vor allem mußte ein Schreiber gestellt, mußte das teure Pergament gestiftet werden. Bei einem Liederdichter, Liederkomponisten war der Aufwand geringer, punktueller, mußte deshalb vielleicht nicht so hervorgehoben werden. Vor allem: es könnte gegen höfische Spielregeln verstoßen haben, wenn ein Liedersänger eine Fürstin anbettelte, öffentlich.

»Und die Herzogin von Bayern«: ja, vielleicht war *sie* es, die Neidhart einlud in Burgen, Residenzen, in denen ihr Mann jeweils Hof hielt, durch sein Land ziehend in jener sehr unruhigen Zeit oft kriegerischer Auseinandersetzungen. In Landshut hielt er öfter Hof als in anderen Orten. Und so setze ich mit dieser Stadt einen topographischen Fixpunkt im rekonstruierenden Entwurf eines Lebenslaufs, den ich als Lebensreise sehe.

Im Jahre 1204, so berichtet Abt Hermann von Niederaltaich, gründete »Ludwicus dux Bawariae« Burg und Stadt Landshut, »castrum et oppidum in Lantshut«. Freilich, eine Neugründung war dies nicht, sondern eine Wiedergründung.

Landshut (oder wie der bayerische Chronist Johannes Aventinus schreibt: »Wehr, Schutz und Hut des Landes«) war damals schon eine Siedlung mit einer Burg auf dem heutigen Stadtberg. Aber es war, wie im 12. Jahrhundert vielfach noch üblich, eine Burg aus Holz, mit Balken-Palisaden statt einer Umfassungsmauer. Herzog Ludwig ersetzte sie durch eine gemauerte Burg, machte aus dem Burgflecken eine befestigte Stadt.

Interessant in diesem Zusamenhang ein Hinweis Aventins: »Es pautens im die Juden auf.« Das heißt: vor allem Juden finanzierten den Bau von Burg und Stadt; dafür werden sie Wohnprivilegien erhalten haben: »die setzt er auch da drein«.

Die neue Burg des Herzogs Ludwig hieß damals Landshut wie die Stadt; erst viel später wurde der Name allein auf die Stadt bezogen, und die Burg nannte man Trausnitz.

Die Stadtfestung sollte vor allem den Isar-Übergang sichern; hier trafen sich drei Straßen, die Römerstraßen folgten: eine Nord-Süd-Strecke, eine Ost-West-Strecke und eine Nordwest-Südost-Verbindung. Die Bedeutung dieses Flußübergangs sollte noch verstärkt werden: dazu mußte Ludwig einen anderen Übergang, der Regensburg gehörte, durch eine Militäraktion sperren. Die »neue Straßenführung« brachte der Stadt vor allem Zolleinnahmen, dies besonders im Salzhandel; die Nord-Süd-Verbindung wird als »Salzstraße« bezeichnet.

Es ist nicht mehr zu klären, wie schnell Ludwig mit dem Bau von Burg und Stadt vorankam, aber das Tempo muß groß gewesen sein, denn schon ab 1205 sind für Landshut Ministeriale dokumentiert – die Verwaltung funktionierte also bereits. Zu dieser Zeit standen mit Sicherheit der Bergfried, der Palas, die Kapelle und der Trakt für das Gefolge; dies alles »unter einem von Westen nach Osten verlaufenden Satteldach«. Unter diesem Satteldach dürfte auch Neidhart aufgetreten sein.

Ich besteige den Burgberg, beschaue mir Landshut vom »Schanzl« aus, mache mir das Bild dieser Stadt deutlicher auf dem »zerlernten« Stadtplan, den ich im Hotel auslieh, weil die Geschäfte geschlossen sind: die Strömungsform, Fischform der Insel zwischen der Großen und der Kleinen Isar, Ritterwöhr; draußen die Stadtwucherungen des Industriegebiets Nord, der Bayerwaldsiedlung, der St.-Wolfgang-Siedlung, des Gewerbegebietes West, aber von diesen Neubauflächen kann ich absehen in meiner Rekonstruktion; die Stadt des Herzogs Ludwig und des Sängers Neidhart hatte sich am Fuß des Burgbergs zusammengedrängt, von Mauern umgeben, die auch vor Hochwasser schützen sollten. So war die Insel zu jener Zeit wohl kaum bebaut, und sie hatte bestimmt noch nicht so klare, weil befestigte Konturen, war weithin von Auwald, Gestrüpp bewachsen.

Die Diagonalachse dieser Stadt wird es zu Neidharts Zeit bereits gegeben haben, der heutige Verlauf des Straßenzuges »Altstadt«; vielleicht gab es auch schon den parallelen Straßenzug, der heute »Neustadt« heißt, aber sichtlich Altstadt ist. Durch die Stadtachse ritten und gingen alle Reisenden, wurden die Waren transportiert, auch die Salzsäcke. Und die Burg, das sehe ich jetzt, liegt über der Enge zwischen Berg und Fluß, kann von hier aus behüten und bedrohen.

Burg Trausnitz: ich suche hier nach Markierungen aus der Zeit, in der Ludwig die Burg erbaute, in der Neidhart in dieser Burg aufgetreten sein könnte. Als unübersehbares Zeichen der mächtige Turm des Bergfrieds, heute Wittelsbacher Turm genannt: das Mauerwerk noch aus der Gründungszeit; die Dachhaube und andere Zutaten später. In der Burg muß ich freilich angestrengt Ausschau halten nach Bausubstanz, nach Bauformen aus Neidharts Zeit. Beispielsweise in der Neuen Dürnitz, im Saal also, der im 15. Jahrhundert für größere Versammlungen gebaut wurde: »drei der Umfassungswände gehören dem 13. Jahrhundert«, lese ich, höre ich, das glaube ich auch zu sehen. Und nebenan die Burgkapelle St. Georg: »errichtet in der ersten Hälfte des 13. Jahrhunderts, als zweigeschossiger, flach gedeckter Raumkubus«. Viele Veränderungen in späteren Jahrhunderten, aber: diese Mauern könnten Neidhart umgeben haben, zeitweilig.

W issen wollen, wie es gewesen ist, sogar wissen wollen, wie es ›wirklich‹ gewesen ist: hier erhalte ich in Landshut eine Lektion.

In den nachgebauten Räumen der Trausnitz, die beim großen Brand von 1961 Decken wie Böden verloren, sind als Leihgaben elf große Gobelins aufgehängt, 1618 in Paris vollendet. Auf jedem Gobelin die lateinische (abgekürzte) Überschrift: Otto der Große, Pfalzgraf, Wittelsbacher, Herzog der Bayern. Riesige Historiengemälde in Stoff. Und auf den zahlreichen Quadratmetern nicht der geringste Ansatz, den Vater des Herzogs Ludwig so darzustellen, wie er ausgesehen haben könnte, und vor allem: wie er und seine Zeitgenossen im zwölften Jahrhundert wahrscheinlich gekleidet waren. Völlig selbstverständlich tragen alle Personen der historisch-dramatischen Szenenfolge des Gobelintheaters Kostüme des 17. Jahrhunderts. Die gleiche Selbstverständlichkeit, mit der zu Neidharts Zeit Figuren der Römerzeit Kleider und Rüstungen des 13. Jahrhunderts auf den Leib gemalt wurden. Und auf meine Zeit übertragen: als wäre es selbstverständlich, Herzog Otto im grauen oder graublauen oder blauen Anzug des Politik-Managements darzustellen, mit der Krawatte, mit der Brillenform der Saison, mit ›aktuellem‹ Haarschnitt.

Personen der Vergangenheit als Zeitgenossen?! Würde ich den Stiftern, den Auftraggebern der Wirkteppiche nachträglich diese

Frage stellen, sie könnten mich nicht verstehen. Maximilian und seine Gemahlin Elisabeth würden mich vielleicht nur fragen, ob mir die Gobelins denn nicht gefielen?! Und sie würden mich auf die sehr schön wiedergegebenen Kostüme hinweisen.

Ich müßte hartnäckig einwenden, dies seien nicht Kostüme des ausgehenden zwölften und beginnenden dreizehnten Jahrhunderts, und das heiße: man versuche, mit solcher Kostümierung aus Personen der Vergangenheit Personen der Gegenwart zu machen, hier also der Gegenwart des 17. Jahrhunderts. Damit werde Betrachtern der Wirkteppiche die Schlußfolgerung suggeriert: Dies, auch dies seien ›Menschen wie wir‹.

Und das hohe Paar? Es könnte mich fragen: Ja, sind die Menschen der Vergangenheit nicht in der Tat so gewesen wie wir? Haben nicht auch sie gezittert, wenn sie Angst hatten? Haben nicht auch sie geschwitzt, wenn ihnen heiß war? Haben nicht auch sie gelacht, wenn sie fröhlich waren? Haben nicht auch sie zugelangt, wenn sie hungrig waren? Haben nicht auch sie sich vergnügt, beispielsweise beim Tanzen? Hatten nicht auch sie Freude an Musik? Äußerstenfalls könnte mir Maximilian huldvoll zugestehen: Diese Menschen haben andere Speisen gegessen, andere Getränke getrunken, andere Lieder gesungen, andere Schrittfolgen getanzt, aber die Entsprechungen überwiegen – warum für die Vorfahren also nicht Kostüme, wie wir sie tragen? Und wenn ich insistierte: Euer Gnaden, diese Menschen haben ganz anders gedacht, haben ganz anders gefühlt, so wird er mit weiter Geste auf die elf Teppiche dieser Bildfolge über das Leben des Herzogs Otto hinweisen.

Zum Bild der Zeit eines Neidhart, oder: zum Bild, das wir uns von Neidharts Zeit zu machen versuchen, gehören die zahlreichen Aussätzigen. Statt Aussatz sagen wir Lepra. Dieses Wort ist im europäischen Bereich heute vielfach mit dem Wort »Spende« verbunden, für die »Leprahilfe« in Afrika oder Indien. Es soll zehn Millionen, ja an die zwanzig Millionen Leprakranke auf der Welt geben, so heißt es in Spendenaufrufen. Lepra – eine Krankheit, die es in Zentraleuropa seit dem 16. Jahrhundert nicht mehr gibt: zu Neidharts oder zu Wolframs Zeit, auch zu Oswalds Zeit war Lepra jedoch eine der großen, das Öffentlichkeitsbild prägenden Krankheiten.

Einige der Auswirkungen von Lepra, wie man sie damals täglich oder fast täglich sah. Es bildeten sich als erstes Flecken auf der Haut, sie wurde rauh, fühlte sich schuppig an, wurde unempfindlich, damit anfällig für Infektionen bei Verletzungen; die Nervenstränge verdickten sich, bildeten Knoten; die ersten Knötchen zeigten sich meist im Gesicht; die Lippen schwollen an, auch die Augenlider; die Knoten wuchsen sich vielfach zu Geschwüren aus; befallen wurden vor allem Nase, Ohrläppchen, die Umgebung der Augenhöhlen – die Augenbrauen fielen aus, auch die Barthaare; es bildete sich das von Geschwüren entstellte, verquollene, zerfressene »Löwengesicht« (facies leontina); Hände und Füße wurden befallen; Gelenke wurden steif; Muskelschwund setzte ein; Knoten und Geschwüre öffneten sich, der Körper infizierte sich selbst durch den Blutkreislauf; innere Organe wurden befallen.

Leprakranke wurden und werden oft schon bei ersten sichtbaren Knoten zu Aussätzigen, wurden und werden aus der Familie ausgestoßen, weil die Krankheit seit jeher als böses Omen gilt, als Strafe für die Familie. Die Leprakranken müssen und mußten betteln, man kaufte, kauft sich von ihrem Anblick frei durch Almosen.

Von Tröpfcheninfektion wußte man im Mittelalter noch nichts; man spekulierte über mögliche Ursachen von Lepra, gab mal verdorbener Luft die Schuld, mal verdorbenem Wasser, mal »finnigem« Schweinefleisch. Man wußte, Lepra ist ansteckend, vermutete freilich, die Krankheit würde vor allem durch Geschlechtsverkehr übertragen und hier am ehesten bei außerehelichem – Leprakranke galten als besonders triebhaft.

Man sah letztlich nur *eine* Möglichkeit, die Ausbreitung dieser entstellenden, zerfressenden, verkrüppelnden, tötenden Krankheit einzugrenzen: die Isolierung. In Neidharts Zeit waren die Leprosorien als Spitäler ausschließlich für Leprakranke bestimmt – euphemistisch wurden sie vielfach Gutleutehaus, Gutleutehof genannt. Diese »Sondersiechenhäuser« wurden außerhalb der Stadtmauern errichtet, aber vielfach an großen Straßen, um den Insassen das Betteln zu erleichtern, vor allem bei umherziehenden Händlern. Wer Leprakranken half, tat etwas für sein Seelenheil, und so sind Lepraspitäler durchweg fromme Schenkungen, Stiftungen. Zu solch einem Spital sollte auch eine eigene Kirche, zumindest eine Kapelle gehören, ein eigener Friedhof, auch eigene Bewirtschaftung.

Die Gesellschaft grenzte die Leprakranken aus. Sie durften nicht auf dem Markt erscheinen, sie durften nicht zum Backofen, nicht zur Mühle gehen, auch nicht in die Kirche – höchstens von außen her, durch einen speziellen Mauerschlitz spähend und horchend, durften sie an Gottesdiensten teilnehmen. Und das dritte Laterankonzil verkündigte: »Leprosi cum sanis habitare non possunt«, Lepröse dürfen nicht mit Gesunden zusammenleben.

Und wie war es bei einer Ehe zwischen einer leprösen und einer gesunden Person? Den Kranken wurde zugestanden, mit dem Ehepartner Geschlechtsverkehr auszuüben. Wurde der oder die Kranke in ein Spital eingewiesen, mußte der Ehepartner folgen – die Unauflöslichkeit der Ehe wurde für diesen Fall besonders betont (»De coniugio leprosorum«). Es wurden auch Kinder geboren in Lepraspitälern.

Hier herrschte weithin Selbstverwaltung. Ich lese dazu im *Lexikon des Mittelalters*: »Die in einem Leprosorium zusammengefaßten Kranken bildeten eine Art religiöser Genossenschaft, die zwar nicht als Orden, aber als Bruderschaft betrachtet werden kann. Sie gelobten Gütergemeinschaft, wählten aus ihrer Mitte einen Leprosenmeister, lebten nach einer Leprosenordnung, die in der Regel Gleichheit von Verpflegung und Kleidung (graues Gewand mit Umhang oder Kapuze; Wintermantel mit Hut oder Fellmütze) vorschrieb, sprachen in festgelegten Zeitabständen über interne Angelegenheiten Recht, gewährten Neuankömmlingen eine Art Noviziat und konnten unter Einschaltung der geistlichen Aufsicht ungebärdige Mitglieder aus ihrer Gemeinschaft ausschließen.« Was geschah mit denen?

Die Isolierung war nicht vollständig: die Leprakranken besaßen offiziell das Bettelrecht, wenn auch mit Einschränkungen. Einzelne Kranke konnten weite »Bettelfahrten« unternehmen, Gruppen von Leprakranken machten »Bettelumzüge«. Gebettelt wurde, wie schon angedeutet, meist auf den Straßen, an denen die Spitäler erbaut waren, gebettelt wurde aber auch in der Stadt. Die Kranken mußten allerdings Distanz halten zu den Gesunden, mußten auf sich aufmerksam machen. Deshalb die graue Kleidung, das »Lazaruskleid«. Auch mußten die Kranken akustisch vor sich warnen, mußten Klappern schwingen (»Lazarusklapper«), Ratschen oder kleine Glocken, oder sie tuteten in Hörner.

Warf man ihnen die Almosen zu? Legte man das Stück Brot oder das Ei oder die kleine Münze auf den Boden, wich zurück, schaute aus sicherem Abstand zu, wie der verkrüppelte Bettler das Almosen an sich nahm? Man hatte nicht nur Angst vor Ansteckung, es wurde Aussätzigen vielfach nachgesagt, sie hätten den bösen Blick. Und wer den bösen Blick hat, der tut Böses, beispielsweise indem er Brunnen vergiftet. In der Tat, es waren viele Brunnen verseucht im Mittelalter, aber schuld daran waren weder die Aussätzigen noch die Juden.

Michel Foucault weist darauf hin, daß im Mittelalter zwar die Leprakranken in Heimen isoliert wurden, daß man Irre aber nicht aus der Gesellschaft ausschloß; erst als sich die Lepra aus Zentraleuropa zurückzog in die südlichen Randbereiche, wurden die Leprosorien in Irrenhäuser umgewandelt, aber das wird, von Neidhart aus gerechnet, noch Jahrhunderte dauern. Von da an die »Geste, die den Wahnsinn abtrennt«, die »Zäsur«, die »Distanz zwischen Vernunft und Nicht-Vernunft«, das Festlegen einer »Grenze«, einer »Trennungslinie«.

Im Mittelalter gab es dagegen ständig Konfrontationen: mit der Möglichkeit, siech oder verkrüppelt zu sein, mit der Möglichkeit, schwachsinnig oder wahnsinnig zu werden. Es war ein selbstverständliches Zusammenleben mit solchen Möglichkeiten, die für die jeweiligen Opfer unausweichliche Wirklichkeiten gewesen sind.

Ein Fallbericht nach einer wenig bekannten Publikation: der Katalog einer Ausstellung in Villingen, unter dem Titel *Krankheit und Heilung*; Resultate einer Ausgrabung.

Eine Vorbemerkung, um das Außerordentliche des archäologischen Fundes bewußt zu machen. Menschen des Mittelalters wollten in ihrer Kirche begraben werden, und zwar möglichst nah am

Altar. Der Chorraum war deshalb besonders beliebt, hier wurden aber nur Privilegierte bestattet: Mitglieder der adligen Familie vor allem, die zu den Stiftern und Förderern einer Kloster- oder Pfarrkirche gehörten, zu ihren Vögten, also Schutzherren, Schirmherren. Selbstverständlich wurden auch Kleriker höherer Ränge in der Nähe des Altars bestattet. Wer kein Vorrecht auf eine Bestattung im Chor hatte, der fand seine letzte Ruhestätte unter den Füßen der Lebenden im Kirchenschiff; alle anderen wurden außerhalb der Kirche begraben, und auch hier wollte man dem Altar möglichst nah sein.

Weil Pfarrkirchen stets in der Ortsmitte standen, war auch der Friedhof Mitte des Ortes – Friedhöfe konnten sich deshalb kaum ausdehnen. Dies bedeutete: der Platz für die Toten war knapp. So lagen sie, vor allem in der Kirche, dicht gedrängt; möglichst wenig Grundfläche auch für die Gräber privilegierter Personen. Schmales Grab an schmalem Grab: das zeigt sich immer wieder bei Ausgrabungen in Kirchen.

Im Münster von Villingen ist nun vor einigen Jahren ein Grab freigelegt worden, dessen Grundriß fast quadratisch war: die Breite betrug 160 Zentimeter. Das freigelegte Skelett in einer überraschenden Pose: das rechte Bein als Standbein gestreckt, das linke Knie hochgezogen, Oberschenkel und Unterschenkel seitlich ausgewinkelt; der linke Arm stark eingeknickt, die Hand wohl in der Taille aufgestützt; der rechte Arm hochgeworfen, die Hand fast über dem schräg gehaltenen Kopf.

Meine erste Assoziation: erstarrte, jähe Tanzbewegung! Ihre Ekstatik ist so suggestiv, daß sich die Bewegung fortzusetzen scheint, nach vielen Jahrhunderten.

Ein Toter des Mittelalters; ein Mann, der in reifen Jahren gestorben ist, nach dem Knochenbefund. Eine Grabbeigabe: ein kleiner, hölzerner Kelch; damit ist »dieser Mann als Priester ausgewiesen«. Der Priester, der die Grabfläche von zwei Toten erhielt, hat an Veitstanz gelitten, das zeigen Vergleiche mit ähnlichen Grabfunden bis in die Schweiz.

Über Veitstanz hatte ich nur vage Vorstellungen; ich habe mich im Katalog und in einem Fachbuch informiert. Veitstanz ist eine

Erkrankung des Zentralen Nervensystems. Deutlichste, sichtbarste Folge dieser schweren Erkrankung: unkoordinierte, jähe Bewegungen, »ausfahrend«, das »Gliederwerfen«. Eine Symptomatik also, die der einer schweren spastischen Erkrankung ähneln dürfte.

Der Priester, der an Veitstanz litt: er konnte nur mühsam sprechen, schwerfällig, er schien über Sprachlaute zu stolpern. Er mußte gefüttert werden, man mußte ihm Getränke einflößen, er mußte angezogen, ausgezogen werden. Bewegte er sich, so brauchte er helfende Begleitung. Bei schon geringer Erregung wurden die ausfahrenden Bewegungen noch wilder: das heftige Zucken, Gliederwerfen des Veitstänzers. Beim Verlesen oder Sprechen liturgischer Texte, beim Predigen muß er große Schwierigkeiten gehabt haben; beim Zelebrieren der Messe am Altar unkontrollierte, unkontrollierbare Bewegungen. Aber er blieb Priester. Und er wurde noch im Tod geehrt: durch die Bestattung in der Kirche, »mit dem Blick zum Chor«, durch den ausladenden Sarg, in dem eine seiner jähen, tanzähnlichen Bewegungen nachgebildet wurde.

Der Priester im mittelalterlichen Villingen, der an Veitstanz litt: nicht nur eine Vignette in diesem Buch. Denn auch hier zeigt sich: das Spektrum der Lebensäußerungen war zu Neidharts Zeit entschieden weiter als heute. In der damaligen Gesellschaft, in der Schwachsinnige, Irrsinnige nicht isoliert wurden, in der Menschen mit leprazerfressenen Gesichtern herumliefen, mit Ratschen und Rasseln auf sich hinweisend, in der Bettler Beinstümpfe auf ausgebreiteten Lumpen betonten, in der es öffentlich durchgeführte Verstümmelungen und Hinrichtungen gab, in dieser Gesellschaft war die heutige Sorge wohl unbekannt, man könnte sich ›auffällig benehmen‹, könnte ›wie ein Verrückter‹ agieren. Unter einer Gruppe wilder Tänzer fällt nur ein besonders wilder Tänzer auf; zwischen statisch verharrenden Figuren genügen schon Andeutungen von Wildheit.

War Neidhart, dessen Sänger-Ich wilde Tänze entfesselte, in Erscheinung und Verhalten selbstbeherrscht? Aufzeichnungen über Neidhart, wie ich sie mir vor diesem Hintergrund wünschte: die

Person wird in ihren Umrissen, ihrem Verhalten erkennbar – und wirkt zugleich fremd. Verhält sich völlig anders, als das vorausgesetzt wird in deutschen Literaturgeschichten. Pittoresk, ja – aber bitte nicht unberechenbar! Temperamentvoll, ja – aber bitte nicht extrem! Bunt, ja – aber bitte nicht extravagant! Am besten: moderates Verhalten.

Dieses Erwartungsbild, Wunschbild durchbrechen mit heftigen Gesten, wilden Gebärden? Neidhart als ein Mann, der ohne Zögern zuschlägt, wenn er geärgert wird oder sich herausgefordert fühlt?

Oder: Neidhart erhält ein üppiges Geschenk von einem der hohen Herren, schenkt die Hälfte spontan einem Musiker, der mit ihm aufgetreten ist – keiner der beiden kann sich einen Reim darauf machen, aber sie weinen vor Glück?

Oder: Neidhart, der sich auffällig kleidet, weil das unter Spielleuten weithin üblich ist, und der sich, nach einer Bußpredigt, die bunten Kleidungsstücke vom Leib reißt, sie ins Feuer wirft?

Oder: Neidhart, der in jener Welt streunender Köter Steine auf jeden Hund wirft, der ihm entgegenkommt, und der vom Weg einen Raben aufhebt, der nicht mehr fliegen kann, und er nimmt ihn mit, sucht ihm täglich Futter, denn er ist davon überzeugt, daß der Rabe ihm Glück bringt, so schwarz er auch sein mag?

Oder: Neidhart, der zwei Tage lang in einer Kirche kniet, weil eine Schwester wie durch ein Wunder von langer Krankheit geheilt worden ist, und als er die Kirche verläßt, singt er laut ein erotisches Lied, und niemand wundert sich?

Neidhart mit solchen Zügen (die ich ihm zuschreibe auf Widerruf): jemand, der mir Widerstand leisten würde; jemand, den ich nicht an meine Seite stellen könnte; jemand, in den ich mich nicht einfühlen, mit dem ich mich nicht eins fühlen könnte. Keiner von uns, keiner wie ich: so möchte ich ihm begegnen in einer alten Aufzeichnung.

Für Könige und Kaiser jener Zeit ist unberechenbares, vielfach explosives Verhalten dokumentiert, auch für hohe Gefolgsmänner. Beispielsweise Heinrich von Pappenheim, Marschall des Kaisers Friedrich Barbarossa, Marschall des Kaisers Heinrich VI., Marschall des Königs Philipp von Schwaben, Marschall des Kaisers Otto IV., zuletzt Marschall des Kaisers Friedrich II.: er reist mit König Otto nach Rom, zur Kaiserkrönung; in Padua findet ein Ostermahl statt; der Truchseß gibt einem Pagen, der Kuchen stibitzt hat, eine Ohrfeige; der Marschall zieht sein Schwert und tötet den Truchseß; Otto gerät in Rage und will den Marschall hinrichten lassen; der Marschall fällt über den hünenhaften Otto her, reißt ihn am Bart, bringt ihn zu Fall; der Marschall wird dennoch begnadigt, darf dem Kaiser aber nicht mehr unter die Augen treten; später rettet er Otto im Kampf das Leben, dafür wird er vom Kaiser reich beschenkt, mit Gütern und Ämtern.

Je deutlicher die Konturen der Lebensformen und Lebensumstände von Menschen des 13. Jahrhunderts, desto stärker die Kontraste zu heutigen Lebensformen und Lebensumständen. »Ich stehe vor einem Rätsel« – ja, erst dann beginnt die Konfrontation. Wozu Beschäftigung mit Vergangenheit, wenn wir dem immer Gleichen begegnen würden, nur jeweils anders kostümiert?

Um Neidhart näher zu kommen, gehe ich selbst auf Reisen. Eine dieser Neidhart-Reisen führt nach Heisterbach.

Chorruine Heisterbach: wie eine riesige, ins Grün gesteckte, verkrustete Muschelhälfte, dem Besucher, der auf sie zuschreitet, die Innenhöhlung zeigend: sieben Maueröffnungen mit romanischen Säulen; der Chorumgang mit Außennischen; sieben Fenster im Gewölbe. Vor dieser Chorruine stehend, schließe ich die Augen und sehe in einer der Nischen, die für andere Besucher, Betrachter hinter der inneren Chormauer verborgen sind, einen Beichtstuhl, schrankförmig, aus dunklem Eichenholz – als wäre er dorthin gezaubert worden.

Ich gehe auf diesen Beichtstuhl zu mit weiterhin geschlossenen Augen, weil ich mein Ziel sonst nicht finde, und ich knie, die Augen öffnend, am Beichtstuhl nieder, habe ein Quadrat gekreuzter Holzleisten vor mir, erahne in diesem fast völlig finsteren Gehäuse die mögliche Präsenz eines Mannes, und ich weiß: das könnte nur er sein, Caesarius von Heisterbach. Ich begrüße den Mönch, den Novizenmeister – im Beichtstuhl Totenstille.

Ich wiederhole den Gruß, doch die Antwort läßt auf sich warten. Minuten vergehen, viele Minuten, aber für ihn, der im Gehäuse sein könnte, wäre diese Zeit nur ein Lidschlag. Ja, Zeit wäre für ihn vielleicht nicht einmal mehr Bewegung, Zeit könnte sich in seinem Bewußtsein bereits kristallisiert haben, der große Zeitkristall schließt ihn womöglich ein.

Ich überlege, ob ich zur Eröffnung des Gesprächs die Frage stellen soll, die in diesem Kloster formuliert und aus ihm herausgetragen worden ist, in der Überlieferung der Sage vom Heisterbacher Mönch, eine Frage, die mich begleitet: »Was ist ein Jahrhundert? Was ist ein Jahrtausend? Was ist Zeit, das Vergehen von Zeit?« Soll ich diese Frage aussprechen, im Chorumgang, flüsterleise? Aber könnte sich der Zeitabstand zwischen Frage und Antwort nicht allzu sehr ausdehnen? Und seinem Zeitkristall wachsen weitere Kristalle hinzu, konzentrisch-polygonal? Und meine Zeit ein immer nervöseres Schwingen, ja Vibrieren?

Ich setze mich auf das Kniebrett des Beichtstuhls, lehne mich ans Holz. Nein, ich stelle diese Frage nicht, sie würde zuviel Zeit verschlingen in einer Antwort, mit der er sich Zeit ließe, ich möchte viel lieber gleich über Neidhart mit ihm sprechen, denn: Caesarius ist nicht nur sein Zeitgenosse gewesen, sondern, um 1180 geboren, auch ein Altersgenosse. Und so mache ich gleich meinen Vorschlag: Caesarius möge, zusätzlich zu den 36 in seiner *Epistola catalogica* registrierten Werken, ein weiteres, siebenunddreißigstes schreiben, eine Vita, eine Biographie des Dichters, Komponisten, Sängers Neidhart, der wiederholt auf ein konkretes Reuental oder ein symbolisches Jammertal anspielt – und sei das nicht eine für das Denken und Empfinden seiner, Caesarii, Zeit bezeichnende Überlagerung der Bedeutungsebenen?

Flüsternd, dabei etwas heiser, füge ich hinzu: Es gebe wahrhaftig genügend Gründe, Motive, auch einmal den Weg eines Dichters und Komponisten zu beschreiben, der am Schluß seines Lebens eine große, noch immer ergreifende Abschiedsklage an Frau Welt angestimmt und damit eine für seine, für jene Zeit typische Entwicklung genommen habe. Diese Entwicklung würde am besten aus seiner – Caesarii vel Nithardi – Zeit heraus beschrieben, mit der für den gemeinsamen Zeitraum typischen Auswahl von Daten und Fakten, mit den für seine Zeit typischen Akzentuierungen, in der für seine Zeit typischen Chronistensprache. Und ich schweige.

Nach vielen angestrengt verlangsamten Atemzügen höre ich, mein linkes Ohr ans Eichenholz legend, ein leises Knacken, und es scheinen sich erste Sprechgeräusche zu entwickeln, Wortklänge, ferne, fremde Wortklänge, aber die Lautgebilde gewinnen rasch an Konturen, und Caesarius spricht in einer fast tonlosen, somit alterslos klingenden Stimme ein »Absolvo te« zu meinen Verstößen gegen Logik und Chronologie, fragt darauf, wer dieser Neidhart gewesen sei, hier in Heisterbach habe man nie von ihm gehört. Ich flüstere die paar Sätze, auf die sich meine Vermutungen, Rückschlüsse, Analogieschlüsse unter dem Druck der übergroßen Zeitsäule komprimieren. Und schweige.

Die Vita eines Dichters, Musikers, Sängers? fragt er nach einigen Minuten, die für ihn wohl nur Sekunden, Bruchteile von Sekunden sind. Ihm habe stets vorgeschwebt, und das lasse sich an seinen Büchern und Schriften gewiß ablesen, eine Vita in einfachem, schmucklosem Stil darzustellen und den Text eher mit Zeugnissen der Heiligen Schrift als mit philosophischen Aussprüchen anzureichern; unter diesen Prämissen sei er gewiß der falscheste, weil unfähigste aller in Frage kommenden Biographen eines Dichters und Musikers.

Non consentio, sage ich, und weiß, daß ich ihn mit dieser Formel zu geschärfter Aufmerksamkeit zwinge, denn nun könnte eine disputatio entstehen. Ein unüberhörbares Knacken im Holz, als rücke er sich zurecht oder beuge sich vor. Niemand erwarte, sage ich, daß der Biograph eines Dichters im gleichen Stil schreibe wie der Dichter, daß sich hier eine Art nachträglicher Wettbewerb entwickle in poetischen Formulierungen, vielmehr sei ich der Auffassung, die Sprache des Biographen und die Sprache des Dichters müßten sich deutlich unterscheiden, denn schließlich gehe es nicht um ein Anverwandeln, um ein sprachliches Identifizieren, als teile man Gedanken und Gefühle, als sei der andere letztlich wie man selber – vielmehr, betone ich, müsse sich die kritische Distanz auch am unterschiedlichen Sprachduktus ablesen lassen.

Caesarius schweigt, minutenlang. Was sind Minuten für ihn, was Stunden, Tage, Wochen, Monate, Jahre? Was ist für ihn Zeit, Vergehen von Zeit? Denkt er darüber nach? Wächst mit solchen Gedanken die Distanz zu meinem Vorschlag?

Caesarius bittet mich schließlich, ihm eins der Lieder Neidharts vorzustellen. Ich knie mich wieder aufs Bett, singe zu den gekreuzten Holzleisten halblaut ein Frühlingslied, an diesem Nachmittag des beginnenden Juni, der ein verspäteter Frühling ist: eine Mutter und eine Tochter streiten sich eifersüchtig, und im Hintergrund der Ritter vom Reuental.

Wieder langes Schweigen im Holzgehäuse. Angenommen, sagt Caesarius, solch eine Neidhart-Vita werde von ihm geschrieben, gegen alle Gesetze der Logik und Chronologie – wie stellte ich mir denn die Übermittlung der Handschrift vor?

Dazu kann ich ihm einen Vorschlag machen: Er müsse die Handschrift hier im Chor verstecken, und zwar so, daß ich sie ein dreiviertel Jahrtausend später finden und der erstaunten Fachwelt, der literarisch und historisch interessierten Öffentlichkeit präsentieren kann. Es wäre leicht für mich, ein völlig sicheres Versteck für seine Handschrift zu finden, weil ich ja wisse, durch Augenschein, was von dieser Klosteranlage in der Zwischenzeit vernichtet sein werde und welche Bausubstanz erhalten bleibe.

Quid? fragt Caesarius, und scheint sich wieder vorzubeugen. Aber da muß ich ihn enttäuschen: Die Geschichte, auch Baugeschichte, beziehungsweise Abbruchgeschichte dieses Klosters könne beziehungsweise wolle ich hier nicht einmal in kurzgefaßtem Überblick wiedergeben, ich könne nur pauschal bemerken, daß das Klostergebäude – in dem er, umgeben von diesen immer noch grünen Hügeln, geschrieben habe – nicht erhalten geblieben sei, daß dort nun andere Gebäude ständen und daß die Kirche verfallen werde, zerstört, abgerissen, abgetragen bis auf diesen Chorraum: der bleibe als Baumasse erhalten. Insofern sei hier Verstecken möglich.

Ich hätte mir, sage ich, auch schon eine Stelle ausgesucht, hier im Chorumgang, und zwar in einer der mittleren Nischen, in einer Höhe, in der niemand während der Jahrhunderte im Vorbeigehen das Gemäuer abklopfe, in der Hoffnung auf einen Klosterschatz. Um ihm zu bestätigen, daß er nicht umsonst arbeiten wird, gearbeitet haben wird oder gearbeitet haben würde, mache ich gleich meinen Vorschlag zu den Modalitäten der Übernahme seiner Biographie: Ende Mai 1986, sage ich, wird dieser Chor von einem Bauzaun, beziehungsweise durch eine Drahtgitter-Absperrung, getrennt werden vom Klosterbereich, und es wird in diesem Chorumgang ein Stahlgerüst stehen: im Rahmen einer ABM (Arbeitsbeschaffungsmaßnahme) wird, im Auftrag der Genossenschaft der Cellitinnen, denen zu diesem Zeitpunkt das Kloster mit dem Altenheim gehört, eine »Sicherung und Instandsetzung« der Chorruine stattfinden, und ich werde mir eine Lücke in dieser Absperrung verschaffen, werde, geschützt durch diesen Bauzaun, vielleicht auch zusätzlich durch einen Regenvorhang, in den Chorumgang gehen, in dem ich mit ihm spreche, werde auf das Stahlrohrgerüst steigen, werde den verabredeten Stein lösen, den Packen herausholen.

Ich lausche mit angehaltenem Atem, beschleunigtem Herzschlag, höre endlich einen Seufzer, dann ein Geräusch, das sich als halblautes Auflachen deuten läßt. Mein Sohn, sagt er schließlich, schweigt wieder, setzt neu an: Ach, mein linksrheinischer Sohn, und er sagt das mit einem nur für Linksrheinische, für Kölner faßbaren Hintergedanken, fügt dann gleichsam offiziell im Vokativ hinzu: Amice Coloniae Agrippinensis, scheint sich damit in Positur zu rücken, braucht noch kurze Zeit, um diesen für ihn wohl überraschenden, befremdlichen Vorschlag zu überdenken, gibt mir seine Antwort: Wenn ich eine auch nur vage Vorstellung von seinem Werk hätte, so müßte mir eigentlich bewußt sein, zumindest als ferne Ahnung, daß er meine Bitte nicht erfüllen könne. Im äußeren Ablauf sei sie gewiß erfüllbar; als rheinischer Mönch, wie auch ich in Köln geboren, habe er Verständnis für die von mir vorgeschlagene Methode der materiellen translatio oder translocatio oder eher: transtemporatio, und in concreto sei es durchaus denkbar, solch eine Vita zu verfassen: er, der er schon seit längerem keine Reise mehr gemacht habe – nach den verschiedenen Visitationsreisen, auf denen er die Äbte Gevard und Heinrich begleitet hatte, in die Eifel und ins Moselland, selbst, wie er sich zu erinnern glaube, in die Niederlande –, nach einer längeren Zeit also, in der er ausschließlich hier im Kloster geblieben sei, könnte er von seinem Prior gewiß die Erlaubnis erhalten für eine Reise ins Bayerische und Österreichische, eine Reise, auf der er vorwiegend in Klöstern übernachten würde, um bei diesen Gelegenheiten jeweils die Bibliotheken und Skriptorien zu besuchen, bis er dann schließlich in den Bereichen von Landshut und Wien Nachrichten sammle über Neidhart, wobei sich auch eine Begegnung mit ihm ergeben könnte, bei der er ihm direkte Fragen stellen würde zu Zeit und Ort der Geburt, zur Schulbildung, zur Frage ministerialis vel miles, zur ersten Begegnung mit Literatur, zu ersten Kontakten mit geistlichen und weltlichen Herren, die ihn förderten, et cetera, et cetera, jedoch, fügt er nach einem weiteren Seufzer hinzu, so scheinbar nah dieser Vorschlag bei seiner Realisierung liege, so fern liege eben diese Realisierung, wenn man das Problem aus übergeordneter Perspektive betrachte, ja, um gleich diese entscheidende Dimension einzubeziehen: sub specie aeternitatis.

Wieder ein leises Knacken im Holz. Caesarius fordert mich auf, ich solle mir bewußt machen, daß eine Biographie über einen Dichter und Musiker a priori nicht möglich sei, ja eine contradictio in adjecto darstelle. Denn Biographien würden in dieser Zeit allein über Heilige und Helden geschrieben, über Helden im Rang von Königen und Kaisern, oder über bedeutende Männer der Kirche, über Märtyrer, denn, so fügt er hinzu, eine Biographie werde in der Regel nur dann verfaßt, wenn ein Leben der Verehrung und Nachahmung würdig sei, und dies sei bei jenem Neidhart aus dem sprichwörtlichen Jammertal wohl kaum der Fall, trotz seiner späten Einsicht in die Nichtigkeit dessen, was er getan habe, in die vanitas der Welt überhaupt. Dieser Neidhart gehöre letzlich zu den Fahrenden, deren Treiben von der Kirche mit begründeter Sorge, mit berechtigten Anlässen zur Kritik beobachtet werde. Biographien aber seien, um das noch deutlicher herauszustellen, zugleich Hagiographien, und zu einer Hagiographie gebe Neidhart, nach dem, was ich ihm angedeutet und vorgesungen hätte, nicht ein einziges Stichwort, es sei denn, er nehme das Kreuz, lege mit seinem Tod christliches Zeugnis ab. Dies könne und dürfe aber wohl kaum der Preis für die von mir gewünschte Biographie sein.

Ich seufze. Caesarius schweigt minutenlang, lidschlagkurz. Fragt dann, und das klingt schon ein wenig entgegenkommender, ob ich nicht wenigstens eine Möglichkeit sähe, Neidhart in Beziehung, in relatio, zu setzen zu einem lateinischen Dichter? Ob man aus seinen Liedtexten Resonanzen heraushören könne von Gedichten, die ein poeta mehrere Jahrhunderte, ja vielleicht sogar ein Jahrtausend vor ihm verfaßt habe? Nur wenn er mit Neidhart zugleich einen römischen Dichter darstellen könnte, wenn er damit aus der Darstellung eines glanzlosen Neidhart die Präsentation eines glanzvollen Nithardus machen könnte, so wäre unter zahlreichen Umständen ein Interesse in ihm zu wecken für eine Nithardus-Vita. Voraussetzung sei aber, daß seine volkssprachlichen Liedtexte zumindest einen lateinischen Kern besäßen, einen nucleum latinum. Oder, anders formuliert: so wie bei manchem Instrument, etwa der Drehleier, ständig eine Baßsaite mitschwinge, als Grundklang, als Bordun, so müßte bei diesem Dichter echohaft lateinische Dichtung mitschwingen. Dagegen könne er nicht über einen gleichsam voraussetzungslosen Dichter schreiben, einen Nithardum nudum vel barbaricum. So, wie das jetzige Römische Reich eine Fortführung des antiken römischen Reiches sei, freilich unter dem Zeichen des Kreuzes, so müsse auch die Dichtung eine Fortführung der alten römischen Dichtung sein – dann erst sei für ihn der archimedische Punkt gegeben oder der springende Punkt, der punctus saliens.

Weil ich anhaltend schweige, fragt er, beinah ungeduldig, ob es nicht wenigstens einen bescheidenen Ansatz zu einer Latinität dieses Dichters gebe – er müsse ja nicht unbedingt poeta doctus sein. Kleinlaut gebe ich zu, daß sich hier nicht der geringste Ansatz zeige. Da erklärt er, quasi ex cathedra: De Nithardo vitam scribere non est possibile. Und schweigt.

Ich seufze wieder, ausdrucksvoll. Er scheint sich zu mir herüberzuneigen, denn seine Stimme ist plötzlich näher: »Jungen Här, dat hät doch kene Zweck.« Weil er mir jetzt zum Greifen nah erscheint, öffne ich die Augen.

Und stehe an diesem Juni-Nachmittag vor der Chorruine von Heisterbach; sie sieht aus wie eine riesige, ins Grün gesteckte, verkrustete Muschelhälfte.

Mehrfach umkreist ein Rabe den im Schritt reitenden Mann mit dem roten Umhang, mit dem Lederfutteral auf dem Rücken. Der Reiter bewegt die Lippen, murmelt oder summt vor sich hin.

Der Rabe muß seine Kreise enger ziehen – endlich blickt der Reiter auf. Ich grüße dich, Neidhart, ruft der Rabe.

Nun muß Neidhart wohl fragen, wer er sei und wieso er sprechen könne.

Der Rabe macht einen Vorschlag: Wenn er sich auf die rechte Schulter setzen darf, wird er dies erzählen, wird ihm danach Wichtiges prophezeien.

Neidhart starrt den Raben an und nickt. Schon sitzt der Rabe auf seiner Schulter. Ich bin weit, weit geflogen, um dich zu finden; du wirst verstehn, daß ich nach so vielen Flügelschlägen hungrig bin.

Viel habe er nicht anzubieten auf so einem Ritt, wird Neidhart entgegnen, aber aus seiner Tasche zieht er ein Stück Fladenbrot, bricht schnabelgerechte Brocken ab. Siebenmal schluckt der Rabe, dann räuspert er sich und krächzt: Ich komme von Oswald.

Wie er dies verstehen solle, will Neidhart wissen.

Ich meine selbstverständlich König Oswald, belehrt ihn der Rabe und fügt hinzu: Den berühmten König Oswald, für den ich seinerzeit neun Tage und Nächte lang übers Meer geflogen bin, um die schöne Königstochter aufzuspüren und ihr Botschaft und Ring des Königs zu bringen. Du kennst die Geschichte?

Neidhart wirft einen prüfenden Blick auf den Raben, der auf seiner Schulter sitzt und das Gefieder plustert. Der Rabe scheint sein Mißtrauen zu spüren und krächzt: Ich bin in dieser Geschichte schließlich nicht eingesperrt wie in einen Käfig! Neidhart lächelt, da krächzt der Rabe sanfter: Du weißt aus dieser Geschichte, die von Spielleuten zuweilen erzählt wird, daß ich viel, sehr viel von dieser Welt gesehen habe, daß mir viel, sehr viel zu Ohren gekommen ist, daß ich Meerfrauen kennengelernt habe in ihrem Palast unter Wasser, daß ein Engel mich getragen hat, weil ich ihm etwas flügellahm erschien trotz meiner ausdauernden und raschen Flügelschläge – und überall hielt ich meine Rabenohren offen und meine Rabenaugen, und so bin ich gekommen, um dir etwas zu prophezeien.

Der Rabe schweigt. Er horche, sagt Neidhart aufmunternd.

Dann vernimm, daß deine Lebensreise lang, sehr lang sein wird, daß sie dich umherführen wird hier in Bayern, auch in Österreich, mit dieser Harfe oder Fiedel auf dem Rücken, daß diese Lebensreise dich weiterführen wird nach Italien, daß sie dich hinüberführen wird nach Ägypten und ins Heilige Land. Ja, zweimal wirst du übers Mittelmeer reisen, und eine dieser Fahrten wird dich zum größten aller Wunder führen, zum goldenen Baum mit den singenden Vögeln. Bleib stehn, spricht der Rabe, damit ich besser erzählen kann. Und Neidhart hält ein. Breit fließt die Donau neben dem Weg.

Dieser Baum steht in einem der vielen Innenhöfe des märchenhaft großen Palastes des märchenhaft reichen Sultans; siebenmal sieben Mohren bewachen den Baum Tag und Nacht; ihre krummen Schwerter blitzen in der Sonne und schimmern im Mondlicht. Dieser Baum, so hebt der Rabe wieder an, nun im Sprechgesang, als trage er aus einem Epos vor: Dieser Baum – du wirst es jetzt nicht glauben wollen, aber du wirst es mit eigenen Augen sehn –, dieser Baum also, den die Mohren bewachen, dieser Baum besteht aus schierem Silber und purem Gold. Und die Blätter sind Smaragde, leuchtend im sehr hellen Licht des arabischen Mittags, tiefgrün in den Nächten. Und auf diesem Baum, spricht der Rabe, auf diesem Baum sitzen Dutzende von Vögeln, sie schlagen mit den Flügeln, öffnen und schließen die Schnäbel, aber die Vogelbälge bestehen nicht aus Federn, Knöchlein, Fleisch, sondern aus Gold und Edelsteinen – weiße, gelbe, rote, grüne und blaue Vögel. Und die singen nicht in vielstimmigem Durcheinander wie Vögel hier ringsum in den Morgenstunden, sie singen vielmehr aufeinander abgestimmt wie in einem Chor. Dabei singt jeder dieser Vögel, und das wird dich besonders erfreuen, eine kunstvolle, nie gehörte Melodie. Dies alles, verkündet der Rabe, wirst du hören und sehen, und du wirst in deinem Glück befürchten, dir könnten Hören und Sehen vergehn. Du wirst dich von diesem Anblick nicht losreißen können. Aber vielleicht, so fügt der Rabe schelmisch hinzu, vielleicht wird dir der Sultan, weil du ebenfalls schön singen kannst, einen der vielen Äste schenken, mit mehreren Smaragdblättern und einem der aus Silber, Gold und Edelsteinen bestehenden Vögel.

Ja, ruft Neidhart, und der Goldvogel wird während der ganzen Rückkreise singen, nicht wahr?!

Er wird selbstverständlich nicht singen, antwortet der Rabe nachsichtig in fließendem Mittelhochdeutsch, er wird naturgemäß stumm sein auf dem Zweig, den du zurückbringst nach Landshut oder sonstwohin. Doch selbst ohne Gesang: Welch ein Wunder wird dieser Zweig in bayerischen Augen sein! Vielleicht wird man dich sogar nach diesem Zweig benennen: Neidhart mit dem goldenen Zweig.

Neidhart reitet weiter, im Schritt. Du fragst dich jetzt, ruft der Rabe, weshalb der Vogel auf dem Baum singen kann und auf dem Zweig nicht mehr – ich will dieses Rätsel lösen. Und der Rabe schüttelt sein Gefieder zurecht. Besonders als Musiker wird es dich interessieren, obwohl du es mehr mit Saiteninstrumenten zu tun hast. Der Rabe macht eine wirkungsvolle Pause. Dieser Baum wurzelt in einem Geheimnis, sagt er, plötzlich rabenheiser, aber du darfst dem Sultan nicht mit einer Sterbenssilbe verraten, daß du etwas von diesem Geheimnis weißt.

Neidhart bleibt wieder stehen. Unter dem Baum ist ein gut verborgener Kellerraum, und hier betätigen acht Männer sechzehn Blasebälge: »uz balgen gât dar in ein wint, daz ieglich vogel sinc siner wîse«. Die Luft wird also in das Innere des Baumstamms gepumpt und in sämtliche Äste, Nebenäste, Zweige; so gelangt die Luft in die Vogelbälge, und mit winzigen Pfeifen singen sie, von Ventilen geregelt, ihre Weisen, »einer hoch, der ander nidere, je nach des sluzzels leite«.

Der Rabe schweigt. Noch deutlicher als sonst das sehr gleichmäßige Rauschen, am Uferrand von hellem Gluckern begleitet. Und der Rabe fragt heiser: Glaubst du mir nun?

Jedes Wort, murmelt Neidhart, selbstverständlich jedes Wort!

Also, ruft der Rabe erleichtert und spreizt die Flügel, also wirst du diesen Baum sehen! Also wirst du die Musik dieser Vögel hören! Also freu dich auf diese Reise! An ihrem Ende leuchtet und klingt der Baum aller Bäume, für dich!

Zweimal nahm Neidhart an Kreuzzügen teil. Er wird gewußt haben, ungefähr, worauf er sich einließ, schließlich war er bereits Zeitgenosse zweier Kreuzzüge, über die in Europa gesprochen, erzählt wurde, wenn auch gewiß nicht historiographisch exakt. Zumindest schemenhaft aber werden in Berichten die Abläufe erkennbar geworden sein. Wie also mußte jemand über Kreuzzüge denken, der sich später an solchen Unternehmungen beteiligte? Dominierte religiöses Hochgefühl? Herrschte Skepsis vor?

Als Neidhart etwa dreißig war, fand der Vierte Kreuzzug statt, auf dem Christen das christliche Byzanz eroberten.

Eine Delegation der (vor allem französischen) Heerführer hatte mit den Repräsentanten Venedigs folgendes ausgehandelt: Gegen Zahlung von 94 000 Silbermark (also etwa 47 000 Pfund oder 470 Zentner oder 23 Tonnen Barrensilber) verpflichtete sich die Dogenstadt, Schiffe bereitzustellen für den Transport von 4500 Rittern mit Pferden, von 9000 Knappen ohne Pferde, von 20 000 Fußsoldaten. Dazu: Proviantierung des Kreuzheeres für ein Jahr. Zugesichert wurde weiterhin ein militärisches Geleit der Flotte durch 50 Galeeren. Als Gegenleistung, zusätzlich zur Zahlung der vereinbarten Summe: die Hälfte aller territorialen Eroberungen geht an Venedig.

Man dachte freilich nicht an Eroberungen im Heiligen Land; in einem geheimen Zusatzabkommen wurde als Ziel des Kreuzzugs Ägypten bestimmt. Davon wußten die Kreuzfahrer nichts, sie sollten vorerst auch nichts davon erfahren – sie hätten nicht verstanden, warum man nicht den Sultan von Jerusalem, sondern seinen mächtigen ägyptischen Verbündeten angreifen sollte, sie hätten womöglich angenommen, dieser Feldzug diene der expandierenden Handelsmacht.

Die Kreuzfahrer in Venedig waren mit einem ganz anderen Problem beschäftigt: der Oberkommandierende, auf den sich die verschiedenen Truppenführer mühsam geeinigt hatten, Graf Thibaut aus der Champagne, er wurde krank und starb; sein Nachfolger mußte gewählt werden, es wurde Bonifaz von Montferrant. Nicht alle waren mit dieser Wahl einverstanden, ein Teil des Heeres setzte sich ab, zog Richtung Marseille, wollte von dort aufbrechen.

Damit entstand ein weiteres Problem: nach Abspaltung dieses

Heeresteils waren nicht mehr so viele Ritter, Knappen, Fußsoldaten versammelt wie vorgesehen – die Schiffe aber lagen in vereinbarter Zahl bereit, Venedig forderte den vollen Tarif. Es wurde gesammelt, eingetrieben, aber bei allen Anstrengungen der Herren: es fehlten 34000 Silbermark, ein Drittel. Venedig war nicht bereit, angesichts der veränderten Lage Rabatt zu gewähren, es drohte mit Repressalien, schon sahen sich Kreuzfahrer als Geiseln.

Papst Innozenz erfuhr von der schwierigen Lage; es war für ihn undenkbar, daß sich das Kreuzheer in Venedig wieder auflöste; verklausuliert ließ er erkennen, daß er zu Konzessionen bereit sei, wenn das Heer Jerusalem erreiche und erobere. So schlug Venedig den Verhandlungsführern vor: als Ausgleich für das Zahlungsdefizit erobern die Kreuzfahrer unterwegs die Stadt Zadar an der dalmatinischen Küste; die Verrechnung der Außenstände erfolgt über die Beute.

Nun gehörte aber Zadar dem König von Ungarn, und der hatte selbst das Kreuz genommen. Diskussionen, Auseinandersetzungen: eine christliche Stadt angreifen, deren König ebenfalls zum Kreuzzug rüstete? Venedig bestand darauf: Zadar sollte als erstes erobert werden.

Eine höchst prekäre Situation für Papst und Prälaten – schließlich war ja wohl allen klar, daß Venedig hier eine konkurrierende Hafen- und Handelsstadt ausschalten wollte. Wieder spaltete sich ein Teil des Kreuzheeres ab.

Am 8. November 1202 schließlich segelte die Flotte von Venedig ab; bereits am 15. wurde Zadar gestürmt. Systematische Plünderung. Drei Tage später Schlägereien zwischen Venezianern und Kreuzfahrern bei der Verteilung der Beute. Freilich, so schrieb ein Chronist, diese Beute »teilten die großen und hochgestellten Barone untereinander, ohne daß die einfachen Soldaten und nicht einmal die kleinen Ritter etwas davon bekamen«.

Was aber alle traf: das Kreuzheer wurde vom Papst exkommuniziert und verfiel dem Kirchenbann. Scharen von Kreuzfahrern kehrten nach Hause zurück.

Ende November; inzwischen – das konnte keine Überraschung mehr sein – war es für eine Fortsetzung des Kreuzzugs zu spät, Winterstürme auf dem Mittelmeer. Man quartierte sich in Zadar ein. Und im fernen Konstantinopel/Byzanz geschah, was dem Kreuzzug erneut ein anderes Ziel geben sollte.

Der byzantinische Kaiser Isaak, der Familie und Untertanen vor allem durch Verschwendung herausgefordert hatte, wurde vom eigenen Bruder abgesetzt. Nicht nur dies: dem Kaiser wurden die Augen ausgestochen, er wurde ins Verlies geworfen, mit seinem Sohn. Der neue Herrscher konnte die alten Probleme auch nicht lösen, erst recht nicht durch seine energisch mitregierende Gemahlin: weiterhin Korruption, politische Gegensätze, Kämpfe. Da gelang es Alexios, dem Sohn des abgesetzten Kaisers, aus dem Gefängnis zu fliehen. Er suchte seine Schwester in Deutschland auf. Kaiser Heinrich hatte Irene von Byzanz mit seinem jüngsten Bruder verheiratet, mit Philipp. Ein Erfolg in Byzanz konnte Philipp im eigenen Land nützlich sein, und so erklärte er sich bereit, Alexios zu helfen. Er machte ein wahrhaft schwerwiegendes Angebot: 200000 Silbermark, also 100000 Pfund Silber, wenn Alexios byzantinischer Kaiser wird, wenn die Griechische Kirche sich dem Apostolischen Stuhl unterwirft.

Alexios reiste nach Venedig, gab die Offerte weiter, fand starke Resonanz. Erstens: dieses überwältigende materielle Angebot, an dem man partizipieren wollte. Zweitens: es gab in Konstantinopel bereits viele venezianische Händler, und die wollten sich frei entfalten. Drittens: nicht nur der Papst träumte davon, daß sich Byzanz der Römischen Kirche unterwerfe – dieser Traum konnte nun offenbar verwirklicht werden.

Anfang 1203 traf ein Gesandter des Königs Philipp in Zadar ein, übermittelte die offizielle Version der Vorabsprachen: Alexios begleicht die Schulden der Kreuzfahrer bei Venedig, stellt ein Truppenkontingent für die Fortsetzung des Kreuzzugs, bezahlt 500 Rittern den Aufenthalt im Heiligen Land. Als Gegenleistung: Das Kreuzheer segelt nach Konstantinopel statt nach Ägypten, setzt den Usurpator ab, und Alexios übernimmt die Herrschaft.

Diskussionen, Predigten, Bestechungen – vor allem die Venezianer in Zadar waren mit dem Vorschlag von Philipp und Alexios einverstanden; das Kreuzheer mußte auf das neue Ziel eingeschworen werden. Das konnte nicht heißen: Erweiterung des Handelsraums von Venedig, sondern: Unterwerfung der Christen von Byzanz.

Lateinische Kirche gegen Griechische Kirche: das war nun allerdings nicht der geplante Kampf gegen die Heiden! Andererseits: diese legendären Reichtümer von Byzanz... Aber: sollten Christen gegen Christen kämpfen, nur um Beute zu machen? Es wurde im Heer sehr heftig diskutiert, wieder spaltete sich ein Teil ab, marschierte auf dem Landweg Richtung Syrien.

Und wie verhielt sich Rom? Der Papst durfte dieses erneute Abschwenken vom Ziel des Kreuzzugs nicht gutheißen, obwohl es ihm andererseits nur recht sein konnte, wenn die zweite Kirchenmacht geschwächt wurde. Die Machtposition des Apostolischen Stuhls war zu dieser Zeit durch die rasch anwachsende Laienbewegung bedroht – vor allem die Katharer waren so stark geworden, daß unter römischen Klerikern die Angst entstand, diese fromme Massenbewegung werde die Kirche ersetzen. Was nun das Problem pointierte: ein Oberhaupt der Katharer residierte in Byzanz. Und es gab weitere Anlässe für Spannungen zwischen Rom und Byzanz. Dennoch: es war eine Stadt von Christen. Wie sollte sich Innozenz in dieser Situation verhalten? Im November erfuhr er vom neuen Plan, im April brach das Heer von Zadar auf, im Juni schickte der Papst ein Protestschreiben nach Zadar...

Das christliche Heer erreichte Byzanz, griff von See her an. Erst nach größeren Anstrengungen konnte eine Bresche in die Stadtmauer gebrochen werden. Der Usurpator floh. Die Stadtregierung sah den Kampf verloren, holte den blinden Kaiser aus dem Gefängnis, setzte ihn wieder ein, der Sohn des Kaisers wurde zum Mitkaiser gekrönt. Die Kreuzfahrer blieben außerhalb der Mauern der Kaiserstadt, quartierten sich in der Vorstadt und in der Umgebung ein. Das war im Juli 1203.

Nun mußten Kaiservater und Kaisersohn zahlen, aber sie hatten nicht das versprochene Silber. Empörung, als der junge Kaiser Kirchensilber einschmelzen ließ, für Venedig. Aber nicht nur aus diesem Grund: eine Palastrevolution fand statt, der junge Kaiser wurde erdrosselt, der alte starb nach Mißhandlungen.

Die Kreuzfahrer fühlten sich nicht mehr an ihre Abmachungen mit dem Doppelkaiser gebunden, sie stürmten am 12. April 1204 die befestigte Stadt. Nach der Eroberung wurde Byzanz zur Plünderung freigegeben. Villehardouin schrieb später, seit Erschaffung der Welt sei noch nie so viel erbeutet worden. (Eins der bekanntesten Beutestücke: die Pferde-Quadriga auf San Marco in Venedig.) Das Beutegut wurde aufgeteilt: drei Achtel für das Kreuzheer, drei Achtel für Venedig, das restliche Viertel für den neuen Kaiser, den das Kreuzheer gewählt hatte – einer der ihren. »Romania« wurde ausgerufen, das latinisierte Byzanz. Es unterstellte sich selbstverständlich Rom. Der Papst war nun bereit, diesen Kreuzzug gegen Christen milder zu beurteilen. Auch hieß es: Byzanz sei ein besonders günstiger Ausgangspunkt für die Eroberung Jerusalems. Der Vierte Kreuzzug aber endete in Byzanz.

Aufrufe zu Kreuzzügen: sie wurden auch (miß)verstanden als Aufforderungen zu Pogromen. Und so skizziere ich eine Frau, eine Jüdin, deren Mann bei einem jüdischen Pfandleiher arbeitet: sie hat Angst vor erneuten Übergriffen, trifft Vorsorge.

Zur allgemeinen Situation: Juden durften die meisten Handwerksberufe nicht ausüben, darauf achteten christliche Handwerker streng. Wo sich Judengemeinden bildeten in Judenstraßen, durften sie als Metzger oder Schuster oder Bäcker oder Zimmermann arbeiten, nicht aber im Bereich, in dem Christen lebten. Hier waren Juden jedoch vielfach als Ärzte, Händler, Pfandleiher tätig.

Christen durften nicht Geld gegen Zinsen verleihen; sie kamen indirekt dennoch an Zinsen, indem sie beispielsweise Grundstücke, Häuser als Pfänder übernahmen und bis zur Rückzahlung des Kredits sämtliche Erträge einzogen – damit kam man zu einer guten Rendite. Aber: Gelder arbeiten lassen, Zinsen eintreiben, das war Christen verboten – das zweite und dritte Laterankonzil hatte dies noch einmal bestätigt. Man brauchte aber Geld in jener Zeit, in der die Naturalwirtschaft in Geldwirtschaft überging, und so wurde das notwendige und zugleich verachtete Kreditgeschäft Juden überlassen.

Die Usancen waren folgendermaßen: Der jüdische Geldverleiher gab Darlehen nur gegen Pfänder; für diese Pfänder zahlte er jeweils die Hälfte des Wertes aus, in bar; er behielt das Pfand bis zum vereinbarten Auslösetermin; wurde das Darlehen mit Zinsen termingerecht ausgezahlt, erhielt der Gläubiger das Pfand zurück; konnte der Kreditnehmer Darlehen und Zinsen nicht pünktlich erstatten, behielt der Geldleiher das Pfand, konnte es verkaufen, zum vollen Wert.

Die Zinsen waren im Mittelalter außerordentlich hoch – bis zu 30, ja gelegentlich sogar 60 Prozent. Juden waren allerdings gezwungen, hohe Zinsen anzusetzen, denn das Geschäft lief immer nur einige Zeit: wiederholt Edikte, nach denen die Schulden von Christen bei Juden getilgt wurden; immer höher die Steuern, die Juden zahlen mußten; zahlreich die Möglichkeiten, Juden zu erpressen – es mußte also Geld zurückgelegt werden. Freilich, die hohen Zinsen wurden nicht in erster Linie kritisiert (die zogen ja, indirekt, auch christliche Kreditgeber ein), man nahm es jüdischen Pfandleihern übel, daß Christen vielfach die Pfänder nicht auslösen konnten.

Mit den eingezogenen, zurückbehaltenen Pfändern entstand rasch ein Warenlager: liturgische Geräte, Kreuze aus Edelmetallen, kostbare Handschriften, sogar Meßgewänder; Helme, Kettenhemden, Schwerter, Schilde – vor allem Knappen und Ritter brauchten Geld; Werkzeug von Handwerkern; Waren: Felle, Leder, Tuche; selbst Tiere wurden verpfändet, beispielsweise Pferde.

Bei solch einem Pfandlager brauchte ein Geldverleiher einen Mitarbeiter, einen Gesellen, der Ordnung schuf und hielt, der vor allem Pfänder für den Verkauf vorbereitete – beispielsweise, indem er Silber putzte, Kleidungsstücke ausbesserte.

All dies tut der junge Ehemann der Jüdin, die im Haus nach einem Versteck sucht, unterm Dach. Sie weiß, ein Stichwort genügt, und Scharen dringen in die Häuser von Juden ein. Die Vorwände zu Übergriffen wiederholen sich: ein Jude hat durch einen Wachsbild-Zauber einen Menschen getötet; ein Jude hat einen Stall verhext; ein Jude hat durch Fernzauber Blut aus einem Körper gesogen; ein Jude hat ein Wachsbild gekreuzigt; Juden haben Hostien geschändet; Juden sind an einer Seuche schuld.

Solche Stichworte lösen zumeist einzelne Übergriffe aus. Nun aber hat diese Frau gehört, es werde erneut ein Kreuzzug geplant – nach den ersten beiden Kreuzzügen war es zu Pogromen gekommen, davon ist ihr erzählt worden; in der Umgebung ihres Ortes sind drei Juden, die in einem Weinberg arbeiteten, von heimkehrenden Kreuzfahrern totgeschlagen worden.

Sie weiß: sobald Fäuste geballt, Waffen geschwenkt werden, muß ihr Mann sofort ins Versteck oben im Speicher. Ist es nach einigen Tagen wieder ruhig, kann er herunterkommen. Und wenn das Lager des Pfandleihers nicht bis auf den letzten Kelch, das letzte Handwerksgerät geplündert ist, kann er seine Arbeit wieder aufnehmen.

Fortsetzung des Versuchs, Neidhart auf die Spur zu kommen, die ich lege. Ich knüpfe an bei den Stichworten Landshut und Residenz, beginne hier mit einer allgemeinen Feststellung: Wenn ein Liederdichter einen Gönner gefunden hat, der ihn an seinem Hof auftreten, vielleicht sogar arbeiten ließ, so bedeutete das nicht, daß der Dichter und Musiker ortsfest wurde: die Kaiser, die Könige, die Herzöge, die Grafen – sie alle hatten keine festen, zentralen Residenzen, sie zogen umher in ihren Herrschaftsgebieten. Nur im Winter blieb man in einer Pfalz, in einer Burg; mit Beginn der Reisezeit aber brach man wieder auf, mit dem Gefolge, zu dem auch ein Liederdichter, ein Sänger gehören konnte.

Wie Itinerare, die Aufzeichnungen von Reisen und Aufenthaltsorten, zeigen, ritten die Könige und Kaiser des mittelalterlichen Römischen Reiches durch weite Bereiche des »Imperiums« nördlich und südlich der Alpen, setzten Hoftage an, hielten Hof. Am liebsten residierten Könige und Kaiser bei solchen »Umritten« in ihren Pfalzen, die in »Königslandschaften« entstanden, also in Regionen mit überwiegendem Reichsbesitz. Diese Pfalzen dienten mehr der Verwaltung, der Repräsentation als militärischen Zwecken; wichtiger als der Burgturm und die Burgmauern war hier ein großer Wohntrakt mit einem Festsaal im oberen Geschoß: der Palas. Drei Namen für etliche: Gelnhausen, Hagenau, Wimpfen.

Der Herrscher und sein Gefolge blieben in der jeweiligen Pfalz, bis alle anstehenden Aufgaben erledigt waren, dann zog man weiter. Die Abstände der Pfalzen untereinander waren groß, und so residierte ein König oder Kaiser vielfach auch in Reichsklöstern oder auf Bischofssitzen. Oder bei Lehnsmännern. Dieses Umherziehen von Pfalz zu Burg zu Kloster zu Burg zu Pfalz wird definiert als »Reisekaisertum« oder »Reisekönigtum«. Pointiert wurde gesagt, ein Kaiser oder König habe mehr vom Sattel als vom Thron aus regiert. Zumindest hatte er seine Füße häufiger in Steigbügeln als auf Thronstufen.

Dieses Königtum auf Reisen fand Entsprechungen bei Herzögen. Auch sie mochten zwar jeweils ihre Lieblingsburg(en) haben, doch wurde – soweit ich weiß – kein größeres Territorium zu Neidharts Zeit nur von *einer* Burg aus regiert. Die hohen Herren zogen von zeitweiliger Residenz zu zeitweiliger Residenz: das »Wanderherzogtum«.

Und in diesem fluktuierenden Ambiente: Neidharts Lebenslauf als Lebensreise. Dies ist, ich betone es, ein Modell.

Ein Modell ordnet Informationen zu einem überschaubaren Muster, und das dient der Interpretation. Ein Modell bleibt erhalten, solange es neue Informationen eingliedern kann. Wächst die Zahl von Informationen, die sich nicht mehr integrieren lassen, so muß es schließlich abgelöst werden durch ein anderes Modell. Beispielsweise Informationen über eine feste Anstellung des reisenden Dichters, Musikers, Sängers an einem Hof: akkumulieren sie sich, so müßte das Modell *Reisender Sänger* ersetzt werden durch die Statusbezeichnung Hofsänger, Hofdichter. Es überwiegen jedoch Hinweise auf ein Reiseleben Neidharts.

Also: das *Modell* einer Lebensreise. Dieses lebenslange Reisen wurde im Mittelalter zuweilen hochstilisiert: das Leben als Reise, als Pilgerreise, die vita peregrina. Als spätere romantische Version: das lebenslange Unterwegssein des *Wanderers*. Die große Wanderschaft wird heute vielfach abstrahiert: Reisen als »Grundmuster unserer Existenz«. Die Lebensreise auch reduziert zur »langen Reise«.

Einen Künstler, zum Beispiel, kann die lange Reise zu neuen Ausdrucksmitteln oder zur Meisterschaft führen oder zu sich selbst.

Neidhart war, als Reisender, wohl vielfach in Gesellschaft von Spielleuten unterwegs, von Fahrenden – zwischen A wie Akrobat und Z wie Zauberer.

Die Kirche beobachtete die Spielleute eifersüchtig-wachsam. Der gehobene Klerus war ja, mit den weltlichen Herren, das beste Publikum; zugleich mußten sich die geistlich-weltlichen Herren zum bunten fahrenden Volk auf Distanz halten.

Eifersüchtig-wachsam: zum Teil waren die Spielleute ehemalige Kleriker, abgesprungene Geistliche oder geflohene Mönche, die sich auf diese Weise durchschlugen, es waren auch Töchter und Söhne aus niederem Adel, bei dem (wie im hohen Adel) nur der Erstgeborene das Erbe erhielt, das Erblehen; die anderen mußten zusehen, daß sie ein Amt, eine Aufgabe fanden bei einem weltlichen oder geistlichen Herrn; gelang es ihnen nicht, Dienstmann, Ministerialer zu werden, so gerieten sie rasch an den Rand der damaligen, trotz aller Reiseregierungen weithin statischen, stationären Gesellschaft. Aus einem kirchlichen Katalog dieser Unbehausten: »Arme, Bedürftige, Blinde, Lahme, Verstümmelte, Humpelnde oder in anderer Weise Deformierte, Troßknechte, Spaßmacher, Tänzer, Lautenspieler, Pfeifer, Lyraspieler, Hornbläser, Spielleute, Pantomimen, Taugenichtse, Parasiten, Schmarotzer, Possenreißer, Strolche, Spaßmacher, Dirnen.« Hinzu kamen beispielsweise noch Tierbändiger, Instrumentalisten, Gaukler, Zauberer, Liederdichter, Liedersänger.

Allerdings, ein Bärenführer und ein (guter!) ›fahrender‹ Dichter wurden sozial nicht gleichgesetzt; es würden durchaus Unterschiede registriert, realisiert zwischen akrobatischen Kunststücken und literarischen Kunstwerken – auch wenn man diese Unterschiede damals wohl anders definiert hätte. So ist von Klerikern mehrfach versucht worden, die Unterhaltungskünstler aufzugliedern in verschiedene Klassen.

Zur untersten Stufe gehörte beispielsweise ein Gaukler, ein Akrobat – der unterhielt vor allem mit seinem Körper, den die Kirche nicht gern betont sah. Es folgten »histriones« mit spezifisch verbalen Darbietungen: freche und zotige Lieder, Hohn- und Spottreden – hier gab es offenbar großen Bedarf. Als dritte Gruppe: die Musiker.

Man machte auch hier wieder Unterschiede: Musiker, die höfische Instrumente spielten (beispielsweise die Laute), und Musiker mit bäuerlichen Instrumenten (beispielsweise der Sackpfeife). Hoch eingeschätzt waren Musiker, die an weltlichen und geistlichen Höfen bei Festlichkeiten auftraten. Den höchsten Rang nahmen offenbar Dichter ein, die Lieder vortrugen oder aus Epen rezitierten.

Natürlich waren solche Aufgliederungen keine Ausgrenzungen. Das Vermischen fing schon damit an, daß ein Liederdichter weitere Instrumentalisten heranziehen konnte zur (improvisierenden) Begleitung. Außerdem spielten ›Liedermacher‹ auch Tanzmusik: zu ihrer Musik, auch zu gesungenen Texten, wurde vielfach getanzt – an Höfen. So finden sich in Liedtexten des Tannhäuser Rufe von Tänzern, Anfeuerungsrufe. Und Musiker, die vor einigen Jahren Neidhart-Musik einstudierten, bezeichneten sie einmal spaßhaft als mittelalterliche Rockmusik – das stark rhythmische Element, das sich zwar nicht aus der Notation erschließen läßt, aber aus dem Verhältnis von Text und Musik. Neidhart-Musik, und auch das wird den großen Erfolg dieses Mannes ausgemacht haben, ging nicht nur ins Ohr, sie fuhr in die Beine. Daß zum Tanz aufgespielt wurde, dies mußte ein Kleriker prinzipiell kritisch sehen, denn wozu führt Tanz? Zur Steigerung der körperlichen Anziehung zwischen Mann und Frau.

Was die Abgrenzung weiter verwischte: bei einem großen Turnier, bei einem Hoftag womöglich, konnten sehr unterschiedliche Spielleute auftreten. Sie waren für einige Zeit gemeinsam an einem Hof, reisten vielleicht auch gemeinsam weiter – mit dem Hof, oder sie zogen in Gruppen, in Grüppchen zu einem anderen Ort, an dem sich bei einem geistlichen oder weltlichen Herrn ein kurzes Engagement ergeben konnte. Neidhart – wenn er Auftrittsmöglichkeiten suchte – wird zuweilen in buntgemischter Gesellschaft gewesen sein.

Wir sollten hier nachträglich nicht größere Berührungsängste entwickeln, als Neidhart sie entwickelt haben könnte. Allein reiste man nach Möglichkeit nicht, schon gar nicht in Bayern, das den Ruf hatte, ein Gebiet mit besonders vielen Räubern zu sein. Außerdem gab es gefährliche Tiere, wie wir sie heute nur noch hinter Zoogittern sehen. Also: immer wieder traf man sich, immer wieder ergaben sich Arbeitskontakte, zumindest mit Instrumentalisten. Und wahrscheinlich schaute sich Neidhart mit Vergnügen die Darbietungen der Kollegen anderer Unterhaltungsbranchen an, hatte Spaß an Seiltänzern, Jongleuren, Zauberern, Gauklern, Artisten, Tierstimmenimitatoren. In solchem Ambiente trat auch er auf.

Zweites Set von Liedtexten des Dichters und Komponisten und Sängers. Einleitend auch diesmal wieder ein Frühlingslied. Nur vertauscht hier der Dichter souverän die Positionen: die Mutter will tanzen gehen, die Tochter warnt vor dem Reuentaler im Hintergrund.

Eine Alte machte Sprünge
wie ein Zicklein, hoch hinaus.
Durch die Blume wollte sie's.
»Tochter, reich mir mein Gewand!
Will zu einem Knappen hin,
ist ›von Reuental‹ genannt.
Dideldum, dideldum, dideldumbumbum.«

»Mutter, dreht nicht völlig durch!
Dieser Knappe denkt nicht dran,
in der Liebe treu zu sein.«
»Tochter, laßt mich bloß in Ruh –
weiß am besten, was er will.
Ich bin ganz verrückt nach ihm.
Dideldum, dideldum, dideldumbumbum.«

In raschem Wechsel der Jahreszeiten nun wieder ein Winterlied, und gleich eins der bekanntesten: *Der Schlitten.*

Leutchen, setzt die Schlitten auf das Eis,
der böse, kalte Winter kommt!
Viele schöne Blumen hat er uns geraubt,
hat grüne Lindenwipfel grau gemacht.
Kein Gesang erklingt im Wald.
Dies alles hat der Frost getan,
    der keine Gnade kennt.
Wollt ihr sehen, was er mit der Wiese angestellt?
Sie ist durch seine Schuld ganz fahl!
Und so sind die Nachtigallen
alle weggeflogen.

Dringend bräucht ich meiner Freunde Rat,
es geht um diesen Punkt, ich nenne ihn:
den Vorschlag, was die jungen Leute unternehmen.
Megenbart hat eine große Stube:
seid ihr alle einverstanden,
ist dort am Festtag unsre danse d'honneur.
Seine Tochter will es, daß wir uns dort treffen.
Ihr da: sagts den andren weiter!
Einen Tanz um Kopf und Kragen
plant für uns der Engelmar.

Einigt euch nun, wer zur Kunigunde geht –
sie war schon stets aufs Tanzen scharf!
Sie wär uns böse, wenn man ihr nichts davon sagt.
Gisel, geh zur Jeute, richts den beiden aus,
bitt, daß Ella auch mitkommt.
Das ist zwischen mir und ihnen fest vereinbart.
Und vergiß dabei auch Hedwig nicht –
bitt sie alle, daß sie mit dir kommen.
Nur das *eine* solln sie lassen:
den Kopfputz brauentief zu binden.

Allen edlen Frauen geb ich diesen Rat:
(falls ihnen daran liegt, daß sie
frohe Männer herzlich lieben)
schiebt ihn vorne hoch und hinten runter –
das schützt die zarten Nacken besser.
Was hilft ein Helm schon ohne
　　　　Hals- und Nackenpanzer?
Frauen*köpfe* waren nie gefährdet,
noch keiner riß sie ihnen ab;
was Frauen sonstwo zugestoßen –
damit kamen sie zurecht!

Friedlieb wollte mit der Gotelinde gehn,
gleiches wollte Engelmar!
Ich möchte euch nicht lange quälen,
　　　　ich erzähl euch, wie es ausging:
Eberhard, er mußte schlichten,
war als Schiedsmann eingesetzt –
sonst lägen sie sich in den Haaren!
Wie zwei eitle Ganter gingen sie
ständig aufeinander los.
Der dort vorgesungen hat,
das war Friederich.

Eppe zerrte Goppe Gumpe von der Hand,
half mit seinem Dreschholz nach.
Mit dem Knüppel klärte Bauer Mugdelger.
Schuld an allem war ein Ei, das Ruprecht fand –
ja, der Teufel gabs ihm wohl!
Er drohte, daß er es von drüben auf ihn schmeiße.
Eppe, der war grantig und noch kahl dazu,
protzig rief er: »Traust dich nicht!«
Ruprecht schmiß ihms an die Glatze,
daß es runterlief.

Früher stand mein Haar in voller Pracht,
rundherum war es gelockt –
längst vergessen, seit man mich
    ein Haus versorgen ließ.
Ich kaufe Salz und Korn – das ganze Jahr!
Ach, was hab ich dem getan,
der mich Dummkopf in dies Elend stieß?
Meine Schuld vor ihm war klein.
Dennoch: meine Flüche sind nicht schlecht,
wenn ich dort im Reuental
Not erleiden muß.

In dieser kleinen Anthologie, sprich: Blütenlese, nun eine weitere
Frühlingsblüte. Erneut das bewährte Muster: Mutter und Tochter
streiten sich.

Es geht wieder einmal um die Teilnahme an einem Reien. Und das
war eine der Spezialitäten von Neidhart: ein Lied, zu dem – in einer
Art Polonaise – eine Gruppe tanzte, nicht schreitend, sondern
springend. Dabei ging es offenbar anders zu als in einem kindlichen
Reigen – deshalb bleibe ich bei der alten Bezeichnung.

»Hör nur, wie die Vögel jubilieren
und den Mai mit ihren Liedern krönen!
Ja, ich glaub, der Winter ist vorbei.
Weirat:
tanz so schön, daß ich dich rühmen muß.
Die Linde steht in dichtem Laub.

Heuer bilden wir dort wieder Paare.
Vor dem Walde blühen viele Rosen,
von denen möcht ich hübsche Kränze
tragen,
wenn ich diesen Sommer in dem Reien
mit einem edlen Ritter tanze.«

»Töchterlein, das schlag dir aus dem Kopf!
Drängst du dich beim Tanz den Rittern auf,
die zu dir doch überhaupt nicht passen –
Töchterlein,
du allein hast dann den Schaden!
Der junge, reiche Bauer freit um dich...«

»Huckt mir bloß nicht diesen Bauern auf!
Ich werd auch, ha, mit einem starken Ritter fertig!
Wozu denn da ein Bauer mir als Mann?!
Schafft es nicht,
mich so zu lieben, wie ichs haben will.
Der lebt wohl besser ohne mich.«

»Töchterlein, nun mach ihn nur nicht schlecht!
Du bist zu dumm – und hinter Rittern her!
Alle deine Freunde stößt das ab.
Du hast schon oft
Besserung gelobt – leugne das jetzt nicht!
Dein Benehmen trennt uns noch.«

»Mutter, hört schon auf mit dem Gezänk!
Für diesen Mann riskier ich meine Freunde –
daraus hab ich nie ein Hehl gemacht.
Überall
soll jedermann zur Kenntnis nehmen:
Ich möchte gern ins Reuental.«

Der Mann, der Knappe, der Ritter, der Sänger im Reuental:
eine Spielfigur. Und die bunt gemischten, sich aufmischenden Personen im Reuental? Dieses Jammertal scheint charakterisiert zu sein als ländliches Ambiente, ist zumindest mit Requisiten von Ländlichkeit bestückt – also dürften sich dort auch Bauern tummeln, Bauernsöhne. Können wir also Bilder assoziieren des Pieter Brueghel und anderer Niederländer, mit all den fressenden,

saufenden, rangelnden, raufenden, tanzenden Bauern der frechen Griffe?

Nein, die bühnenbunten Szenen Neidharts sind nicht mit Laiendarstellern besetzt, sondern mit Kunstfiguren. Die oft geckenhaft herausgeputzten Männer mit dem garantiert unpassenden, unflätigen Verhalten (der Eierwurf...), sie sind nur dem ersten Anschein nach »bûre«; Neidhart bezeichnet sie ganz selten so, er setzt bewußt eine andere Bezeichnung ein: »dorper«. Dies betont Günther Schweikle; den »Dörpern« ist in seiner Neidhart-Monographie ein Kapitel gewidmet, und sie sind, in der Tat, ein Kapitel für sich.

Mit neu justierter Brennweite schaue ich hinein in das bunte Treiben, das Neidhart in vielen seiner Winterlieder arrangiert, inszeniert, choreographiert, und ich sehe Zeichen, Markierungen, Signale, die nicht zur Bauernwelt passen, auch nicht zur kleinen Welt der Emporkömmlinge, der Neureichen unter Bauern des Donauraums. Die Tänze sind vielfach Hoftänze, und die werden von Bauern nicht imitiert; es fallen gelegentlich französische Lehnwörter, und die sind charakteristisch für die Sprache in Burgen, an Höfen, in höheren städtischen Kreisen; es treten junge Damen auf, deren Hände hell oder weiß sind, nicht bäurisch grob, schmutzig, schwielig – edle Hände adliger junger Damen; Schwerter, oft mächtige Schwerter werden heranzitiert, die Standeszeichen sind der Kriegerkaste von Rittern, von Dienstmännern im Waffendienst. Und das Wort »doerper« stammt aus dem Flämischen, das, neben dem Französischen, zum Code höherer Herrschaften gehörte: ihr »Flämeln«, das Jonglieren mit flämischen Sprachbrocken, Zitaten. »Mit siner red er vlaemet« heißt es (in R 5, VII) von einem Dörper, der noch schlimmer sein soll als Engelmar, der brutale Obertölpel. (Das flämische Lehnwort »doerper« hat sich, im Lautstand, entwickelt zu unserem Wort »Tölpel«, das ich in den Übertragungen von Liedtexten konsequent benutze.)

Kurzer Seitenblick ins höfische Tölpeltreiben. In der folgenden Strophe wird ein Dörper karikiert, dessen Beziehungen zur Hofwelt, damit zum französisch Modischen, zum modischen Französisch unübersehbar, unüberhörbar sind.

Vor euch beklagen will ich meine défaitage
bei einem eleganten Tölpel –
der brachte mich um den Verstand!
So blonde Locken sah ich nie!
Diesen schlimmen Tölpel
erkennt ihr an der Löwenmähne.
Er ist zur Hälfte ein Franzos,
ein rechter Weiberheld.
Durch seine Burg erscheint er courtois.
Sein surtout ist champagnois –
ha, den darf er nicht behalten!

Die nächsten Zitate sollen zusätzlich belegen, daß Dörper und Hofwelt nicht nur in assoziative Verbindung gebracht werden können,
sondern daß sie eng assoziiert sind.

Früher nannte man sie Gecken,
heute treten sie am Hofe auf,
als würden sie aus Sachsen stammen.

Die Pseudo-Sachsen fallen auf durch unhöfisches Benehmen, das sie
für höfisch halten. Im selben Liedtext läßt Neidhart exemplarische
»dorpper« tanzen. Ihr Tanz heißt »swingenfus«, und dies ist einer
der höfischen Schreittänze, keiner der bäurischen Sprungtänze.

Macht hier alle mit: wir treiben diesen Winter aus!
Der Hoftanz hat den Namen »Schwing-das-Bein«.
Den brachte uns ein nobler Ritter her vom Rhein.
Das hört nicht auf, solange nicht die Sonne untergeht.

Neidhart läßt die Dörper/Tölpel am liebsten in bäurischem Ambiente auftreten – die höfischen Witzfiguren gleichsam im Schul-
terschluß mit Bauernparvenus, denen der soziale Aufstieg leicht-
gemacht wurde in einer Zeit, in der ihr Landesherr auf jeden
kampffähigen Mann angewiesen war. Solche Aufsteiger, zugleich
»dörper«, werden von Neidhart in ihre Schranken verwiesen.

Sie solln bei ihren Hoppeltänzen bleiben –
wer gab ihnen Rang und Würde,
daß sie in den Spielerstuben
nach der Art des Hofes tanzen?

Daß wir beim Lesen von Winterliedern Neidharts eher Figuren eines Bauern-Welt-Theaters vor uns sehen als Chargen vom bayerischen oder österreichischen Herzogshof, dafür sorgt Neidhart durch konsequentes Stilisieren. Zum Beispiel: bei einem Tanz, der als »hofftancz« bezeichnet wird, treiben Witzbolde mit den Klingenflächen ihrer Schwerter eine aufgepustete Blase (wohl eine Schweinsblase) im Kreis umher.

Viele eitle Gigerln
sah ich vor dem edlen Mädchen
auf den Tanzplatz schreiten.
Wie ich hörte, fing ein Tanz an
    um die Blase.
Auf die Wiese kamen sie,
bildeten sogleich den Kreis,
trieben mit den flachen Klingen
die Blase immer hin und her –
    wie ichs euch erzähle.
Und der junge Ranz
stolzierte bei dem Tanz
aufgeblasen hin und her.
Kozzel hieß der Spielmann.
    Und dem rief er zu:
»Fiedelt echtes Hofgefiedel!«
Er trieb die Blase durch den Kreis,
    daß sie knarzte – und sehr laut!

Das ist tendenziöser Witz! Indem Neidhart ungebärdiges, ungezügeltes Verhalten drastisch herausstellt, will er alte Maßstäbe in Erinnerung rufen – die des höfischen Codex. So läßt sich Neidhart nicht festlegen auf die Rolle eines Dichters, der einen der vier Stände des damaligen Gesellschaftsmodells mit Hohn und Spott traktiert, der auf diese Weise die Gesellschaftsordnung des Adels festschreiben möchte. So etwas mag gelegentlich hereinspielen in seine Verse, das Spielerische aber dominiert – bei aller Ironie, bei allem Sarkasmus, bei aller Drastik. Neidhart singt und spielt sich frei von einengenden Interpretationen.

D er Dichter, der sich selbst zur Spielfigur stilisiert, der Spiele mit Kunstfiguren inszeniert, er hat sich weite Bewegungsräume geschaffen zwischen schieren Fiktionen (die wild tanzende Alte, die unbedingt zum Knappen ins Reuental will) und Fiktionen, die angehaucht scheinen von Authentizität (das Sänger-Ich spricht von der ›eigenen‹ Situation, von der Not im Reuental). Dieses Reuentaler Wechselspiel wird fortgesetzt in zahlreichen weiteren Liedern nach erfolgreichen Mustern.

Von diesem Reuentalspiel leite ich Grundregeln ab für dieses Buch. So erfinde ich ›hautnah‹ an wahrscheinlicher Realität (Reise zu einem Auftritt in Passau), und ich erfinde frei (wie im Folgenden). Ich assoziiere hier Rechenoperationen, die auch imaginäre Zahlen einbeziehen; was Mathematikern selbstverständlich ist, soll mir als Erzähler willkommen sein.

Denn auch darin liegt eine der Motivationen für dieses Buch: der Umgang mit Neidhart dispensiert mich – phasenweise – vom Faktenzwang; ich übernehme, ›mit befreiender Wirkung‹, einige der Denkmuster seiner Zeit. Damals zählte vor allem, zählte vielfach allein die Geschichte. Eine Geschichte ist eine Geschichte; wer fragte schon nach einem ›Realitätsgehalt‹? Da wäre man ja von Gott und allen guten Geistern verlassen gewesen…! Wenn eine Geschichte in sich stimmte, in sich stimmig war und damit überzeugte, so genügte das völlig, es wurde nicht in Frage gestellt.

Das gilt auch für Neidharts Lebensgeschichte. Und so lasse ich in dieser Sequenz einen reisenden Unterhaltungskünstler einem anderen Fahrenden berichten: Stell dir vor, da kommt mir neulich doch Neidhart entgegengeritten, auf seinem kleinen, zähen Pferd, und er trägt einen feuerroten, weithin leuchtenden Umhang über dem

Schlupfgewand. Ich bleibe stehn am Wegrand und frage: Herr Neidhart, wie kommt Ihr an diesen wunderschönen roten und, wie ich sehe, seidenen Umhang? Und Neidhart erzählt, daß er wieder am Hof des Bischofs zu Passau aufgetreten sei, mit anderen Spielleuten, unter ihnen ein Feuerschlucker und Feuerspucker, mit dem er sich sofort verstand, vielleicht auch deshalb, weil sich herausstellte, daß sie einen gemeinsamen Bekannten haben, einen virtuosen Messerwerfer, der zu dieser Zeit weiter südlich unterwegs war, Richtung Brixen; mit diesem Feuerschlucker sei er, auf Wunsch des hohen geistlichen Herrn, gemeinsam aufgetreten, das Wort als Feuer, das Wort als Flamme, und so hatten sie gemeinsam das Lied vom brennenden See vorgetragen, abwechselnd jeweils er mit einer Singstrophe und der andre mit einer ›Feuerstrophe‹. Nach dieser gemeinsamen Darbietung sagte der Bischof: Neidhart, zum Dank für deinen Auftritt schenke ich dir – Fortsetzung folgt?

Neidhart also wieder einmal am Bischofshof zu Passau? Diese Frage als Impuls zur Fortführung des rekonstruierenden Entwurfs.

Falls dem hohen geistlichen Herrn dieser Auftritt des Dichters und Sängers gefällt, könnte er ihn weiterempfehlen. Wolfkerus Dei gratia Patauiensis episcopus: er verfügte über zahlreiche Beziehungen zu Herren in Österreich. Naheliegend beispielsweise diese Möglichkeit: daß Wolfger den cantor zu seinem Bruder schickt, dem Erzpriester von St. Pölten, Verwaltungssitz der Passauer Diözese in Niederösterreich. Und nicht weit hergeholt diese Möglichkeit: daß Neidhart sogar dem österreichischen Landesherrn Leopold VI. empfohlen wird, der vor allem in Klosterneuburg residiert – das ebenfalls zur Passauer Diözese gehört, wie beinah das gesamte Österreich. Denn: Österreich war erst ab 1156 Herzogtum – vorher war es Teil von Bayern. Die Babenberger (und ihre Nachfolger, die Habsburger) werden versuchen, freizukommen von Passau, man möchte einen eigenen Bischof haben, in Wien, aber dagegen werden sich die Passauer Bischöfe der Reihe nach wehren, und so wird Österreich noch lange zur Passauer Diözese gehören.

Rückblickend, ausblickend: es war für einen Sänger mehr als wahrscheinlich, daß er sich an Bischof Wolfger zu Passau wendete, und es war naheliegend, daß Neidhart von Passau aus donauabwärts reiste, zum Beispiel nach Klosterneuburg.

Wenn Neidhart meinem nachträglichen Vorschlag folgt, wird er auf dem Wasserweg reisen. Legt er vorher in einer Passauer Kirche ein Gelübde ab? Wie oft wurde berichtet von zerschellenden Flößen, von kenternden Schiffen! Katalogangaben zu Votivbildern resümieren hier sachlich: »Im Fluß zehn ertrinkende Frauen. Am Ufer ein Mann und drei Frauen.« Oder: »74 Personen ertranken im Inn, als sie sich auf einer Wallfahrt nach Passau befanden.« Ein Gebet also des Neidhart, ein Stoßgebet zumindest? Die Stromschnellen, die Sandbänke, die Flußfelsen, die Unwetter...

Neidhart, der wohl öfter auf der Donau fuhr, Neidhart, in dessen Bewußtsein dieser Fluß sicherlich zentrale Bedeutung hatte – was wußte er, was wußte man zu seiner Zeit über die Donau?

Dieser Fluß ist für uns Realität, die sich mit exakten Angaben beschreiben läßt: Quellgebiet; Länge in Kilometern; Fließgeschwindigkeiten; Zustand des Wassers; Mündungsgebiet. Doch wenn ich versuchen würde, die Donau mit unseren Daten zu beschreiben, so gäbe ich ihr ein anderes Flußbett, weit entfernt von Neidharts Ufern. Gewiß, er sah, auf der Donau fahrend oder an der Donau entlangreitend, dieselben Hangkonturen, wie ich sie sehe auf einer Donaufahrt, aber damit nehmen Neidhart und ich nicht dasselbe wahr. So könnte dieses kleine Kapitel folgende Überschrift tragen: Die Donau oder Zwei Realitäten eines Flusses.

Bei Hildegard von Bingen entdeckte ich in einer ihrer naturwissenschaftlichen Schriften folgende Charakterisierung: »Die Donau hat helles, rauhes Wasser und schönen, gesunden Sand.« Ein Satz, wie er sich auch von späteren Reisebeschreibungen übernehmen ließe, hätte übernehmen lassen, aber anschließend schreibt Hildegard, das Donauwasser tauge wegen seiner »Rauheit« nicht für Speise und Trank, Donauwasser zerfresse die Därme, schwärze die Haut.

Hildegard von Bingen war eine der Leuchten der Wissenschaft im 12. Jahrhundert, das Wissen ihrer Zeit über Natur und Naturerscheinungen kompilierend, summierend, systematisierend. Damit schrieb sie fest, was auch zu Neidharts Zeit noch gültig war, als gültig angesehen wurde, vor allem, weil Hildegardis Bingensis als Autorität galt. Waren solche Aussagen über die Donau auch in Neidharts Bewußtsein gedrungen? Entsprachen sie allgemein verbreiteten Vorstellungen über die Donau? Und Neidhart wusch sich auf Reisen nur ungern mit Donauwasser, trank es nicht oder nur wenig, damit die Därme nicht zerfressen würden?

Neidhart auf Reisen: diesmal also könnte er auf der Donau gleiten, zwischen Passau und Klosterneuburg. Weil Reisezeit damals oft verkürzt wurde durch Erzählen, lasse ich einen der Reisenden auf dem Schiff von einer Reise erzählen, die übers Meer führte, nach London. Der Erzähler könnte ein Kleriker sein im Dienst eines weltlichen Herrn, ein notarius oder protonotarius.

Während die Schiffer sich mittelhochdeutsche Binnenschiffahrtswörter in urbayerischem Lautstand zurufen, könnte der Mitreisende erzählen, was dokumentiert ist, von Arno Borst: Die Plätze, Straßen, Gassen der Stadt London seien von einem unvorstellbar dichten Gewimmel erfüllt, und man sehe Fremde, die mit ihren Schiffen ankämen, aus dem Königreich Sizilien, von Afrika, aus dem Land der Mauren in Spanien, vom Schwarzen Meer, sogar von Indien, und es würden kostbare Stoffe entladen und Spezereien und Waffen und Heilmittel und Gerätschaften – dreimal war er mit seinem Herrn am Hafen: Menschen liefen hin und her, mit Lasten, ohne Lasten, Packpferde wurden beladen, wurden von ihren Lasten befreit, man trug Stapel von Schafsfellen auf ein Schiff, und von einem anderen schleppte man Tuchballen an Land, und sie hörten ringsum Sprachen aus den fernsten Ländern. Als sie hungrig und durstig geworden waren nach all dem Zuschauen, kehrten sie nicht ins Stadthaus der Verwandten des Grafen zurück, sie kauften am Hafen, worauf sie Lust hatten: hier wurde gekocht und gesotten, gebacken und gebraten; ob Fisch oder Schwein, Rind oder Geflügel oder Wildbret – alles war zu haben an den Ständen, auch Getränke, es gab vor allem einen wundervoll schmeckenden Wein aus dem Maurenland. Nach dem Essen stand er mit seinem Herrn wieder am Hafen, es war auch ein englischer Graf anwesend, sogar ein Baron, sie bildeten eine Gruppe; man verständigte sich in der Sprache der Normannen, die sein Graf, der ja einen normannischen Schwager habe, recht gut verstehe.

Und der Mitreisende könnte weiter erzählen: Nicht nur am Hafen ist viel zu sehen – jeden Freitag findet auf einem Feld vor der Stadt, es heißt Schmusfeld oder Sußfeld oder so ähnlich, also jeden Freitag findet dort ein großer Markt statt, auch für Zuchtpferde, er hielt sich hier mit dem Grafen am längsten auf, sie ließen sich Zelter vorführen mit ihrem bekannten Paßgang, das sei ja das Eleganteste, was man sich als Pferdegangart überhaupt vorstellen könne, die Pferde würden beinah gleiten, so weich, so sanft sei ihr Gang. Selbstverständlich gab es dort auch Turnierpferde, die auf das rasche, schwungvolle Attackieren dressiert waren – sie standen mit »zuckenden Ohren«, »steifem Hals«. Und es gab Fohlen, Stuten, Ochsen, Schweine, und es waren Pflüge ausgestellt, sehr gut geschmiedet. Ja, und die Spazierritte durch die Stadt, überall Waren ausgestellt, Purpurgewebe, Zobelpelze, Spezereien, Waffen…

Während der Kleriker dies erzählt, gleiten die Reisenden eine Meile oder zwei Meilen weiter auf dem Wasserweg, der wohl auch Neidhart willkommen ist.

D er reisende Sänger des Donauraums: wohl mehr als nur einmal mit dem Schiff landend. Hier gab es zwei Möglichkeiten: das Schiff legte an einem Kai an oder wurde an Land gezogen.

In der Binnenschiffahrt war die Schiffslände üblich – die Boote waren, verglichen mit Seeschiffen, recht klein. Schwer beladene Schiffe mußten geleichtert werden: Arbeiter gingen hüfttief ins Wasser, ließen sich Fässer oder Ballen oder Bündel oder Kisten aufhucken; war das Schiff leicht genug, wurde es an Tauen auf einer Schleifbahn (dem »Durchlaß«) Richtung Bootsschuppen gezogen; vor dem Ablegen wurde es mit Tauen oder von einer Seilwinde wieder ins Wasser geschleift – diese zweite Winde war über dem Wasserspiegel an Pfählen angebracht.

Die Durchlässe: Schlick, Schlamm, Abfälle. Parallel zu den Durchlässen erhöhte, befestigte Rampen: Faschinen aus Flechtwerk oder »waagrecht liegende, fest verpflockte Stämme, teilweise in mehreren Schichten, auch treppenartig«. Von diesen Rampen aus die Laufbretter zu den Schiffen, den Booten. Hier oben wurden auch Zelte aufgeschlagen, wenn Ruderknechte, Steuermänner, Kaufleute bei ihren Schiffen übernachteten. Auf Menschen- und Pferderücken wurden Ballen und Kisten, Bündel und Säcke transportiert; an Feuern wurden Fische gebraten – Innereien, Köpfe, Gräten in die Durchlässe geworfen.

Die Donau bei Klosterneuburg: weit ausgefächert, mehrere Inseln umschließend. Der schiffbare Hauptarm führte direkt an der kleinen Stadt vorbei; erst im 19. Jahrhundert wird die Fahrrinne weiter nach Osten verlegt, wird die Stadt durch den etwa einen Kilometer breiten Streifen Auwald von der Donau getrennt. Augenschein führt nicht immer an damalige Realität heran…

Auf den beiden Hügeln die Niederstadt, die Oberstadt, und hier, im Stiftsareal, die Herzogs-Pfalz mit dem noch frischen Mauerwerk: Leopold machte Klosterneuburg zu seiner Residenz, »baute den für die gesteigerten Ansprüche zu bescheiden gewordenen Komplex prächtig aus«, schreibt Floridus Röhrig. Könnte hier der Saal gewesen sein für einen Auftritt des Sängers Neidhart?

Herzog Leopold VI., später der Glorreiche genannt, ist vor allem für die Walther-Forschung wichtig: der Herzog, um dessen Gunst, Neigung, Förderung sich Walther von der Vogelweide vergeblich bemühte. Offenbar mochte der Herzog Texte und Musik dieses ›Liedermachers‹ nicht, da halfen keine Appelle, half auch nicht die (spätere) Attacke auf das Publikum eines Neidhart. Vielleicht fanden Neidharts Lieder beim jungen Herzog mehr Resonanz. Dieser Leopold war nicht nur passiver Zuhörer, er sang selber, an seinem Hof. Jedenfalls heißt es später, in der Totenklage des *Fürstenbuch*s:

Wer singt uns künftig vor
in Wien, in einem Chor,
wie es dieser wackre Mann
oft genug für uns getan?
Wer führt den Reien künftig an
im Frühling und im Herbst?

Neidhart in Klosterneuburg und in Wien, vor Herzog Leopold und
seinem Hofstaat: war er erfolgreich? Das hätte bedeuten können: er
wurde in das Hofgefolge aufgenommen, für einige Zeit, erhielt Unterkunft, Verpflegung, bekam Honorar-Geschenke für weitere
Auftritte. Oder: er wurde wiederum weiterempfohlen.

Wer sich Neidharts mögliche oder wahrscheinliche Reiserouten
in Österreich, in Bayern, im Donauraum vor Augen führen
möchte, muß sich eine der Römerstraßen-Karten beschaffen, die rekonstruiert und publiziert worden sind. Und: eine Karte mit dem
damaligen System von Wasserwegen, Wasserstraßen. Denn selbst
kleine Flüsse wurden als Reisewege genutzt, beispielsweise die
Fränkische Saale. Selbstverständlich waren eine Isar oder Loisach
stark frequentierte Wasserwege. Und die Donau wird eine der
Hauptrouten für Neidhart gewesen sein. Die führte ihn beispielsweise auch nach Kelheim, zu einem Auftritt vor Herzog Ludwig
und Herzogin Ludmilla.

Diese *Möglichkeit* soll nicht bloß erwähnt werden. So fahre ich
1986, mit Blick auf Neidhart, nach Kelheim. Gehe vom Parkplatz
gleich hinaus auf die Donaubrücke. Die alte Brücke, auf der Herzog
Ludwig später ermordet wird, sie war eine Schiffsbrücke und wird
direkt zum Donau-Tor der kleinen Stadt geführt haben; die heutige
Brücke liegt ein paar hundert Meter flußaufwärts, geht über in eine
Umgehungsstraße, deren Böschungen so neu sind, daß Bewuchs
noch nicht recht Wurzeln fassen konnte.

Die unter den Autos, die unter meinen Füßen leicht schwingende
Brücke. Es riecht nach Melasse. Einen Steinwurf flußaufwärts
quillt, etwa zehn Meter vor dem Ufer, rostbraune, kakaobraune

Flüssigkeit aus einem (unsichtbaren) Abwasserstutzen, zieht eine Spur unter der Brücke durch, das Braun fächert auf, scheint sich zu beschäumen.

Neidharts Ziel lag schon vor dieser Stadt: die Burg des Herzogs. Diese Burg, in der Ludwig vielleicht geboren war, lag zwischen Stadtmauer und Flußufer. Von dieser Burg haben sich, laut Stadtführer, »bis heute nur der massige Stumpf des Burgfrieds und einige Mauerfundamente erhalten«. Eine Burg, die wohl oft von Hochwasser umgeben, wiederholt von Eisschollen belagert wurde. Das Gebäude an der Stelle dieser Burg (zum Teil noch auf ihren Fundamenten, ihren Sockeln) ist heute Behördenhaus: »Landratsamt Kelheim« steht auf einem der Schilder, und: »Staatl. Veterinäramt Kelheim« und »P für erheblich geh- und stehbehinderte Amtsangehörige«.

Der Weg von der Burg zum Donau-Tor war kurz: heute muß ich eine Straße überqueren. Kelheim zeigt – und daran hat Herzog Ludwig bei der Wiedergründung entschieden mitgewirkt – einen fast reißbrettartigen Grundriß: ein Stadtquadrat, auf der einen Seite von der Donau, auf der Gegenseite von der Altmühl eingefaßt, auf den beiden anderen Seiten von Verbindungskanälen, und hinter diesen Wassergräben, Wasserläufen die Stadtmauer: das Städtchen als große Wasserburg. Dieses Stadtquadrat aufgeteilt durch ein Straßenkreuz, das sich heute noch abschreiten läßt. Außerhalb der früheren Stadtmauer findet das große Betonieren statt für die Rhein-Main-Donau-Wasserstraße der Rhein-Main-Donau AG, Neubauamt Donauausbau: ein neues Flußbett aus Beton, ein Betonfestival der Verschwender.

Ich muß sehr viel Beton verdrängen in meinem Bewußtsein, um mir das Kelheim zu vergegenwärtigen, durch das auch ein Neidhart gestreift sein könnte. Zu diesem Städtchen gehörte beispielsweise das Leprosenheim, seit 1176 nachgewiesen. Stand es im Stadtgeviert? Das lese ich so, das kann ich zuerst aber nicht recht glauben, denn: Spitäler für Leprakranke lagen ja außerhalb der Stadtmauern. Wo aber hätte es hier im Überschwemmungsgebiet gebaut werden können? Die Lage innerhalb des Orts bleibt für mich sekundär: es gab hier ein Leprosenheim, punktum. Und das hieß auch für diesen

Ort eines möglichen Auftritts oder möglicher Auftritte von Neidhart: der damals selbstverständliche Anblick von bettelnden Menschen mit entstellten Gesichtern, verkrüppelten Gliedern. Die Lepra... Die Lieder... Lepra und Lieder...

Ich werde später entwerfen, wie Neidhart nach einem Festbankett auftritt, in einem Saal mit hundert oder zweihundert Zuhörern: eine große Veranstaltung, bei der er seine Tanzlieder singt. Hier entwerfe ich ein Gegenmodell: eine literarisch-musikalische Veranstaltung in kleinem Kreis, beispielsweise in einem der mit Fresken ausgemalten Räume, die für uns heute große Zimmer sind, die damals kleine Säle waren. Und in diesem Raum (der vielleicht auch einen Kamin hat) singt ein Dichter vor dem Burgherrn und dessen »familia«, also vor Mitgliedern seiner Familie, vor Rittern und Ministerialen, vor standesgemäßen Besuchern, vor dem Burgkaplan – ein Kreis von zwanzig, dreißig Zuhörern. Eine Art kammermusikalischer Veranstaltung.

Das höfische Publikum muß, zumindest an einigen der Höfe, ein kennerhaftes, also ein gebildetes Publikum gewesen sein. Sonst wären (beispielsweise) literarische Anspielungen ohne Resonanz geblieben. Daß ein Dichterkomponist auf einen anderen Dichterkomponisten anspielte, daß ein Dichterkomponist sogar auf Anspielungen eines Dichterkomponisten auf einen anderen Dichterkomponisten anspielte (wie Wolfram auf Walther auf Reinmar), das setzte voraus: zumindest ein Teil des Publikums war literarisch gebildet.

Es wird in einigen Kapiteln dieses Buches der Eindruck entstehen können, Neidharts Publikum wäre naiv gewesen in seinem betonten Interesse an Liedern über Schlägereien und Schweinereien – wie das ein Musiker im Gespräch karikierte. Aber: wie das Publikum sich zusammensetzte und wie es sich verhielt, das hing auch von der Form der Veranstaltung ab. Hier nun erfinde ich eine literarisch-musikalische Veranstaltung der ›leisen Töne‹, eine Veranstaltung für literarische und musikalische Connaisseurs.

Nach kurzem Präludieren könnte Neidhart (zunächst) Liedtexte vortragen von Dichterkomponisten, die zu seiner Zeit hohes Ansehen besaßen. Daß ein ›Liedermacher‹ nicht nur eigene Lieder sang, läßt sich nachweisen am Phänomen der ›Strophenfluktuation‹, also von Strophen (und Liedern), die in der Überlieferung (zwei) verschiedenen Dichtern zugeschrieben wurden.

Einleitend könnte Neidhart ein Lied singen, das einen zarten Kontrast schafft zum theaterkostümbunten Treiben etlicher seiner eigenen Lieder. Geschrieben hat diesen Liedtext Burchard von Hohenfels.

> Als die Luft mit Sonnenfeuer
> sich vermischte und vereinte,
> als das Wasser eingewirkt,
> lebte gleich die Erde auf!
> Heimlich gab sie sich dann hin,
> wurde schwanger: Freudenfrucht!
> Mailuft tat das, glaubt es mir,
> schaut euch selbst die Wiese an!
>   Heiterkeit und Leichtigkeit
>   liegen nun der Welt zu Füßen.
>
> Stubenhitze trieb uns raus,
> Regen jagt' uns unters Dach.
> Eine Alte mit Erfahrung
> riet zur Scheunen-Lustbarkeit.
> Aller Ärger löste sich,
> Mißmut machte sich davon:
> Freude hat das Leid besiegt,
> als der Tanz ganz sacht begann.
>   Heiterkeit und Leichtigkeit
>   liegen nun der Welt zu Füßen.
>
> Hübsche Tanzmusik im Stadel
> ließ den größten Schmerz vergessen:
> tanzten langsam und im Takt.
> Mancher hat da überlegt,
> was er nun am liebsten täte…

Wer das für sich sagen kann,
der erträgt die Sehnsucht leichter –
Schönes denken weckt die Lust!
    Heiterkeit und Leichtigkeit
    liegen nun der Welt zu Füßen.

Liebesblicke, Zärtlichkeiten
gingen aus von hübschen Mädchen;
waren auch dezent beim Streicheln,
ihr Verhalten war charmant.
Ausgelassen blieben sie
stets gemäßigt, wahrten Form.
Waren alle wunderschön...
    Heiterkeit und Leichtigkeit
    liegen nun der Welt zu Füßen.

Ah, wie sehr die Liebste strahlt!
Welch ein wunderschöner Anblick,
wenn sie sich mit Blumen schmückt!
Wer sie sieht, der wird gleich froh:
das beweisen Herzen, Augen.
Dies vor allem stimmt mich glücklich:
wie mit einem Stift aus Stahl
ist sie in mein Herz graviert.
    Heiterkeit und Leichtigkeit
    liegen nun der Welt zu Füßen.

Als zweites ein Liedtext in der Tradition des Minnesangs. Was den Minnesang charakterisiert: die stilisierende Anbetung einer ungenannten Dame der höheren Gesellschaftsränge. Der Dichter dieses Liedtextes ist der große Heinrich von Morungen, ebenfalls ein Zeitgenosse Neidharts, aber wahrscheinlich ein, zwei Jahrzehnte älter.

Schwebeleichtes Glücksgefühl –
derart hat mein Herz das nie gespürt!

Ja, als wenn ich fliegen könnte,
kreist mein ganzes Denken nur um sie,
seit ich bei ihr Liebe fand,
die mir durch die Seele drang,
mitten in das Herz hinein.

Was ich nun an Schönem sehe,
spiegle alles Glück, das ich gefunden!
Luft und Erde, Wald und Aue –
seid Ausdruck meiner Freudenzeit!
Zuversichtlich bin ich nun,
weil ich die Erfüllung fand.
Darum bin ich so beglückt!

Ah, die wunderschöne Botschaft
klang in meinen Ohren süß,
und das liebessanfte Sehnen
war fürs Herz ein Freudenlied!
So entstand ein Glücksgefühl,
daß vor Liebe dieser Tau
mir aus beiden Augen fiel.

Preis sei dieser süßen Stunde,
Preis sei dieser Zeit, dem Jubeltag,
als ihr Mund das Wort aussprach,
das so nah an meinem Herzen war:
beinah lähmt mich diese Freude,
weiß vor lauter Liebe nicht,
was ich von ihr sagen soll.

Während Neidhart solche Strophen singt, könnte dies geschehen:
Damen und Herren erheben sich, stellen sich paarweise auf, beginnen zu tanzen.

Damen und Herren, die zu solchen Strophen tanzen – erfinde ich das? Joachim Bumke: »Minnelieder konnten gesungen, getanzt und gelesen werden.« Und noch einmal: »Minnelieder wurden auch getanz.« Daß Neidharts Sommer- und Winterlieder dem Publikum in die Beine fuhren, läßt sich leicht vorstellen. Es wurde aber auch zu vergleichsweise abgehobenen Texten getanzt. Neidharts jüngerer Zeitgenosse Ulrich von Lichtenstein:

> Die Strophen waren meisterhaft,
> ihre Reime äußerst kunstvoll,
> drum sangen viele sie sehr gern.
> Die Melodie war nicht zu lang –
> so ließ sich gut zu ihnen tanzen.

Ulrich von Lichtenstein hat so etwas wie ein Roman-Poem verfaßt, den »frouwendienst«. In den teils fiktiven, teils biographischen Ablauf sind zahlreiche Liedtexte eingebaut. Sie sind in den Überschriften entweder ausgewiesen als »sincwîse« (die Wissenschaft benutzt als Pendant den Begriff Vortragslyrik) und als »tanzwîse« (in der Wissenschaft: Tanzlyrik). Ich übertrage die erste Strophe des Tanzliedes Nummer eins.

> Frauengüte: keiner wird
> ihr mit seinem Lob gerecht.
> Lange schon erblüht mein Herz:
> allen Kummer nimmt sie mir,
> seh ich sie in ihrem Kleid,
> und sie schreitet vor mir her
> mit der Schönheit eines Engels.

Schwer genug, sich vorzustellen, daß man zu Liedern mit solchen Texten getanzt hat? Dann will ich es noch schwerer machen: ich übersetze die erste Strophe des Tanzliedes Nummer siebzehn – hier erreichen wir die Sphäre gesungener Abstraktion.

> Allen, die das Hochgefühl erleben wollen,
> gebe ich entschieden meinen Rat,
> daß sie edle Frauen lieben
> wie sich selbst: von ganzem Herzen, treu.

Nach dem wahrscheinlich langsam geschrittenen Tanz zu diesem Lied könnte sich das Publikum wünschen, daß die Musik im Tempo etwas anzieht, und so lasse ich Neidhart ein literarisches Bravourstück des Kollegen Walther von der Vogelweide singen, das Zuhörer sprachlos machen soll: jeweils sieben Reime in einer Strophe! Ein Liedtext, den ich mit besonderem Vergnügen ausgesucht habe – diesmal übersetze ich mit Reimen, weil sie hier konstituierend sind: Sprachmusik!

Die Welt war gelb, war rot und blau,
war grün im Wald und in der Au.
Die Vögel sangen hübsch genau –
die Nebelkrähe macht Radau.
Die Welt sieht anders aus jetzt, jau!
Sie ist nun fahl und grau in grau.
So mancher senkt hier seine Brau.

Auf grünem Hügel saß ich eh:
es wuchsen Blumen und der Klee
von hier bis unten an den See.
Die Augenweide nun: ade.
Wo wir gepflückt so manch Bouquet,
dort liegt nun Reif, dazu noch Schnee.
Den kleinen Vöglein tut das weh.

Die Deppen rufen: schnei doch, schnei!
Die armen Leut: Oweh, owei!
Ich fühle mich so schwer wie Blei.
Der Winterkummer zählt für drei.
Bezüglich dieser Jammerei:
sie wäre sicher rasch vorbei,
käm nur der Sommer mal herbei.

Und lebe ich noch lange so,
dann fresse ich noch Krebse – roh!
Sommer, mach mich wieder froh.

Begrünst die Täler, das Plateau.
Blumenspiele mit Niveau,
Sonnenlichtekstasen – oh,
das jagt den Winter in das Stroh!

Ich suhle mich hier wie ein Schwein,
meine Haare: nicht sehr fein.
Sommer, sag, wo magst du sein?
Bauern, spannt die Pflüge ein!
Winter bringt nur arge Pein,
engt und klemmt mich hier so ein:
lieber Mönch in Lausitz sein!

Der Dichter auch als Spielmann: der Begriff sagt uns nichts darüber, wie man an einem Adelshof, Herzogshof einen Spielmann behandelte. Aber auch Atmosphärisches ist mir wichtig.

Ein Blick über die Grenze des deutschen Sprachbereichs: Jean Renart verfaßte einen kleinen höfischen Versroman mit dem Doppeltitel *Le roman de la rose ou de Guillaume de Dole*. Zwei Datierungsversuche von Romanisten: 1211 oder 1227/28. In beiden Fällen: der Versroman ist zu Neidharts Lebzeiten verfaßt worden.

In diesem Roman taucht mehrfach ein Spielmann auf, und es läßt sich an etlichen Details ablesen, wie man ihn behandelte. Weil man im deutschen Bereich gern aufgriff und verarbeitete, was aus Frankreich kam, läßt sich vorstellen, daß es auch in solchen Punkten Entsprechungen gab oder geben konnte zu damaliger donauländischer Realität.

Der Spielmann, um den es hier geht, heißt Jouglet, und das ist (wie der Übersetzer Helmut Birkhan herausstellt) ein »sprechender Name für einen fahrenden ›Spielmann‹ (jouglëor).« Also die Spielfigur eines Spielmanns, und doch: was Jean Renart über sie erzählt, dürfte in Relation stehen zu damaligen Fakten.

Dieser Spielmann gehört zum Hofgefolge des Kaisers, gilt als klug und berühmt, er »hatte viele Lieder und viele schöne Geschichten gehört und gelernt«. Ein erster Auftritt sieht so aus: der Kaiser läßt ihn durch einen Knappen rufen, er soll ihm eine Geschichte erzählen, die ihn wachhält, denn er ist sehr müde. Er nennt den Spielmann seinen »lieben Freund«, legt ihm einen Arm auf die Schulter. Da erzählt Jouglet gern.

Er wird freilich auch schon mal als Bote losgeschickt, beispielsweise, um einen Kleriker zu holen, der einen Brief schreiben soll, oder Jouglet springt als Kammerdiener ein. Aber solche Tätigkeiten schmälern nicht sein Ansehen, setzen ihn in seinem Rang nicht herab. Als ihn Wilhelm von Dole, die Hauptfigur des Romans, wiedersieht, da ruft er: »Ah, Jouglet! Was gibt's? Woher kommt Ihr, lieber guter Freund?« Er umarmt den Spielmann sofort, vor lauter Freude, und gleich darauf umarmt der Spielmann den hohen Herrn.

Also: nicht bloß nüchterne dienstliche Beziehung, nicht nur ein ›Beschäftigungsverhältnis‹. Als Graf Wilhelm losreitet, ruft er dem Spielmann zu: »Sitz hinter mir auf, Bruder, wenn du mir Freude machen willst!« Und während sie auf einem Pferd durch eine Stadt reiten, singt Jouglet dem Herrn ein Lied ins Ohr.

Dann wieder ein Auftritt vor mehreren Herren, vor dem Kaiser und vor Wilhelm mit Gefolgsleuten, und Jouglet trägt »drei oder vier Geschichten und Lieder vor«. Bei anderer Gelegenheit wünscht sich der Kaiser ein bestimmtes Lied von ihm. Und dem Spielmann wird ein hermelindrapierter Rock geschenkt, aus der Garderobe des Wilhelm von Dole. Sogleich singt Jouglet wieder, gemeinsam mit einer jungen Dame, und er spielt dabei die Fiedel. Und der Kaiser ruft den Spielmann zu sich auf einen Balkon, läßt ihn ein Lied singen. Und bei einem Ritt singt ein junger Mann aus der Normandie ein Lied, und Jouglet begleitet ihn auf der Fiedel. Und bei einem Aufmarsch von Knappen vor einem Turnier singt er gemeinsam mit einem Aigret de Grame. Und er singt einem hohen Herrn abends am Bett etwas vor. Bei einem Tanzfest wechselt er sich ab mit einer fahrenden Sängerin, der schönen Duete von Troyes, und mit einem weiteren Spielmann, »der ein schönes, grünes Gewand« trägt.

Dieses gemeinsame Singen ist charakteristisch für jene Zeit – der

vorsingende und vortanzende Herzog von Österreich ist keine Ausnahme; die Herrschaften sangen viel zu gern, um professionellen
Sängern ohne weiteres den Vortritt zu lassen, um ihnen allzu große
Zeiträume zu gewähren, in denen sie ausschließlich selbst singen
konnten.

Wenn ich den *Roman von der Rose* durchblättre, entsteht ein Mo-
saik höfischer Sing-Situationen. Die Tafel ist gedeckt, man ißt noch
nicht, Ritter singen ein Liedchen; bevor sie ganz fertig sind, stimmt
eine blonde junge Dame ein Lied an, und ihr folgt, sie unterbre-
chend, die Schwester des Herzogs von Mainz – man kann es also
kaum erwarten, selber singen zu dürfen! Weitere Situationen: der
Kaiser und sein Spielmann singen gemeinsam ein Lied; der Kaiser
liegt auf dem Bett und stimmt, um sich mit Gesang zu trösten, ein
Lied an; eine höfische Dame wird aufgefordert, ein Lied zu singen;
weil die Vögel so schön singen, stimmt ein Reitertrupp ein Freudenlied an; es singt die Schwester eines Spielmanns; ein König ist so
überdreht in seinem Glücksgefühl, daß er singen muß; man reitet
querfeldein und fragt einander, ob dieses oder jenes Lied bekannt
sei; der Kaiser dichtet Strophen; der König hört ein Lied und sagt
dem Spielmann: »Wie treffend sind gerade diese Strophen auf mich
zugeschnitten«; während eines Rittes singt ein Neffe des Bischofs
von Lüttich; singend zieht man von einem Raum der Burg in den
anderen – und so weiter. Alles nur literarische Fiktionen? Renart
hätte dies kaum erzählt, wenn sein Publikum sich hier nicht wieder-
erkannt hätte.

Neidhart war, das will ich in diesem Zusammenhang noch
einmal betonen, nicht nur Dichter, er war auch Komponist,
Sänger, Instrumentalist. Wie seine Musik geklungen haben könnte,
das läßt sich, in Annäherungswerten, rekonstruieren nach den zahlreichen Melodien, die unter seinem Namen überliefert sind.

Musik des Mittelalters, von Ensembles auf »Originalinstrumen-
ten« gespielt, ist musikalische Phantasie über Musik des Mittelalters.
Denn: aus Neidharts Zeit ist kein einziges Instrument überliefert, das
noch spielbar wäre; sämtliche Instrumente, mit denen Musik des

Mittelalters aufgeführt wird, sind Kopien, Nachbauten. Und das zum großen Teil nicht einmal nach inzwischen unspielbar gewordenen, aber doch vermeßbaren Instrumenten – etliche Instrumente sind nach Abbildungen aus Büchern, nach Darstellungen auf Gemälden, nach Andeutungen von Steinmetzarbeiten gebaut worden. Daß sich auf diese Weise ein ›originales Klangbild‹ nicht erreichen läßt, dies zu erkennen, muß man kein Instrumentenbauer sein. Streng genommen wird hier synthetische Musik erzeugt: nach den vielfach nur rudimentären Hinweisen jener Zeit zur Spielpraxis, nach ihrer (für unser Verständnis nicht ausreichenden) Notation, nach unseren Vorstellungen, nach unseren Wünschen.

Aber selbst wenn die mittelalterliche Musik, wie wir sie heute hören, weithin nachempfunden, ja nacherfunden ist (auf der Grundlage der überlieferten Melodielinien, die sich sehr verschieden phrasieren lassen) – ich möchte auf Platteneinspielungen, auf Funkaufnahmen mittelalterlicher Musik nicht verzichten; so ungefähr, sage ich mir, könnte es geklungen haben. Und wenn ich Liedtexte von Neidhart lese, sie übertrage, so höre ich echohaft einen Sänger Neidhart, der sich auf einem Instrument begleitet, der vielleicht auch von weiteren Instrumenten begleitet wird, von einer Flöte oder einem Scheitholt, von einer Fiedel oder einem Krummhorn, von einer Pommer oder einem Rankett, heute auch Wurstfagott genannt, in dessen zylindrischem Schallkörper sich neunmal das Klangrohr windet.

Nun muß ich allerdings zugeben, daß ich noch nie eine Illustration gesehen habe, auf der ein Instrumentalist zugleich singt – und dazu gab es sicherlich ikonographische Möglichkeiten; ich habe auch keine Beschreibung solch einer Szene gelesen; andererseits habe ich nie gesehen oder gelesen, daß ein cantor nur sang, und er ließ sich von Instrumentalisten begleiten. Ich gehe aus von Erfahrungen, die ich mit Musikern gemacht habe, wenn wir gemeinsam bei Neidhart-Veranstaltungen aufgetreten sind: es war völlig selbstverständlich, daß hier die Sänger auch Instrumente spielten, sich selbst begleitend.

Die beliebtesten Instrumente zur Zeit: die Schoßharfe, die Laute, die Drehleier, die Fiedel. Die Instrumentalisten einer Gruppe singen meist auch, zumindest in Refrains, gelegentlich in Duetten, manchmal sogar in mehrstimmigen Liedsätzen. Und sie wechseln ihre Instrumente im Verlauf eines Abends, und das nicht nur innerhalb der jeweiligen Instrumentenfamilie – gerade die Musiker, die sich auf mittelalterliche Musik konzentrieren, sind alles andere als spezialisiert. Zum Teil bauen sie ihre Instrumente sogar selber oder bauen sie zumindest um – die notwendigen Basteleien etwa an einer Drehleier. Was ich bei Oswald von Wolkenstein hervorhebe, gilt auch für Neidhart: ich sehe ihn in fachmännischem Umgang mit seinem Instrument, mit seinen Instrumenten. Und welche könnten das sein?

»Ich was ein höfscher spilman«, behauptet Tristan in einer glaubhaft erzählten Lüge, aber die Instrumente, die er nennt, sie dürften für einen höfischen Spielmann typisch sein: er konnte »lîren unde gîgen, harpfen und rotten« (7564). Um dies richtig zu verstehen, zu übersetzen, informiere ich mich vor allem bei Martin van Schaik über mittelalterliche Instrumente.

Stichwort »lîren«. Hier ist die Zupfleier gemeint, und die sieht etwa so aus: der Schallkörper, das Korpus; darauf zwei symmetrische Arme, die in der Mitte gleichsam tailliert sind und sich oben wieder verbinden – so sehen sie in etwa aus wie eine 8. Die Leier wird gezupft wie die Harfe, mit der rechten Hand; die Linke kann sie gleichfalls bespielen, und sei es dämpfend.

Stichwort »gîgen«. Die Geige in der heutigen Form gibt es im Mittelalter noch nicht, »die Verben videl(e)n und gîgen meinen beide das Bespielen der videl und sind in diesem Gebrauch austauschbar«. Es gibt die (seltene) Baßfiedel, der etwa die Gambe entsprechen könnte, es gibt die Tenorfiedel, die Altfiedel. Und diese Instrumente werden entweder auf den Oberschenkel gestützt oder hängen an einem Nackenband und werden so bespielt. Die Fiedel wie eine Violine, eine Viola an der linken Schulter aufzulegen, das wäre mittelalterlichen Musikern verkrampft und unnatürlich erschienen...

Der Korpus einer Fiedel, so ergänze ich, wurde noch nicht (wie bei einer Geige) aus mehreren Teilen zusammengesetzt, vielfach wurden Boden und Seiten aus *einem* Stück Hartholz geschnitzt; die

Decke bestand aus weicherem Holz und wurde aufgeleimt. Es gibt heute wieder Instrumentenbauer, die für eine spezialisierte Kundschaft dieses Verfahren reproduzieren: aus einem einzigen Stück Holz (Kirsche oder Birne) wird der Korpus geschnitzt, die Decke (Ahorn) wird aufgeleimt. Dennoch bleiben Fragen offen: Wie dick waren Boden und Seiten des geschnitzten Korpus? Wurden eventuell auch Korpus und Stimmstock aus *einem* Stück Holz geschnitzt? Waren die Stege ziemlich flach oder eher gewölbt? Gab es Bünde? Mühsame Annäherungen an Authentizität...

Stichwort »harpfen«. Die Harfen haben im Mittelalter noch längst nicht das Format der heutigen Konzertharfen, es sind Schoßharfen. Diese kleine Rahmenharfe hat bereits »Schallkasten, Hals und geschwungene Säule«; die Zahl der Saiten ist unterschiedlich, im Durchschnitt ist es ein Dutzend; die Harfe wird vor allem als Soloinstrument gespielt; mit einer Harfe begleiten sich singende Damen und Herren vielfach selbst.

Und das letzte Stichwort: »rotten«. Die rotte ist »eine (dreieckige) Brettzither mit einer variablen Anzahl Saiten, die über einen flachen Schallkasten gespannt sind«. Dieses Instrument wird auch Harfenzither genannt. Und so habe ich die beiden Zeilen folgendermaßen übersetzt: »Die Leier und die Fiedel spielen, / Die Harfe und die Harfenzither.«

Drei Saiteninstrumente, die gezupft werden, eins, das gestrichen wird. Es ist wohl keine allzu kühne These, wenn ich voraussetze, daß der ›höfische Spielmann‹ Neidhart das eine oder andere, das eine und andere dieser Instrumente spielte.

Sehr beliebt war bei höfischen Spielleuten übrigens noch das Psalterium: über einem flachen Resonanzkasten gespannte Saiten, die mit Fingern oder Plektron gezupft wurden. Selten wurden sie mit Hämmerchen geschlagen – hier stellt sich die Assoziation ein an das Hackbrett der alpenländischen Volksmusik.

Mit Fiedel, Harfe oder Psalterium konnte die Melodie, die Singstimme umspielt werden; sie konnte ebenso mit Bordun-Klängen, mit gehaltenen Baßtönen, unterlegt werden; die Instrumente konnten gespielt werden im Wechsel mit der Singstimme.

Und die war Neidharts wichtigstes Instrument. Ob er Baß, Bariton oder Tenor sang, werden wir nie mehr erfahren können. Aber dieser Schlußsatz läßt sich doch riskieren: Neidhart war ein professioneller Sänger, der wohl mehr als nur ein einziges der höfischen Instrumente spielte.

Wie auch immer Neidharts Musik geklungen haben mag, es läßt sich mit Sicherheit sagen, daß er seine Liedtexte bayerisch eingetönt sang. Ein standardisiertes Hochdeutsch wurde im Mittelalter nicht gesprochen. Noch im vorigen Jahrhundert hörte man Gebildeten an, aus welcher Region sie stammten. Prominentestes Beispiel: Goethe und sein Hessisch, das sogar Reime prägte.

Freilich: das Hessisch eines Goethe unterschied sich hörbar vom Hessisch, das auf Straßen und Plätzen in Sachsenhausen oder Niederdorffelden gesprochen wurde. In Köln nannte man die gehobene Regionalsprache »Patrizierkölsch«; auf dem Buttermarkt oder am Eigelstein dagegen sprach man ungefiltertes, ungebrochenes Kölsch: Mer bubbele Kölsch.

Patrizierkölsch / Platt: ein Modell, das sich ins Mittelalter rückübertragen läßt. Neidhart wird bei seinen Auftritten Bayerisch im Hofton gesungen haben. In den Aufzeichnungen von Liedtexten Neidharts ist das nicht wiedergegeben; hier zeigen sich nur gelegentlich Lautformen regionaler Schreibtraditionen. Nachträglich wurden die Neidhart-Überlieferungen auch noch von Philologen purifiziert und normiert. Und es scheint selbstverständlich (auch beim Übersetzen nach Textquellen), daß ich die Hochsprache meiner Zeit benutze. Aber: damit setze ich eine Stilisierung fort!

Zum Ausgleich gebe ich zwei Zeilen eines bereits vorgestellten Liedtextes in einer bayerisch angehauchten Version wieder – ohne mich dabei an die metrische Form zu halten. Ich will nur ein (mögliches) Klangmodell entwickeln für den bayerischen Hofton eines Neidhart und seiner Zuhörer.

A Alte is g'sprungen
wie a Geißkitz, so hoch.

Hätte Neidhart gesungen, wie man auf den Straßen, in den Gassen von Landshut, Passau oder Regensburg sprach, so hätte dem mittelhochdeutschen Klangbild eher das folgende (Münchner) Sprachmodell entsprochen:

An Oide is gschprunga
wiar a Goaßkitz, so houch.

Vielleicht hat Neidhart gelegentlich (vor nicht-höfischem Publikum oder in alkoholisiertem Zustand) in entsprechenden Klangformen gesungen, zumindest gesprochen. In Burgen, in Residenzen aber dürfte er beim bayerischen Hofton geblieben sein.

Ich werde die beiden bajuwarisierten Zeilen nicht ausdehnen, denn: würde ich Neidhart-Strophen, Neidhart-Liedtexte in blauweiß gemustertem Sprachkleid vorführen, sähe es so aus, als wollte ich Neidhart im nachhinein zu einem bayerischen Mundartdichter stilisieren. Das war er nicht.

Aber daran können wir festhalten: er sprach und sang nicht im stilisierten und sterilisierten Mittelhochdeutsch unserer Universitätsseminare. Man hörte ihm ganz selbstverständlich an, daß er Bayer war. Gelegentlich erinnere ich in einer Übertragung daran mit einem bayerischen Wortecho.

Viele der Liedtexte Neidharts (vor allem die gesungenen Dialoge zwischen Müttern und Töchtern) sind konsequent aufgebaut; es gibt in der Überlieferung aber auch Liedtexte, die phasenweise wie Ansammlungen von Strophen wirken. Ich stelle solch einen Bandwurm-Liedtext vor. Schon beim ersten Lesen zeigen sich Einschnürungen, ja Zäsuren. Ich mache sie deutlich, indem ich die Textblöcke auseinanderrücke, mit kurzen Zwischentexten. Jeder dieser Textblöcke könnte als in sich geschlossenes Gedicht bewertet werden.

Ich nehme als Beispiel ein Winterlied. Es wird eingeleitet von einem knappen Natureingang: was sich sonst zuweilen auf zwei oder drei Strophen ausdehnt, ist hier in einer Strophe komprimiert, ein bemerkenswert kurzer Anlauf. Ungeduld? Lustvolle Verdichtung? Zur Chiffre geronnene Verständigung?

> Der Gesang der kleinen Vöglein
> und die Pracht der schönen Blüten müssen nun vergehn.
> Wenn mir eine Frau Erfüllung schenkte,
> wär es mir, als gäb es noch Gesang und Blüten.
> Sie, von Kindesbeinen an umworben,
> diese Edle bitte ich, mir Liebe, Treue zu erweisen.
> Denke nur an meine Herzenskönigin…

Und nun der ›eigentliche‹ Liedtext: eine kleine Ballade.

> Keiner übereile sich bei Frauen!
> Kriegte das zu spüren: meine ist mir gram.
> Trat ihr allzu nah wie folgt:
> riß ihr aus der Hand das Griffelchen aus Glas.
> Jemand hat es ihr gekauft – ein Budenangebot.
> Hat mir dann geschadet, brachte mir nur Unglück,
> als sie mit den Mädchen schnurstracks Reien tanzte.
>
> Hätten meine Leute mich nicht unterstützt,
> hätt sie mich verhöhnt, nur wegen ihrem roten Glas!
> Wütend fing sie die Befragung an,
> sagte: »Werter Herr, war ich denn Luft für Euch,
> als Ihr – mir nichts, dir nichts – meinen Griffel nahmt?
> Werde deshalb nie mehr Euer Tanzlied singen,
> nie mehr springe ich in Eurem Reien mit.«
>
> Meine Dame, keine Übertreibung!
> Schlagt in Eurem Zorn nicht über alle Stränge!
> Unsre Wege führen noch zusammen…
> Also sorgt dafür, daß ich ein Pfand behalten kann.
> »Wie, ein Liebespfand vom Mann für eine Frau?!
> Wenn ich will, so komme ich auch ohne das ans Ziel!«
> Und so mußte ich das Griffelchen rasch holen lassen…

Das Pfand ist ausgeliefert, die Ballade zu Ende. Es beginnt ein neuer Textteil, in neuem sprachlichen ›sound‹, mit neuer weiblicher Hauptfigur, neuer Szenerie, neuem Ablauf: Liebesarbeit im Heu.

Nie sah ich ein derart keckes Weibchen –
schlau entzog sie sich den Männern, doch:
schaden tat sie sich dabei in keiner Weise!
Heißa, könnt ich Heu mit ihr nach hinten tragen,
wie wir das schon früher machten, voller Überschwang!
Kräftig stießen wir es mit den Füßen an den Zaun,
manchen frühen und auch späten Morgen…

Rühmenswert ist sie in jedem Punkt,
keine hier im Kreise reicht an sie heran.
Kleine Schleier schmücken ihren Kopf,
hübsch genähte Hütchen trug sie letztes Jahr.
Krieg ich sie, so ist mein Kummer glücklich überstanden.
Ich bin sicher: niemand fand je eine Bessere.
Wären ihre Füßchen nicht so sehr zerschrammt…

Es zeigt sich: die Liedtexte sind (vielfach) aus Bauteilen zusammengesetzt, aus Textblöcken, aus »Sinnabschnitten« (Birkhan). Indem ich solche »Sinnabschnitte« isoliere, präpariere ich Gedichte heraus, für uns.

Das entspricht der Aufführungspraxis eines Sängers – und diese Texte sind ja gesungen worden! Schon ein Autor, der eigene Texte vorliest, spürt (bei einiger Erfahrung, bei trainierter Wahrnehmung) sofort, wie ›sein‹ Publikum reagiert: offen, rasch, spontan oder gehemmt, lethargisch, humorlos. Ich habe bei identischen Textabschnitten unterschiedlichste Erfahrungen gemacht: das Publikum ging derart mit, lachte so häufig, daß ich mich anstrengen mußte, nicht auch zu lachen, und wiederum: ich hatte das Gefühl, mir friert der Steiß auf der Stuhlfläche an. Aber ich habe gelernt, auf Reaktionen zu reagieren. So habe ich mir in Vorlesetexten Übergänge markiert, gleichsam Abkürzungswege – bei einem Publikum, das partout nicht mitspielen will, überspringe ich gelegentlich Sätze, Absätze. Und ich habe mir Stellen markiert, an denen ich früher aus dem Text ›aussteigen‹ kann – so etwas wie Notausgänge. Zieht das Publikum mit, so belebt das den Vortrag, und ich verzichte auf Abkürzungswege, Notausgänge, lese sogar Zusätzliches, das ich vormarkiert habe. Kurz: Lesung, Rezitation als ein Akt der Kommunikation – ein rückwirkender Prozeß, bei dem Flexibilität selbstverständlich ist.

Neidhart, darauf schließe ich zurück, hat als Sänger rasch, spontan auf Reaktionen reagiert: zog das Publikum nicht mit, entfiel die eine oder andere Strophe; fand er lebendige und belebende Resonanz, so wurden ein paar Strophen mehr gesungen. Neidhart hatte also verschiedene Vortragsversionen. Die autorisierte, für alle Zukunft verbindliche Textfassung letzter Hand war im 13. Jahrhundert noch undenkbar.

Ich schaue mir prüfend einen weiteren Liedtext an, isoliere hier, zwischen ›Sollbruchstellen‹, einen Textblock oder »Sinnabschnitt« als Gedicht.

Vier Strophen einer recht konventionellen Einleitung, hochstilisiert. Es geht darum, den Sommer angemessen zu empfangen, die Lehre des Sänger-Ichs nicht zu verschmähen, man solle mit Anstand fröhlich sein, die Schandrute fürchten; der Wald ist nicht mehr fahl, die Vögelchen singen das Lob des Maien wie nie zuvor; der Winter hat sich verabschiedet, als die Blumen auf den Wiesen wunderschön bunt wurden, und eine Dame wünscht sich ein Kränzlein, sagt das einem Freund; der Mai läßt aufblühen, was gegen Traurigkeit und Unwohlsein gut ist, er heilt, was der Winter verwundet hat, mit seiner süßen Kraft hat er viele Kranke gesund gemacht.

Und nun: von einer Dame, die sich an ihren Freund wendet, zur Tochter, die mit ihrer Mutter spricht – und im ersten Satz des Mädchens ein Hinweis auf die Jahreszeit: als solle die Autonomie dieser drei Strophen bestätigt werden!

>   »Jeder darf sich freuen,
>   weil der Mai nun kommt –
>   weh mir«, rief ein Mädchen,
>   »alle Lust ist mir geraubt,
>   und so hab ich reichlich Kummer.

Könnte ihn zur Sommerszeit
wohl mit Recht entbehren.«

Die Mutter fragte ihre Tochter:
   »Steckt ein Mann dahinter?«
»Mutter, ja, die Männer sinds –
   ich bin in einem Zauberbann.
Mich hat ein Ritter fest an sich gezogen.«
»Nun sage mir, mein liebes Kind,
ist da weiter nichts passiert?«

»Nein doch, meine liebe Mutter –
   nichts, das ich berichten könnte.
Er küßte mich. Da war in seinem Munde
   eine Zauberwurzel.
Und so vergingen mir die Sinne.«
Die Alte sprach: »Bist keine Jungfrau mehr…
Was du verspürst, ist Mannesliebe.«

Es folgen zwei weitere Strophen: Die Tochter beklagt sich bei der
Mutter, sie habe sich beschönigend ausgedrückt, vom »Mannes-
liebe-Verspüren« weiß sie nichts. Darauf die Mutter: sie wolle nicht
mit Märchen an der Nase herumgeführt werden; solle sie die Sache
auf sich beruhen lassen, so müsse die Tochter den Kontakt mit der
alten Chünze aufgeben, deren Ratschläge seien schlecht, die wärme
gern alte Geschichten auf.

   Es zeigt sich: Neidhart hat diverse Liedtexte verfaßt, von denen
man letztlich nur sagen kann: Das einzige, was diese Strophen miteinander verbindet, ist die gemeinsame Melodie. Die Folgerung: je
nach Situation und Stimmung stellte ein Sänger Strophen zusammen
– wie ein Menu nach einer Speisekarte. Aus einem Konvolut von
zwanzig Strophen konnte man, für ein unersättliches Publikum,
einen Bandwurm von einem Dutzend, von anderthalb Dutzend
Strophen zusammenstellen, oder man kürzte entschieden ab, prä-
sentierte eine Strophenfolge, die nur *einen* Aspekt des Strophenan-
gebots betont.

Dies konnte geplant sein, konnte sich, je nach Stimmung im Saal, auch spontan ergeben. Wenn ein Sänger merkt, daß er mit einem Lied nicht ankommt, begeht er nicht das künstlerische Harakiri, die vornotierte oder vorgegebene Strophenfolge dennoch komplett herunterzusingen; er kürzt vielmehr ab, das Lied wird »abgestochen« – rabiater Musikerausdruck, den ich aufgeschnappt habe.

Noch einmal: der Liedtext ist für Musiker und Sänger des Mittelalters ein variables Gebilde und nicht ein unantastbares Werk der Dichtung. Zu dieser pragmatischen Haltung gibt es spätere Entsprechungen. Beispielsweise Händel: aus den zuletzt insgesamt zwanzig Orchesterstücken seiner *Water Musick* wählte er bei einer Aufführung die Sequenzen aus, die ihm passend schienen.

Zum Abschluß ein weiteres Gedicht, das durch entschiedenes Kürzen gewonnen wurde, ein – in meinen Augen – sehr knapper, pointierter, in sich geschlossener Text.

Dieser Liedtext beginnt mit einer konventionellen, etwas müden Einleitung: Begrüßung des Sommers, die Trauer zog ab mit dem Winter, und nun die beiden Strophen mit Zubiß, danach wieder ein Tonwechsel: ein Mädchen zieht den Schluß, daß die Minne, diese Königin, so manchen aller Sinne beraubt, sie will sich eine Arznei dagegen verschaffen; die Liebe habe sie mit ihrem Pfeil verletzt, sie leide große Qualen, der Pfeil sei aus rotem Gold und nicht aus Stahl; sie wird gefragt, wie es gekommen sei, daß die Liebe sie getroffen habe, und die Antwort ist allgemein: Die Liebe macht das Leben schwer, sie läßt verkümmern unter (aufgesetztem) Lachen, raubt den Schlaf; so zeigt die Junge Verständnis für die Alte, und der Liedsänger bringt sich ebenfalls zur Sprache, das Leid der Sehnsucht… Ein konventionelles Ambiente der beiden Strophen, die ich herauslöse, heraushebe.

> »Wald hat seine Krämerbuden
> für den Mai schon aufgeschlagen.
> Man erzählt mir: Samen,
> der viel Freude macht,
> gibt es dort in reicher Auswahl –
> wer sich groß fühlt, greife zu!

Gegen Trauer offeriert man
buntgemischten Vogelsang.
Diesen schönen Klang
werde ich, was mich betrifft,
kaufen: soll die Wunden heilen.«
So sprach ne Alte, liebestoll.

D er Dichter und Komponist, zu dessen Leben und Reisen kein
einziges Dokument vorliegt – bleiben meine Rekonstruktio-
nen, meine Entwürfe nicht Phantasieprodukte?

Gerade das ist Motivation für dieses Buch: (diesmal) nicht Dokumente zu einem Leben sammeln, deuten, sondern: schreiben mit
einer Affinität zu einem Œuvre, in einer Symbiose mit einem Werk.

Denn in seinen Liedtexten hat sich Neidhart reichlich dokumentiert! So sehr er in ihnen auch mit Rollen spielt, es zeigt sich ein
Grundgestus: in Kontinuitäten thematischer Verknüpfung wie in
Diskontinuitäten jäher Themenwechsel. Ein sprunghafter Mann,
dieser Neidhart! Ein Mann zumindest, der sprunghafte Artikula-
tionsformen entwickelt hat, der sich mit ihnen identifiziert und
identifizieren läßt.

Dieser Dichter hat in seinen Texten eine solche Präsenz, daß er
nicht nur einwirkt auf die entwerfende Rekonstruktion einiger Phasen seiner langen Lebensreise, sondern auf die Struktur dieses
Buchs. Die Workshop-Reflexionen über sein Verfahren machen mir
Mut, noch deutlicher herauszuarbeiten, was der Form etlicher seiner erzählenden Gedichte, seiner Liedtexte entspricht: ›durchgän-
gige‹ Themen, Kontinuitäten, ja, und zugleich: Zäsuren, Themenwechsel, Neuansätze, Kontraste, Brüche, Sprünge!

F ortsetzung des Lebenslaufs als Lebensreise, in der Simulation
biographischer Realität.

Ich lasse mir von Neidhart wieder einen Städtenamen zuspielen:
Regensburg. Und erinnere an das Zitat aus der Manessischen Handschrift:

Passau, Regensburg und Wien –
viele Gründe, daß die mir so gut gefallen!

In spielerischen Kontext eingeschmuggelter Hinweis auf eine der
Stationen der Lebensreise?

Ich entwickle das Planspiel Regensburg, weil sich hier ein wichtiger Kontakt ergeben könnte: zum Domvogt von Regensburg. Die
Schirmherrschaft hatte hier Hartwig von Lengenbach übernommen; Neidhart wird später nach Lengbach kommen, zum Sitz der
Herren von Lengenbach.

Regensburg: ummauerte Stadt an der Donau. Der kleine, ebenfalls befestigte Vorort Stadtamhof, am Nordufer der Donau: ein
Brückenkopf. Die 1146 vollendete Steinerne Brücke: der »bedeutendste süddeutsche Donauübergang«. Also auch Neidhart auf
dieser steinernen Brücke – und sei es aus Neugier eines Reisenden,
der Flüsse auf so leichte Art nur äußerst selten überquert. Zahlreiche
Brückenpfeiler auf künstlichen kleinen Inseln, die flußaufwärts Ansätze zur Strömungsform zeigen, und hinter der Brücke, flußabwärts, wachsen Bäume auf diesen Plattformen, auf einigen von
ihnen stehen auch Häuser, noch schmaler als üblich.

Neidhart wird wahrscheinlich auch die Baustelle des Doms sehen: seit etwa 1200 wird hier gearbeitet. Und selbst wenn er sich die
Stadt nicht systematisch beschaut, er wird die Klöster innerhalb der
Stadt sehen und die frühere königliche Pfalz und das Katharinen-
Spital und das Hochstift. Dort könnte er vor Bischof Konrad, vor
dem Domvogt Otto von Lengenbach und vor einer Runde von cle-
rici auftreten.

Es läßt sich vorstellen, daß Neidhart solch einem Publikum einen
besonderen Leckerbissen anbieten wollte: ein Lied, das scheinbar Antwort gibt auf eine Frage, die unter Klerikern scherzhaft,
ernsthaft erörtert wird, wie literarische Reflexe zeigen: Ist der
Kleriker oder ist der Laie (beispielsweise ein militärischer Dienstmann) der bessere Liebhaber? In lateinischen Liedern, etwa in der
Sammlung der Carmina Burana, ist die Antwort klar: Der Kleriker

kann es besser! Neidhart könnte nun ein Lied singen, das die Herren weidlich amüsieren wird, ein knappes Lied, in dem sich ein Ritter nicht nur als schlechterer Liebhaber erweist, sondern als Versager.

Es verlor ein Ritter seine Scheide.
Einer Dame tat das leid,
sie sagte: »Herr, ich leih Euch eine aus,
auf die mein böser Mann verzichtet –
seit kurzem stößt er sie zurück.
Kommt nun einer, der sie braucht
(ich werde ihn hier gut behandeln!),
dem gebe ich sie, wie sie ist.«

Er fragte: »Herrin, laßt mich eines wissen –
ist sie am Rande gar verschlissen?!«
»Nein, bei allem, was mir lieb ist!
Neu war sie, als sie mein böser Mann erhielt.
Sie ist noch griffest wie ein Brett,
ausgenommen an der Stelle
mit dem Häkchen für den Riemen.
Das stört Euch nicht, auch andre nicht.«

Sein Messer wollte er in diese Scheide schieben,
doch bog sich seine Klinge ab,
zurück bis an den Griff.
Er preßte sie mit Wucht hinein
und zog sie gleich heraus.
»Die schwarze Krähe hat gelogen!
Ja, ist denn das zu glauben?!
Nun los! Es muß hier noch gepfeffert werden!«

Mit solch einem Lied könnte Neidhart bei klerikalem Publikum große Resonanz finden. Ein guter Regensburger Wein könnte ihm angeboten werden. Ein Geschenk (Regensburger Tuch?) könnte ihm sicher sein. Und: im Auftrag des Bischofs könnte ein Schreib-

mönch einige der Lieder Neidharts aufzeichnen – es muß ja irgendwo, irgendwann einmal begonnen werden, mit Einzelaufzeichnun-
gen für eine Zukunft vorzuarbeiten, in der Neidhart-Liedsammlun-
gen angelegt werden!

Also gleich eine weitere Vorlage! Diesmal ein ausnahmsweise
eher verhüllendes als enthüllendes literarisch-erotisches Spiel.

> Wie schade, daß ich nicht ein Seidenschleier bin,
> der vor ihren Wänglein hängt,
> vor den so roten Lippen –
> das wär für mich ein Hauptgewinn an Glück!
> Wo fühlte ich mich derart wohl?
> Nirgends fand ich das bisher.
> Wär ich dort, so wüßt ich, was ich täte,
> blies der Wind ein wenig gegen uns,
> so daß sie bäte, daß ich näher käme…
>
> Wär ich bloß der Gürtel, den die Liebste trug,
> als sie ausging, um zu tanzen.
> Der Gürtel war nicht lang,
> doch reich beschlagen, kunstvoll,
> der sich um die Allerliebste
> legte und sie sanft umschloß.
> Heißa, hei, wäre ich am Ziel der Wünsche,
> wo die Schnalle sitzt – was wollt ich mehr?!
> Nein, lieber nicht – das stiege mir zu Kopf…
>
> Oder wär ich eine Decke (dies aus Hermelin)
> auf einem schönen Mädchen,
> oder wäre ich
> der Umhang (aus Damast) für eine Herrin,
> wie ihn Damen gerne tragen
> bei der Männerschau von Rittern.
> Pfleglich würd man mich behandeln,
> manchmal falten, an den Leib gelegt.
> Bei solchen Freuden würd ich gerne alt…

Und als drittes in diesem kleinen Regensburger Set eins der Lieder, wie sie auch Zeitgenossen typisch erschienen für Neidhart: Spielszenen aus dem bunten Treiben von Tölpeln, durchstilisiert.

»Sing, du Goldhuhn, und ich geb dir Weizen!«
(und sogleich
ward ich froh)
sagte sie, um deren Gunst ich singe.
Ach, so fällt der Simpel auf Versprechen rein,
immerdar.
Würd es wahr,
hätte sich noch nie zuvor ein Mann
derart hochgemut gefühlt wie ich.
Kann sie, derart ausgelassen,
meinen Schmerz
von mir nehmen? Ach, ich klag mein Leid…

Räumt die Hocker und die Stühle weg!
Tischgestelle
rausgetragen!
Heute werden wir uns müde tanzen.
Lüftet dann die Stube. So wirds kühl,
und der Wind
weht ganz sanft
um die Mädchen, durch die Leibchen.
Wenn die Reienführer nicht mehr singen,
seid ihr alle eingeladen
(und wir auch),
nach der Fiedel hofgerecht zu tanzen.

Horcht nur – in der Stube hör ich Tanz!
Junge Männer,
nichts wie hin!
Bauernmaderln gibts in Scharen!
Viele Kehrreim-Tänze sah man dort.
Zweie geigten.

Als sie schwiegen
(was die lustgen Buam nur freute!),
ward im Wettstreit vorgesungen.
Durch die Fenster drang es raus:
Adelhalm
tanzt nur zwischen kleinen Mädchen.

Saht ihr einen Bauern je so aufgedreht
wie dort ihn?
Großer Gott!
Der ist vorneweg in meinem Reien.
Einen Gürtel, gut zwei Hände breit,
braucht sein Schwert.
Würdevoll
kommt er sich in seiner neuen Jacke vor.
Sie besteht aus vierundzwanzig Stücklein Stoff,
und die Ärmel reichen an die Finger.
Seine Kleidung
sieht man nur an dummen Gecken!

Ganz im Tölpelstil die Kostümierung,
die er trägt.
Wie ich höre,
spitzt er sich auf Ave, Tochter Engelbolds.
Bin ganz sicher: dabei fällt er rein.
Diese Frau
wär es wert,
daß ein Graf sich mal in sie verliebt.
Geb ihm deshalb ganz dezent den Rat,
daß er sich von hier verdrückt.
Andernfalls
käme er in Mainz mit blauen Augen an.

Seine Jacke ist nicht schön genug geschlitzt,
sein Gesang
trägt nicht weit –
also soll er sie in Ruhe lassen.

Diesen Sommer sah er sie
wie täglich Brot.
Rot vor Scham
wurd ich, wenn sie beieinander saßen.
Der ich gerne diente – würd sie mein,
so hätt sie freie Auswahl an Besitz:
Reuental
ganz für sie! Ich hab ein weites Herz…

Immer wieder läßt Neidhart sein Sänger-Ich im Reuental auftreten, im Jammertal, in dem es fröhlich und ruppig zugeht – dort wird getanzt, dort wird gerempelt, dort wird umworben, dort wird verflucht. Neidhart manövriert den armen Ritter von Reuental wiederholt in schmeichelhafte wie in peinliche Situationen, spielt sie aus – sicherlich zur Gaudi seines höfischen Publikums.

Zuweilen aber schmuggelt sich Neidhart selbst ein ins Reuental, läßt »Neidhart« persönlich den Reien singen. Er legt es also gelegentlich darauf an, daß sich der Mann aus dem Reuental und der Sänger Neidhart zum Verwechseln ähnlich werden. So ist es kein Wunder, daß lange Zeit hinweg Neidhart und der von Reuental zusammengerückt, ja miteinander identifiziert wurden.

Stärkste aller Vorgaben dazu: einmal, freilich nur ein einziges Mal wird in der Neidhart-Überlieferung der Name Neidhart kombiniert mit der topographischen oder schein-topographischen Bezeichnung Reuental. Dies freilich nicht in einer der angehängten Bittstrophen oder der Hohn-, Spott-, Drohstrophen, in denen Neidhart zuweilen fast greifbar nah scheint, sondern in einer Strophe, die das Tölpelspiel in bewährter Konstellation weiterführt.

Einen jeden Feiertag
kommt der blöde Kerl vom Dorf
mit vier andren anmarschiert.
Die Frisur: wie Hobelspäne.
Zweie tragen Eisenschwerter,
    die zwei andren weiße Prügel,

und der fünfte spielt sich auf:
einen hohen Hut trägt er,
dem ist ein Kränzlein aufgenäht.
Geht er aus mit Dame Mechthild,
kaut er herum am Riemen,
    der vom Hut herunterhängt.
Wenn er einmal tanzen darf,
packt ihn gleich der Übermut.
Alle fragen, wer der sei,
    mit diesem hohen Hut.
Und ich sage, dies sei der Feind
    des Herrn Neidhart von Reuental.

So läßt sich diese Strophe, läßt sich ihre lange Schlußzeile ohne Verrenkung übersetzen. In der Vorlage heißt es, und das muß hier zitiert werden, denn dies ist ein heikler oder springender Punkt: »er sî her Nîtharts vînt von Riuwental«. Hier geschieht, was eigentlich nicht geschehen darf: das Sänger-Ich identifiziert Neidhart mit dem Mann aus dem Riuwental.

Das hat neuere Neidhart-Forscher erheblich irritiert. Man versuchte, wieder auseinanderzurücken, was sich hier allzu selbstverständlich zusammenschließt. So wurde mit Erleichterung in der Handschrift c ein Punkt entdeckt zwischen »Nîthart« und »von Riuwental«. Einer der vielen Punkte, die in dieser Papierhandschrift nicht immer sinnvoll gliedernd plaziert sind. Falls dieser Punkt nicht bloß aus Versehen gesetzt wurde – wie wäre er zu verstehen? Wie soll ich hier übersetzen?

Und ich sage, er sei der Feind
    des Herrn Neidhart. Von Reuental.

Pointierter Strophenschluß...! Und der wäre beispielsweise zu verstehen als ein: Gez. von Reuental? Das wäre äußerst unwahrscheinlich, dazu gäbe es, syntaktisch, keine Parallele in Neidharts Werk.

Zweiter Versuch: man stellt die Wörter um, zumindest in der Interpretation. Dann läse sich die Übersetzung wie folgt:

Und ich sage, er, von Reuental,
sei der Feind des Herrn Neidhart.

Die beiden Namen also gegeneinander ausgespielt? Das ergäbe genausowenig Sinn, im Kontext dieser Strophe und im Konnex der Neidhart-Überlieferung.

Freilich, diese Namenskombination findet nur statt in einer einzigen Strophe unter den rund eintausendfünfhundert Strophen, die Neidhart zugeschrieben sind. Sonst werden die Welten klar, ziemlich klar, relativ klar getrennt: hier Neidhart, dort sein Sänger-Ich im Reuental. Das läßt Neidhart agieren, mal in größerer Distanz, mal hautnah.

Kühn setze ich ein Wunder voraus: der Reuentaler Hof kann lokalisiert werden, durch eine Ausgrabung! Dabei zwei Funde, die auf Neidhart hinweisen. Als erstes: ein Stück einer Darmsaite. Und, als Traumfund: eine Ecke eines Schreibtäfelchens von beispielsweise sechs mal zehn Zentimetern, auf der rautenförmig geritzten, von einem schmalen Rahmen umschlossenen Buchenholzfläche sind in einem Winkel noch Reste der Wachsbeschichtung zu sehen, auf der sich sogar einige Buchstaben nachweisen lassen, womöglich das Wort »füdenol«, eins der Schlüsselworte für Neidharts Texte.

Dieses Exponat würde optisch hervorgehoben in meinem Imaginären Neidhart-Museum Reuental, abgekürzt INMR. Selbstverständlich würde ein Katalog erstellt, mit Beiträgen mehrerer Wissenschaftler. Ich schlage in diesem Katalog hier nur *ein* Kapitel auf, mit der Überschrift »Haus, Garten, Umland«.

Das Haus dürfte, wie im ländlichen Hausbau des Mittelalters üblich, ein Fachwerkbau gewesen sein – wer ein steinernes Haus besaß, mußte fast schon stein-reich sein. Zur idealtypischen Rekonstruktion ein Zitat aus dem Katalog des INMR, nach Willerding: »Die tragende Konstruktion des Fachwerks bestand meist aus Eichenholz, die Dachkonstruktion oft aus leichterem Weichholz. Das Flechtwerk der Gefache war aus Hasel- oder Hainbuchenruten hergestellt. Dem darauf angebrachten Strohlehm wurden Strohteile oder Druschreste beigefügt. Wie Analysen zeigen, hatten dabei vor allem Roggenreste Verwendung gefunden.«

Im Landgut Reuental wird es neben dem »Baumgarten« (Pflaume? Apfel? Birne? Eventuell auch Maulbeere, Quitte, Walnuß?) einen Gemüsegarten gegeben haben, und zwar, wie üblich, »unmittelbar an der Rückwand des Bauernhauses«. Hier könnten Phosphatuntersuchungen und Pollenanalysen zu genauen Ergebnissen führen.

Hinzu käme womöglich »fossiles, verkohltes und unverkohltes Kulturpflanzenmaterial«. Zum Beispiel von Möhren – sie hatten freilich ganz andere Formen als heute, sie wirkten knorriger, besaßen stärkere und zahlreichere Seitenwurzeln, glichen eher einem Alraun. Weiterhin: Kohl, in verschiedenen Varianten. Sodann Pferde- oder Ackerbohnen: ihre Reste könnten, laut Katalogtext, »in großen Mengen ausgegraben« worden sein; damals waren sie noch Nahrungsmittel, heute werden sie als Futter verwendet. Außerdem: Erbsen, Rettich (Radi vom Reuental…), Sellerie, Spinat, Kresse, Portulak. Auch statte ich den Garten von Reuental aus mit Bohnenkraut, Dill, Fenchel, Petersilie und Kümmel.

Wie in Museen üblich, könnten im INMR auch Gegenstände ausgestellt sein, die nicht in oder auf Reuental gefunden wurden, gefunden worden sein könnten, die aber repräsentativ sind für die Zeit. Meine Wunschliste von Arbeitsgeräten verzeichnet zum Beispiel einen Spaten, mit dem damals üblichen Holzblatt, an den Rändern könnten noch Spuren von Eisenbeschlag erkennbar sein. Weiter: ein Fragment oder Rudiment eines Dreschflegels. Eine leichte oder schwere Hacke. Ein Stück Egge. Und was im Gebiet von Reuental ebenfalls gefunden werden könnte: ein Rebmesser. Weiter: Fragmente größerer Gefäße – ein Eimer, ein Bottich. (Am Bottichholz könnten mikroskopisch Hopfenreste nachgewiesen werden. Also: Spuren von Reuentaler Dünnbier?)

Dritter Punkt dieses Kapitels: das Umfeld. Rückschlüsse könnte hier folgendes Exponat zulassen: ein größeres Fragment des Bodenstücks eines Keramiktopfs, und es wird ein etwa sechs Millimeter dicker Bodensatz einer festen, braunen Substanz nachgewiesen. Bei einer ersten mikroskopischen Untersuchung sollte sich zeigen, daß diese Substanz reich an Pollen ist – es muß sich also um Honigreste handeln. In diesem Gefäß hat man offenbar Met gären lassen und aufbewahrt, Met, wie ihn selbstverständlich auch Neidhart getrunken haben dürfte. Selbstverständlich müßte der Bodensatz in einem Institut für Bienenkunde untersucht werden, und, ergänzend, von einem Institut für Botanik. Denn: aus der Pollenanalyse ließen sich Rückschlüsse ziehen auf das Biotop des Reuentals.

Im Katalog des INMR könnte über dieses Exponat zu lesen sein: der Bodensatz des Gefäßes bestehe nur zu etwa zwanzig Prozent aus Bienenwachs, der Honig sei also geschleudert worden, oder man habe ihn austropfen lassen. Und: der Honig des Topfsediments stamme vor allem von »krautigen Pflanzen«. Mit hohem Anteil sei hier Thymian vertreten. Deutlich repräsentiert seien innerhalb des Spektrums auch Pollen von Wegerich, Wiesen-Flockenblume, Wundklee, Sandknöpfchen – die lateinischen Namen, die jeweils in Klammern angegeben wurden, sie lasse ich hier weg.

Ich zitiere einige Sätze aus dem im Katalog abgedruckten Gutachten eines Instituts für Bienenkunde. »Weiterhin kamen öfter vor: Sauergräser, Zungen-Hahnenfuß, Mädesüß, Teufelsabbiß, mehrere Arten von Glockenblumen, Wicken, Platterbsen und andere. Insgesamt gehörten 98–99 % der Pollenkörner krautigen Pflanzen an. Von Holzgewächsen stammen nur etwa 1–2 % der Pollenkörner, wobei die Linde am stärksten vertreten ist. Aus diesem Mengenverhältnis darf jedoch nicht auf die Anteile des Waldes zu den unbewaldeten Flächen geschlossen werden. Die Pollenarten zeigen an, daß es sich um Sommerhonig handelte. Unsere Waldbäume aber blühen im Frühjahr, mit Ausnahme der Linde. Der Reuentaler Honig ist somit im wesentlichen ein Blütenhonig.«

Die Pollenanalyse könnte freilich auch zeigen, daß es im »Sammelgebiet« dieses Honigs (»heimische Tracht«!) eine »Vielfalt von Biotopen« gegeben haben muß, »denn ein Teil der Pflanzenarten besitzt ökologische Zeigereigenschaften, z. B. Thymian für eine niederwüchsige Vegetation an Felsabhängen und Schafweiden. Weitere

Biotope waren Waldrand und Lichtungen, Riede, Röhrichte und Ufer, feuchte, moorige Stellen, Ackerfluren.« Dies alles ergäbe freilich kein Bild der Vegetation eines Reuentals. Es ließe sich hier lediglich schließen: die Bewohner des Hofs im Reuental waren keine Imker, sie sammelten den Honig wilder Bienenvölker. Und ich zitiere das mögliche Resümee des Instituts für Bienenkunde: »Der Reuentaler Honig muß von zahlreichen Bienenvölkern aus verschiedenen Gebieten gestammt haben.«

Aus solch einem Honigfund dürfte freilich nicht der Schluß gezogen werden, daß auf Reuental viel gesüßt wurde, mit dem Honig als einzigem Süßstoff des Mittelalters – im Katalog des INMR könnte hierzu ein Satz von K. E. Behre zu lesen sein: »Man wird annehmen können, daß nur die damalige Oberschicht ihre Speisen ausreichend süßen konnte, während die Masse der Bevölkerung in einem heute kaum vorstellbaren sauren Zeitalter lebte, auch wenn es ihr damals kaum bewußt war.«

Neidhart im sauren Zeitalter – solch eine Formulierung hätte er sicher gern aufgegriffen in einem seiner Lieder über das oft bittere oder als bitter dargestellte Leben im Reuental.

Angenommen, nur mal angenommen, Neidhart besaß – wie der Mann im Reuental – ein kleines Lehen: müßte der gesellschaftliche Status des Berufsdichters, des Reisenden Sängers damit neu definiert werden?

Ein Lehen: das war eine Immobilie mit Nutzungsrechten. Sie wurde verliehen als indirekte Form der Bezahlung, der Honorierung in bargeldarmer Zeit. Generell wurden Dienste für einen Lehnsherrn nicht mit einem Gehalt bezahlt, sondern mit einem Lehen honoriert. Als Gegenleistung: Dienst in der Verwaltung oder Waffendienst. Mit dem Ende der Dienstzeit konnte das Lehen wieder eingezogen und auf einen anderen »Dienstmann« übertragen werden. Ein Lehen konnte allerdings auch erblich werden.

Falls Neidhart ein Lehen innehatte: war er damit (wenigstens zeitweise) zum Verwaltungsdienst oder Waffendienst verpflichtet, als Ministeriale oder Panzerreiter? Wem hätte er solche Dienste schulden können? Dem Herzog von Bayern? Oder hätte er ein Lehen erhalten können in Anerkennung seiner Verdienste als Dichter, Musiker, Sänger? Recht unwahrscheinlich – falls er nicht Hofdichter, Hofsänger war. Wurde Neidhart gegen Schluß seines langen Lebens Hofdichter, Hofsänger des österreichischen Herzogs Friedrich, in Wien, in Mödling? Könnte sein. Daß er aber schon am Herzogshof in Bayern eine feste Anstellung besaß, darauf deutet in seinen Liedtexten nicht die kleinste Nebenbemerkung hin.

Denkbar wäre auch: er hat ein Lehen von seinem Vater (oder einem Regionalherrn) übernommen, etwa als kleines landwirtschaftliches Anwesen, von dessen Einkünften man eher schlecht als recht leben konnte. Immerhin hätte die Familie dort wohnen können, während er ›auf Achse‹ war. Neidharts eigenes landwirtschaftliches Anwesen als Vorbild für das kleine Anwesen des Mannes im Reuental? Eine Klitsche für Neidhart? Und die sichert ihm einen Grundbetrag, Sockelbetrag, den er auf Reisen allerdings entschieden ergänzen muß?

Ein Denkmodell. Aber mit Sichtverbindung zu damaliger Realität?

Zu einem Bauernhof, selbst zu einem kleinen Hof in irgendeinem Reuental, gehört Viehwirtschaft. Erstes Stichwort zu einer kleinen landwirtschaftlichen Realienkunde.

In meinem Land, in dem Butter aus Milch geschleudert, zwei Jahre lang tiefgefroren, danach wieder aufgetaut und der entfetteten Milch zur Mast von Kälbern zugebuttert wird, sehe ich, gleich am Eröffnungstag, die Wanderausstellung *Dünnbeinig mit krummem Horn*.

Vor vergrößerten Fotografien, vor alten landwirtschaftlichen Geräten drängeln sich Besucher, unter ihnen Bauern, meist ältere; einer von ihnen beginnt neben mir zu sprechen, und weil ich darauf eingehe, gibt er wieder, faßt zusammen, was er bisher gesehen, was er abgelesen hat, was ihm früher erzählt worden ist: Da war hinten nichts und vorne nichts und mittendrin auch nichts, die Weiden noch nicht gedüngt, also zu wenig Futter für das Rind, und dieses

Futter wurde völlig ausgelaugt, also gab es nur wenig Mist, also konnte man die Wiesen nicht düngen, also blieb kaum Futter für den Winter, und es gab noch keine Silage, also: das bißchen Heu reichte, obwohl mit Stroh oder mit Laub gestreckt, in ärmeren Gegenden nicht aus, und so waren zu Anfang des Jahres die Rinder im Stall oft derart entkräftet, daß sie sich nicht mehr auf den Beinen halten konnten, sie kippten um, blieben liegen, also mußten von Zeit zu Zeit Bauernburschen das Vieh »wenden«, die »Viehlüftkommandos«, wie es noch zur Zeit seiner Eltern hieß; die Kühe wurden auf die jeweils andere Seite gewälzt, damit sie nicht durchlagen, wie Kranke; im Frühjahr mußte man diese Kühe auf die Weide tragen, dazu benutzte man auch Leitern.

Aber diese Last war nicht allzu schwer – wir stehen vor der aus Holz gesägten Silhouette einer durchschnittlich kleinen Kuh eines durchschnittlich armen Bauern: sie hatte die Schulterhöhe von etwa einem Meter, war also kaum größer als eine Dogge, während ein heutiges »Mehrzweckrind« oder »Hochleistungsrind« einen Widerrist von etwa einsfünfzig hat, so informiert uns ein Erläuterungstext, und: die kleine Kuh eines armen Bauern wog früher zwischen hundertfünfzig und zweihundert Pfund, während heute die Kuh oft ein Gewicht von 600 bis 800 Kilo erreicht, also bis zum Zehnfachen.

Ich will mehr erfahren über diese Kühe, denn: so klein, so mager könnten auch Kühe armer Bauern zu Neidharts Zeit gewesen sein. Ich kaufe mir den Katalog dieser Ausstellung.

Und hier lese ich, wie ein Tierarzt des vorigen Jahrhunderts Eifelrinder beschrieb: »Dünnbeinig... schmalhalsig... schwach in Rükken und Kreuz... die Schweife lang... gleichsam welk und dünn an der Wurzel... dünne, verdrehte Hörner... kleine Augen... schlappe Ohren... kleine, unergiebige Euter... wenig bedeutende Milchadern«... Und solch ein kleines, dürres Kuhgestell sollte als Zugtier dienen, sollte Milch geben, sollte zuletzt noch viel Geld einbringen mit seinem Fleisch!

»Dünnbeinig mit krummem Horn«: könnten so auch Kühe von bayerischen und österreichischen Bauern zu Neidharts Zeit ausgesehen haben? Kleiner als die heutigen Rinder des Voralpenraums waren sie gewiß. Und es kam sicher auch vor, daß hunger-schwache Kühe gewendet werden mußten, mit Hauruck jeweils auf die andere Seite, und daß man im Frühjahr versuchte, diese Kühe auf die Beine zu stellen und hinaustapsen zu lassen, und wenn man das trotz vieler Flüche und Tritte nicht schaffte, so wurden sie am Schweif aus dem Stall gezerrt und weiter hinaus ins Grüne. Was solch eine Jammerkuh dort erwartete, war keine ›fette Weide‹, sie mußte ihr Futter auf brachliegenden Feldern suchen oder an Wald-rändern.

Aber: die Verhältnisse in der Eifel des vorigen Jahrhunderts im volkstümlichen Sinne als ›mittelalterlich‹ zu bezeichnen und dann zurückzuprojizieren auf das Mittelalter, das geht nicht an. Wei-deland war damals nicht Privatbesitz (der durch Erbteilung immer kleiner wurde), es war Gemeindeland, und hier bestimmte die Bauerngemeinde, wieviel Vieh auf wieviel Weidefläche kam. Trotz solcher Regelungen: die kleinen Rinder dürften vielfach auch mager gewesen sein in Neidharts Umgebung, zu Neidharts Zeit.

E s war eine Zeit – um gleich auch einige Sätze über Getreidean-bau zu schreiben –, in der man das gesamte Getreide mit der Sichel erntete, vorgebeugt: man packte Halmbüschel mit der Lin-ken, kappte sie in zwanzig oder dreißig Zentimetern Höhe; die Halme wurden später zur Düngung untergepflügt – oder schon ge-flämmt? Sensen jedenfalls wurden bei der Getreideernte noch nicht benutzt, nur zum Grasschneiden.

Auch hier arbeitete man vorgebeugt, gekrümmt, zum Teil senste man sogar im Knien. Denn an der Sensenstange (offiziell: Sensen-baum) war noch nicht die schräge Querstange mit Griff (offiziell: Hamme) angesetzt, diese Erfindung hat man zu Neidharts Zeit noch nicht gemacht, also konnte man nicht stehend mit der Sense arbei-ten, man benutzte sie wie eine vergrößerte Sichel, mußte sie aber beidhändig schwingen – und das war beim Getreideernten nicht möglich, weil man die Halmbüschel festhalten mußte.

Im Winter dann das Dreschen auf der Tenne: die Ähren mit

Dreschflegeln geschlagen, im Arbeitstakt wohl damals schon, aber kaum mit Gesang, denn feiner Staub drang in Mund, Nasenlöcher, Augen ein, Stunde um Stunde das Schwingen der Dreschflegel, und jahrhundertelang setzte sich das so fort.

So dicht, wie Bienen aus dem Imkerkorb ausschwärmen, schrieb ein Mönch in einer Chronik, so dicht flogen die Heuschrecken aus dem fernen Afrika heran und, durch die Lüfte schwirrend, machten sie ein »feines Geräusch wie kleine Vögelchen«; wenn sie wieder aufstiegen, nachdem sie Felder befallen und kahlgefressen hatten, »konnte man den Himmel kaum noch wie durch ein Sieb sehen«. An der Atlantikküste verwesten die Heuschreckenschwärme haufenweise; durch diese massenhafte Fäulnis im August breitete sich eine Seuche aus unter den Küstenbewohnern.

Wenn im Mittelalter das Gleichmaß des meist in kleinem Lebensraum geführten Lebens unterbrochen wurde, so vor allem durch Katastrophen. Zu den Heuschrecken, zu den Epidemien, zu den Fehden und Kriegen kamen Mißernten, kamen Hungersnöte. Neidhart hat eine der schlimmsten Hungersnöte des Mittelalters erlebt.

Diese Hungersnot herrschte, wie ein Chronist vermerkte, »ab Apennino monte usque ad mare Oceanum, per totam Galliam et Germaniam«: von den Apenninen bis zum Atlantik, in ganz Frankreich und Deutschland. Diese Hungersnot wurde eingeleitet vom sehr regnerischen Sommer 1196; die Ernte war miserabel; es folgte ein harter Winter; im Januar 1197 waren bereits die Getreidevorräte aufgezehrt; viele der Armen verhungerten; Seuchen. Die nächste Ernte war ebenfalls knapp, und 1198 war die Not noch immer nicht zu Ende: wieder zuviel Regen, wieder eine schlechte Ernte.

Endlose Sommerregen waren nicht die einzige Ursache von Hungersnöten: sie verstärkten, was wir heute eine »Strukturkrise« nennen. Das Verhältnis zwischen Bevölkerung und Anbauflächen stimmte nicht mehr, es war zu einer (relativen!) Übervölkerung gekommen. Ich weise auf die Brachfeld-Wirtschaft hin: man brauchte ein Drittel mehr Anbaufläche. Und die Erträge waren im Schnitt mager – auf Getreidefeldern wurde oft nur das Doppelte des Saatguts geerntet. In dieser Situation ein Sommer, in dem es fast unablässig regnete (solche Sommer sind in mittelalterlichen Chroniken mehrfach vermerkt), und die magere Ernte wurde zur Mißernte, es herrschte Hunger. Vielfach kamen Viehseuchen hinzu.

Hunger und Not – für Neidhart wohl nicht nur literarische Formeln und Floskeln im Reuental-Spiel. Im Jahre 1210, nach einem langen, kalten Winter, wurden in weiten Gebieten des Reiches die Nahrungsmittel noch einmal knapp, und im folgenden Jahr vermerkten Chronisten erneut eine Hungersnot, diesmal vor allem in Bayern. Und eine Hungersnot 1217. Und 1225 eine Hungersnot im Norden wie im Süden Deutschlands, auch in den Nachbarländern. Diese Hungersnot hielt auch im nächsten Jahr an; zusätzlich eine Viehseuche.

Ich will diese Hungersnöte nicht nur erwähnen, ich möchte skizzieren, was Neidhart miterlebt haben wird.

Eine Hungersnot: in ihr sahen damalige Chronisten fast immer ein Strafgericht Gottes – Mönche waren die Geschichtsschreiber. Gott geißelt die Menschen; Gott zieht sein Schwert und bestraft die Sündigen; Gott schickt Stürme, die die Körner aus den Ähren schütteln. Gottes Gericht wurde durch Vorzeichen des Himmels angekündigt: eine Sonnenfinsternis, eine Mondfinsternis, ein Nordlicht, und vor allem: ein Komet.

Was einer Hungersnot zwingend vorausging: ein langer, harter Winter; die Aussaat verspätet; ein kalter, regnerischer Sommer; eine schlechte bis miserable Ernte; meist wieder ein harter Winter, zum Teil wurde das Saatgetreide aufgegessen; dann die große Not des folgenden Jahres.

Viele Bauern verließen ihre Hütten, zogen bettelnd durchs Land, von Kloster zu Kloster, von Stadt zu Stadt. Die Vorräte in Klöstern und Städten reichten nicht aus bei großen Hungersnöten, es kamen fast immer Epidemien hinzu: Massengräber wurden ausgehoben.

Im nachfolgenden Jahr waren Landstriche oft derart dezimiert, daß die Ernte für die Überlebenden wieder ausreichte. Und die Preise für Roggen (die Spekulanten und Wucherer um das Zehnfache, Zwanzigfache, ja zuweilen sogar Dreißigfache hochgetrieben hatten) normalisierten sich wieder. Bauern kehrten auf ihre Höfe zurück, zum Teil von Klöstern mit etwas Geld und Werkzeug ausgestattet; sie begannen ihr Land aufs neue zu bebauen.

Vorräte schaffen, Rücklagen bilden, das war freilich nicht möglich. Was man produzierte, ging zum Teil an den Grundherrn, wurde zum anderen Teil verbraucht, es blieb kein Körnchen übrig. Durch Handel konnten nur lokal begrenzte Hungersnöte gemildert werden – die äußerst langsamen Transportmittel und ihre geringe Kapazität... Und wer hatte schon Geld für überteuertes Getreide? Eventuelle Ersparnisse hatte man für Kreuzzüge gespendet und für Ablässe ausgegeben.

Helfen konnten letztlich nur Klöster. Gute Äbte betrieben langfristige Vorratswirtschaft, doch es kam wiederholt vor, daß ein Kloster sich verausgabte, daß die Mönche – nach einer Übergangszeit mit Haferbrot, Spelzbrot – kaum noch zu essen hatten. Zuweilen wurde dann der Abt gewechselt, aber dem Nachfolger blieb meist nichts anderes übrig, als Stücke aus dem Klosterschatz zu verpfänden oder gleich zu verkaufen. Bei den überzogenen Preisen brachte das auch nicht viel ein. Die Armen, denen solch ein Kloster nicht mehr helfen konnte, sie zogen in die Stadt. Dort war es meist noch schwieriger, Hilfe zu finden. Arme wurden laut mit ihren Forderungen, aber nur selten kam es zu Übergriffen. So mancher Bäcker hatte an seinem Stand einen Prügel bereitliegen, das genügte meist schon.

Berichtet wird nur von gelegentlichem Aufflackern: ein Bischof reitet mit seinem Gefolge durch eine Hungerstadt zur Kirche, Arme umdrängen die Herren, bitten, fordern; sie erhalten Geld; für Geld aber können sie nichts kaufen, sie wollen die gut genährten Pferde haben, der Bischof und sein Gefolge sitzen schließlich ab, die Pferde werden auf der Straße geschlachtet, das Fleisch wird zum Teil roh verschlungen.

Wiederholt zählen Chronisten auf, was die Menschen in ihrer Not verschlangen: Katzen, Hunde, Frösche, Schlangen, Wölfe, Aas. Es kam gelegentlich, etwa im Osten, zu Kannibalismus.

Eine Frau, niederer Landadel, spricht mit ihrem Mann über Almosen. Ausgangspunkt könnte sein: ihr Mann ist von einer frühen Pirsch zurückgekehrt, es standen zahlreiche Arme im kleinen Burghof, es schienen ihm mehr Arme zu sein als sonst, vor allem fremde Arme, er will nicht, daß auch sie Almosen erhalten, sie sollen sich zum Teufel scheren. Die Frau hört sich das erst einmal an, wird begründen, weshalb sie Almosen auch an Arme gibt oder geben läßt, die umherziehen. Es wurde damals, vor allem von der Kirche, unterschieden zwischen den »ehrbaren«, den »verschämten« Armen und den umherziehenden Bettlern. Eine noch krassere Unterscheidung: die ehrbare und die sündige Armut; die ehrbare Armut führte in den Himmel, die sündige auf geradem Weg in die Hölle. Von den Armen galten die als ehrbar, die in ihrem Ort blieben, die von der Gemeinschaft das Allernötigste erhielten. Es waren dies beispielsweise Bauern, die besonders schlechte Ernten hatten, die mit ihrer Familie Saatgetreide essen mußten nach einem allzu langen Winter, die eine Kuh oder Geräte verpfänden mußten, um neues Saatgetreide zu kaufen, die ihre Pfänder, also ihre Produktionsmittel, nicht mehr auslösen konnten und nun als rasch Verarmte auf Hilfe angewiesen waren. Oder es waren invalide Rückkehrer von Feldzügen, Kreuzzügen. Wenn sie im Ort blieben, bescheiden bettelten, gehörten sie weiterhin zur Dorfgemeinschaft. Man gab ihnen – wenn auch oft ungern –, was notwendig war; man wußte, man rechnete damit: Almosen auf Erden werden sich im Himmel auszahlen.

Dagegen die Armen, die in ihrer Umgebung nicht genug erhielten, die loszogen, um zu betteln: sie waren verdächtig. Michel Mollet beschreibt ihre Situation so: »Der umherziehende Arme ist kein Bekannter wie der ehrbare Arme, sondern ein Unbekannter. Ist er vielleicht ein Unruhestifter, da er doch aus seinem sozialen Rahmen ausgebrochen ist? Ist er ein Vagabund, schleppt er Krankheiten ein? Ist er tatsächlich arm, wirklich krank?« In einem ehrbaren Armen fand man die biblische Forderung nach Armut erfüllt; in umherziehenden Armen verachtete, haßte man die Armut.

Die Frau, die ich hier skizziere, wird ihrem Mann klarmachen, daß sie nicht jeden Morgen die Armen aus dem Ort von den umherziehenden Armen trennen kann; zum Teil sind die Armen miteinander verwandt oder kennen sich schon länger, man trifft sich immer wieder, denn auch die umherziehenden Armen haben ihre Gewohnheiten, tauchen wiederholt an denselben Klosterpforten auf, vor denselben Burgen, denselben Stadttoren. Unterscheidung ist da kaum noch möglich. Der einzige Unterschied, der für sie deutlich ist: wenn frühmorgens das Burgtor noch verschlossen ist und ein Armer klopft an, so war er einmal etwas Besseres; die immer schon arm waren, sie klopfen nicht, sie rufen. Fast alle rufen. Die Stimmen des Elends, der Armut. Sie weiß auch, daß viele in der Not gezwungen werden zu stehlen, auch zu wildern, und es gibt Mundraub und Raub – aber es sei nicht ihre Aufgabe, schwarze und weiße Schafe zu trennen, das werde am Jüngsten Tag geschehen.

Dem Mann ist egal, ob die Armen aus dem Ort kommen oder von fernher, ob sie früher schon arm waren oder nicht, es ist ihm zuviel geworden in der letzten Zeit, er will, daß den Armen nicht mehr das Tor geöffnet wird: zu viele verlauste Fetzen und Felle, zu viele schwärende Wunden und Geschwüre.

Fast alle Armen waren mit Lumpen eher behängt als bekleidet, oder mit alten Schafsfellen; sie hausten in Buden vor Häusern von Stadtbewohnern, in Erdhütten im Wald; sie schliefen auf Stroh, unter verdreckten, verlausten Decken; sie besaßen meist nur einen Tontopf, in dem sie Erbetteltes oder Gestohlenes kochten. Und immer wieder brachen sie auf, allein oder in Gruppen, um zu betteln. Viele von ihnen waren Invaliden: Schlägereien, Kämpfe, Feldzüge. Viele der Bettler waren auch Opfer des Antoniusfeuers – sie bettelten mit unablässigen Hinweisen auf ihre Krankheit; Beinstümpfe wurden vielfach auf helle Tücher gelegt, zur Betonung. Es gab auch Bettler, die ihren schwarz gewordenen, ausgetrockneten, wie mumifiziert abgefallenen Unterarm (mit Hand) an einer Schnur vor der Brust trugen oder einen Unterschenkel (samt Fuß).

Der Burgherr wiederholt mit Entschiedenheit: Den Armen soll morgens nicht mehr das Tor geöffnet werden, das ist bei anderen Burgen auch nicht der Fall, da reicht man die Almosen hinaus. Ja, man soll den Armen verbieten, bei Androhung von Strafe, jemals wieder die Schwelle zum Burghof zu überschreiten! Dann könnte auch nicht passieren, daß sie eine Krankheit einschleppen!

Seine Frau wird bei ihrer Meinung bleiben – falls sich eine Frau des Mittelalters im Gespräch mit ihrem Mann so entschieden artikuliert, aber: Frauen leiteten vielfach den Burghaushalt, ihre Männer waren häufig unterwegs – Fehden, Turniere, Kriege, Kreuzzüge... Und so könnte sie sagen, in dieser entworfenen Situation: Wenn ein scharfer Ostwind weht, im Winter, wie könnte sie dann zulassen, daß die Armen vor dem Tor bleiben? Oder bei starkem Regen? Bisher sei außerdem keiner in der Burg von Armen angesteckt worden. Sie kann sich auch nicht vorstellen, daß Gott so etwas zuläßt: sie hilft den Armen, tut damit etwas für ihr Seelenheil und wird dafür mit einer Krankheit bestraft?

Das kann sich auch ihr Mann nicht vorstellen, nur – müssen es derart viele Bettler sein?

Auch sie hat festgestellt, daß die Zahl der Armen in der letzten Zeit zugenommen hat, aber sie hat alles so eingerichtet im Haushalt, daß sie ein Zehntel der Einkünfte den Armen geben kann, mehr wird es nicht sein. Sollte die Zahl der Armen noch weiter wachsen, so müßten die Brotrationen eben noch kleiner werden, auch beim »Maibrot«. (In der Zeit, in der die Wintervorräte aufgezehrt sind, die neue Ernte noch nicht begonnen hat, vor allem im Mai also, herrscht Knappheit und Not, dann ist das Maibrot für die Armen besonders wichtig.)

Der Mann befürchtet, die Armen, vor allem die fremden Armen, könnten dreist, unverschämt, vielleicht sogar gewalttätig werden, wenn die Brotstücke zu klein werden.

Aber diese Bedenken teilt seine Frau nicht. Zwar wird es immer wieder Arme geben, die ausrufen, von den paar Brocken würden sie nicht satt, die möglicherweise damit drohen, wenn die Welt untergehe, werde es die Reichen zuerst und am härtesten treffen, aber sie hat nicht die geringste Sorge, daß diese Armen je in größerer Zahl aufsässig werden, denn: Hunger, Schwäche, Krankheit machen eher apathisch, das ist ihre Beobachtung. Und sie ist sicher, daß die meisten Armen wissen: jeder muß an der Stelle bleiben, auf der er nach Gottes Willen verharren soll, die Armen müssen ihr Schicksal geduldig ertragen, und dieses Los wird ihnen erleichtert durch Almosen.

Getreideanbau in einer biologisch, ökologisch noch intakten Umwelt: strotzten Bäuerinnen und Bauern vor Gesundheit?

Ich berichte über eine der vielen Plagen des Mittelalters: das Antoniusfeuer. Es wurde ausgelöst durch einen Pilzbefall des Roggens, durch das sogenannte Mutterkorn. Dieses Mutterkorn (heute in unseren Breiten fast überhaupt nicht mehr zu sehen – höchstens in Ausstellungen) war ein sechs- bis zehnfach vergrößertes Roggenkorn, das sich – hellbraun bis braunviolett – aus dem Spelz hervorschob, und so bezeichnete man diese Wucherung auch als Roggenzapfen, Kornzapfen, Wolfszahn. Auf diesem Parasiten bildeten sich »winzige Pilzköpfchen«, zwischen zehn und sechzig pro Korn, sie platzten bei feuchtem und warmem Wetter auf, die Sporen stäubten, weiteres Mutterkorn war damit angelegt für die übernächste Ernte. Das Mutterkorn, in dem das Mittelalter nichts als ein größeres und dunkleres Roggenkorn sah, war Auslöser des Antoniusfeuers.

Diese Krankheit konnte, so lese ich in Bauers Monographie, fast epidemisch auftreten – besonders nach Jahren mit schlechten Ernten, nach Hungersnöten, wenn die Menschen anfällig waren für Krankheiten. Das Antoniusfeuer begann meist im August zu wüten, wenn der Roggen der neuen Ernte verarbeitet wurde. Roggen war das Hauptnahrungsmittel von Bauern und ärmeren Leuten. Oder, wie es im 18. Jahrhundert formuliert wurde: das Kornzapfen-Gift im Brot greife Frauen wie Männer an, ob reich oder arm – »doch diese am meisten«. Vor allem in Frankreich, auch in Deutschland sah man häufig Opfer dieser Krankheit: Krüppel mit amputierten oder abgefaulten Extremitäten.

Daß Antoniusfeuer vom Mutterkorn ausgelöst wird, dies erkannte man erst Jahrhunderte nach Neidhart. Zwar konnte man bereits beobachten, daß Hühner starben, wenn sie Mutterkorn fraßen, aber Folgerungen zog man daraus nicht. Mit dem antiken griechischen Arzt Galen sahen Gelehrte die Ursache in verdicktem oder verdorbenem Gallenfluß. Das große, dunkle Korn wurde nur selten aussortiert – besonders nach schlechten Jahren wurde Getreide mit fast allen Beimischungen verarbeitet, also beispielsweise auch mit Wolfsmilch.

Eingeleitet wurde die Kornzapfen-Erkrankung durch ein Gefühl der Mattigkeit – es konnte zwei bis drei Monate dauern, ehe sich die eigentlichen Symptome zeigten. Man fühlte sich angeschlagen, war oft schon nach wenigen Schritten erschöpft, vor allem, wenn man bergauf ging. Diese Mattigkeit saß entweder in den Beinen oder in der Schulterpartie – sie reichte von den Achseln bis in die Ellbogen; schmerzhaftes Ziehen bis in das »Herzgrüblein«. Gleichgültig, ob zuerst die Beine und Füße oder die Arme und Hände befallen wurden: die Haut wurde bleich, ja »bleifarben«, wurde runzelig, als hätte man sie zu lange in warmes Wasser gehalten. Die befallenen Extremitäten wurden bald gänzlich empfindungslos; bei Verletzungen trat hier kein Blut mehr aus. Dennoch konnte man die befallenen Arme und Beine vorerst weiter bewegen. Auch blieb der Appetit erhalten. Die »zusammengeschnurrten« Glieder – und ich folge hier weiterhin der Beschreibung eines Arztes aus dem Jahre 1717 – wurden bald von »entsetzlichen und unleidlichen Schmerzen angefochten und überfallen, welche die unglückseligen Patienten öfters etliche Tage und Nächte nicht ruhen ließen, sondern ein unaufhörliches Geschrei bei ihnen verursachten«. Die Schmerzen nahmen zu, wenn die Kranken warm unter Decken lagen oder sich an den Ofen stellten. Bei Kühle dagegen hatten sie das Gefühl, die befallenen Gliedmaßen frören ab, ja, sie wären »völlig in das kälteste Eis eingegraben und bestünden aus lauter Eis«. Das war der »kalte Brand«.

Die befallenen Gliedmaßen dörrten aus – als zehrte sie ein kaltes oder heißes Feuer aus. Wurden sie nicht amputiert (wobei Betäubung nicht mehr nötig war), konnte es so weit kommen, daß Arm und Bein von selbst abfielen.

Es gab auch dieses Krankheitsbild: die befallenen Extremitäten schwollen an, wurden weich, begannen zu faulen; den Gestank, den diese Kranken verbreiteten, bezeichnete man stereotyp als unerträglich; die Extremitäten konnten schließlich abfaulen.

Ich schreibe dieses Kapitel nicht allein, um eine historische Krankheit zu vergegenwärtigen: Ergotismus gehört zu den vorbereiteten Mitteln einer Kriegsführung mit B-Waffen.

Und eine Frau weist in einem Spital eine Magd in ihre zukünftige Tätigkeit ein.

Was für die ältere wie für die jüngere Frau selbstverständliches Wissen ist, muß ich hier als Information voraussetzen: Spitäler waren noch keine Krankenhäuser im heutigen Sinne, es waren Pflegestätten für kranke, für altersschwache Menschen, die zu arm waren, um für sich selbst zu sorgen, die sich nachweislich nicht einmal durch Bettelei ernähren konnten, die keine Familie hatten; in ein Spital wurden ausgesetzte Kleinkinder gebracht, Findlinge; ins Spital konnten Waisen aufgenommen werden; Pilger und arme Reisende konnten in einem Spital Unterkunft finden; dabei kam es häufig genug vor, daß man sich infizierte: Spitäler als Distributionsstätten von Krankheitskeimen. Was in arabischen Krankenhäusern längst selbstverständlich war, das spielte in einem abendländischen Spital kaum eine Rolle: Hygiene, Diagnose, Therapie. Es gab noch nicht den fest angestellten Arzt, gab schon gar nicht den fest angestellten Chirurgen, operiert wurde in Spitälern nur selten. Es wurde gepflegt, gelindert – kaum mehr.

So muß die Spitalmagd keine Vorbildung haben: es genügt, wenn sie die Anweisungen ihrer »Meisterin« befolgt. Und diese wird als erstes fordern: unbedingten Gehorsam. Keine Fragen, keinen Widerspruch, keine Ausreden – es wird getan, was sie sagt!

Nach diesem Vorspruch könnten die ältere und die jüngere Frau das Zimmer betreten, in dem die Magd arbeiten wird: ein Raum mit drei oder vier Betten, für damalige Verhältnisse fast ein Saal. In jedem dieser Betten liegen zwei oder drei Personen. Der Raum hat nur ein kleines Fenster, und das ist mit einer Ölhaut verschlossen – Luft und Licht kommen also nur durch die schmale Türöffnung herein. Das reicht zum Lüften kaum aus – es riecht nach Urin, nach faulem Stroh, nach Erbrochenem, nach Kot. Vielleicht stellt die »Meisterin« schnuppernd fest, daß es diesmal ganz besonders stinkt, und sie erteilt die Anweisung, als erstes ein Feuer zu machen auf der kleinen Feuerfläche und mit dem Reisig etwas Wacholder zu verbrennen. Abgesehen davon: die Magd soll den Raum regelmäßig ausfegen, soll die Betten machen, soll Fußschemel und Servierbretter sauberwischen, soll die Kranken kämmen und bürsten, soll sie gelegentlich waschen, soll die Schwerkranken aufrichten, damit sie nicht durchliegen, wund werden, soll die Kranken und Schwachen zur Latrine führen, soll den sehr Kranken und sehr Schwachen Getränke einflößen, soll sie füttern. Wenn sie, die Meisterin, keine Zeit dazu hat, muß die Magd auch die Getränke herstellen, muß für diesen Raum kochen. Sie soll aber nicht gemeinsam mit den Kranken essen, soll erst recht nicht mit ihnen zechen – besonders die Alten, die Pilger, die armen Reisenden, die gelegentlich mit im Raum liegen, sie suchen jeden Vorwand, um mit einer Spitalmagd zu trinken, und es werden lose Reden geführt, unanständige Lieder gesungen. So etwas will sie, die Meisterin, nicht hören! Die Magd soll auch nicht laut singen bei der Arbeit, vor allem keine schändlichen Lieder, sie soll keine schlimmen Geschichten erzählen, soll sich dessen eingedenk bleiben, daß sie beim Jüngsten Gericht für jedes unnütze und böse Wort Rechenschaft ablegen muß. Und sie soll nicht dauernd hinüberlaufen in die anderen Räume, soll nicht mit anderen Spitalmägden herumsitzen und schwatzen, soll sich erst recht nicht mit ihnen zanken oder gar schlagen. Sie soll auch nicht, ohne Wissen der Meisterin, das Spital verlassen, sie soll nicht irgendwelche Betrügereien begehen – deutlicher will die Meisterin nicht werden. Schon der Nachdruck, mit dem sie das vorträgt, im halbdunklen, stinkenden Raum, schon dieser Nachdruck sagt genug.

Und sie erteilt wieder konkrete Anweisungen. Die Magd soll vor allem darauf achten, daß hier das Ungeziefer nicht überhand nimmt, die Läuse und Schaben. Und sie soll den Kranken, die ihr Wasser nicht halten können, jeden Tag das Kissen zwischen den Oberschenkeln herausziehen, auch das Tuch unter ihnen, soll Brunzkissen und Brunzlaken draußen trocknen, soll, wenn das Brunzkissen allzu naß ist, die Strohfüllung auswechseln. Überhaupt soll sie darauf achten, daß das Stroh in den Schütten nicht faul wird.

Wenn einer gestorben ist in diesem Raum, muß sie gleich den Strohsack aus dem Bett holen, muß ihn, wenn nötig, ausschütten, muß ihn waschen, trocknen und frisch mit Stroh füllen.

Wiederholt wird von Neidhart suggeriert, im ländlichen Reuental herrsche große Armut. Freies Spiel der Phantasie, oder könnte hier ein Zusammenhang bestehen mit der allgemeinen Situation?

Um es gleich zu sagen: es lassen sich nur wenige Aussagen machen über die soziale und ökonomische Lage der Bauern zu Neidharts Zeit – zu groß waren die regionalen Unterschiede! Riskieren lassen sich höchstens die folgenden Sätze.

Aus dem System der Zweifelderwirtschaft entwickelte sich die Dreifelderwirtschaft, die Brachflächen wurden also kleiner, die Erträge größer. Es gab technische Verbesserungen, etwa beim Pflug, und man arbeitete auf den Feldern immer weniger mit den langsamen Ochsen, man spannte Pferde ein; doch Verbesserungen setzten sich nur äußerst langsam durch. Insgesamt blieben die Ernten, verglichen mit unseren Maßstäben, kümmerlich. Im Mittelalter erntete man, wie schon erwähnt, meist nur das Doppelte und Dreifache des Saatguts; im achtzehnten, im neunzehnten Jahrhundert war es etwa das Zehnfache; heute ist es das Vierzehnfache oder mittlerweile noch mehr.

Als vorsichtiges Resümee: die Mehrheit der Bauern war zu Neidharts Zeit zwar etwas weniger arm als ihre Vorfahren, aber sie waren immer noch recht arm. Reiche Bauern waren in der Minderheit. Laut Rösener gehörte ungefähr die Hälfte der Bauern im deutschen Bereich zur Unterschicht: »die Kleinbauern, Kleinstellenbesitzer und Lohnarbeiter«; rund 25 bis 30 Prozent der Bauern verfügte über eine »bescheidene, aber ausreichende Besitzbasis«; nur etwa 10 Prozent der Bauern kam zu Wohlstand: die »Meier«. Sie werden auch aktiv in der Selbstverwaltung: »sie stehen an der Spitze der Gemeindeverwaltung, sind Vertreter der Dorfobrigkeit, Mitglieder des Ortsgerichts und zugleich Inhaber der größten Höfe.«

Solche Aussagen reichen nicht aus. Es muß gefragt werden: wie geht es zu Neidharts Zeit Bauern in Oberbayern und in Niederbayern?

Schauen wir uns mit Friedrich Lütge im alten Bayern um. Das Hochgebirge Oberbayerns mit seinen Wäldern, Wiesen, Weiden läßt fast nur Viehwirtschaft zu, vielfach als Almwirtschaft – sie dominiert in Neidharts Zeit. Im Alpenvorland ist das Klima »rauh«, sind die Niederschläge »reich«, ist der Boden »wenig fruchtbar«, und: »ausgedehnte Moore durchsetzen das für den Landwirt nutzbare Land« – dies galt noch für das 18. Jahrhundert! In diesem Gebiet (aus dem Neidhart stammen könnte) spielt die Weidewirtschaft eine große, der Ackerbau eine geringe Rolle.

Dann Niederbayern: im Norden, im Bayerischen Wald, dominieren die Wälder, Wiesen, Weiden, also auch hier: Viehwirtschaft; im Flachland, das südlich an die Donau grenzt, »verbindet sich ein günstiges Klima mit außerordentlich fruchtbarem Boden«: die »Kornkammer« Bayerns. Während im Alpenvorland oder im Gebiet des Bayerischen Waldes der Roggen kaum mehr als das »vierte Korn« einbringt, kann in der Donauniederung das Acht-, ja Zehnfache der Aussaat geerntet werden – zwischen dem 16. und 18. Jahrhundert. Für das Mittelalter wird man beide Werte reduzieren müssen, die Relationen jedoch könnten ähnlich sein. »So ist denn auch der Wohlstand sehr unterschiedlich.« Damit wiederum dürften sich Formen sozialen Verhaltens unterscheiden.

Arme Bauern werden kaum auffällig in Erscheinung treten; Bauern und Bauernburschen der reichen Oberschicht aber zeigen ihr wachsendes Selbstbewußtsein in der Kleidung: darauf lassen Hinweise von Chronisten, Predigern, Dichtern schließen; die Kleiderordnung wird nicht eingehalten.

Bauern, so lese ich in solch einer Kleiderordnung, dürfen das Haar nur bis an die Ohren wachsen lassen, sie dürfen, wenn sie zur Kirche gehen, Helm und Kettenhemd tragen, und Hofbesitzern ist ein Schwert gestattet, den anderen Bauern ein langes Messer, aber an Werktagen muß das Messer wieder kurz sein und die Kleidung bescheiden. Die überwiegende Mehrheit bleibt sowieso einfach gekleidet: nicht, weil sie brav die Kleiderordnung befolgen will, sondern weil ihr das Geld fehlt, sie zu übertreten. So tragen die meisten Bauern des Mittelalters nach Rösener nur »kurze, aus Grobzeug gefertigte Kittel, gewöhnlich ohne Unterhemd«, mit »groben Beinkleidern und bestenfalls rindsledernem Schuhwerk, ferner, als Schutz gegen Wetterunbilden, je nach Jahreszeit Fäustlinge, Mantel, Gugel, Strohhut, Wollhaube usw.«.

Die Aufsteiger unter den Bauern wollen aber nicht grau und bieder erscheinen, sie kleiden sich bei festlichen Gelegenheiten auffällig, ja extravagant. Zu Neidharts Zeit rügt der Prediger Heinrich von Melk die Schleppen an den Kleidern von Bauersfrauen, den Kopfputz à la mode, das Schminken, den offenbar gezierten Gang, mit dem sie höfische Damen imitieren.

Incipit ludus Reuentalensis. In einem Lied-Dialog zweier Freundinnen über Liebhaber und Liebe heißt es:

> Den sie alle nennen
> »von Reuental«,
> und dessen Lieder überall
> gut bekannt sind,
> der hat mich lieb.
> Und das belohne ich mit Liebe.
> Weil er das gern hat,
> mache ich mich schön für ihn.
> Gleich los, man läutet Mittag!

In einer ähnlichen Tonlage der Verliebtheit, der Verzückung:

> Er heißt »von Reuental« –
> den will ich umarmen!

Nach diesen beiden Zeilen gleich ein weiteres Beispiel:

> Du hörtest wiederholt
> und überall,
> wie man einen Ritter pries:
> von Reuental.
> Sein Gesang
> machte meine Seele hörig.

Diesem Hahn im Korb fehlt nur eins: Geld. So kann dieser Ritter auch durchaus traurig wirken in seiner schäbigen Kleidung, mit seinem elenden Hof, aber insgesamt: der Ritter der Sommerlieder ist Sieger unter Frauen und Mädchen, dem laufen sogar verrückte alte Weiber nach.

Es zeigt sich hier ebenfalls: die Selbstdarstellung der Sängerfigur hängt ab vom literarischen Genre. Die Stilisierungen sind jeweils vorgegeben. Dennoch: wir sollten uns im Zusammenhang weiter ansehen, was Neidhart über das Reuental und das Leben dort dichtet. Zuerst: in Reuental weht ein scharfer Wind!

> Nun komm mit mir ins Reuental,
> dort singt so schön die Eule,
> dort redet man nur in den Wind,
> und jeder Schlag: ne Beule.

In einer Parallelüberlieferung heißt es in anderer Formulierung: Wenn sie zu ihm ins Reuental komme, so werde sie dort hungrige Mäuler vorfinden... Also keine Idylle, sondern ein armer Winkel.

Die Armut scheint deutlicher beschrieben in den folgenden Zeilen aus der Riedegger Handschrift:

> Hätt ich hier noch freie Wahl,
> so machte ich die Schöne mir zur Herrin
> (doch geb ich sie auch *so* nicht auf!).
> Kommt sie zu mir ins Reuental,
> kann sie tiefe Armut sehn:
> vom Erd- bis an das Dachgeschoß
> ist dort leider alles kahl.

In der Parallelüberlieferung der Berliner Papierhandschrift lesen sich die letzten fünf Zeilen etwas anders:

> Kommt sie in das Reuental,
> zeige ich ihr wahre Wunder!

Einen Ofen kann sie haben,
doch ansonsten: alles kahl!
Bin Hausgenosse armer Leute!

Die Situation im Reuental erscheint in der folgenden, schon vorgestellten Strophe noch weniger stilisiert:

Früher stand mein Haar in voller Pracht,
rundherum war es gelockt –
längst vergessen, seit man mich
        ein Haus versorgen ließ…
Ich kaufe Salz und Korn – das ganze Jahr!
Ach, was hab ich dem getan,
der mich Dummkopf in dies Elend stieß?
Meine Schuld vor ihm war klein.
Dennoch: meine Flüche sind nicht schlecht,
wenn ich dort im Reuental
Not erleiden muß.

Daß man Salz kauft, ist selbstverständlich; daß man Korn nach-
kauft, ebenfalls; daß aber Salz und Korn unablässig nachgekauft
werden müssen, könnte zeigen: man lebt von der Hand in den
Mund.

Daß Dichter im Hochmittelalter nicht reich wurden, darin besteht heute Konsens. Das wird auch bei Neidhart kaum anders gewesen sein – trotz seines Erfolgs. Ein Lehen, das nicht viel ein-
brachte: dies könnte biographische Realität gewesen sein für einen
langen Zeitraum. Also: auch bei einigen seiner Reuental-Spiele wird
Neidhart Sichtverbindung zur Realität gewahrt haben.

Schwer vorstellbar ist beispielsweise, daß ein Liederdichter folgende Situation erfinden sollte, mit derart konkreten (oder zumindest konkret erscheinenden) Details: ist hier sprachlicher Wider-
schein einer tatsächlich angesteckten Scheune?

Ein Verräter hat mir heimlich einen Brand gelegt,
hat mir viel verbrannt;
        meine Kinder sollten davon leben.

Dies Leid sei unserm Gott
und meinem Freundeskreis geklagt.
Ich kann dem Reichen
und dem Armen nichts mehr schenken.
Was ich bräuchte:
daß Freunde mir, aus freien Stücken,
eine Feuerhilfe zahlen.
Verdiente ich mein Brot,
ich sänge dieses Jahr besonders gern.
Doch fürcht ich,
daß ich vorher öfters schamrot werde...

Hier, so scheint mir, ist der Sänger zum Greifen nah. In einer Spottstrophe aber, die in einer anderen Textversion auf die vorige Strophe
unmittelbar reagiert, setzt er wieder sein literarisches Spiel fort.

»Nun hab ich die Beleidigung gerächt,
mein Mütchen ist gekühlt
an meinem Feind von Reuental«,
so sprach der Ellingous.
»Eingeäschert hab ich seinen Stadel und sein Korn.
So muß er diesen Winter
wohl bei Freunden unterschlüpfen!
Geschieht ihm recht:
sang doch über mich, ich wäre hüftenschief.
Ein Wasser, das heißt Rhein:
soll ich mich vielleicht dorthin verdrücken?
Dem Reuentaler hab ich kräftig eingeheizt!«

Neidhart inszeniert ein literarisches Spiel. Und doch: einige Strophen könnten jeweils einen Kern biographischer Realität besitzen.

Und nun findet eine Projektion statt: ein Identitätsmuster wird übertragen auf eine Figur der Vergangenheit.

Denn: ich kann mich nicht über längere Zeit hinweg mit einer Person beschäftigen, ohne Beziehungen aufzuspüren oder herzustellen. Es mag lange dauern, ehe mir völlig bewußt wird, was mich mit einer Person der Vergangenheit verbindet oder: was mich dazu motiviert, mich mit dieser Person zu beschäftigen, mich teilweise oder phasenweise mit ihr zu identifizieren. Diese Erhellung von Antriebsmotiven setzt erst während der Arbeit ein oder zum Schluß.

Die Situation, in der es zur Projektion kommt: eine Buchsaison mit besonders dichter Folge von Veranstaltungen, meist in Buchhandlungen. Es herrscht vor das Grundgefühl, Lebensgefühl des Unterwegs, des ständigen Unterwegs. Der Koffer wird zwischen den Touren nicht mehr ganz ausgepackt, bleibt jeweils für ein paar Tage im Flur liegen, wird wieder aufgefüllt vor neuem Aufbruch. Mit der Bahn fahrend, zuweilen auch mit dem Auto, denke ich mich zuweilen aus diesen Reiseabläufen heraus: Nun, zur selben Zeit, im Holzhaus in der Eifel sein oder in der Stadtwohnung… Zeit nicht mehr als drängende, als bedrängende Folge von Terminen, sondern: ebenso gelassen wie großzügig disponieren…

Solche Wunschbilder, solche Alternativen verdichten sich während einer längeren Autofahrt. Im Verkehrsfunk wird ein Stau gemeldet auf dem Autobahnabschnitt vor mir, ich nehme die nächste Ausfahrt, mache einen Spaziergang. Rapsfelder, Obstbäume, Weideflächen; Sonne, Wolken. Wie von selbst entwickelt sich ein Erklärungsmodell, als Antwort auf eine Frage, die ich mir länger schon stelle: Wo ist die Verbindung, die Klammer zwischen dem dominierenden Thema der Lebensreise Neidharts und dem Spielmodell Reuental? Abstrahierend: das Lebensmodell Reisebewegung und das Lebensmuster Seßhaftigkeit – wie verhält sich beides zueinander?

Und ich sehe die Verbindung nun so: Neidhart als Mann, der viel unterwegs ist, weil der Beruf das fordert; damit ergeht es ihm wie etlichen Kollegen – Walther von der Vogelweide, zum Beispiel, thematisiert das unbehauste Leben, (auch) er artikuliert den Wunsch nach Seßhaftigkeit; dieser Wunsch verbindet sich bei Neidhart mit einem Namen: Reuental.

Dieses Reuental – so entwerfe ich weiter – als Fixpunkt im Bewußtsein des Reisenden Sängers. Neidhart spielt immer wieder mit dem Gedanken, seßhaft zu werden – und sei es in einem Jammertal. Es bleibt freilich denkbar, läßt sich zumindest nicht ausschließen, daß der Topos Reuental auch topographische Realität besitzt.

Weiter: im Reuental das *Andere Ich* des Reisenden. Bezeichnenderweise ist auch der »Knappe« oder »Ritter« des Reuentals ein Dichter von Liedtexten, ein Sänger, ein Vortänzer. Doch er ist, weil ortsfest, auf Gedeih oder Verderb an Sitz und Lehen gebunden. Im Sommer (zur Hauptreisezeit) führt der Mann im Reuental ein verlockend lustiges Leben, er wird von Mädchen und Frauen umworben; im Winter wird er von Zeitgenossen bedrängt und geärgert, das Leben wird ihm schwergemacht. Das Verlockende und das Belastende einer immobilen Lebensform, heraufbeschworen von einem Mann, der nur einen Teil des Jahres ortsfest gewesen sein dürfte: im Winterquartier. Diesen Mann lasse ich unterwegs davon träumen, nicht so viel oder überhaupt nicht mehr reisen zu müssen; die alternative Lebensform wird in zahlreichen Varianten erfolgreicher Liedmuster vergegenwärtigt. Ja, viele der Lieder, die der reisende Liedermacher dichtet und vertont, sie umspielen den festen Ort, an dem der dichtende und musizierende Kollege seßhaft ist. »Ich im Reuental«.

So lege ich mir das zurecht, so denke ich mir das aus. So ergibt sich eine Sinnfigur für dieses Buch: Reuental als Gegenwelt, Ergänzungswelt, Komplementärwelt des Reisenden Sängers. Und ich hoffe, Neidhart könnte posthum sagen: Gar nicht so abwegig, gar nicht so falsch...

Die Gegenwelt, die Spielwelt Reuental ist nicht lückenlos umfriedet – zuweilen verweist ein Stichwort, verweist ein Name auf zeitgenössische Realität. Solche Ausblicke ergeben sich oft dort, wo man sie am wenigsten erwartet, im Kontext.

Es war ein gewisser Bertram,
der mir meinen Käse nahm,
den sich viele aufgeteilt,
die ich euch benennen will:
Gosbrecht und dazu der Lanz,
der reiche Bauerndepp, der Ranz,
Siegherr und der Adelscheid,
Siegfried und der Wackerzill:
meinen Käse teilten sie
  paarweis auf.
Ha, ich schätze, nach dem Schnitt
  tut mancher seinen letzten Schnaufer!
Ich glaub, mich rettete nur dies:
  daß ich einen Helm getragen.

Was soll ich nur mit jenem tun?
Vollrat tötete mein Huhn,
das mein liebes Weib und ich
im Winter mühsam durchgefüttert.
Die Henne, sie war wirklich gut,
doch entzog sich strenger Aufsicht –
das Leben hat es sie gekostet!
Auch wenn er dies und das beschwor –
ich glaub es einfach nicht, bevor
  es mir bewiesen wird.
Ja, sie legte viele dicke Eier,
  sie war feist und schwer.
Wenn man sie mir nicht ersetzt,
  klage ich es dem von Rinzing.

Wer ist dieser »Rinczinger«? Dieser von Rinzing oder Reitzing müßte einer der Herren sein, vor denen Neidhart in Bayern auftritt und den er (in diesem Falle schalkhaft) um Rechtsschutz bittet bei seiner Schadensersatzforderung für das Huhn. Zu diesen beiden Strophen nun die Spottstrophe, in der Neidhart eine Spielfigur auf »Neidharts« Klagen und Anklagen antworten läßt.

»Der aus dem Reuental
redet einen Schmarrn,
wenn er so endlos droht.
Der überzieht das längst.
So wahr ich lebe, Durinhart,
die Sache tut ihm noch mal leid!
Wenn er mich damit bedroht,
er würde mir ein Holzbein hobeln,
      kriegt er meinen scharfen Zorn zu spüren!
Selbst Kaiser Otto könnte nicht
      den Rachehieb verhindern.«

In einer anderen Handschrift, dem Riedegger Codex, finden wir dieselbe Spottstrophe, diesmal gekoppelt mit einem anderen Streich:
die Grundkonstellation bleibt also bestehen.

Schaut, der ist zum einen Teil
dumm, zum andren dreist.
Seht, er kam wie folgt heran:
sein Schuh war angemalt,
mit dem er meine ganze Mahd
flachgetrampelt hat.
Einen jeden Feiertag
streunt er vor dem Reuental.
Oberhalb des Dorfes
stieg er durch die Wiese hoch,
sprang (ich hasse ihn!)
      vom Steig genau in meine Blumen,
sang in höchsten Tönen
      seine Liebesliedchen.

»Der aus dem Reuental
redet einen Schmarrn,
wenn er finster droht.
Der überzieht das längst!
So wahr ich lebe, Durinhart,

die Sache tut ihm noch mal leid!
Wenn er mich damit bedroht,
er würde mir ein Holzbein hobeln,
    kriegt er scharfen Zorn zu spüren!
Selbst Kaiser Otto könnte nicht
den Rachehieb verhindern!«

Diese Anspielung auf den Welfenkaiser war nur sinnvoll, solange sie Resonanz fand unter Zeitgenossen. Nach der Ermordung des Gegenkönigs Philipp wurde der hünenhafte Otto im Jahre 1209 zum Kaiser gekrönt, in Rom; doch schon drei Jahre später zog der (noch jüngere) Staufer Friedrich Roger von Sizilien aus in den deutschen Teil des Imperiums, ließ sich nach seinem raschen Vormarsch zum deutschen König krönen: Friedrich, später berühmt als stupor mundi, als »Wunder der Welt«.

Der Hinweis auf Kaiser Otto läßt rückschließen auf den Zeitraum, in dem Neidhart diesen Liedtext, in dem er zumindest diese Strophe, diese Zeilen formulierte. Der Kaisername zeigt auch: in die Scheinrealität, Spielrealität der Liedwelt ist Realitätsgranulat eingeschmolzen.

Fahrt nach Miltenberg am Main, von dort durch das Maintal nach Weilbach, wenige Kilometer vor Amorbach. Im Ortskern Weilbach ein Hinweisschild: Reuenthal 2,5 km. Und ein Straßenschild: Alte Reuenthaler Straße. Ich fahre in ein Odenwaldtal mit einem Bach in der Senke, mit Wiesen hangaufwärts und bewaldeten Mittelgebirgshügeln, erreiche ein sehr kleines Dorf, einen Weiler: Reuenthal. Etwa ein Dutzend Häuser. Ich stelle den Wagen auf einem Parkplatz ab vor gemalter Wanderkarte: Naturpark Bergstraße-Odenwald. Das Ortsschild: Reuenthal. Darunter: Markt Weilbach. Kreis Miltenberg.

Ich spaziere erst mal auf der Dorfstraße zur »Nithartmühle«, auf die ich wiederholt hingewiesen wurde. Zwei Hunde bellen; ein Hahn kräht; ein Papagei pfeift auf einem Balkon. Bachrauschen, Frühjahrsgrün, Sonne. An einem Haus zwischen der Straße an der

148

Hangflanke und dem Bach in der Senke lese ich, schwarz aufgemalt, in Fraktur: Nithartmühle. Auf den ersten Blick zeigt sich: eine Mühle kann dieses Haus nicht gewesen sein. Woher nun die Bezeichnung »Nithartmühle«? Mystifikation? Regionale Überlieferung? Hat an dieser Stelle früher einmal eine Mühle gestanden? Ich nehme mir vor, im Stadtarchiv Miltenberg anzufragen.

Auch ohne »Nithartmühle«: dieser Ort, dieses Tal als bestechende Offerte! Ich sage mir: so ähnlich könnte das Reuental aussehen, aus dem Neidhart kam oder in dem er ein Lehen hatte, eventuell, zeitweise. In diesem Tal, von Osten her, der Reuenthalbach, er verbindet sich, vor dem Ort, mit dem Reichhartshauser Bach, die vereinten Bäche als Weil-Bach, der mündet bei Weilbach in den Main. Zweimal, dreimal spaziere ich an der Nithartmühle vorbei: der Bach rauscht, die Sonne scheint, Bäume blühen, der Papagei imitiert Menschenpfiffe, der Hund bellt, ein paar Dorfbewohner beobachten mich. Läuft der so unruhig auf und ab, weil das einzige Gasthaus im Ort Ruhetag hat?

Wanderweg Nummer 3, ausgeschildert zum Gotthardsberg, zur Gotthardsruine. Eine halbe Stunde Fußweg, und ich stehe vor einer Kirchenruine auf einer Bergkuppe, die ins Maintal vorgeschoben ist, westwärts. Der leere Kirchenraum unter erneuertem Dach; eine düstere Wendeltreppe; ein Aussichtsrondell.

Weit ist der Blick: im sattgrünen Tal das Häusergrüppchen Reuenthal; das ziemlich dicht bebaute Maintal nordwärts; Amorbach südlich mit altem Kern und wuchernder Bausubstanz. Gern würde ich hier, 430 Meter über NN, die Arme in die Luft werfen und einen Schrei ausstoßen, aber der Wunsch darf nicht zum Vater der Fiktion werden. Ich schaue mir an, wie ein Reuental ausgesehen haben könnte – das Faktum führt mich in den Potentialis. Ich sehe reale Konturen, die in Erfundenes passen.

Ich spaziere zurück nach Reuenthal. Auf weißblau bemaltem Pfahl ein Schild mit werbendem Hinweis auf den Gasthof im Reuenthal. Am Weg, der mich ins Dörflein führt, ein schwarzbrauner Blockhaus-Schuppen, garagenklein, mit der Aufschrift »Freiw. Feuerwehr Reuenthal«. An einer Hauswand ein Aushangkasten: Freistaat Bayern, Kreis Miltenberg, Weilbach, OT Reuenthal, also:

Ortsteil. Es geht hier, unter vielen anderen Punkten, um die Trinkwasserversorgung Reuenthals, es soll ein neues Leitungsnetz gelegt werden. Ein Meßergebnis: es »wurde in der ÖWL Reuenthal ein Nitratgehalt von 66 mg pro Liter festgestellt«. Ist das viel oder wenig? Und was heißt ÖWL?

Reuenthal – noch mag ich nicht abfahren. Ein (vorläufig) letztes Mal gehe ich am Haus vorbei mit der irritierenden, herausfordernden Aufschrift »Nithartmühle«. Ich imitiere Pfiffe des grauen Papageis auf dem Balkon, meine Pfiffe werden wiederum imitiert. Und der Hahn von Reuenthal. Und ein Hund von Reuenthal. Ja, sehr gern würde ich sagen: Dies ist Neidharts Reuental! Kein Symbol, sondern topographische Realität! Postalisch identifizierbarer Ort! Aber ich darf in Tal und Weiler nur ein Modell sehen, leider.

Melancholisch zurück zum Parkplatz. Ich schaue noch einmal auf das Ortsschild. Unterste Zeile: Kreis Miltenberg. Mittlere Zeile: Markt Weilbach. Oberste Zeile: Reuenthal. Könnte ich jetzt doch nur aufatmen…!

Und was gibts Neues in der Nordeifel, in der Region des Wehebachtals? Hey, Dieter, sing uns noch ein paar Strophen der Weheklage!

Ja, stellt euch vor: einen Steinwurf weit (und ich denke hier nur noch an Steinwürfe, Steinwürfe!), also einen guten Steinwurf vom alten Forsthaus entfernt liegt – in einem Geviert von Gebüsch, Gestrüpp, Niederwald – ein »aufgelassener« Steinbruch, und den benutzen Burschen aus dem Dorf neuerdings als Motocross-Übungsgelände. Davon will ich, muß ich euch ein Lied singen!

Strophe eins: sie haben sich kostspielige Maschinen gekauft, Motorräder wie auf schrägen Stelzen, spannenlanger Abstand jeweils zwischen den genoppten Reifen und den Schmutzblechen, und auf diesen Spezial-Motorrädern fahren die beiden Hauptrüpel – Uli heißt der eine, Mike der andere – an Wochenenden in ihren Ledermonturen und mit ihren Motocross-Helmen wie im Sturzflug in die Grube hinunter, in der sie gleich bleiben sollten, schnellen auf steiler Rampe wieder heraus, fahren sandschleudernd, steineschleudernd in eine schon erheblich ausgefahrene Kurve, aus der sie noch immer nicht geflogen sind, stürzen sich wieder – leider, ohne zu stürzen – in die Grube hinunter, um gleich darauf – leider – wieder herauszuschnellen, fast im Sprung an die obere Kante, und gleich in die Kurve. Ende der ersten Strophe.

Und Strophe zwei des zweiten Liedes oder Strophe fünf des fortgesetzten Liedes über Erfahrungen eines Dünnhäuters unter Dickfellern, und diese Dickfeller sind so dumm wie dreist, das hat schon Neidhart treffend beschrieben. Stellt euch vor, dieser Uli hat (wenn er nicht gerade auf dem Motorrad seinen Lärmausstoß potenziert) kleine Kopfhörer auf, und er speist aus einer Art Schrittmacherkästchen unablässig Musik in sich ein. Latscht so herum und powert seine Gehörgänge voll mit Musik, und die muß mit wahrscheinlich kontinuierlich wachsender Lautstärke einwirken auf seine verhärteten Trommelfelle. Und Mike, dieser Maik, fährt gelegentlich mit einem Riesentraktor auf einem der Felder hier oben vor dem Wehebachtal, zieht mit möglichst großer Geschwindigkeit eine Egge oder sonst ein Gerät hinter sich her, hat dabei die Stereo-Lautsprecher über dem Kopf voll aufgedreht: ein halb offenes Gehäuse mit Discomusik hin und her auf den Feldern. Wie soll ich diesen Burschen mit ihren dauerbeschallten Ohren verständlich machen, daß Stille für mich etwas ist, wovor ich mich nicht unablässig abschirmen muß mit lärmender Geschäftigkeit und die ich nicht augenblicklich zerstören will? In ihren versaubeutelten Ohren ist der Lärm ihrer gedopten Motorräder Musik, und mein überreiztes Hirn reproduziert zuweilen nur noch diese beiden Wörter: Krähenfüße, Steinwürfe, Krähenfüße, Steinwürfe – und so weiter, ad libitum.

Strophe drei dieser Weheklage für Freunde, die meine Situation am Wehebachtal ernst nehmen und zugleich belachen sollen. Zu Uli und Maik sind ein paar Spezis hinzugekommen, die ebenfalls auf die hochrädrigen, hochtourigen Motocross-Maschinen »umgestiegen« sind, seit es da – fern vom Dorf, fern von den Höfen, den Häusern ihrer Eltern – eine Grube gibt, in der sie das Motocrossfahren üben können, das sie so sehr bewundern bei den professionellen Motocrossfahrern, die einmal im Jahr ein regional bekanntes Rennen fahren, am Rand des Nachbardorfs Kleinhau. Zuweilen ist es ein halbes

Dutzend dieser Spezialmotorräder, die an einem Freitagabend oder Sonntagvormittag in Steinwurfnähe zusammenkommen, und da lassen diese Burschen ihre fast ungedämpften Motoren erst einmal hochjaulen – immer ist etwas zu prüfen, zu »checken« an ihren Maschinen, ständig ist das verbunden mit Lärm im Leerlauf: hochtreiben, hochtreiben das Geräusch und meinen Herzschlag und meinen Blutdruck – wobei hier der Ärger über mich selbst hinzukommt, weil ich mich angesichts weltweit endzeitlicher Probleme derart über ein lokal begrenztes Phänomen ärgere!

Ja, und schon geht es los, Runde um Runde um Runde um Runde, in die Grube hinab, um die Grube herum, und in den Fugen des Bruchsteingemäuers, so habe ich den Eindruck, zerbröckelt, versandet der Mörtel unter dieser Lärmeinwirkung – warum, in Neidharts Namen, muß sich aller Lärm auf mich zusammenziehen, unter diesem Himmel, der in der Woche auch noch Übungsraum für Militärflieger ist?! Wenn ich diese Uli, Maik und Konsorten einmal zur Rede stellte, was würden sie sagen, zumindest denken, in einem bösen Refrain, in einer Strophe des Widerspruchs, des Spotts und Hohns? Dieser Pimock, würden sie sagen oder singen, neben ihren Maschinen oder auf ihren Maschinen, dä Pimock, was glaubt der eigentlich, wer der ist, dä Pimock, dem werden wir mal zeigen, was ein richtiger, motorisierter, ständig musikbeschallter nordeifeler Bauernbursche ist, dä Pimock, wenn der zu arg protestiert, da soll der mal an unserm Festzelt vorbeikommen bei der Kirmes, da werden wir dä Pimock auf die Zehen steigen, da knöpfen wir uns dä Pimock mal vor, da zeigen wir dä Pimock mal, was wir drauf haben, da zeigen wir es dä Pimock mal so richtig, dä Pimock soll sich verpissen aus der Gegend, dä Pimock hat hier nichts verloren.

Und was geschieht, ihr Burschen, wenn mich mein alter Jähzorn packt?

Ende des Lieds, meine Freunde, oder noch eine Strophe? Ja, wenn ihr wollt, erfinde ich noch mehr, hautnah an der Realität.

Wie Spott und Hohn umschlagen in die Fiktion von Gewalt, zeigt das folgende Lied. Vor allem mit solchen Texten über Rüpeleien, Rempeleien, Prügeleien hat Neidhart ein Muster geschaffen, das ihn präsent bleiben läßt in den zwei, drei Jahrhunderten nach seinem Tod.

Als der liebe Sommer
Abschied nahm,
war es mit dem Tanzen
auf der Wiese aus.
Seither ist er traurig,
der Herr Gunderam,
tut jetzt nicht mehr dicke,
damit ists vorbei.
Überwacht das Würfelspiel in diesem Winter.
Ist der landesgrößte Schalk.
Ständig schwenkt sein ›Gassen-Hauer‹
    weit nach hinten aus.

Nahm sich bei den Mädchen
reichlich viel heraus,
bis ihn schließlich meine
Watschen-Dame traf.
Treibt es wirklich bunt.
Wenn er eine rügt:
haut sie, daß sie heult!
Machen keine Späßchen mehr,
unterlassen auch das Kichern –
sichs verkneifen, fiel den Mädchen schwer.
Ihre Hände kriegten oft zu spüren,
    wer das Sagen hatte.

Jeden Feiertag
ziehn sie alle los,
in der großen Horde.
Wünsche ihnen: Pech!

Ermbrecht an der Leier,
an der Trommel Sigemar.
Hätten sie nur Mißerfolg,
wäre alles wieder gut.
Doch es könnte leicht auch anders laufen:
hören sie mit dem Klamauk nicht auf,
könnten zweie sich an meinem Richtschwert
    heftig schneiden.

Käme ich dorthin,
wo sie alle tanzen,
ginge gleich ein Spielchen los
auf des Schwertes Schneide;
hätt ich eine gute Chance,
lägen drei vor mir;
würd ich morgens früh gefordert,
hielt ich ohne Wanken durch;
ließe mich das Siegesglück gewinnen,
müßte glatt die Hälfte vor mir fliehn.
Auf gehts! Denen treiben wir
    den Übermut schon aus!

Schaut mal, wie der pirscht…
Das macht mir graue Haare:
hochgereckt sein Kopf
auf dem Weg zu meiner Dame.
Treibt ers immer weiter,
gibt er das nicht auf,
bringt man ihn bald außer Puste –
seine Reue wird sehr groß!
Pack ich den und seine Kumpanei,
wenn sie mit ihr tanzen, Hand in Hand,
steht dies fest: ich schlag
    ein ellengroßes Loch in ihn!

Den beschützt kein Wams
und kein Haubenhelm,
wenn er Prügel kriegt.
Nahm ihr einen Ball –
dummdreist ist der Kerl!
Dem beschränkten Erdenkloß
tränk ich seine Dummheit ein!
Wenn er weiterhin
vor dem Reuental herumscharwenzelt,
muß er, wie die andren viere, Federn lassen.
Was kann denn ich dafür,
    wenn Wermbrecht einen drüberkriegt?!

Solange ich die Klinge
an meiner Seite trage,
schlägt durch meine Trommel
keiner mir ein Loch.
Der müßt schon mächtig springen!
Kommt der mir vor die Fäuste –
ich schlag ihn, daß der Depp
die Sonne nicht mehr sieht.
Paniere seinen Körper dann mit Asche,
hau ihm lustvoll in die Fresse,
daß die Köter auf dem Boden
    sein Gehirn vernaschen.

Ich bin nicht der erste, dem auffällt, daß hier der Sänger, daß zumindest das Sänger-Ich eine Maßlosigkeit demonstriert, wie sie Neidhart sonst den »Dörpern« ankreidet. Sprachgesten der Gegenspieler werden übernommen, eine Grenze wird überspielt.

Die hämischen, die rüden, die groben, die grausamen, die brutalen Scherze Neidharts und seiner späteren Nachahmer: ich will hier keine Psychologie des sadistischen Scherzes entwickeln und damit der grotesken oder grobianischen Literatur, ich bringe nur einige Hinweise zum Kontext von Liedern, die mit Grobianismen und Grausamkeiten der Unterhaltung dienten.

Zu diesem Kontext gehören vor allem Grausamkeiten der »öffentlichen Hand«, in der Ausübung damaligen Strafrechts. Bereits Diebstähle wurden mit Verstümmelung bestraft: dem Dieb wurde öffentlich die Hand abgehauen. Auch Falschmünzern. Und wer als Aufrührer galt, dem konnte der rechte Fuß abgehackt werden. Viele Vergehen wurden durch Blenden bestraft, mit spitzem oder glühendem Metall. Bei übler Nachrede, erst recht bei Meineid und Gotteslästerung wurde die Zunge abgeschnitten oder herausgerissen, und zwar so: dem Delinquenten wurde ein Haken durch die Zunge gestoßen, der Haken wurde hochgezogen, der Delinquent mußte sich auf einen Schemel stellen, der wurde unter ihm weggerissen. Oder: der Delinquent wurde mit der Zunge an einem Haken befestigt, ein Messer wurde ihm überreicht: wollte er vom Haken loskommen, mußte er sich selbst die Zunge abschneiden. Gab es Zuschauer, die dabei lachten?

Strafe hatte vielfach »spiegelnden Charakter«, lese ich bei Rudolf His. Der Mordbrenner wurde verbrannt, lebendigen Leibes; der Sodomit wurde, wenn der Richter streng war, auf das bestiegene Tier gebunden und mit ihm verbrannt; wer einen Grenzstein auspflügte, dem pflügte man den Hals durch; Ehebruch konnte so bestraft werden: die Partner wurden aufeinandergelegt, ein Pflock wurde durch sie hindurchgehämmert.

Freilich, dies waren keine von der Nordsee bis zu den Alpen verbindlichen Strafen – Rechtsprechung war regional sehr unterschiedlich. Aber es zeigt sich an diesen Beispielen, wieviel Grausamkeit im Namen des Rechts selbstverständlich war. Bei der folgenden Strafe hat Rudolf His allerdings Zweifel, ob sie jemals so exekutiert worden ist: einem »Baumfrevler« den Bauch aufschneiden, ein Darmende am Baum befestigen, den Täter um den Baum herumführen, bis alle sechs Meter Darm um den Baum gewickelt sind – die »Entdärmung«. Ob so ausgeführt oder nicht – solche Strafen waren formuliert in Rechtsbüchern des Frühen und Hohen Mittelalters.

Eine ausgeführte exemplarische Bestrafung sah so aus: einer der Mörder des Bischofs Engelbert von Köln wurde mit den Füßen an ein Pferd gebunden, durch die Stadt Köln geschleift, dann zerschlug man ihm, wie Caesarius von Heisterbach berichtet, »mit dem Beil alle Glieder und flocht ihn außerhalb der Stadtmauern aufs Rad«.

Alle Strafen wurden öffentlich vollzogen, an vorgegebenen Schauplätzen. Als Beispiel Worms; ich zitiere aus einer mittelalterlichen Durchführungsbestimmung. »Die Stätten für die Vollstreckung der gerichtlichen Leibesstrafen sind folgende: für die Diebe am Galgen, für die Mörder auf dem Rad an der Mainzer Straße, oberhalb des äußeren Walles. Die Enthauptung findet statt vor dem St. Andreastor, am Aasgraben beim Judenkirchhof. Die Hände werden abgehauen am St. Martinstor, das Abhauen der Füße und das Schinden findet statt am St. Andreastor.«

Als Neidhart etwa vierzig war, fand der Kinderkreuzzug statt, der bei der offiziellen Zählung nicht berücksichtigt wurde, über den in Mitteleuropa jedoch gesprochen wurde – nicht nur unter künftigen Teilnehmern weiterer Kreuzzüge.

Am Hof des französischen Königs in Saint Denis erschien im Mai 1212 ein zwölfjähriger Hirtenjunge; er wünschte zum König vorgelassen zu werden; er überreichte ihm einen Brief, in dem es hieß, Christus sei ihm erschienen, habe ihn aufgerufen, für einen Kreuzzug zu predigen. Der König schickte Stephan nach Hause. Der Junge aber war von seiner Mission überzeugt, begann zu predigen, und zwar gleich in Saint Denis, am Portal der Abtei. Er redete sich und seine Zuhörer in Begeisterung; mehr und mehr Kinder und auch Erwachsene kamen aus der Stadt zusammen, aus der Umgebung. In jeder Predigt rief Stephan die Gleichaltrigen auf, mit ihm die Heiligen Stätten zu befreien, ohne Waffen; das Meer werde sich teilen wie damals vor Moses, trocknen Fußes werde das Kreuzheer der Kinder durch das Mittelmeer ins Heilige Land schreiten.

Stephan zog predigend durch Frankreich. Kinder, die seine

Anhänger geworden waren, riefen mit ihm zum Kreuzzug auf; als Sammelpunkt wurde Vendôme genannt. Dort kamen Ende Juni Tausende von Kindern zusammen; die Stadt konnte nicht alle aufnehmen, vor den Mauern wurde ein Feldlager errichtet. Es waren meist Jungen, es gab aber auch Mädchen in diesem Heer. Und ein paar ältere Pilger.

Wie sahen Erwachsene diesen Kreuzzug? Er wurde von Geistlichen nicht nur geduldet, sondern zum Teil auch gefördert, gefeiert – vor allem, weil die Bevölkerung so begeistert war. Diese Begeisterung wurde stimuliert durch Predigten: Die Reichen und die Mächtigen kommen sowenig in den Himmel wie das Kamel durchs Nadelöhr; Christus ist nicht bei den Prälaten, die Handel treiben mit kirchlichen Ämtern und Pfründen; Christus ist nicht bei den Rittern, die Raub rechtfertigen; bei Bürgern wohnt der Wucher; Kaufleute beherrscht die Lüge; Christus hat keinen Platz in den Gemeinden, weil dort Diebstahl vorherrscht; Christi Platz kann nur bei den Armen sein und bei den Kindern, über die geschrieben steht: Selig sind, die arm sind im Geiste; die Armen und die Kinder werden das irdische und das himmlische Jerusalem erobern.

Als das Heer sich versammelt hatte, zog es südwärts, durchs Rhônetal. Voran, in einem buntgeschmückten Karren, Stephan. Mit ihm die Fahne, die er für diesen Kreuzzug entworfen hatte: drei goldene Lilien auf blauem Grund. Sein Karren wurde begleitet von adligen Kindern auf Pferden. Das Kind im Karren erregte unterwegs größte Aufmerksamkeit, Stephan wurde fast wie ein Heiliger verehrt, Haarlocken und Fetzen seiner Kleidung waren begehrt als Reliquien.

Der Sommer 1212 war trocken und heiß, und so hatten die Dörfer und kleinen Städte, durch die das Kinderheer zog, nicht genug Wasser – Kinder blieben zurück, kehrten um, Kinder brachen zusammen. Das reduzierte Heer erreichte Marseille. Am Hafen warteten die Jungen und Mädchen darauf, daß sich das Meer teilte, doch alle Gebete und Lieder änderten nichts an der Gleichmäßigkeit des Wellenschlags. Hatte sie Stephan betrogen? Kindergruppen, Kinderscharen machten sich auf den Heimweg. Jeden Morgen wartete das Heer darauf, daß sich endlich das Meer teilte.

Schließlich machten zwei Händler der Stadt ein Angebot, das günstig schien: Zur höheren Ehre Gottes würden sie die Kinder kostenlos ins Heilige Land transportieren. Sieben Schiffe wurden gechartert von diesen Kaufleuten; sie heißen in der Überlieferung Hugo der Eiserne und Wilhelm das Schwein. Sie verfrachteten die Kinder, die bis dahin durchgehalten, ausgeharrt hatten.

Mittlerweile sprach sich in Deutschland herum, französische Kinder seien aufgebrochen zu einem Kreuzzug. Ein Junge namens Nikolaus begann in Köln zu predigen, am Reliquiar der Heiligen Drei Könige. Nikolaus wollte nicht – wie Stephan – das Heilige Land waffenlos erobern, er wollte die Heiden bekehren. Auch Nikolaus war ein großer Prediger, auch er fand Anhänger; sie zogen im Rheinland umher, riefen ebenfalls zum Kreuzzug auf.

Wochen später sammelte sich in Köln das Kinderheer. Es war so groß, daß es sich teilen mußte – unterwegs wäre sonst die Versorgung zu schwierig geworden. Der eine Teil zog unter Führung von Nikolaus den Rhein entlang bis nach Basel, überquerte die Alpen in der Westschweiz – viele Kinder kehrten um, sehr viele Kinder blieben erschöpft zurück. Nur etwa ein Drittel erreichte Genua.

Auch hier wollte sich das Meer nicht teilen. Nikolaus zog weiter. Etliche Kinder blieben in Genua, wurden dort seßhaft.

Auch bei Pisa wollte sich das Meer nicht teilen. Doch gab es hier Schiffe, die Kinder an Bord nahmen – was aus ihnen wurde, ist unbekannt. Nikolaus zog mit kleinem Heer weiter nach Rom, Papst Innozenz erteilte den Kindern eine Audienz, mahnte zur Heimkehr.

Inzwischen war der andere Teil des Kinderheers über Ascona nach Brindisi gezogen – das Meer wollte sich auch an dieser Küste nicht teilen. Viele Kinder kehrten um. Etliche wurden von Schiffen aufgenommen. Nur wenige Kinder schafften den monatelangen Rückmarsch ins Rheinland. Dort hatte man den Vater von Nikolaus inzwischen gehängt.

Und die französischen Kinder? Sie wurden von Hugo dem Eisernen und Wilhelm dem Schwein an Araber verkauft, die sie auf tunesischen und ägyptischen Sklavenmärkten feilboten. Viele der Mädchen kamen in Bordelle.

Ein Jahr nach der Katastrophe rief Papst Innozenz erneut zu einem Kreuzzug auf.

Vor dem Ägypten-Kreuzzug könnte Neidhart eine Pilgerreise unternommen haben, westwärts, über den Rhein hinaus. Die Pilgerreise als Zwischenphase der Lebensreise.

Neidhart der Pilger: er war sicherlich anders ausgestattet, anders gekleidet als Neidhart der Fahrende. Wichtig wäre vor allem festes Schuhwerk gewesen, aber das gab es im Mittelalter noch nicht – die Sohlen so dünn wie das Oberleder; also wird man viele Schuhe verschlissen haben auf einer langen Pilgerreise, es sei denn, man lief barfuß oder man ritt. Über dem ›Rock‹ (der sich kaum vom Schlupfkleid der Frauen unterschied) der Pilgermantel, die Pelerine: Schutz vor Regen, Decke für die Nacht. Manchmal war es auch nur ein grobes Schultertuch. An den Gürtel gehängt der Beutel mit dem Begleitdokument, ausgestellt vom örtlichen Pfarrer oder vom nächsten schreibkundigen Kleriker. In diesem Beutel auch das Geld, das man für die Reise brauchte, für den Kauf von Ablässen, für die Spenden – auf diese Beutel waren Diebe und Räuber scharf, die Beutelschneider. Auf dem Kopf der Pilgerhut, hier wurden Pilgerzeichen befestigt. In der Hand ein langer Stock, vielfach mit einer Eisenspitze. An diesem Stock konnte das Reisebündel aufgehängt sein, dann trug man ihn auf der Schulter, oder man hängte sich das Bündel um, schwang den Stock als ›drittes Bein‹. Und obendran die bekannte Kürbisflasche.

So oder ähnlich war eine große Zahl von Zeitgenossen Neidharts auf fast allen Straßen und Wegen Europas unterwegs. Die Motivationen für Pilgerreisen waren nicht nur religiös, das zeigen kritische Äußerungen von Männern der Kirche. Die Pilgerreise war die einzige von der Kirche sanktionierte Möglichkeit, in Friedenszeiten etwas anderes als das Gewohnte zu sehen, zu erleben: endlich einmal raus aus dem kleinen Dorf, aus der engen Stadt – es muß ein starker Impuls gewesen sein. Einmal im Leben wollte eigentlich jeder seine große Pilgerreise machen. Und mehrfach Wallfahrten – es gab Tausende von Wallfahrtsorten in Neidharts Europa.

Wer zu einer Pilgerreise oder zumindest zu einer Wallfahrt aufbrach, der kam für längere (oder kürzere) Zeit los aus dem Familienverbund, der konnte sogar seine Schulden vergessen, der war für einige Monate beinah frei. Auch zu erotischen Abenteuern – es zogen Pilgerinnen mit, es ergaben sich Liebschaften, und in den Wallfahrtsorten florierte die Prostitution. Was man auf einer Pilgerreise erlebte, darüber konnte sich die Nachbarschaft nicht das Maul zerreißen. Und man war nach der Rückkehr angesehen: einer, der draußen gewesen war, einer, der etwas zu erzählen hatte. Die von Fabeln durchmischten Reiseberichte: Wie wir uns im Gebirge verirrten... Wie wir beinah verdursteten... Wie wir eine Horde von Räubern zurückschlugen... Wie wir völlig ausgeplündert wurden... Wie ein Kranker im Wallfahrtsort plötzlich gesund wurde, ein Wunder...

Man pilgerte, um teilzuhaben am Gnadenschatz der Kirche. Eine Wallfahrt, eine Pilgerreise bedeutete: Nachlaß der Sünden, damit ein Verkürzen der Zeit, die man voraussichtlich im Fegefeuer zu verbringen hatte. Zusätzlich ließ sich diese Frist verkürzen durch den Kauf von Ablässen. Deren Kauf aber war am wirkungsvollsten an Pilgerstätten bei Heiligtümern. Kern eines Heiligtums für Wallfahrer, für Pilger war die Reliquie, besser: die wundertätige Reliquie.

Es gab zu Neidharts Zeiten eine Reliquien-Schwemme, vor allem nach dem Kreuzzug von 1204, den die Handelsstadt Venedig aufgekauft und umgeleitet hatte nach Konstantinopel: mit der Plünderung des märchenhaften weltlichen Guts wurde auch der Besitz der Kirche an heiligem Gut vermehrt. Und es zeigt sich im »Umgang mit Reliquien« besonders deutlich, daß es so etwas wie kritisches Bewußtsein im Mittelalter noch nicht gab; zwar wurde Kritik geübt von Männern der Kirche, es war eine Kritik an Übertreibungen, an allzu skrupelloser kirchlicher Geschäftemacherei, an allzu vorschnellem, wohlfeilem Wunderglauben, aber: Glaube und Wunderglaube ließen sich kaum auseinanderhalten. Wir können unsere Einstellung, unsere skeptische Haltung nicht schon bei Menschen des Hohen Mittelalters voraussetzen; man war bereit, an Wunder zu glauben, denn man brauchte Wunder in jener Zeit der meist unheilbaren Krankheiten, der Epidemien, der Hungersnöte, der Fehden, der Kriege, da konnte selbst ein Strohhalm helfen, der aus der Krippe von Bethlehem stammen sollte.

Der Strohhalm als Stichwort: ich will hier nicht bloß in allgemeinen Formulierungen über Reliquien schreiben, denn für Neidharts Zeitgenossen (und vielleicht auch für Neidhart selbst) hatten sie sehr konkrete Bedeutung. Hier »ist von einer Grundvoraussetzung auszugehen, die weder nur religiös, noch gar katholisch oder mittelalterlich ist: Man will einem geliebten und verehrten Menschen (oder Objekt) so nahe kommen wie nur möglich. Sehen ist besser als nur wissen, ohne Hülle sehen ist besser als durch Glas oder Kristall, berühren und küssen ist besser als nur sehen. Dazu kommt die Möglichkeit, zwar nicht die Reliquie selbst, aber mit ihr in Kontakt gekommene Dinge sich einzuverleiben, als Medizin zu brauchen: Trinken von Reliquienwasser, Anlegen von Heiligengewändern, Salben mit Graberde.«

So schreibt Renate Kroos, und ich folge ihr nun im Benennen von Reliquien, vermeide auf diese Weise Pointierungen. Es wurden im Mittelalter als Reliquien beispielsweise Stoffstücke verehrt vom Gewand, das Maria während ihrer Schwangerschaft, und vom Gewand, das sie während der Geburt getragen hat, und Reliquien von der Krippe und vom Heu in der Krippe und: Nabelschnur, Vorhaut und Milchzahn vom Jesuskind und Splitter vom Stein, mit dem der Teufel den Herrn versuchte, Bruchstücke von Kanaan-Krügen, Brocken vom Brot der Speisung der Fünftausend, Fragmente vom Stadttor, durch das Christus in Jerusalem einzog, Ästchen vom Ölzweig, den er in der Hand hielt, Stücke vom Tisch des Abendmahls, vom Kelch und von den Bechern, vom Brot und von der Lampe auf diesem Tisch, und man verehrte Teile vom Schurztuch und vom Becken der Fußwaschung, vom Ölbaum, unter dem Jesus betete, vom Baum, unter dem er gefangengenommen wurde, von der Stiege, auf der Jesus in das Haus des Pilatus ging, von der Geißelsäule, von den Stricken, mit denen Jesus daran gefesselt war, vom roten Hemdgewand, das er am Kreuz trug, vom Schwamm und vom Rohrstab, mit denen er am Kreuz getränkt wurde, vom Schleier, mit dem Maria unter dem Kreuz die Tränen abwischte.

Solche Reliquien – vor allem, wenn man ihnen wundersame Heilungen nachsagen konnte – hatten eine gleichsam magnetische Ausstrahlung. Und so zogen die großen, die berühmten Heiligtümer auch im 13. Jahrhundert riesige Pilgerzüge an, wahrhafte Pilgerströme! Chronisten des Mittelalters haben nicht gerade ein nüchternes Verhältnis zu Zahlen, aber hier ließ sich kaum übertreiben.

Die berühmtesten Wallfahrtsorte: an erster Stelle wurde Jerusalem genannt, an zweiter Rom und spätestens an dritter Stelle Santiago de Compostela.

Ja, eine Pilgerreise nach Compostela und nach Rom hatte gleichen Rang, gleiche Bedeutung wie eine Pilgerreise nach Jerusalem. Eine Reise ins Heilige Land war teuer: man mußte die Schiffspassage von Venedig oder Genua oder Brindisi nach Akkon bezahlen; der Landweg nach Rom und nach Santiago dagegen stand allen offen – die Fußreise nach Compostela wurde später auch »Wallfahrt des kleinen Mannes« genannt. Aber Könige, Fürsten, hohe Herren zogen ebenfalls nach Santiago de Compostela. »Das Grab des Apostels Jacobus ist das glorreichste unter allen Gräbern der Heiligen«, schrieb Bonaventura.

Für einen Mann, der wie Neidhart im Donauraum lebte und hier umherzog, gab es hinreichend äußere Impulse zu einer großen Pilgerreise in den Nordwesten Spaniens: mehr als hundert Jakobskirchen und Jakobskapellen allein in Bayern, und in Österreich waren es noch einige mehr. Der heilige Jakob als Patron der Pilger und: als Patron der Ritter.

Man pilgerte auch im Mittelalter in Gruppen, ja in Scharen. Sammelpunkte im deutschsprachigen Raum waren Aachen und Einsiedeln. Für schwierige Abschnitte der Reise konnten sich größere Gruppen Führer mieten. Sonst hielt man sich vielfach an die Pilgerbüchlein, die es vor allem in Frankreich zu kaufen gab; sie beschrieben die Route, nannten Übernachtungsmöglichkeiten: die Klöster, die Spitäler, die Gasthäuser. Warnten sie auch vor Gefahren? Betrügerische Wirte... Gegenden mit besonders vielen Räubern... Flußübergänge, die vor allem bei Hochwasser riskant waren... Daß einem Pilger auf so einer langen Reise etwas zustieß, diese Wahrscheinlichkeit war groß. In Kirchenbüchern wurde fast stereotyp vermerkt: »blib uf Sant Jakobs Strass«.

Ich bin mit dem Auto diese Strecke gefahren: Roncesvalles, Pamplona, Puonte la Reina, Estella, Nájera, Burgos, Sahagún, León, Villafranca, Triacastela – zum Teil Nebenstrecken der heutigen Nationalstraße, die ungefähr der alten Pilgerstraße folgt. Auf den weiten Hochebenen, lichtüberschüttet, vom Licht ausgebrannt, wurde mir zuweilen selbst das Fahren zu lang. So konnte ich einen ungefähren Einblick davon gewinnen, wie unermeßlich weit dieses Land den Pilgern des Mittelalters und noch der Jahrhunderte danach erschienen sein muß.

Und ich lernte verstehen, warum die Pilgerlieder, die auf dem Camino de Santiago gesungen wurden, so viele Strophen hatten: Lieder, die ein Dutzend Strophen lang sein konnten, sogar Dutzende von Strophen, bis zu hundert Strophen. Da brauchte man mitziehende Spielleute als Vorsänger, und die Pilgerschar sang die sich dutzendfach, vieldutzendfach wiederholenden Refrains, denn lang, lang, lang war der Weg. De grad' à Santa Maria... Staub, Schritte, Schritte, Staub... De grad' à Santa Maria... Felder, die karg, Weiden, die trocken sind... De grad' à Santa Maria... Berghänge rechts vom Camino, sie flirren im Licht... De grad' à Santa Maria... Landschaften sehen, Landschaften sehen, die sich im Kopf bald wieder auflösen... De grad' à Santa Maria... Nur die außerordentlichen, die überraschenden Erfahrungen prägen sich der Erinnerung ein... De grad' à Santa Maria... Die Trance der unablässigen, der fast schon selbständigen Bewegung... De grad' à Santa Maria... In der Kürbisflasche schwappen ein paar Schluck, wann kommt der nächste Brunnen... De grad' à Santa Maria... Lippen gesplissen, Augen kratzig, schmerzende Füße und Beine... De grad' à Santa Maria... Das Hirn ausgebrannt vom Licht, der Sehpurpur verbraucht... De grad' à Santa Maria... Ein Pilger blieb im Klosterspital zurück... De grad' à Santa Maria... Eine Gegend voraus, die besonders gefährlich ist, brutale Räuber... De grad' à Santa Maria... Berghänge rechts vom Camino, sie flirren im Licht... De grad' à Santa Maria... Felder, die karg, Weiden, die trocken sind... De grad' à Santa Maria... Staub, Schritte, Schritte, Staub...

Auf einer Pilgerreise wurde nicht nur gesungen, auf einer Pilgerreise wurde auch viel erzählt. Dabei lag es nahe, Reiseerfahrungen auszutauschen.

Beispielsweise, ja beispielsweise letzte Nacht: es war heiß, sie waren durstig in der Herberge, es gab aber kein Wasser; der Wirt erklärte, die Magd sei auf dem Rückweg vom fernen Brunnen hingefallen, habe das Wasser verschüttet, in der Dunkelheit könne man nicht mehr zurück, ein gefährliches Wegstück, er bot ihnen Wein an, es blieb ihnen nichts anderes übrig, als diesen Wein zu kaufen – er war schlechter als der Wein, den er ihnen zum Empfang vorgesetzt hatte, und doch kam dieser schlechte Wein aus demselben Faß, das betonte der Wirt mehrfach.

Diesen Trick kennt ein erfahrener Reisender bereits von Italien her, da ist so ein Faß in der Mitte unterteilt, und es kommt nur darauf an, welchen der beiden Zapfhähne der Wirt öffnet. Kein Wunder, ruft der Mann, der in der Gruppe von Reitern jetzt das Sagen hat, es gibt schließlich Schulen für Betrüger, ja, echte Betrugsschulen, zum Beispiel in St. Gilles und in Tours, aber auch in Piacenza, in Lucca, in Rom bis hinunter nach Bari, Barletta, da schicken die großen Gauner ihre Söhne hin.

Nicht jeder in der Gruppe hat von solchen Betrugsschulen gehört, da wird nachgefragt, da wird erörtert, aber der Reisende nennt noch einmal die Ortsnamen, das überzeugt am stärksten. Ja, die Kunst, Pilger, auch Pilger nach Strich und Faden auszunehmen!

Das beginnt schon an der Grenze: mit den Zöllnern haben alle auf der Reise nach Compostela üble Erfahrungen gemacht. Einer der Erzähler hat selbst erlebt, wie diese Männer, die besonders finster aussehen, mit jeweils zwei Stöcken fuchteln, um ihren Forderungen Nachdruck zu verleihen – Zöllner dürfen nur von reisenden Kaufleuten Abgaben verlangen, nicht von Pilgern, daran aber halten sie sich nicht, selbst Mönche, Priester, Bischöfe sind vor ihnen nicht sicher. Die Zöllner bestimmen nach Belieben, wieviel man abzugeben hat, und wenn man sich weigert, schlagen sie zu, und das gleich zu mehreren, sie halten einen dann fest, durchsuchen einen – die müßten allesamt exkommuniziert werden und verdroschen, meint der Erzähler, und die Gruppe stimmt zu.

Vielleicht ist ein anderer in der Gruppe, der ebenfalls Erfahrungen einbringt, vor allem mit Wirten, auf die man angewiesen ist, sofern man nicht in Klöstern übernachten kann, in Spitälern, aber die sind noch immer viel zu weit voneinander entfernt. Manche Wirte kommen den Pilgergruppen schon vor der Stadt entgegen, sie umarmen die Reisenden, küssen sie, als wären sie lang erwartete Familienmitglieder, bringen sie zu ihrem Gasthaus, und dort setzen sie guten Wein vor, aber der wird, für den selben Preis, im Lauf des Abends sehr viel schlechter, Wein, in den Gips gemischt ist und anderes Zeug, oder der Wein verwandelt sich in Apfelwein. Es gibt Wirte, die setzen dem Pilger sogar ein kostenloses Gericht vor, und wenn man satt und zufrieden ist, bieten sie Kerzen an oder Wachs, und verlangen dafür das Dreifache, Vierfache dessen, was im Ort üblich ist; das aber erfährt man immer erst hinterher; oft sind diese Kerzen auch noch vollgestopft mit Docht – wenn man die in der Messe anzündet, wollen sie nicht brennen oder brennen rasend schnell nieder.

Ja, die Wirte! Ständig hat man es mit Betrügereien zu tun, da wird Fisch vorgesetzt, von dem sie beteuern, er sei frisch, ganz frisch, und doch ist er zwei oder drei Tage alt – es gibt kaum einen Pilger oder Kreuzfahrer, der auf dem Ritt nicht krank wird in Magen und Darm, besonders schlimm ist es bei großer Hitze; etliche bleiben dann zurück, sowieso erschöpft nach wochenlangem Wandern oder Reiten. Auf die Ärzte kann man sich dann schon gar nicht verlassen, die vermischen ihre Heilmittel mit allerlei Dreck – fast alles, was man unterwegs kauft, ist verlängert, verdünnt, vermischt, und es wird mit falschem Maß gemessen oder mit Gefäßen, die einen doppelten Boden haben, und beim Wechseln wird falsches Geld zurückgegeben, oder man wird schon während des Wechselns bestohlen, blitzschnell geht das, vor allem, wenn es zwei Wechsler sind, mit denen man verhandelt.

Ja, fast alle sind nur daran interessiert, einen zu bestehlen, zu betrügen, zu berauben, auch die Bettler versuchen es, viele von ihnen täuschen Krankheiten und Gebrechen vor; sie strecken Arme und Beine aus, die mit Hasenblut verschmiert sind, oder sie färben die Lippen blauschwarz und die Wangen, und andere täuschen vor, sie seien Opfer des Antoniusfeuers: da zeigt einer zum Beispiel einen losen Arm vor, aber der ist ihm nicht abgefault oder abgetrocknet, sondern ist ihm abgehackt worden nach einem Diebstahl, und dieser Arm ist blutrot oder schwärzlich eingeschmiert, als wäre er kürzlich erst abgefallen. Und zu den falschen Kranken und falschen Invaliden kommen die falschen Priester und Mönche, die laufen ein Stück neben einem her, halten erbauliche Vorträge, fragen nach den Sünden, erlegen dreizehn oder dreißig Messen auf, man soll sie mit dreizehn oder dreißig der besten Münzen bezahlen, aber nur bei Priestern, die nie etwas mit Frauen hatten, die sich nie bereichert haben. Und wenn man fragt, wo denn um Gottes willen solch ein Priester zu finden sei, heißt es geheimnisvoll, es gebe da noch einen, der wohne im Hinterland. Und weil man weiter muß, händigt man das Geld zu treuen Händen aus... Wie hungrige Wölfe, ruft der Erzähler aus, wie hungrige Wölfe fallen sie über einen her! Wie viele Wirte, um noch mal darauf zurückzukommen, wie viele Wirte unterwegs, die Reisende betrunken machen, um sie nachts in aller Ruhe zu bestehlen. Oder Wirte, die Reisende vergiften, um an die Tasche, an den Geldbeutel zu kommen. Oder sie verstecken einen Ring in der Tasche des Reisenden, ahnungslos bricht er am nächsten Morgen auf, ein Trupp verfolgt ihn, wirft ihm Diebstahl vor, die Tasche wird durchsucht, der Ring gefunden, der gesamte Inhalt der Tasche, des Geldbeutels wird einbehalten, zur ›Strafe‹, man wird verprügelt und getreten, kann froh sein, wenn man wieder laufen darf.

Und all die Huren unterwegs, die meisten im Gebiet zwischen der Mino-Brücke und Palas del Rey, also bei Puertomarìn, dort kommen sie aus den Wäldern heraus und locken Pilger an, oder sie schleichen sich nachts zu den Pilgerbetten in der Herberge, legen sich zu einem, schmeicheln einem Geld ab, bestehlen einen – man sollte sie alle exkommunizieren und ihnen die Nasen abschneiden!

Auf niemanden, auf überhaupt niemanden ist Verlaß, selbst die Natur betrügt einen: der Bach, der durch Los Acros fließt, ist tödlich, wenn man aus ihm trinkt, und wenn das Pferd aus ihm säuft, krepiert es. Bei Torres ist auch so ein Fluß, der Mensch und Tier tötet, kein Wunder, wenn man bedenkt, daß dieser Fluß durch das

Gebiet der Navarresen fließt, von denen läßt sich nur Schlimmstes berichten, die sind bekanntlich »verrucht, schurkisch, falsch, treulos, korrupt, wollüstig, trunksüchtig, gewalttätig, unehrlich, verlogen, gottlos, grausam und streitsüchtig«, die fressen wie das Vieh, die saufen wie das Vieh, die huren wie das Vieh, die huren auch mit dem Vieh, und es heißt, ein Navarrese hänge ein Schloß ans Hinterteil seines Maulesels oder Pferdes, damit kein andrer es besteigt – das wird in der Gruppe ausgiebig diskutiert, zu diesem Thema kann jeder etwas beitragen, man erörtert es hitzig, aber schließlich ist auch dieses Thema erschöpft, der Erzähler kann seinen Bericht fortsetzen: Auf navarresischem Gebiet gibt es den sogenannten Salzbach, bei einem Ort namens Lorca, und als ein Bekannter des Erzählers nach Santiago pilgerte, sah er am Ufer dieses Salzbachs zwei Navarresen sitzen, die ihre Messer wetzten, und sie sagten, man solle das Pferd ruhig saufen lassen an diesem Bach, es sei gutes Wasser, aber das Pferd starb wie vom Blitz getroffen, und die Navarresen zogen ihm das Fell ab, sie behaupteten, dies sei ihr Recht. Aber nicht nur bei den Navarresen gibt es schlechtes Wasser, eigentlich sind alle Bäche und Flüsse zwischen Estella und Logroño todbringend für Mensch und Tier, und wenn man Fische aus diesen Bächen und Flüssen ißt, zum Beispiel den barbus (so nennen ihn die Einheimischen) oder Aale und Schleien, so wird man krank oder man stirbt.

Erzählen, erzählen auf dem Weg nach Santiago... Erzählen, erzählen auf dem Weg von Santiago nach León... Erzählen, erzählen auf dem Weg von den Pyrenäen nach Burgund... Erzählen, erzählen auf dem Weg von Burgund nach Bayern...

Ein Lied, das in diese Phase der Lebensreise passen könnte: besungen wird die Rückkehr zum Rhein, anschließend nach Bayern. Ein Lied von insgesamt sieben Strophen; in den ersten vier werden Frühlingsfloskeln gereiht, ich lasse sie weg und komme gleich zu den drei Strophen, die eine Einheit bilden.

Lieben Boten schick ich auf dem Landweg heim:
all mein Elend wird ein Ende haben,
denn wir nähern uns dem Rhein.
Uns Pilger werden meine Freunde
gern begrüßen.

Bote, sag den jungen Leuten auf der Straße,
daß sie uns nicht allzu gram sein sollen.
Wir hecken etwas Neues aus –
sie werden sich die Finger danach schlecken,
glaubt es mir.

Bote, sag der liebenswerten Frau:
das Glücksrad dreht sich mir nach Wunsch!
Richte dort in Landshut aus:
wir sind alle hochgestimmt
und gesund.

Ein öffentlicher Vortrag über Pilgerhörner des Mittelalters, neben anderen Keramikwaren hergestellt am Ort der Veranstaltung, in Langerwehe vor Düren.

Ich beginne mich zu langweilen, setze mich ab, mache einen Spaziergang zum Kirchhügel des großen Dorfs, der kleinen Stadt, betrete den Friedhof, schreite in der Mittelachse der Anlage auf den massigen, völlig finsteren Bau der alten Kirche zu, an diesem Dezemberabend. Ringsumher Grableuchten in der Friedhofsdunkelheit, die von Neonstreulicht, fernem Flutlicht so weit aufgehellt wird, daß ich Konturen von Grabsteinen sehe. In den Ästen faucht und tost der Sturm, aber die Stundenlichter brennen ruhig in den Gefäßen, die rot getönt oder gelb eingetrübt sind. Ich gehe näher auf die Kirche zu, die ein paar Stufen tiefer liegt: der massige Turm, der schon gestanden hat, zumindest mit einem Teil seines Mauerwerks, als Neidhart dichtete, reiste, sang. Diese Kirche ist geschlossen, längst schon: zur Jahrhundertwende wurde unten im Dorf eine Kirche gebaut in rotem Klinker, Neogotik – ich sehe sie nicht vom

Kirchhügel herab, sehe aber, ein paar Kilometer weiter, in der Ebene die Kühltürme, den Gebäudeblock, die Schlote des Kraftwerks Weisweiler: mit Braunkohle beheiztes Kraftwerk, einer der sieben großen »Energieblocks«, die man bei klarem Wetter von den Flanken, von den Kuppen der ersten Eifelhänge aus abzählen kann. Dampf quillt aus den Kühltürmen, strudelt waagrecht davon, gelb beleuchtet von Natriumstrahlern. Und wieder: die Grableuchten. Und wieder: der massige Turm, aus Neidharts Zeit hereinragend in meine Gegenwart. Weit draußen: rasch bewegte Scheinwerfer, rasch bewegte Rücklichter auf der Autobahn, unablässiges Hin und Her; die rote Lichterkette Richtung Köln. Der Kühlturmdampf, natriumgelb. Die Grableuchten. Der massige schwarze Turm.

Ich trete dicht an das Bruchstein-Mauerwerk heran, in einen windstillen Winkel, lehne die Stirn an. Im selben Moment eine kleine Bewegung seitwärts, ich sehe etwas Helles auf nachtdunklem Kies, drehe mich zur Seite, bücke mich: eine Lilie?! Eine Lilie im Winter!

Ich gehe in die Hocke. Und eine tonlose Stimme sagt, wie aus dem Mauerwerk heraus, dies sei eine der Blumen aus dem Klostergarten am Fuße des Siebengebirges.

Ich hebe die Lilie auf, schnuppre, lege sie wieder auf den Kies am Sockel des Mauerwerks. Und frage, wie im Reflex, nach dem Namen der Sprechenden. Diese Frage findet nicht gleich ihre Antwort: Schweigen, das sich Zeit läßt, Schweigen, das Zeit bewußt macht, das Verstreichen von Zeit.

Und wieder die tonlose, zugleich ortlose Stimme: Aus Heisterbach komme sie, selbstverständlich... Hat dort, auf ihre Weise, teilgenommen an meinem Gespräch mit dem Meister, in der Chormuschel... Hat nicht direkt teilgenommen, lauschend, das Gespräch hat sich wie durch Schwingung übermittelt... Hat gespürt, daß in diesem Gespräch etwas fehlte, etwas ausblieb, das über die Antwort des Caesarius hinausgeht, über sie hinausschwingt... Falls es die Vermittlung des Ausgesparten leichter macht, wenn ich weiß, wer sie ist, wer sie sein könnte, nun, so ist sie, beispielsweise, die geistige Schwester des Caesarius von Heisterbach... Ist sie, beispielsweise, die bisher unbekannte Nonne von Heisterbach... Ist sie, beispielsweise, die Einsiedlerin von Heisterbach… Ist sie, wenn mir am Namen liegt, beispielsweise Laetitia von Heisterbach. Kann ich mich jetzt auf das konzentrieren, was sie vermitteln will, vermitteln muß? Warum, so ihre Frage, warum ist in der Chormuschel über den komponierenden Dichter oder dichtenden Komponisten nur *gesprochen* worden? Muß da nicht eine Ergänzung folgen, eine klingende, schwingende Ergänzung: *musica sacra*?

Wieder Schweigen, wieder Verstreichen von Zeit. Lautlos die Bewegung von Ästen. Ohne Blaken die Friedhofsleuchten. Und Laetitia setzt an zu einem Sington, doch der ist leicht getrübt. Teufel! ruft sie, zum Teufel! Und zugleich ein kleines, gleichfalls tonloses Lachen. Ah, der Teufel kann es nicht ertragen, wenn Menschen zu singen beginnen, das will er mit allen Mitteln verhindern, und sei es, indem er ein heißes Aschenkorn auf das Stimmband wirft. Der Teufel, ruft sie, nur der Teufel ist völlig unmusikalisch, schließlich ist er aus den himmlischen Chören herabgestürzt worden, und seither versucht er auf jede Weise, die Harmonie zu stören. Aber wer singe und musiziere, der singe und musiziere auch gegen den Teufel an. Bei diesem Neidhart hingegen sei das vielleicht oder wahrscheinlich anders: der singe und musiziere eher auf Teufel komm raus. Um so wichtiger sei es, hier an die *eigentliche*, die *höhere*, die *reinste* Aufgabe der Musik zu erinnern, einer Musik, die göttlich inspiriert sei. Nur *solche* Musik sei Nachklang himmlischer Harmonie, die paradiesisch war; nur *solche* Musik intoniere die Sym-phonie himmlischer Chöre.

Und sie beginnt zu singen, diesmal ohne Intonationstrübung: langsam fließende Melodie, sich frei erhebend über Grundklängen der Gregorianik, eine zugleich kraftvoll und sanft wirkende Melodie, ekstatisch und gelassen, eine Melodie, die weite Klangräume ausmißt, Klangräume des Lichts – ja, ein sehr helles, überhelles, in sich verfließendes, aus sich herausfließendes Licht: Lichtklang, Klanglicht, und das scheint sich zu kontrahieren, zu einem Lichtpunkt, und der entschwebt.

Ich bücke mich rasch, will zur Lilie greifen, doch schon ist sie weg, wie vom Kies verschluckt. Kurzes Kopfschütteln, und ich sehe Äste, vom Sturm bewegt, den ich nun wieder höre, und in der Ebene der natriumgelbe Dampf aus dem Kühlturm, herausquellend, waagrecht weggestrudelt, herausquellend, und die rasch bewegten Lichter, weiß und rot, auf der Autobahn. Und die Friedhofsleuchten. Und der nachtschwarze Kirchturm, Kirchbau.

Mein Neidhart weiterhin unterwegs: Fortsetzung der Lebensreise. Ich lasse ihn diesmal in den Bayerischen Wald reiten.

Erste, wahrscheinliche Motivation: er folgt dem Herzog – und der Herzogin? Reitet das Paar gemeinsam von Stadt zu Stadt, von Burg zu Burg? Auf jeden Fall: Herzog Ludwig hält sich in diesem Gebiet wiederholt auf, die Hausmacht der Wittelsbacher vergrößernd durch Einziehen von Lehen, durch Erwerb von Besitz. So könnte Neidhart erfahren oder hören, daß sich Herzogin Ludmilla und Herzog Ludwig in einer der Burgen im Grenzbereich zu Böhmen aufhalten sollen, in der Gegend des Städtchens Cham (das Ludwig neu gründete).

Zweite potentielle Motivation dieser Reise in den Bayerischen Wald: hier sind für Neidhart Zwischenstationen auf dem Weg nach Thüringen. Für diese Möglichkeit muß ich die Reise vor dem Jahr 1217 ansetzen, vor dem Tod des Landgrafen Hermann – damit würde sich dieser Entwurf in den ungefähren chronologischen Ablauf des Buchs einfügen.

Der Hof des Landgrafen Hermann von Thüringen war eine der wichtigsten Adressen für Dichterkomponisten, für Epiker; kaum vorstellbar, daß Neidhart nicht zumindest versucht haben sollte, in Thüringen aufzutreten. Vor solch einem Auftritt müßten einige Fäden gesponnen, gezogen werden. Beispielsweise so: Herzog Ludwig von Bayern könnte Neidhart seiner ältesten Schwester Sophie empfehlen, die mit dem Landgrafen verheiratet ist.

Ob Neidhart nun hinter dem Herzogspaar herreist oder ob er allein nach Thüringen reiten will: er wird versuchen, in einer der Burgen der Region von Cham und Lam aufzutreten, etwa auf Runding oder Haidstein, verwaltet von dortigen Repräsentanten der Wittelsbacher, die diese Gebiete 1204 übernommen hatten.

Der Haidstein ist mit 743 Metern eine der höchsten Erhebungen dieses Gebietes. Heute ist die Burg auf dem Gipfel allerdings verschwunden, Reste wurden in der St.-Ulrich-Kirche vermauert, an der Flanke des Felsgipfels. Sehr weiter Blick in das Mittelgebirge ringsum – darauf hat schon Wolfram von Eschenbach in seinem Parzival-Roman hingewiesen, indirekt.

Und weil ich hier schon von Wolfram schreibe: können sich Neidhart und Wolfram gekannt haben, persönlich? Es gibt nur *einen* literarischen Hinweis von Wolfram auf Neidhart, im *Willehalm* (312, 10). Hier wird erzählt vom jungen Kraftmeier Rennewart, der

> in voller Rüstung speisen mußte.
> Zu seinem Schwert ist zu bemerken:
> Herr Neidhart, hätte ers gesehn,
> wie man es trug, auf seinem Hügel,
> er hätte gleich geklagt, vor Freunden.

Es muß also ein auffälliges Schwert, ein Renommierschwert gewesen sein – Neidhart hätte mal wieder Auswüchse zu beklagen gehabt! Damit ist der Neidhart etlicher Winterlieder charakterisiert, von einem Zeitgenossen. Leider hat sich Neidhart nicht revanchiert, keine Zeile von ihm über Wolfram. Aber ich nehme an: die freundliche Einschätzung war wechselseitig.

Jedoch: sind sie sich persönlich begegnet? Ich gehe davon aus, daß der ›literarische Markt‹ damals klein war, damit überschaubar, trotz aller topographischen Zerstreuung: es gab nicht allzu viele Burgen, die für umherziehende Epiker und für fahrende ›Liedermacher‹ als Anlaufpunkte wichtig wurden – so konnte es durchaus geschehen, daß sich Wolfram und Neidhart bei einer Veranstaltung trafen, etwa anläßlich eines Turniers, das zugleich großes Fest war; auf solchen Festen traten Spielleute auf, auch Epiker, die Abschnitte aus ihren Werken vortrugen. So hätte man sich leicht kennenlernen können.

Vielleicht führte sie auch nur ein Zufall zusammen, etwa auf dem Haidstein, der (wie der ebenfalls kegelförmige Magnetberg) dieses Kapitel beherrscht, zu beherrschen beginnt: Neidhart auf einer Reise nach Thüringen, Wolfram vielleicht (wieder einmal?)

aus Thüringen zurückkehrend, in seine fränkisch-bayerische Region. Vielleicht empfiehlt auch er Neidhart, sein Glück in Thüringen zu versuchen. Landgraf Hermann förderte zwar vor allem Epiker wie Heinrich von Veldeke, wie Wolfram von Eschenbach, hatte aber auch ein geneigtes Ohr für Dichterkomponisten wie Walther von der Vogelweide; es war also nicht ausgeschlossen, daß er auch Neidhart honorierte, indem er ihn für Auftritte beschenkte oder in einer seiner Burgen unterschlüpfen ließ, wenigstens einen Winter lang.

Ebenso denkbar ist freilich auch, daß Landgraf Hermann ein Vorurteil hatte gegen diesen Neidhart, und er wollte ihn auf keiner seiner Burgen sehen.

Kein Wort-Echo auf Thüringen in Neidharts Liedtexten, und so führe ich diesen Reise-Entwurf nicht über den Bayerischen Wald hinaus, bleibe auf dem Haidstein.

Wenn ich dort Neidhart und Wolfram zusammenrücke, liegt es nah, mir auszudenken, wie ein Gespräch zwischen den beiden ablaufen könnte – damit aber würde ich meine Schreibmethode aufgeben, würde ein Kapitel eines historischen Romans schreiben. Den zeichnet vor allem aus, daß historische Personen in direkter Rede sprechen, in Anführungszeichen. Das paßt mir nicht ins Konzept. Andererseits möchte ich, da ich die beiden schon mal zum Greifen nah beieinander sehe, dieses Kapitel nicht gleich wieder beenden, möchte noch auf dem Magnetberg Haidstein verharren.

Dort würden sich Wolfram und Neidhart wohl kaum aus dem Weg gehen, sie würden sich zusammensetzen. Und dann? Denkbar, naheliegend wäre beispielsweise, daß Wolfram und Neidhart einige Würfelpartien spielen, gemeinsam mit einem Kleriker oder einem der Herren der Burg: die Spielleidenschaft, die für das Mittelalter charakteristisch war. In Wolframs Werken finden sich mehrfach Würfel-Metaphern, »Würfelwörter«. Und Neidhart wird in einem der nächsten Kapitel berichten (pardon: er wird das Sänger-Ich berichten lassen), daß er gesoffen, gewürfelt, verloren hat.

Würfeln hieß damals: um Einsätze spielen. Gemünztes Geld war relativ wenig in Umlauf, Geldeinheiten waren vielfach nur angesetzter Tauschwert – so würfelte man um Besitz. Freilich, um *eines* dürften weder Wolfram noch Neidhart gewürfelt haben: um ihr Instrument!

Stichwort Würfeln: die Carmina Burana in einer Prosa-Übersetzung wie in einer Vers-Übertragung lesend registrierte ich, wie oft das Würfeln zum Thema wurde. In den literarischen Spielformen wiederholte sich vor allem dieser Topos (dem auch hier Fakten entsprechen konnten): man verliert seinen Mantel, ja, die Zwei und die Eins ziehen einen aus bis aufs Hemd, man verläßt die Stätte der Spielniederlage in einer Notkleidung aus Sacktuch oder, im genauen Wortsinn: blank. Und: Würfeln verbindet sich häufig mit Pfuschen – die »ewige Betrügerei ist immer mit im Spiel«. So gibt es »schnelle« und »langsame« Würfel; der übliche Trick: Würfel sind auf der Gewinnseite leichter gemacht. Weiter lese ich: beim Würfeln wird gesoffen.

Im Codex der Carmina Burana ist auch ein »officium lusorum«, eine Spieler-Messe überliefert: eine der damals offenbar häufigen Parodien von Messen. Ich übersetze eine Sequenz (in veränderter metrischer Form, doch wortgetreu bis zu den romanischen Zahlen), um wenigstens einen Hauch Würfelspiel-Atmosphäre in dieses Buch zu bringen, den beiden Würfelspielern Wolfram und Neidhart zuliebe.

> Cinque und Six, sie raubten Kleider,
> raubten spornstreichs dem Besitzer
> Mantel, Pelz sowie das Reitpferd,
> und er klagte: »Oh, Fortuna,
> du bist bös, was tatest du?!
> Blitzschnell hast du mich entblößt!
> Hast mich Reichen arm gemacht!
> Durch drei falsche, üble Brüder
> zogst du mir die Kleidung aus.
> Meine Hoffnung, Cinque und Six:
> losmarschiert auf diesem Tisch!«
> Auf die Six, die Cinque, die Quatre
> läßt sich bauen, die sind gut,

doch die Trois, die Deux, die Une
sind beim Würfelspiel fatal!
Denn wir wissen: diese dreie
raubten Würflern ihre Kleidung.
Ah, du unser aller Sieger:
große Six, erbarme dich!

Planspiel Bayerischer Wald, mit anschließender Würfelpartie:
vieles bleibt in der Schwebe. Zuweilen aber läßt sich Fuß fassen,
zuweilen finden wir relativ festen Grund. Etwa im Gebiet südlich
von Melk.

Diese Region nannte man im vorigen Jahrhundert »ob dem Wiener Wald«. Heute würden wir sagen: westlich vom Wienerwald.
Neidhart dürfte dort in der Burg Schönleiten aufgetreten sein, südlich von St. Leonhard im Forst – nicht zu verwechseln mit St. Leonhard am Wald, 40 Kilometer Luftlinie südwestlich. Den Hinweis
auf Schönleiten finde ich in einem Neidhart-Lied der Manessischen
Handschrift: einer der Texte, die ein bewährtes Muster variieren.
Nach der Eingangslitanei über den Abschied vom Sommer die gewohnte Klage über Liebesleid.

Meine sehnsuchtsvollen Jammerliedchen
dringen ein in ihre Ohren
    wie das Wasser in den Fels.
Als Geliebter paß ich ihr nicht recht.
Was wir wollen, läßt sich nicht
    auf einen Nenner bringen.
Sie lehnt mich ab, ich hab sie gern –
wann hört das endlich auf?
Diese Wirrung stiften Madelwig und Werenbold.
Herrgott, stürze sie ins Unglück!
Ja, ich hatte diesen Sommer
    von den beiden viel zu leiden!

In die fortgesetzte Jammerarie sind zwei Strophen eingeschoben, die nicht recht in den erzählerischen Kontext passen: es geht um einen einzelnen, namenlosen Rivalen, der mit Madelwig & Werenbold nichts direkt zu tun hat.

> Heuer, als die jungen Leute sich vergnügten,
> hüpfte er beim schrägen Tanz
> > an ihrer edlen Hand.
> Meine Freunde wollten von mir wissen,
> wer denn dieser Tölpel sei,
> > doch war er mir noch unbekannt.
> Fett, das setzte ich nicht an,
> als sie derart vor mir tanzten.
> Engelbär, sein Vater, war noch nicht so frech.
> Diese Burschen machen mir das Leben schwer.
> Ach, wer hat ihn aus St. Leonhard
> > hierher zu uns gebracht?

> Ha, der müßte mirs mit seinem Leben zahlen,
> der ihn aus dem »Forst«
> > auf uns losgehetzt.
> Er ist unerträglich dreist.
> Ach, was blieb er nicht zu Hause,
> > bei den Seinen?
> Dann hätt er mich nicht mit dem Fuß
> getreten, in die Flanke.
> Ich werd bald den Rabauken los.
> Auf den von Schönerleiten muß ich warten,
> daß er mir seinen Schutz gewährt.
> > Sicher wird ers tun!

In diesen Strophen die beiden Namen: Hinweise auf einen Abstecher, den Neidhart irgendwann einmal gemacht haben dürfte. Daß dieses Kapitel hier eingerückt wird, ist kein indirekter Vorschlag zur Chronologie, vielmehr: nach dem erfundenen Ritt auf den Haidstein nun eine Reise, zu der Neidhart selbst die Stichworte gibt.

Weil Anspielungen auf Orte und Personen nur dort sinnvoll sind, wo sie verstanden werden, bin ich sicher, daß Neidhart ein Gastspiel gegeben hat in der Region bei St. Leonhard im Forst. Dieser Zusatzname steht für das ganze Gebiet: »regio quae vulgo Vorst dicitur«, das Gebiet, das im Volksmund Forst genannt wird...

Neidhart hat sein Tölpelspiel in diese Region übertragen (wenigstens in den beiden Strophen), hat den dortigen Herrschaften das Geschehen damit nahegebracht, auch topographisch. Eine übertragbare Konstellation: Tölpel, die sich Übergriffe erlauben auf eine junge Dame, deren Hände weiß sind, das heißt: nicht bäurisch schmutzig, schwielig, grob. Also: edle Hände einer adligen jungen Dame, die unter »Dörper« gerät, beim Tanzen. Und der Herr von Schönleiten soll das geplagte Ich dieser Strophen beschützen.

Der von Schönleiten – Moriz Haupt hat ein Angebot gemacht zur Identifizierung: Ulricus de Schoenleiten. Er ist für die Jahre 1207, 1223 und 1227 dokumentiert – so würde er gut in den chronologischen Ablauf passen.

Schönleiten: der Name steht hier für zahlreiche Namen von Gastgebern, ›Veranstaltern‹, die nicht überliefert sind.

Schönleiten bei Oberndorf an der Melk: daß dort kaum noch etwas zu sehen ist von der Burg, darauf bin ich vorbereitet. Jedoch: was hier und bisher Fußnotenbereich, Anmerkungsregion ist, soll eine Landschaft werden mit einem Bauzeugen.

Autobahn Salzburg–Wien, Abfahrt Ybbs, ich fahre südwärts, Richtung Scheibbs, ein Hinweisschild auf St. Leonhard i. F., ich biege nicht ab, obwohl es nur elf Kilometer sind. Bald schon erreiche ich Oberndorf. Die Melk ist hier überraschend schmal. Hat das riesige Kloster Melk meine Erwartung vorgeprägt?

Im Dorf suche ich nach der üblichen Informationstafel mit gemalter Karte, vergeblich. Ich will eine Wanderkarte der Region kaufen, aber das einzige Geschäft, das Druckwaren führt, hat viele Illustrierten ausgelegt, aber keine Karte. Ich frage ältere Dorfbewohner nach der Burgruine Schönleiten, aber sie haben nie im Leben diesen Namen gehört.

So gehe ich zur Gendarmerie. Zwei Treppen hoch, ein Schild an der Tür. Ich höre eine Radiostimme, klopfe, öffne die Tür. Der Gendarm vom Dienst hat die Unterarme parallel gelegt auf der grünen Schreibtischunterlage des fast völlig leeren Schreibtischs, Wange und Schläfe auf den Unterarmen, das Gesicht vom Nachmittagsschlaf leicht gerötet. Das Radio steht auf der Fensterbank, höchstens einen Meter entfernt vom Kopf des uniformierten Schläfers. Damit er sich nicht ertappt fühlt, gehe ich wieder zur Tür, täusche vor, ich würde sie, klopfend, gerade erst öffnen.

Der Gendarm fährt hoch, weiß sofort, wo er ist, entschuldigt sich, er habe schon seit dem Vormittag Dienst, er sei einfach weggenickt, das passiere ihm sonst nie. Er bietet mir einen Stuhl an. Von einer Burgruine Schönleiten hat er noch nie gehört, aber er sei erst wenige Jahre hier.

Wir suchen auf einer Wanderkarte, die er in einer Schreibtisch-Schublade findet und die er mir schenkt: kein Zeichen für eine Burgruine in der Umgebung von Oberndorf an der Melk. Wir schauen nach auf der größeren Karte an der Wand; mit rotem Kugelschreiber sind Dutzende von Namen auf die Fläche geschrieben – viel Streubesiedlung. Auch hier: kein Zeichen für Burg oder Burgruine. Ich erkläre ihm, weshalb es mir wichtig ist, diese Burgruine zu sehen – der Gendarm hat den Namen Neidhart schon mal gehört, in der Schule.

Und der Gendarm nickt mir zu, setzt sich an den Schreibtisch, ruft einen Herrn Gemeindesekretär an, beginnt, Notizen zu machen: ist er fündig geworden?

Er bedankt sich beim Herrn Gemeindesekretär, legt auf, wählt gleich die nächste Nummer, ohne mir Zwischenbescheid zu geben; gut ausgeruht, ist er aktiv. Er wiederholt das Wort Kofel, das Wort Kellergewölbe, notiert. Gendarmerieposten Oberndorf an der Melk hat eine Spur aufgenommen!

Und der freundliche Gendarm erklärt mir den Weg: Lehen bei Oberndorf, etwa einen Kilometer hinter dem Ortsausgang, einige Bauernhöfe, die Nummer 5. Er markiert die Position auf der Wanderkarte, fragt, ob ich sicher sei, anhand seiner Hinweise Lehen 5 zu finden, andernfalls würde er den Streifenwagen anrufen, der könne mich lotsen. Ich sage, ich sei trainiert im Finden. Er wiederholt die Wegbeschreibung. Und ich möge es ihm bitte nicht verübeln, daß er eingenickt sei. Ich gebe eine Floskel-Antwort, sage Dank ohne Floskeln, wir verabschieden uns herzlich.

Ich fahre zu Lehen 5. Ein Bach rauscht zwischen Straße und Hof; ein asphaltierter Wirtschaftsweg schwingt sich den Hang hinauf; langgestrecktes Hofgebäude mit mächtigem Baum an der Stirnseite; eine Scheune; ein kleiner alter Bau mit vergitterten Fenstern und einem Tor; ein Gemüse- und Blumengarten an der schmalen Straße.

Eine Frau von etwa dreißig tritt aus einer der beiden Haustüren. Ja, der Gendarm hat mit ihr telefoniert. Ein Setter tappst heran mit gelbem Plastikball im Maul. Die junge Frau muß rasch noch etwas erledigen im Haus, dann wird sie mir das Erdwerk zeigen. Der Hund legt nach einigem Zögern den Ball vor mir ab, das Spiel kann beginnen. Nach vier Ballwürfen erscheint die junge Frau wieder, wir gehen ein kurzes Stück den Wirtschaftsweg hinauf, der zu einem höher gelegenen Hof führt. Für den Bau dieser Straße sei der Burghügel abgetragen worden.

Wir stehen auf einer Wiese: hier war der Kofel, auf dem einmal die Burg gestanden hat. Die zweite, langgestreckte Aufschüttung der Vorburg ist allerdings noch zu sehen. Der verschwundene und der sichtbare Kofel an der Kante eines Hangs, der steil abfällt zum Bach, der unten rauscht, im Grünen: Ganzbach. Ein Erdrutsch vor vielen Jahren hatte einen Teil des Kofels hinabgerissen. Die restlos, die spurlos verschwundene Burg.

Aber die junge Frau besitzt ein Buch, in dem über diese Burg berichtet wird. Und wir spazieren zum Hof hinunter. Der braune Hund mit dem gelben Plastikball im Maul neben mir her. Diese Bauernhöfe als Nebenerwerbsstellen; die Milchquote: ein Kontingent wird voll bezahlt, für jeden Liter mehr gibt es nur ein paar Groschen, man könnte die Milch eigentlich gleich wegschütten; nur wenige Touristen im Ötschland; ja, diese Gegend ist schön, aber wenn man immer hier lebt...

Am Hof erzähle ich der Frau, weshalb ich hier bin. Wir gehen durch den weiten Flur in die Wohnküche. Sie legt das Buch auf den

Tisch: *Burgen und Herrensitze im Bezirk Scheibbs.* Und tatsächlich: einige Textseiten über Schönleiten, mit einer topographischen Skizze, mit Fotografien des Erdwerks der Vorburg. In der Küche sitzend, lerne ich die Familie kennen: eine Großmutter, eine Schwester der jungen Frau, einen Mann, einen Bub von vier oder fünf, ein Baby.

Ein Gläschen Wein wird auf das Wachstuch gestellt, ich exzerpiere: Der Burghügel über dem Ganzbach hatte einen Durchmesser von etwa 30 Metern, der Hügel der Vorburg ist 60 Meter lang, die Steine der Burg wurden 1819 für den Bau des Hofes Lehen 5 verwendet, 1973 wurde das Erdwerk abgetragen. Umgeben von Baumaterialien aus Neidharts Zeit, die unsichtbar sind unter Verputz und Tapete, notiere ich die Phasen des Verschwindens dieser Burg. Das Baby wird an den Tisch getragen, es sprattelt herum, wird ins Nebenzimmer gebracht. Der Bub stellt sich neben mich und meldet, sachlich-ernst, das Kleine habe sich oogschissn. Ich trinke einen weiteren Schluck Wein, schreibe Namen ab: als erster ein Rüdiger von Schönleiten, 1160 bis 1190, in der folgenden Generation ein Hermann, kombiniert mit der Jahreszahl 1190, und sein Bruder Rüdiger II., 1210–1217. War es eher dieser Herr von Schönleiten, den Neidhart angerufen hat in seinem literarischen Spiel?

Abschied von der Familie. Der braune Hund wetzt noch mal hinter dem gelben Plastikball her. Ich überquere die kleine Brücke, fahre auf der Straße der Talsohle hundert oder zweihundert Meter, entdecke einen Weg, der einen Wiesenhang hinaufführt, halte an, spaziere hoch, sehe weit ausgedehnt das Tal mit seinen Bauernhöfen, schaue auf den Geländepunkt, an dem einmal die Burg Schönleiten gestanden hat, zwischen dem langgestreckten Flußmaißlberg drüben mit seinen 586 Metern und dem Höhenrücken, auf dem ich stehe. Schönleiten: keine der ersten Adressen des Landes, eine von wahrscheinlich vielen kleinen Burgen, in denen Neidhart gesungen haben dürfte, wenn keine lockenderen Angebote vorlagen.

Viertes Set von Liedtexten. Als ›Opening‹ ein Frühlingslied. Ich überspringe die ersten vier Strophen der überlieferten Fassung; erst von der fünften Strophe an beleben sich Szene und Sprache, in schlank wiegendem Rhythmus.

> Der Tau: er fällt auf der Wiese
> in die Augen der Blumen.
> Ihr jungen Mädchen, gesellt euch, seid fröhlich!
> Putzt euch heraus, doch wahret die Form.
> Ihr jungen Frauen,
> beginnt mit dem Reien,
> denn es will maien.

> »Mein Herz: es liebte den mehr
> als alle die Männer«,
> rief Wendelmut, Mädchen mit Anstand,
> »der mich von meinen Fesseln befreite.
> An seiner Hand
> würde ich tanzen,
> daß sein Herz jubilierte!

> Mein Haar: ich werd es mit Seide
> durchflechten zum Reien,
> wie er das will, der immer schon wünscht,
> daß ich nach Reuental komme.
> Winterkahlheit
> ist vorbei.
> Ich liebe: das steht nun mal fest.«

Im folgenden Frühlingslied taucht ein bereits bekanntes Motiv auf: ein Spiegel wird geraubt. Neidhart sieht im Spiegelraub offensichtlich ein Zeichen für den Verlust der gewohnten Gesellschafts- und Weltordnung, der ordo.

> Die Linden möchten ihre Wipfel
> mit frischen Blättern schmücken;

das macht die Nachtigallen munter,
sie singen schönen Lobgesang:
Melodien, einzigartig,
reiche Klänge.
Sie freun sich, daß der Mai erscheint,
das ist Musik in ihren Herzen.

Alles meint, daß dieser Winter
heuer lang gedauert habe;
nun ist das Grasland blumenbunt –
die reinste Augenweide!
Rosen in dem offnen Land –
weil sie schön sind,
hab ich einen Kranz von ihnen
Friederun geschenkt.

Die Vögelein im Walde
zwitschern so betörend schön.
Ihr Hübschen: auf ein Neues! Freut euch
dieser guten Botschaft!
Was viele Herzen schwer gemacht,
verflüchtigt sich.
Tut, was ich euch rate:
streift die schönen Kleider über.

Schnürt euch an den Hüften eng,
legt den Hals- und Kopfputz ab:
auf der Wiese schwingen wir das Tanzbein!
Friederun: wie eine Puppe
tanzte sie, im Faltenkleid,
in der Schar.
Ganz verstohlen schaute
Engelmar von drüben zu.

Als sich die Verliebten
gleich zu gleich gesellten,

hätte ich den Reien singen sollen.
Doch ich war an jenem Tag
nicht eingestimmt auf diese
Jahreszeit,
in der die Sommerlust
so viele Herzen glücklich macht.

Sie fordern mich zum Singen auf,
doch ich muß ein Haus versorgen –
das raubt mir jede Lust zu singen,
        oft schon morgens.
Was soll ich tun?!
Auf den Engelmar
bin ich bös,
weil er Friederun
den Spiegel von der Seite riß.

Der Bruder seiner Tante
hätte ihr so was erspart!
Der kennt nicht Maß und Ziel.
Er ist ein Bayerndepp.
Mit dem reichen jungen Bauern
quält er sie.
Doch: sie hat noch einen Freund,
der dies nicht länger dulden will!

Genau aus diesem Grunde will sie
der Engelmar vergraulen.
Spielt den Gemsbock unter jungen Mädchen,
macht in diesem Gau
bei jedem Fest- und Feiertanz
die Begleitmusik.
Beim Reientanz der jungen Leute
leistet er sich Übergriffe.

Eine kleine Puppenwiege
nahm er ihr, nur so zum Spaß.
Das hätten wir verkraftet. Doch: den Spiegel
(er war aus Elfenbein,
kostbar, fein geschnitzt)
hat er ihr
weggenommen, mit Gewalt.
Das raubte mir die Lebensfreude.

Bitte, nehmt es mir so ab –
ich erzähl nicht gern davon:
Aus Ypern kam die Spiegelschnur,
es war ein schönes Band;
Tierfiguren waren
untendran,
aus rotem Gold geformt.
Kein Unglück traf mich je so schwer.

Und nun ein erotisches Sommerlied. Es variiert das bewährte Muster: alte Frauen leben auf. Dabei zeigt Neidhart: die Lebenslust, ja Lebensgier dieser alten Frauen durchbricht Regeln und Gesetze der bäuerlichen Gemeinschaft – die beiden wild tanzenden Frauen zertrampeln jenseits der Festwiese wertvolles Futtergras, und keiner weist sie zurecht.

Winter –
mach dich schleunigst auf den Weg!
Der Sommer, er ist eingetroffen,
hat uns die Nachtigall gebracht, ihr Singen;
er ist milder.
Hau ab, du bist ein wahrer Schandfleck!
Ich hörte schon, dir geht es schlecht!
Er hat uns viele Liebesfreuden zugedacht.
Als der liebe Sommer Abschied nahm
und keiner für die Nachtigallen sorgte –
der Dieb, der Vogelfänger,

auch deshalb haß ich ihn:
gebraten hat er viele Nachtigallen!

Mai wirds!
Der Wald ist wunderschön belaubt;
früher war er abgerissen,
nun trägt er wieder seine Kleider.
Ihr da, tanzt
auf der (zuvor gefrornen) Wiese;
dort steht nun grünes Gras –
so hübsch hat sie der liebe Mai bekleidet.
Schönre Augenweide sah ich nie,
seit man vorges Jahr die Veilchen, Rosen pflückte.
Sogleich begannen sie zu singen,
die Vögelchen im Wald.
Lindenbaum: in deinem Kleid ist ihnen wohl.

Lautstark –
ja, so rief da eine alte Frau:
»Wo sind meine Töchter?!
Sie dürfen nicht zum Reien wetzen!
Beste, bringe
sie jetzt alle drei hierher!
Der Winter hat sie angeschmiert!
So gehe ich allein dorthin!
Falls ich mich verspäte, das wär schlimm.
Mich reißt es mächtig zu der weiten Linde hin,
wo die jungen Leute
mit höfischem plaisir
voller Anstand fröhlich sind.«

Eifrig
nahm sie Dame Jutta an die Hand,
sie eilten auf das Feld.
Sie rief: »Ich werde heuer tüchtig hüpfen!«
(In einem Schutztuch
lag bisher ihr Feiertagsgewand.)

So gings im Trab, im Paßgang hin –
wer könnte ihr schon folgen, wäre sie noch jung!
Ihr Saumbesatz war schön gekräuselt.
Die Wiese war sehr bald schon voll.
Sie tanzten, taten dabei so,
als wäre alles ihr Besitz –
doch weise keiner sie zurecht!

Hilde –
hoch schwang sie ihr Bein!
Herrlich sah sie aus:
sprang noch höher als die Hirschkuh!
Für Hilde
war der Liebeskummer nun vorbei.
Es war dort eine weite Weide,
auf ihr wuchsen Blumen, groß und klein –
»Dorthin laßt uns den Reien tanzen!« rief sie aus,
»das tu ich – selbst, wenn Strafe droht!
Ich pflück dort einen Kranz,
den trage ich zum Tanz.
Ich freu mich, Sommer, daß du wieder hier bist.«

Es folgt in der Überlieferung eine Liedstrophe, die überhaupt nicht in den Duktus dieses Liedtextes paßt: mit neuen Namen das beliebte alte Spiel von Spaltholz und Piepmatz.

Dies, auch dies – ich muß es noch einmal betonen – sind keine Gedichte, es sind Liedtexte. Also einige Anmerkungen zur Musik des Neidhart.

Melodien zu Liedern Neidharts, zu Neidhart-Liedern, sind überliefert in der großen Papierhandschrift aus der zweiten Hälfte des 15. Jahrhunderts. In den gut zwei Jahrhunderten nach Neidharts Tod dürften sie zurechtgesungen worden sein, und das bedeutet vor allem: sie wurden vereinfacht.

Dennoch, Rückschlüsse lassen sich ziehen auf Charakteristika seiner Musik. Joachim Bumke faßt Ergebnisse der Musikforschung zusammen:»Kurze musikalische Einheiten, häufige Wiederholungen, das Fehlen von Melismen und eine dur-ähnliche Tonalität.« Ich füge zur weiteren Charakterisierung hinzu: der Tonumfang dieser Musik ist gering – alles spielte sich innerhalb einer Oktave ab. Das war für Neidharts Zeit so üblich in der weltlichen Musik, und erst recht in der geistlichen – bis auf die Kompositionen der Hildegard von Bingen. Heutige Sänger dagegen haben durchweg einen Tonumfang von zwei bis drei Oktaven. Nach modernem Standard wurde damaligen Sängern also nicht viel abverlangt. Und: die Melodieführung ist relativ einfach bei Neidhart oder: bei den mit Neidhart-Liedtexten kombinierten Noten (die sogenannten Hufnägel).

Hier muß noch angemerkt werden: in mittelalterlichen Aufzeichnungen sind nicht, wie in heutigen Partituren, die Noten über Silben geschrieben, sondern: erst wird die Melodielinie notiert, ohne Schlüssel, ohne Taktstriche, dann der Text. Man muß also Noten und Silben nachträglich koordinieren. Das führt bei Neidhart-Liedern kaum noch zu grundsätzlichen Problemen. Zu erörtern bleiben Einzelfragen der Agogik, der Phrasierung, der Akzentuierung, der Tempi.

Und: der Begleitung der Singstimme durch Instrumente. Notiert ist ja nur die Melodie des monodischen, des einstimmigen Gesangs – auch nicht der geringste Hinweis zur Begleitung! Auch daraus läßt sich schließen: sie war freigestellt, hier wurde improvisiert. Heutige Musiker begleiten die Singstimmen so, wie sie nach ihrer Vorstellung damals begleitet worden sein könnten.

Daß sich ihre Instrumente nicht als ›Originalinstrumente‹ bezeichnen lassen, habe ich bereits betont. Aber: eine Schoßharfe – sollte sie sehr viel anders geklungen haben als die heutige celtic harp? Klang eine damalige Fiedel völlig anders als eine heutige Fiedel? Zumindest waren die technischen Erschwernisse größer. Die Darmsaiten werden auch für Neidhart ein ständiges Problem gewesen sein: »die stimmungslabile Bespannung mit Darmsaiten fördet Unsauberkeiten«, lese ich in einer Konzertbesprechung, und das dürfte auch damals zugetroffen haben. Und schlimmer: Neidharts jüngerer Kollege Tanhuser stellt es als normal dar, daß beim Fiedeln Saiten reißen, vor allem, wenn zum Tanz aufgespielt wird.

Bei dieser Gelegenheit muß man sich fragen, was man von einer Fiedel beim Tanz überhaupt hörte: ihr dünner Klang! Und bei der Fiedel war es wie bei der Singstimme: der Tonumfang war gering. Die Hälse der Instrumente waren kürzer, man konnte den Fingersatz meist nur in einer einzigen Grundhaltung variieren, und das bei der oft – aus heutiger Perspektive – merkwürdigen Position, in der man dieses Instrument hielt. Zudem wurde vielfach der dünn bespannte Bogen im Faustgriff geführt wie der Bogen eines heutigen Kontrabasses. Es muß also doch unterschiedlich geklungen haben, was man früher auf einer Fiedel spielte und was man heute auf einer Fiedel spielt.

Dazu kam der Zustand eines Instruments. Beispielsweise die Harfe: auch hier rissen immer wieder die dünnen Darmsaiten – es wird oft vorgekommen sein, daß Neidhart nicht auf allen Saiten seiner Schoßharfe spielen konnte. Die Rahmen dieser Instrumente waren ebenfalls anfällig, allein schon durch die großen Temperatur-Unterschiede im Lauf eines Reisejahrs: eine Harfe wurde, wie schon entworfen, in einem Lederfutteral auf dem Rücken transportiert, bei jedem Wetter. Und dann die Luftfeuchtigkeit im Saal. So arbeitete das Holz, es gab Risse, der Schallkörper mußte schon mal mit ausrangierten Saiten zusammengezurrt werden. Und immer wieder mußte solch ein Instrument nachgestimmt werden; die Stimmwirbel saßen noch nicht so fest in ihren Fassungen wie heutige Metallwirbel, und so war viel Knarren und Knarzen beim Nachspannen zu hören – und sicher auch mancher Fluch.

Schon diese wenigen Punkte zeigen: der ›authentische‹ Klang von Neidhart-Liedern wird sich nicht rekonstruieren lassen. Was wir als Musik des Mittelalters rezipieren, sind Phantasien heutiger Musiker darüber, wie Musik des Mittelalters geklungen haben könnte.

In seinem jahrzehntelangen Berufsleben hat Neidhart viel produziert. Damit entsteht für uns, im Rückblick, zuweilen der Eindruck von Serienfertigung: bewährte Liedmuster wiederholen sich in Varianten. Neidhart wird allerdings kaum daran gedacht haben, sämtliche Liedtexte zu sammeln, und so hätte er sicherlich von der Lektüre einer Sammelhandschrift abgeraten. Schließlich hat er bei seinen Auftritten jeweils nur eine Auswahl eigener Lieder vorgetragen. Zwar kannten Zuhörer Neidharts wahrscheinlich auch Lieder, die er gerade nicht vortrug (im Lauf der Jahrzehnte, in denen er umherzog, wird er an verschiedenen Orten mehrfach aufgetreten sein), aber: keiner seiner Zuhörer, auch kein Neidhart-Enthusiast, hatte zehn oder zwölf Dutzend Neidhart-Lieder im Kopf! Uns aber liegen sie vor. Damit werden Vergleiche möglich.

Zu erhellendem Vergleich bieten sich drei Liedtexte gleicher Thematik an. Ihre Sprach-Intensität ist gering – aber auch sie gehören zu Neidharts Werk! Mit diesen (kompletten) Liedtexten möchte ich zugleich zeigen, daß Neidhart die Konzentration auf eine knappe Strophenfolge durchaus nicht fremd war.

> Der Mai hat alles wunderschön geschmückt,
> in Berg und Tal.
> Und überall
> sieht man zahllos bunte Blumen.
> Den meisten Vögeln bleibt nur eins:
> mit Gesang den Mai zu feiern.
>
> Zu all dem ist der Wald mit Laub gekrönt.
> Die Nachtigall
> läßt süßen Schall
> laut, ja überlaut erklingen.
> Das war noch nie so schön zu hören,
> dies mag so tausend Stunden weitergehn...

Besser nicht...! Zu diesem Lied ein kurzes Gegenbeispiel: Zeilen, in denen keine Formeln und Floskeln aufgereiht werden – hier sind Funde und Erfindungen.

Blüten sieht man hartem Holz entsprießen,
feine Beeren ausgestreut in Auen,
man sieht, wie sich Kamillenblüten öffnen.

Mit diesen beiden ersten Beispielen ist die Distanz markiert zwischen intensiven und formelhaften Liedtexten. Und hier gleich ein zweites Frühlingslied, *Am Hof gesungen*.

Der Wald war völlig fahl
vom Schnee und auch vom Eis,
nun ist er wieder bunt gefärbt;
dieses Jahr
tanzen Mädchen
Reien, wo die Blumen stehn.

Auf vielen grünen Zweigen
hört man kleine Vögelchen
schöne Melodien singen.
Und ich fand
Blumenglanz.
Das offne Land ist licht geworden.

Ich bin dem Mai gewogen,
denn ich seh im Reien
meine Liebste tanzen,
im Lindenschatten;
viele Blätter
schützen sie vor heißer Sonne.

Im folgenden Liedtext zeigt sich dem vergleichenden Blick des Lesers der Berliner Sammelhandschrift erneut das bewährte Muster des Frühlingsliedes, zeigt sich Reproduktion nach Schema oder Formel N.

Auf dem Berg und in dem Tal
hört man viele Vöglein singen;

heuer wie eh
sieht man Klee.
Verschwinde, Winter, du tust weh.

Die Bäume, die dort kahl gestanden,
zeigen alle grünes Laub.
Viele Vöglein:
welche Wohltat!
Hier erhebt der Mai den Zoll.

Eine Alte tanzte vor –
sie hatte mehr als tausend Runzeln.
Doch sie sprang
wie ein Widder,
stieß die Jungen alle nieder.

Worauf die ›Remakes‹ schließen lassen: Neidharts literarisch-musikalische ›Artikel‹ waren erfolgreich, hier bestand rege Nachfrage.
Oder: hier hat Neidhart rege Nachfrage geweckt. Und wiederum:
die Nachfrage konnte nicht befriedigt werden durch Wiederholungen älterer Lieder, er mußte jeweils neue Lieder vortragen.

Dreizehntes Jahrhundert, Ende des zweiten Jahrzehnts: in diesem Zeitraum dürfte Neidhart zwischen vierzig und fünfzig
gewesen sein. Solch ein Alter hatte für das Selbstbewußtsein, das
Selbstgefühl eines Menschen des Mittelalters eine völlig andere Bedeutung als für uns heute: ein Mann zwischen vierzig und fünfzig
war betagt; ein Fünfzigjähriger stand an der Schwelle des Greisen-
alters. Zwar gab es gelegentlich Übergreise von siebzig oder achtzig
(wie Albertus Magnus), aber die wurden sicherlich bestaunt wie
Frauen oder Männer heute, die über hundertzehn werden, mit oder
ohne Knoblauch.

Aus einem der Liedtexte Neidharts läßt sich mit einiger Wahrscheinlichkeit schließen, daß er am fünften Kreuzzug (zwischen 1217 und 1221) teilgenommen hat.

Für den Bayern gab es diese (naheliegende) Möglichkeit: daß er zum vorwiegend bayerischen ›Expeditionskorps‹ gehörte, mit dem Herzog Ludwig im Frühjahr 1221 in Süditalien aufbrach. Im großen Kreuzlied aber, das ich noch vorstellen werde, äußert Neidhart den Wunsch, nach Österreich zurückzukehren. Läßt sich der Text dieses Liedes mit dem Kontext seiner Zeit koordinieren? Ist es denkbar, daß sich ein Bayer Truppen anschloß, die der österreichische Landesherr befehligte?

Ich muß daran erinnern: das Herzogtum Österreich gehörte, genauso wie das Herzogtum Bayern, zum Römischen Imperium. Mit einem späteren Begriff: Bayern und Österreich waren zwei benachbarte Provinzen des Reichs. Eine Reise von Bayern nach Österreich setzte also keinen ›Grenzübertritt‹ voraus, weder im großen noch im kleinen ›Grenzverkehr‹. Und hüben wie drüben: die Diözese Passau. Falls Neidhart aufgefordert oder ermuntert wurde, mit österreichischen Truppen gegen die Heiden zu kämpfen, konnte er nicht sagen: Ich bin aber Bayer! Und wenn er als Bayer freiwillig teilnehmen wollte, konnte ihm das aus formaljuristischen oder länderrechtlichen Gründen nicht verwehrt werden – solche Denkmuster gab es damals noch nicht.

Er konnte sich also freiwillig den österreichischen Truppen anschließen. Oder er wurde dazu aufgefordert, von einem seiner Gastgeber, vielleicht sogar vom Herzog selbst. Leopold war ein großer Kunstfreund – es werden auch Sänger seine Nähe gesucht haben, und so könnte sich Neidhart (gelegentlich) an seinem Hof aufgehalten haben. Vielleicht befand sich der Dichter gerade in einer finanziell prekären Lage.

Diese Vermutung legt Neidhart zumindest nahe, denn in der angehängten Schlußstrophe des großen Kreuzliedes heißt es:

Ich will nach Österreich
mit einem Bötchen rüberschippern.
Wo stand mein Kopf,

als ich, sternhagelvoll,
drei schnelle Pferde verwürfelt hab?
Nun gehts zu Fuß.
Falls hier jemand Sättel kauft –
    ich gebe sie ihm gern.

Ich werde hier keine Story entwickeln, ich beschränke mich darauf, aus Andeutungen Neidharts diese Möglichkeit abzuleiten: er hat (auch?) in Österreich beim Zocken Schulden gemacht (oder vergrößert), wollte sich von der Schuldenlast befreien. Nun gab es die offizielle Regelung, daß man während der Teilnahme an einer Pilgerfahrt oder an einem Kreuzzug nicht gezwungen werden konnte, Schulden zu begleichen: ein Schulden-Moratorium, auch für die eigene Familie. Darüber hinaus hofften fast alle Kreuzzugs-Teilnehmer, daß sie Sold erhielten, Beute machten. Sollte Neidhart Anfang 1217 gerade (mal wieder?) in Österreich gewesen sein, hätte es sich leicht ergeben können, daß er mit dem österreichischen Truppenkontingent des ›internationalen‹ Kreuzzugs absegelte, unter Herzog Leopold – Vater des Herzogs Friedrich, den Neidhart später wiederholt benennen, das heißt: anbetteln wird.

Das Mittelmeer: es war zu Neidharts Zeit noch nicht x Kilometer lang und y Kilometer breit, und es hatte noch nicht die Tiefe von z Metern im Bereich irgendeines Grabens, und sein Salzgehalt war noch nicht errechnet, und das Spektrum der Mineralien im Wasser war noch nicht bestimmt, und es war noch nicht ein Meer unter anderen ausgemessenen Meeren in einer Welt der »wissenswerten Daten«. Das Mittelmeer hieß im dreizehnten Jahrhundert noch nicht Mittelmeer, es war für Neidhart und für alle anderen im Schiff ganz einfach Das Meer. Dieses Meer hatte auch in Neidharts Kopf keine genauen Umrisse, es ging konturlos oder mit schematisierten Konturen über in das allgemeine Weltmeer, das die Diskusscheibe jener Erde als Gürtel umschloß, grün oder blau, und in diesem Wassergürtel schwammen die bekannten Seeschlangen, lockenden Meerfrauen, mörderischen Kraken etcetera, und es gab, nicht lokalisierbar, den

Magnetberg, der vielleicht auch in Neidharts Kopf Schiffe anzog mit all ihren Eisennägeln, Eisenkrampen.

Ja, auch davon konnte erzählt werden an Deck eines Schiffs, das von Italien nach Ägypten segelte: Irgendwo, hoffentlich weit genug entfernt, eine Wasserfläche, die noch größer ist als die Wasserfläche des Mittelmeeres, man sieht dort kein Ufer, keine Insel, sieht nur Wasser, nichts als Wasser, aber endlich, endlich entdeckt der Mann im Ausguck einen Berg, entdeckt, als das Schiff näher heransegelt, Schiffsmaste vor diesem Berg, dicht gedrängt: ein Hafen, ein Hafen! Das ruft er hinunter, und alle Mann an Deck freuen sich, sie wollen sich von der langen Fahrt erholen.

Der Mann im Mastkorb staunt immer mehr über die Zahl der Schiffe, die sich vor dem Kegelberg drängen, und als er sieht, daß an diesen Masten keine Segel hängen, daß keine Fahnen, keine Wimpel flattern, daß die Maste kahl und fahl sind, von Winden und Unwettern gebleicht, da schreit er hinunter, dort vorn sei der Magnetberg, nun führen sie dem sicheren Tod entgegen, denn dieser Berg ziehe jedes Schiff im Umkreis von dreißig Meilen mit unwiderstehlicher Gewalt an sich heran mit all dem Eisen im Holz, so daß es stranden, womöglich zerschellen müsse!

Und schon ist von allen zu spüren, wie das Schiff, trotz sofortiger Gegenmanöver, mit ungeheurer, wahrhaft unwiderstehlicher Gewalt vom Berg angezogen wird, auf den breiten Gürtel ineinander verkeilter Schiffswracks zu, und in märchenhafter Beschleunigung fährt das Schiff in den Wrack-Gürtel hinein, mehrere Wracks bersten unter der Wucht des Aufpralls, morsche Mastbäume stürzen herab auf das Schiff des Herzogs Ernst, dennoch wird keiner getötet, ein Wunder, ein wahres Wunder, alle können sich, über die Wracks hinweg, ans Ufer retten, doch wie traurig, wie gespenstisch ist auch dort der Anblick: Hunderte, Aberhunderte von toten Schiffsleibern dicht gedrängt, die kahlen Mastbäume, soweit sie nicht gebrochen sind, ragen in den Himmel, und nichts ist in diesen Wracks zu finden, was den Männern in ihrer Not helfen könnte, nichts, nichts an Proviant, dafür reichlich Silber und Gold, Seide und Edelsteine, doch was hilft das alles?

Ich berichte über den fünften Kreuzzug aus arabischer Perspektive: ich erfinde einen Chronisten, der selbstverständlich die Chroniken seiner Kollegen Ibn al-Atir und Ibn Wasil kennt, aber auch Unterlagen auswertet, die ich ihm zuspiele.

Mein arabischer Chronist setzt, wie Ibn al-Atir, im Jahre 614 islamischer Zeitrechnung ein, also 1217. Wie Ibn al-Atir stellt mein Chronist in der (später geschriebenen) Einleitung fest, der Kreuzzug gegen Ägypten habe fast auf den Monat genau vier Jahre gedauert. Auch mein Chronist ist davon überzeugt, daß der Papst zu Rom, dieser Kalif der Christen, den Kreuzzug ausgelöst, ja befohlen habe, obwohl zu dieser Zeit niemand so recht an einem Kreuzzug interessiert war. Dies am allerwenigsten in »Syrien« (im Heiligen Land), weder unter Arabern noch unter Christen.

Über die Stimmung in »Syrien« könnte mein Chronist durch Reisende, durch Händler erfahren haben. Der Mittelmeer-Handel florierte, in Ägypten hatten sich etwa 3000 europäische Händler niedergelassen – und nun ein Kreuzzug, ausgerechnet mit dem Ziel Ägypten? Muslime und Christen kamen gut miteinander zurecht nach zwei Jahrzehnten Frieden, beide Seiten profitierten vom Geschäft.

Daß italienische Seehändler, arabische Geschäftspartner, akklimatisierte christliche Residenten nur wenig an einem neuen Kreuzzug interessiert waren (so ergänze ich), dies bestätigte auch der Bischof von Akkon, der einzigen Hafenstadt, die den Christen nach allen Verlusten und Niederlagen der vorigen Kreuzzüge geblieben war. Jakob von Bitry berichtete nach Rom, die oströmischen Christen im Lande würden lieber von Arabern als von römischen Christen regiert; die Christen im Heiligen, fast vollständig wieder von den Arabern besetzten Land führten, so berichtete der Bischof weiter, ein »unmoralisches«, ein »ausschweifendes« Leben; ihre Kleidung, ihr Lebensstil, ihr Verhalten sei weithin morgenländisch geworden; auch die Geistlichkeit neige zu morgenländischen Lebensformen; reiche Kleidung, Festmähler, Frauen, ja Harems. Nur Mitglieder der Ritterorden zeigten noch christliche Lebensformen, sie allein wünschten einen neuen Kreuzzug, um die verlorenen Territorien zurückzuerobern, vor allem Jerusalem. Aber die Templer, die Johanniter, die Deutschherren waren eine Minderheit, die große Mehrheit wollte Frieden und damit: weiteres Florieren des Handels. Es spielte auch dies mit: man lernte sich immer besser kennen in »Syrien«, gewöhnte sich aneinander.

Ein arabischer Chronist erzählt gern Anekdotisches, hier ein paar Beispiele: Ein »fränkischer« Weinhändler, der von der Nachbarschaft mit freundlichem Spott akzeptiert wird; ein »Franke«, der sich in einem Badehaus zu den Muslimen gesellt – zuerst Befremden, weil er keinen Lendenschurz trägt, aber man kommt ins Gespräch; ein fränkischer Ritter namens Gilyam (Guillaume) schlägt einem arabischen Kollegen vor, ihm den vierzehnjährigen Sohn auf die bald bevorstehende Heimreise mitzugeben, er will ihn im Abendland zum Ritter erziehen...

Mein arabischer Chronist, in Dimyat (Damiette) lebend, hat im Jahre 1217 trotz verschiedener Gerüchte die Hoffnung, ein weiterer Kreuzzug werde nicht stattfinden. Es sind vor allem persönliche Hoffnungen – er möchte weiterleben wie bisher. So könnte er berichten, daß er leidenschaftlich gern auf Beizjagd geht, am Mansala-See.

Nach diesem Stichwort beschreibt er kurz die geographische Lage seiner Stadt. Fächerförmig das Nildelta mit den Flußarmen; die beiden wichtigsten: der Rosette-Arm, der von Kairo aus nordnordwestlich fließt, und der Damiette-Arm, nordnordöstlich, bei Ras el-Bahr mündend. Ungefähr zwei Meilen (heute: zehn Kilometer) flußaufwärts Damiette, am östlichen Ufer des Nil, auf schmalem Landstreifen. Wer nach Kairo will, muß an Damiette vorbei, aber dicht vor der Stadt liegt am Fluß eine mächtige Festungsanlage; mit starker Kette ist hier die Fahrrinne gesperrt. Östlich der Stadt und des schmalen Uferstreifens der Mansala-See. Auf diesem riesigen, bis Port Said reichenden, vom Meer nur durch eine dünne Landzunge getrennten See ist Schiffahrt kaum möglich, nur Kähne können im flachen Wasser fahren, und zahlreich die Sandbänke, die kleinen und die großen Inseln und sehr weit ausgedehnte Sümpfe. Entsprechend zahlreich sind hier Schwäne und Reiher, Flamingos und Pelikane und zahllose andere Wasservögel – das Jagdrevier auch des Chronisten.

Und er könnte hier gleich erzählen, wie er mit seinem Habicht auf Jagd ging, ein Habicht mit roten Augen, und er sah Kraniche, »warf«

seinen Habicht »ab«, die Kraniche flogen weg, doch der Habicht schlug einen von ihnen, der Chronist rief einem seiner Sklaven zu: »Treib das Pferd zu ihm, sitz ab, bohr den Schnabel des Kranichs in den Boden, und halt ihn fest!« Das tat der Sklave, der Chronist tötete den Kranich, atzte seinen Habicht. Und er könnte berichten, daß er gern auch mit dem Würgfalken jagt, vor allem Reiher. Ein Araber, der beginnt, Jagdgeschichten zu erzählen, findet so rasch kein Ende, das zeigt Usama ibn Munqid, bei dem ich diese Details fand. Aber mein Chronist bricht hier ab.

Denn er erfährt, daß im Herbst (1217) Schiffe mit Kreuzfahrern in Akka, Akko eintrafen. Freilich, es war keine Flotte, es waren kleine Verbände, einzelne Schiffe. Auch mein Chronist hört bald, daß die österreichischen und friesischen und italienischen (und zuletzt französischen und rheinischen und bayerischen) Truppen nicht koordiniert eingesetzt wurden, unter gemeinsamer Heerführung – fast jeder Truppenführer zögerte so lang wie möglich, ehe er sein Versprechen einlöste, am Kreuzzug teilzunehmen.

Die ersten Truppen wollten nicht untätig in Akkon warten, auch konnte die Stadt das wachsende Heer nicht über einen längeren Zeitraum hinweg verpflegen, so begannen Streifzüge, Raubzüge in der Umgebung, im Hinterland der Stadt. Ein größerer Vorstoß, so berichtet mein Chronist, wurde von Muslimen zurückgeschlagen.

Nach dem Überwintern brach ein Teil des Kreuzheeres Richtung Ägypten auf. Die ersten Schiffe gingen Mai 1218 an der Mündung des Damiette-Arms und im Fluß vor Anker. Was, so könnte sich mein Chronist fragen, wollen die »Franken« in Ägypten?

Ich souffliere: nur der erste Kreuzzug war militärisch erfolgreich gewesen, mit der Eroberung Jerusalems 1099, alle weiteren Kreuzzüge hatten zu Niederlagen im Heiligen Land geführt. So war vom jüdischen Laterankonzil Ägypten als Ziel eines neuen Kreuzzuges empfohlen worden; man wollte das Reich des Sultans (das bis Libyen reichte) an der Flanke angreifen, wollte die Häfen erobern, von denen aus die arabische Flotte operierte, wollte, wenn die Besetzung Ägyptens gelang, von Akkon wie von Kairo aus das Heilige Land zurückerobern.

Und nun ankerten die ersten Schiffe der »Franken« vor der ägyptischen Küste, im Nilarm. Große Furcht wurde damit nicht geweckt – mein Chronist hat ja schon gehört, wie kopflos, ziellos, erfolglos die wenigen militärischen Aktionen der Kreuzfahrer im Hinterland von Akkon gewesen waren.

Die »Franken« an der Küste warteten auch erst mal auf Verstärkung. Als sie nicht kam, gingen erste Einheiten an Land, angeführt durch Simon von Saarbrücken. Gegen schwachen arabischen Widerstand konnten die Franken einen Brückenkopf bilden. Nun erst, so berichtet mein Chronist, kam eine größere Flotte, und mit ihr landeten Jean de Brienne (König von Jerusalem), der Herzog Leopold von Österreich, die Großmeister der Ritterorden.

Es begann der Kampf um Damiette. Davon berichtet Ibn al-Atir ausführlich, davon kann mein Chronist, dieser Chronik des arabischen Kollegen folgend, noch detaillierter berichten.

Die »Franken« errichteten erst einmal ein Lager am Ufer des Nil, hoben Gräben aus, schütteten Wälle auf, bauten Schleudermaschinen zum Beschuß des »Kettenturms«. Die Araber griffen sie dabei nicht an, ihre Truppen mußten sich erst sammeln, schließlich hatte keiner an einen neuen Kreuzzug glauben wollen, und schon gar nicht, daß Ägypten das Ziel sein könnte. In »Syrien« stellte Sultan al-Adil ein Heer auf, setzte es südwärts in Marsch, sein Sohn al-Kamil al-Malik sammelte ein Heer bei Kairo, führte es nordwärts, errichtete einige Meilen vor Damiette ein Lager, verstärkte die Besatzung der Kettenfestung.

Die Franken versuchten, sie im Sturm zu nehmen; insgesamt siebzig (zum Schutz gegen Griechisches Feuer mit Kupfer beschlagene) Boote und Kähne griffen an, es gab heftige Kämpfe, aber der Angriff wurde abgewehrt.

Auch der nächste Sturmangriff, zehn Tage später, am siebten Abib, wurde zurückgeschlagen: ein hohes, offenbar provisorisches Gerüst voller Soldaten wurde auf Pontons herangerudert, es brach zusammen, viele Kämpfer in Kettenhemden und Helmen ertranken.

Die fränkischen Ingenieure aber gaben nicht auf, es wurde ein solider Belagerungsturm gebaut, auf zwei größeren, durch Balken und Planken miteinander verbundenen Schiffen.

In der Zeit, in der dieser Turm gebaut wurde: Geplänkel, Einzelkämpfe. Chronologische und logische, straffe und abstrahierende Darstellung lag arabischen Chronisten nicht, sie reihten gern Anekdoten, die sie Beispiele nannten, noch lieber: lehrreiche Beispiele, etwa für den Mut von Rittern. Ich übernehme einige Kampf-Anekdoten aus Usama ibn Munqids *Buch der Belehrung durch Beispiele*, denn erfinden will ich hier nicht.

Einer der ersten Einzelkämpfe ging für den Araber schlecht aus, so könnte der Chronist berichten; es kam ein Ritter zu ihm, weinend, und er fragte ihn: »Was hast du, Abu Mahmud?« Und: »Ist das die rechte Zeit zum Weinen?«

Der arabische Ritter klagte: der fränkische Ritter Ibn al-Daqiq habe ihn mit der Lanze getroffen.

Der Chronist: »Selbst wenn er dich getroffen hat – was ist das schon?«

Aber der in seiner Ehre tief verletzte Ritter beklagte weiterhin, daß ihn al-Daqiq mit der Lanze getroffen habe – glücklicherweise blieb er unverletzt, bis auf Prellungen. Der Chronist redete ihm gut zu. Da brach der Ritter wieder auf. »Wohin, Abu Mahmud?«

»Zu al-Daqiq. Bei Allah, ich werde ihn treffen oder vor ihm sterben!« Er konnte seinen Gegner stellen: »Sie kämpften erst mit Lanzen, dann mit Schwertern, Abu Mahmud schlug al-Daqiq, spaltete sein Haupt und riß ihm die Augenlider ab.«

Auch beim nächsten Einzelkampf war Abu Mahmud erfolgreich: er griff einen Franken an, der einem Trupp weit vorausritt – er hatte das Kettenhemd abgelegt, weil es ihm zu schwer war, so hatte er Vorsprung gewonnen beim raschen Erkundungsritt; Abu Mahmud »stieß ihm die Lanze in die Brust, und er flog tot aus dem Sattel«. Mit der Lanze tötete Abu Mahmud auch einen »sarschand« (also im damaligen Französisch einen »Sergeant« – ein Wort, das ins Arabische übernommen wurde).

Der Chronist muß nun den Tod dieses Beispiel-Ritters beklagen: »Er trug ein Kampfhemd und einen Helm ohne Nackenschutz. Unterwegs drehte er sich um, weil er eine Möglichkeit suchte, die Gegner anzugreifen. Da traf ihn ein ausgezackter Pfeil in die Kehle und durchbohrte ihn. Er fiel auf der Stelle tot um.«

Mein arabischer Chronist kann freilich auch von wunderbaren

Rettungen berichten. So wurde einer der Verteidiger der Stadt von einem Pfeil am Schenkel getroffen; gerade an dieser Stelle aber hatte er einen Dolch im Stiefel stecken, der Pfeil traf die Klinge, »dadurch wurde er zerbrochen und konnte ihn nicht verwunden, weil Allah, der Erhabene, ihn gütigst ablenkte«.

Von der oft erstaunlich schützenden Wirkung einer Rüstung weiß mein Chronist folgendes zu berichten: ein Ritter griff einen Franken an – »Allah lasse ihn im Stich« –, der eine Tunika, einen Waffenrock aus gelber und grüner Seide trug; der arabische Ritter nahm an, der Franke trage wegen der Hitze kein Kettenhemd unter dem Waffenrock, er griff ihn sofort an, und als die Lanze den Franken traf, »neigte er sich zur Seite, so daß sein Kopf an den Steigbügel kam, ihm Schild und Lanze aus den Händen und der Helm vom Kopf fielen. Der Franke aber richtete sich im Sattel wieder auf, denn er trug ein Kettenhemd unter der Tunika. Der Lanzenstoß hatte ihn nicht verwundet.«

Sonst aber: viel Blut. Ein letztes Beispiel: ein anderer Ritter, zu Fuß kämpfend, schlug dem Franken »mit dem Schwert über die Augen, zerteilte den Schädel, und sein Hirn floß auf die Erde. Es zerplatzte und spritzte umher. Hammam legte das Schwert aus der Hand und erbrach seinen Mageninhalt, als er sah, wie das Hirn an ihm selbst klebte.«

Der Belagerungsturm wurde weitergebaut. Und nun trat Kardinal Pelagius auf – der portugiesische Legat war vom Papst mit der Führung des Kreuzheeres beauftragt worden. Die Truppen, mit denen er kam, hatten bei Brindisi ein Jahr auf die Einschiffung warten müssen. Als der Legat im September eintraf, begannen sofort die Auseinandersetzungen um die Führung des Heeres – bisher hatte es Jean de Brienne befehligt, und er war von allen akzeptiert worden.

Der Belagerungsturm wurde endlich fertig. Unter starkem Beschuß wurde er an die Sperrfestung herangerudert, es gelang den Franken, die Brücke auf die Krone der Festungsmauer hinüberzuklappen, sie stürmten die Burg. Die reiche Beute wurde abtransportiert. Die Kette im Fluß wurde eingezogen. Daraufhin ließ al-Kamil mehrere (vorbereitete) Lastkähne im Nil versenken, die Fahrrinne war wieder blockiert.

Als der Sultan al-Adir von der Eroberung der »Kettenburg« hörte, starb der 75jährige. Er war ein Bruder Saladins, der das arabische Reich bis zur Küste Libyens ausgeweitet hatte. Al-Kamil al-Malik wurde nun Sultan.

Nach ihrem ersten großen Erfolg zögerten die Franken jedoch mit dem Angriff auf die Stadt. Friedrich II. kam immer noch nicht. Ein größeres französisches Kontingent wurde aufgestellt. Erste Einheiten, vor allem Friesen, kehrten nach Hause zurück.

Indessen, so berichtet mein Chronist, gruben die Franken einen Kanal, um die versenkten Nilkähne umschiffen zu können. Mühsame, langwierige Arbeit. Offenbar wurde dabei falsch gerechnet, denn als der Kanal fertig war, füllte er sich nicht mit Wasser. Erst einem Unwetter gelang es, ihn schiffbar zu machen: am 29. November 1218 kam ein heftiger Nordsturm auf, eine Sturmflut überschwemmte das Heerlager der Franken, alle Zelte standen im Wasser, der gesamte Proviant wurde verwässert und versalzen, Pferde ertranken, Boote schwammen bis ins Lager der Muslime.

Pelagius, der sich noch immer mit Jean de Brienne um die Führung des Kreuzheeres stritt, übernahm die Initiative, befahl, einen Notdamm zu errichten – alle Kadaver, Trümmer wurden zusammengetragen, Sand wurde geschaufelt. Als der Damm fertig war, breitete sich im Lager eine Epidemie aus, Schwarzfieber – ungefähr ein Sechstel des Kreuzheeres starb dahin. Der arabische Chronist will darin ein Zeichen Allahs sehen.

Allerdings brachen im folgenden, äußerst strengen Winter auch im Feldlager der Araber Seuchen aus, und in Damiette. Obwohl der Kanal seit der Sturmflut schiffbar war, griffen die Franken nicht mit Nachdruck an.

Im Februar 1219 wollte Legat Pelagius die allgemeine Demoralisierung durch eine kriegerische Aktion beenden, aber der Angriff auf das Lager der Araber mußte in einem sehr heftigen Gewitter abgebrochen werden. In Damiette fühlte man sich jetzt noch sicherer; die Stadt wurde vom Hinterland ausreichend mit Proviant versorgt.

Da geschah völlig Überraschendes: Sultan al-Kamil al-Malik zog sich mit seinen Truppen zurück. Die Franken standen vor einem

Rätsel, der arabische Chronist kann hier Gründe nennen: Nach dem Tod des Sultans al-Adil im April 1218 war es zu Machtkämpfen unter den vielfach zerstrittenen Arabern gekommen, mehrere Emire verschworen sich gegen den neuen Sultan – al-Kamil sollte nicht nur abgesetzt, er sollte ermordet werden; gerade noch rechtzeitig erfuhr er von diesen Plänen, zog mit seinem Heer südostwärts, traf mit dem Heer des Bruders zusammen, der ihn gegen die Verschwörer unterstützte, konnte sich auf diese Weise retten. Damiette aber war nun den Franken ausgeliefert.

Nicht einmal in dieser Lage gelang es ihnen, alle Kräfte zusammenzufassen und die Stadt zu stürmen. Die Tatkraft wurde von internen Streitigkeiten, nationalen Gegensätzen und von einem außerordentlich heißen Sommer gelähmt. Und wieder Krankheiten, Seuchen. Die Soldaten, vom Warten, von den Krankheiten, von der Hitze zermürbt, warfen ihren Offizieren Trägheit und schlechte Führung vor. Herzog Leopold von Österreich kehrte im Mai nach Hause zurück: mittlerweile hatte er zwei Jahre lang an diesem Kriegszug teilgenommen, es reichte ihm. Andere Herren folgten seinem Beispiel.

Erschöpfung, Lethargie auch im arabischen Heerlager. Nach Meinung des Chronisten geschah zu wenig, um die geschwächten Franken aus dem Nildelta zu vertreiben. Fast anderthalb Jahre ruhten die Kämpfe – bis auf Geplänkel.

Zeit und Anlaß genug für meinen Chronisten, allgemeine Erwägungen anzustellen über Muslime (»Allah verleihe ihnen den Sieg«) und Franken (»Allah mache sie häßlich«). Auch die Franken, so notiert er, haben Verstand, aber einen »seltsamen Verstand«. Und er fährt fort: »Wenn jemand von den Franken berichtet, kann er nur Allah, den Erhabenen, preisen und segnen, denn er sieht in ihnen Tiere, die nur die Tugend der Tapferkeit und des Kampfes kennen, wie auch Tiere, die die Tugend der Kraft und des Duldens haben.«

So berichtet er von den erstaunlichen Taten eines namenlosen Franken, der, weit von Damiette entfernt, bei einem Erkundungsritt durch die Wüste auf eine kleine Karawane mit vier bewaffneten Reitern und vier Fußsoldaten traf, die auf acht Kamelen Fett und Mehl zur Stadt bringen sollten. Der Franke ritt auf Rufweite heran und schrie: »Laßt eure Kamele los!« Die Muslime schrien ihn an, beschimpften ihn. Da ging er zum Angriff über, galoppierte mit eingelegter Lanze auf sie zu, stieß einen Reiter aus dem Sattel, verwundete ihn dabei, ritt davon, kam zurück, rief wieder: »Laßt die Kamele frei!« Wieder wurde zurückgeschrien, wieder wurde er beschimpft, wieder griff er an, verwundete diesmal einen Fußsoldaten schwer, wurde verfolgt, entkam. Bald darauf kehrte er wieder zurück, griff die Karawane an, mit eingelegter Lanze, im Galopp. Einer der Reiter kam ihm entgegen, seine Lanze traf den vorderen Sattelbogen des Franken, der Lanzenschaft zerbrach, der Franke verwundete auch diesen Kämpfer. Er griff noch einmal an, tötete einen Fußsoldaten. Und er schrie: »Laßt die Kamele los! Sonst vernichte ich euch alle!« Die Reiter riefen zurück: »Komm her, nimm die Hälfte!« – »Nein!« schrie der Franke, »ich will sie alle!« Die Muslime trennten vier der Kamele ab, ließen sie stehen, zogen weiter. Und der Franke kehrte mit den vier Kamelen und ihrer kostbaren Last zum Lager zurück.

Mein Chronist erzählt dies mit Bewunderung und Abscheu, schließt dieses Zwischenkapitel seiner Chronik ab mit einer Bemerkung, die ich wörtlich von ibn-Munqid übernehme: »Die Verschwendung der Zeit mit Geschichtenerzählen gehört doch zu den größten Unglücksfällen.«

Und so lasse ich ihn zeitsparend berichten: das arabische Heer wurde verstärkt. Ein Angriff der Araber auf das Lager der Franken wurde jedoch zurückgeschlagen. Die Belagerung Damiettes wurde fortgesetzt. Die Verteidiger beschossen die Schleudermaschinen, die neuen Belagerungstürme und das Lager der Franken mit »Naphtaflaschen«: irdene Behälter, in denen man Griechisches Feuer entzündete und die mit Wippen geschleudet wurden. (Jounville: »Das griechische Feuer glich einem großen Essigfaß, und sein brennender Schweif hatte die Länge eines gewaltigen Schwertes. Im Flug machte es ein Geräusch wie Donner, und es glich einem durch die Luft fliegenden Drachen. Es gab so viel Licht ab, daß es in unserem Lager taghell war.«)

Ein weiterer arabischer Angriff auf das Lager wäre beinah erfolgreich gewesen – nur der Einbruch der Dämmerung rettete die

Franken. Verzweifelt und unkoordiniert versuchten sie, Damiette im Sturmangriff zu nehmen, er scheiterte.

Dennoch Entmutigung unter den Arabern: in Ägypten drohte eine Hungersnot, auch waren die Truppen nach dem langen Warten, den vergeblichen Kämpfen, den Epidemien kampfesmüde.

In dieser Situation machte al-Kamil einen großzügigen Vorschlag: Wenn sich die Franken aus Ägypten zurückziehen, liefert er ihnen die Stadt Jerusalem aus. Man begann dort bereits, die Stadtmauern zu schleifen – sollte den Christen die Stadt tatsächlich ausgeliefert werden, dann nur unbefestigt. Galiläa und das mittlere Palästina wurden zusätzlich angeboten. Dazu ein 30jähriger Waffenstillstand.

Der päpstliche Legat lehnte eine friedliche Einigung mit den Arabern entschieden ab; mehrere Heerführer allerdings wollten auf die Vorschläge eingehen; heftige Streitigkeiten; Pelagius setzte sich durch.

Hunger und Seuchen unter den Verteidigern; am 5. November 1219 stürmte das Kreuzheer die nur noch schwach verteidigte Stadt. Mein arabischer Chronist wird das so darstellen: Die wenigen Überlebenden hatten nicht mehr die Kraft, die Stadt zu verteidigen, sie übergaben Damiette unter der Bedingung freien Abzugs. Aber die meisten waren von Hunger und Krankheit viel zu geschwächt, um die Stadt verlassen zu können. Auch mein Chronist bleibt in Damiette zurück, bittet Allah um die Kraft, seine Aufgabe als Chronist noch erfüllen und nach der Vertreibung der Franken aus Ägypten den Schlußpunkt setzen zu dürfen.

Zuvor aber ist, beispielsweise, dies zu berichten: Die Christen teilten die reiche Beute unter sich auf – heftige Streitigkeiten; Soldaten plünderten trotz der Bannflüche des Legaten; Raubzüge durch das Hinterland; die Stadtbefestigung wurde repariert und verstärkt. Wie Ibn al-Atir könnte auch mein Chronist feststellen: Der Islam stand damals kurz vor dem Untergang, denn im Osten näherten sich unaufhaltsam die Tataren, die Mongolen, und aus dem Westen kamen weitere Truppen der Franken.

Es war aber immer noch nicht Kaiser Friedrich, es war das Heer Herzog Ludwigs von Bayern: von Friedrich unterstützt, setzte er im Frühjahr 1221 von Süditalien nach Ägypten über. Ludwig hatte dem Kaiser versprechen müssen, keine größere Offensive zu unternehmen und auf ihn zu warten. Wahrscheinlich aber wußte er, daß er lange darauf warten könnte. Außerdem war er voller Tatendrang. Nach einem Winter hartnäckiger Streitigkeiten freute sich auch Legat Pelagius auf belebende Aktionen. Das Kreuzheer brach auf und marschierte von Dimyat nach Süden. Zahlreiche Schiffe wurden nilaufwärts gezogen. Diesmal führte das Heer der König von Jerusalem, Jean de Brienne – er hoffte auf eine große Feldschlacht, die alles entschied.

Die Araber rückten nordwärts vor, wichen aber einer Schlacht mit dem überraschend großen Kreuzheer aus: es soll aus 5000 Rittern, 4000 Bogenschützen und 40000 Mann Fußvolk bestanden haben.

Auch bei geringerer Heeresmacht hätten die Araber eine Feldschlacht vermieden; sie hätte nicht ihrer Kampftaktik entsprochen. Denn: im offenen Gelände waren ihre leicht bewaffneten Heere den vehementen Attacken der Ritter-Pulks nicht gewachsen – die schwer gerüsteten, schwer bewaffneten Ritter der Franken auf ihren Streitrössern durchbrachen im Renngalopp jede Linie. Die leichten Reiter- und Bogenschützen-Einheiten der Muslime versuchten gewöhnlich, die Franken-Truppen in hügeliges Gelände zu locken, tauchten dann von allen Seiten auf, schossen ihre Pfeile ab, verschwanden wieder – das hatte eine oft demoralisierende Wirkung; die schweren Reiter waren zwar weitgehend geschützt vor den Pfeilen, nicht aber die Pferde.

Je weiter das Kreuzheer nach Süden ritt und marschierte, desto größer wurde die Gefahr, daß die Verbindung nach Damiette abgeschnitten wurde. Jean de Brienne warnte vor dieser Gefahr und auch vor der nah bevorstehenden Nilüberschwemmung. Kardinal-Legat Pelagius aber wollte nach Kairo, er setzte sich durch, das Heer marschierte weiter.

Der Nil führte bald darauf Hochwasser, das nutzte der Sultan: eine Flotte trieb rasch nilabwärts, an den Franken vorbei, landete zwischen Frankenheer und Damiette, schnitt den Rückweg des Kreuzheeres ab; es wurde eingekesselt. Es gab nur noch für zwanzig Tage Proviant.

Herzog Ludwig von Bayern riet zum sofortigen Rückzug. Der begann in der Nacht des 26. August. Vorher machten sich viele Soldaten über die Weinvorräte her.

Feuer signalisierten den Arabern, daß der Rückzug begann; ein Kommando setzte über den Nil, auf die Seite der Franken, öffnete die Nilschleusen, das Kreuzheer mußte auf Erddämme flüchten. Die Truppen zogen in aufgelöster Ordnung durch das verschlammte Gelände nordwärts, wurden dabei ständig von leichter Reiterei, von Bogenschützen angegriffen.

Schließlich sah sogar Pelagius ein, daß die Lage aussichtslos war, er zeigte Bereitschaft zu Friedensverhandlungen. Nun aber konnte der Sultan die Bedingungen diktieren: Damiette wird geräumt, ein achtjähriger Waffenstillstand geschlossen.

Noch während der Verhandlungen rückten von Norden her weitere arabische Truppen heran – die Christen besiegelten den Kapitulationsvertrag. Zwanzig hohe Geiseln, so berichtet auch mein Chronist, mußten sich stellen, als Garanten dafür, daß der Vertrag eingehalten werde. Unter diesen Geiseln: Pelagius, König Jean de Brienne, Herzog Ludwig von Bayern, die Großmeister der Ritterorden; die Araber stellten ebenfalls Geiseln. Damiette wurde ausgeliefert. Al-Kamil veranstaltete ein großes Bankett für die eigenen und für die christlichen Heerführer, ließ das Kreuzheer mit Proviant versorgen. Die Geiseln wurden von beiden Seiten freigegeben.

Am 8. September 1221 segelte das geschlagene Kreuzheer ab. Den immer kleiner werdenden Schiffen nachblickend, pries mein arabischer Chronist Allah. Und er schrieb: »Zu Ende ist das Buch. Preis sei Allah, dem Herrn der Welten. Er ist der beste Wächter.«

N eidhart hat ein Kreuzlied verfaßt, das – verglichen mit damals üblicher Kreuzzugslyrik – ungewöhnlich ist. Dies kann uns bei Neidhart kaum noch überraschen.

Das elf Strophen lange Lied trägt in der Berliner Papierhandschrift den Titel *Enhalb mers gesungen*, also »Jenseits des Meeres gesungen«, und das hieß damals: Jenseits des Mittelmeeres. Dort eröffnete Neidhart seinen Liedtext mit dem diesseits des Meeres beliebten Natureingang: eine Frühlings-Ouvertüre. Aber was ihr folgt, ist alles andere als frühlingshaft heiter.

Im offnen Lande grünt es schön,
der Wald steht frisch im Laub.
Der Winterfrost
hatte beide schikaniert –
die Jahreszeit hat sich geändert!
Der Liebesschmerz
läßt mich an die Edle denken –
    ich bin von ihr nicht gern getrennt.

Weil es Frühling werden will,
singen alle Vöglein schön.
Ich säng nun gerne
meinen Freunden vor –
und alle sollten sich bedanken.
Auf meine Lieder
geben hier die Welschen nichts.
    Die deutsche Sprache lebe hoch!

Wie gerne schickte ich
zur Liebsten einen Boten hin!
Ihr wißt schon, wen:
einen, der das Dorf gut kennt,
in dem ich Jeute hinterließ.
Ja, ich sage:
unbeirrbar blieb ich
    fest in dieser Liebe.

Sei reisefertig, Bote, ziehe
übers Meer zum großen Glück!
Mich quält so sehr
Liebessehnsucht.
Sage ihr, in aller Namen:
In kurzer Zeit

gibts ein schönes Wiedersehn –
  jenseits dieses weiten Meers.

Sag der Herrin meines Hauses,
ich sei ihr ganz ergebner Diener.
Nur ihr allein
unter allen andren Frauen
bleib ich in der Liebe treu.
Ich laß sie nicht;
eher würd ich *die* verlassen,
  die sich mir verweigern.

Erweis den Freunden, der Familie
meine Reverenzen,
so rasch es geht.
Wenn dich die Leute fragen,
wie es um die Pilger steht,
so sage: Schlimm
gehn die Welschen mit uns um.
  Und das bedrückt uns hier.

Wenn wir singen oder tanzen:
wir tun noch manchen schweren Tritt
und weiten Schritt,
ehe wie herumscharwenzeln.
Ich sage hier ein wahres Wort:
Wir sollten jetzt
in Österreich sein –
  doch vor der Ernte wird gepflanzt.

Nun brich schon auf!
Beeil dich, sei verläßlich!
Ich komme nach:
ganz bestimmt schon bald,
so früh das irgend geht.
Den Freudentag

laß uns, Gott, erleben:
daß wir zur Heimat reisen!

Wenn der Bote langsam ist,
so will ich selber Bote sein
zum Freundeskreis.
Wir alle sind am Ende –
vom Heer mehr als die Hälfte tot!
Ach, wär ich dort:
bei der schönen Freundin
wär ich gern an meinem Platz.

Würd ich mit ihr alt –
ich hätte noch so manches Lied
für Sängerlohn
im Repertoire –
das würde tausend fröhlich stimmen!
Hätte ich
die Schöne gut im Griff,
so erfüllte sich mein Wunsch!

Der schiene mir ein Narr,
der hier auf dem Felde bleibt.
Da wär mein Rat:
er lasse diese Warterei
und sause übers Meer zurück.
Das wär nicht schlecht –
nirgends lebt man besser
als daheim, in seiner Pfarre.

Ich will nach Österreich
mit einem Bötchen rüberschippern.
Wo stand mein Kopf,
als ich, sternhagelvoll,
drei schnelle Pferde verwürfelt hab?
Nun gehts zu Fuß.

Falls hier jemand Sättel braucht –
ich gebe sie ihm gern.

Zweimal umkreist der Rabe den im Schritt reitenden Mann mit
dem roten Umhang, mit dem Lederfutteral auf dem Rücken –
schon erkennt ihn der Reiter. Ach, du bist's – und das klingt mür-
risch.

Ja, ich bin es, Oswalds Rabe, und ich grüße dich auch in seinem
Namen. Du weißt schon, welchen Oswald ich meine, fügt der Rabe
in einem Tonfall hinzu, der scherzhaft klingen soll. Und er zieht
seine Kreise noch enger um den Reiter. Willst du mir nicht deine
Schulter anbieten – diesmal vielleicht die andere?

Du kannst dich mir auf den Hintern setzen, knurrt der Reiter und
läßt sein Pferd vom Schritt in den Trab übergehen.

Dies alles, krächzt der Rabe flatternd, hört sich so an, als wärst du
nicht gut auf mich zu sprechen. Dabei ist es alles andere als selbstverständlich, daß ich dich wiedergefunden habe, nach den Jahren
inzwischen. Dafür habe ich einen freundlicheren Empfang verdient!

Doch Neidhart gibt keine Antwort.

Weißt du, fragt der Rabe nach einer auf Wirkung berechneten
Pause, was König Oswald getan hat, als ich von langem Flug zu
seiner Burg zurückkehrte und hoch auf dem Turm meinen Raben-
schrei ausstieß? Er eilte in den Burghof, breitete seinen Umhang aus
Zobel und Hermelin aus, forderte mich mit aller Freundlichkeit auf,
herabzufliegen. Ein schwarzer Rabe auf schwarzem und weißem
Pelz! Und der Rabe lacht im Falsett.

Du bist unmusikalisch wie der Teufel, ruft Neidhart.

Wenn ich mich auf die Schulter setzen darf, muß ich nicht so laut
schreien und lachen, entgegnet der Rabe, und versucht, seine
Stimme sanfter zu machen – es klingt, als würde er rabenschwarze
Stimmbänder mit etwas Kreide bestreuen. Und er setzt sich auf den
Pferdekopf, mit dem Rücken zur Reitrichtung, schaut Neidhart mit
schwarzen Knopfaugen an. Willst du mir nicht wenigstens mal den
Zweig vom goldenen Baum zeigen?

Neidhart schnippt mit den Fingern: Das ist der Zweig! Und

schnippt noch einmal: Und das ist der goldene Vogel auf dem Zweig!

Du hast den Baum also nicht gesehen? fragt der Rabe, und schaut Neidhart so betroffen an, daß der Reiter fast Mitleid mit ihm empfindet. Mit wenigen Sätzen erzählt er von der Reise nach Ägypten.

Ich hatte also recht, krächzt der Rabe, aber es klingt nicht triumphierend: Du hast die Reise, die ich dir prophezeite, wirklich und wahrhaftig gemacht. Du warst sogar in der Nähe des Sultans! Woran, so fragt der Rabe und senkt nachdenklich den Kopf, woran mag es wohl gelegen haben, daß du den Palast und diesen Baum nicht gesehen hast?

Neidhart ergänzt seinen kurzen Bericht.

So kann, ruft der Rabe kopfschüttelnd, der Mensch an seinem Glück vorbeilaufen, selbst wenn es greifbar nahe ist. Und er sitzt schweigend auf der Pferdemähne. Nun wirst du gar nicht mehr so gern hören, sagt er mit rabenschwarzer Stimme, daß du erneut eine Reise ins Morgenland machen wirst, trotz deines schon beträchtlichen Alters. Ach ja, seufzt der Rabe, hebt ab und fliegt ein paarmal um Neidhart herum, mit langsamen, nachdenklichen Flügelschlägen. Mit erneutem Ach! läßt er sich wieder auf der Pferdemähne nieder, zwischen den Ohren.

Muß ich jetzt unbedingt Mitleid mit dir haben? fragt Neidhart im Märchenton.

Nein, krächzt der Rabe, es ist an mir, Mitleid mit dir zu empfinden. Voriges Mal war ich gern zu dir geflogen, aus Oswalds Geschichte heraus an die Donau, heute aber fühle ich mich als wahrer Unglücksrabe. Und er läßt den Schnabel halb offenstehn. Diesmal, so fügt er nach einer Pause hinzu, die ihm vielleicht lidschlagkurz, die Neidhart aber wohl ziemlich lang erscheint, diesmal kann ich dir nämlich nichts Erfreuliches, nichts Leuchtendes voraussagen. Ich sehe vor meinen schwarzen Augen, daß ihr in Kämpfe verwickelt werdet, wie sie noch keiner von euch erlebt hat.

Ach, sagt Neidhart, du hast mir vor der letzten Reise Glück prophezeit, nun prophezeist du Unglück – ich geb nichts mehr auf dein Gekrächze.

Der Rabe, weiterhin mit dem Rücken zur Reitrichtung, starrt Neidhart an mit den schwarzen Augen, öffnet wieder den Schnabel: Willst du nun wissen, worauf du dich einläßt, oder willst du es nicht wissen?

Erzähl ruhig, entgegnet Neidhart, ich hör mir unterwegs gern Geschichten an.

Diese Geschichte aber, so ruft der Rabe mit heiser belegter Stimme, und sein Gefieder wirkt wie gerupft, diesmal aber wirst du die Geschichte nicht gerne hören, und du wirst sie nach deiner Heimkehr – die ich dir übrigens zuverlässig voraussage – kaum erzählen wollen, denn sie ist schwarz wie mein Gefieder. Der Rabe stößt ein Geräusch aus wie ein heftiges Räuspern. Du hast, so setzt er neu an, von den Tataren gehört, auch Mongolen genannt. Ihr werdet, sagt er nach einer Pause, die ihre Wirkung nicht verfehlen soll, auf diese Tataren stoßen, wenn du wieder über das Meer gefahren sein wirst. Und als wäre der Rabe stolz auf diese grammatische Konstruktion des vollendeten Futurs, wiederholt er: Wenn ihr über das Meer gefahren sein werdet. Die Tataren, auch Mongolen genannt, krächzt er kopfwiegend und blickt knapp an Neidhart vorbei, als wäre dies ein Blick in die Zukunft: Diese Mongolen oder Tataren werden in geschlossener Reihe auf euch zureiten, langsam, denn ihre Pferde haben nicht nur die bewaffneten Reiter zu tragen, sondern auch Figuren aus Eisen oder Bronze, und diese Figuren scheinen vor ihnen zu sitzen, oder eher: scheinen vor ihnen zu stehen in eigenen Bügeln, ihre Köpfe hoch über den Pferdeköpfen, und diese eisernen oder bronzenen Figuren haben viel Glut, viel Feuer im Bauch. Ich sehe, ruft er mit weit aufgerissenen Rabenaugen, und Neidhart dreht sich unwillkürlich um, als kämen schon Tataren oder Mongolen über die Ebene geritten mit den Eisenfiguren vor sich, aber er sieht nichts als Bäume und Felder: Was also?!

Ich sehe, ich sehe, ich sehe, ruft der Rabe, als sähe er wirklich vor sich, was er gehört hat, ich sehe diese Reiter mit ihren neuen und schrecklichen Geräten in langer Reihe auf euch zureiten, und viele Pfeile fliegen ihnen voraus, sehr viele Pfeile – hüte dich vor Pfeilen! krächzt der Rabe, wie aufschreckend, und fährt in seiner Prophezeiung fort: Ich sehe die Reiter auf euch zukommen, langsam, bedrohlich langsam, und wenn ihr eure Lanzen einlegt zum Gegenangriff, richten sich diese tatarischen oder mongolischen Reiter in ihren Steigbügeln auf, sind nun so hoch wie die Figuren vor ihnen, und gleichzeitig lassen sich alle Reiter auf die Sättel zurückfallen, und schon, und schon –

Ja, was denn, ruft Neidhart.

Und schon schießen aus den eisernen oder bronzenen Figuren Flammen heraus, und die Luft wird schwarz vom Schwefelrauch, so schwarz wie mein Gefieder, und ihr alle – du natürlich ausgenommen – werdet gefressen von diesem weit hinausgespieenen Griechischen Feuer. Und der Rabe scheint in sich zusammenzusinken auf dem Pferdekopf.

Neidhart faßt in die Tasche, hält dem Raben ein Stück Fladenbrot hin, das pickt er auf. Und er fliegt zu einer Pfütze, nippt, flattert zurück auf den Pferdekopf: Ich bin vor Aufregung ganz durstig geworden!

Neidhart ist stehengeblieben mit dem Pferd, schaut stumm den Raben an.

Soll ich dir auch diesmal das Rätsel erklären?

Neidhart nickt.

Beiderseits des Sattels hat jeder dieser Reiter einen Blasebalg angebracht, und indem er sich aufrichtet und plötzlich wieder setzt, preßt er die Blasebälge zusammen, und ein Luftstoß fährt in die eiserne oder bronzene Figur mit ihrer inwendigen Glut, und Feuer schießt aus den Augen, aus den Nasenlöchern, vor allem aus dem Maul der Figur, und dieses Schwefelfeuer wird in weitem Schwung hinausgeworfen oder hinausgeblasen und – der Rabe steckt den Schnabel ins Gefieder, schüttelt sich. Dann rührt er sich nicht mehr. Auch das Pferd steht wie gelähmt.

Neidhart schaut zu seinen Knien hinab, die eine pumpende Bewegung machen, streckt sich wieder. Ich glaub dir zwar nichts mehr, aber daß ich heimkehren werde – da bist du sicher?

Der Rabe nickt mehrfach. Neidhart krault ihm das Gefieder unter dem Schnabel. Kopf hoch! ruft er, so heiser, als wären heiße Ascheflocken auf seine Stimmbänder gefallen.

Bei den Übersetzungsarbeiten für dieses Buch habe ich es zuweilen mit Strophen zu tun, denen es ergangen ist wie einer alten Statue: ein Stück Nase bröckelt ab, eine Wange wird tiefer ausgehöhlt, Steingrind oder Stein gewordener Schaum bildet sich in einem Augenwinkel, Stein blättert ab von einer Unterlippe, Falten eines Gewandes werden stumpf.

> Bis wilkumen sumer weter suzze
> . . . .
> Seiner kelten mag vns wol genugen
> . . . .
> . . . . komen muß .
> dein zeit das ich do gange
> nach wasser mit den krugen
> Newe krenczel seyden reysen
> (   )
> Spring ich den rayen leyse
> nach der achsel noten weis
> trit ich nach der geigen gar geswinde

Angesichts dieser ersten, lädierten Strophe des Liedes *Der waibell* sage ich mir: eigentlich müßte ich Beschädigung, Zerstörung, Verfall in dieses Buch hereinnehmen, nicht nur in dieser Strophe, auch in meinen Übertragungen. Sie sollen Liedtexte frisch erscheinen lassen wie freigelegte Fresken; damit wird jedoch Einwirkung von Zeit aufgehoben. Zum Ausgleich müßte ich Verfall und Zerstörung sichtbar machen, modellhaft, in der einen und anderen Übertragung, indem ich Zeilen wie in einer Transkription ersetze durch gereihte Punkte . . . .
. . . .
und indem ich Buchstabenlücken

auf Buchdruckpapier, das sich

Was für Neidharts Lieder charakteristisch ist, wird noch deutlicher durch Vergleiche. Sie zeigen, wo sich Neidhart als Dichter abhebt von dichtenden Zeitgenossen und wiederum: wo es Gemeinsamkeiten gibt. Nun werde ich nicht literaturwissenschaftlich im Vergleichen, ich lege nur Analogietexte vor zu den Stichworten Tanz und Erotik. Selbstverständlich haben Vorlieben diese kleine Auswahl bestimmt.

Den ersten Liedtext hat Burchard von Hohenfels verfaßt: der Dichter ist urkundlich nachgewiesen zwischen den Jahren 1216 und 1228, ist also ein Zeitgenosse Neidharts, vielleicht jünger; möglicherweise wurde er bereits von Neidhart beeinflußt, zumindest im folgenden Liedtext; eine Dorfszene wie in vielen von Neidharts Liedern, aber: ein tänzerisch leichtes Metrum, wie man es bei Neidhart kaum findet.

Winter und Stuben, sie seien willkommen!
Los, junge Leute, jetzt geht es zum Tanz!
Wenn ihr mir folgt,
werden wir blicken und blinzeln und zwinkern,
    wie Liebe das will,

munter uns drehen, recht dicht beieinander!
Fehlen die Flöten, so singen wir halt!
Schürzt doch das Kleid!
Werden dann wirbeln und schieben und ziehen:
    ein zünftiger Tanz!

Keiner hier soll auf Vergnügen verzichten,
jedermann wähle ein Liebchen sich aus!
Ah, tut das gut!
Wenn sie mal stolpert: ein Griff um die Taille!
    Das kitzelt die Sinne.

Niemand hier soll sich der Liebe entziehen:
wer sie verneint, den packt sie erst recht!
Wahre Verliebtheit

mag sich verstecken – sie lockt und sie bannt
die Gedanken des Freundes.

Freude sei Schutz vor allem, was schlimm ist.
Nur immer heran, das Gefieder gespreizt!
Bloß nicht zu wild!
Laßt die tändelnden Blicke nur schweifen –
das reizt gleich den Spalt.

Und hier noch einmal der Tannhäuser mit einer Sequenz aus einem
Leich. Diese literarische Form läßt sich, in den verschiedenen metri-
schen Formen ihrer Abschnitte, am ehesten mit einer Tanzsuite vergleichen. Bei dieser Struktur ist es leicht, eine Textphase herauszu-
lösen. Der Tanz, von dem gesungen wird, er wird immer stärker
gegenwärtig, wird schließlich – in scheinbarer Improvisation – völlig präsent.

Auf gehts, Geliebte, nun tanz schon mit mir!
Ich hätte so gerne, wir würden ein Pärchen...
Ihr nach, der Geliebten, der Schönen, der Guten!
Was mich belastet – sie macht es mir leichter.

Wo stecken denn Jute und Lose?
Hier tanzen ja Metze und Rose!
Wo stecken nur Riche und Tütel?
Hier tanzen ja Bele und Gütel!

Schön unterm Kranz
wiegend im Tanz –
keine Frau sah besser aus!
Nun laß dich schon lieben, Glückskind,
herrliches Geschöpf!

Ihr Mund: er strahlte wie Rubin im Sonnenglanz,
und diamantenhell ihr Hals
und tugendvoll ihr Herz.

Wo stecken die Flötisten, Harfenspieler, Trommler?
Auf zur Guten, Gutgelaunten,
sie schenkt Lust!
Wo sind nur wieder die Trompeter?

Ich sänge gern noch weiter –
doch fürchte ich zu sehr,
sie werden es mal leid,
was ich so von mir gebe…

Jetzt ist dem Fiedler die Saite zerfetzt!
Ja, so was passiert ihm jede Woche!

Heißa, Tanhuser,
ärger dich nicht!
Wo immer man singt
und fröhlich tanzt:
heißa juchhei!

Zum Abschluß ein dritter erotischer Text, wieder vom Tannhäuser,
der hier erneut (wenn auch Jahre nach Neidhart) die Konventionen
des Hohen Minnesangs durchbricht. Die Dame des Minnesangs
trägt nie einen Namen, besitzt statt körperlicher Schönheiten nur
schöne Tugenden; der Tanhuser dagegen beschreibt lustvoll den
Körper einer Frau.

Vor diesen Weihnachtstagen
sollten wir uns kräftig amüsieren –
wir hielten allzu lange still!
So folgt mir nach: ich heiz die Stimmung ein!
Ich singe euch zum Tanz –
behalte sie im Auge, die Schöne mit dem Kranz.
Die rosenroten Wangen –
säh ich die auch, ich hätte Grund zum Jubeln.
Wenn sich die Schöne
beim Tanz so wiegt – da wird mir gleich ganz anders!

Wenn sie den Gürtel löst,
so fällt mir schon mal dies und jenes Hübsche ein...

Du Liebes und du Gutes –
halt ein, bleib stehn, du schöner Wonneproppen!
So hübsch sind deine Locken,
dein Mündlein rot, die Augen ganz nach Wunsch.
Und rosig deine Bäckchen,
das Hälslein weiß, und hübsch davor die Spange.
Ein wahres Sommerpüppchen!
Dein Haar ist traumhaft blondgelockt.
Und drall sind deine Brüste.
Nun tanz noch toller, Liebes, meine Lust,
und laß die beiden sehen, Freundin,
ein bißchen, mir zuliebe: so was macht mich scharf!

Verlacht ruhig meinen Wunsch!
Mich packts schon, wenn sich deine Zehen zeigen,
sie sind so hübsch gereiht.
Die schönsten Formen und dazu noch Liebe!
Nun tanz noch wilder, Süße!
So zartgewölbt war nie zuvor ein Fuß.
Wem so was nicht gefällt,
der, hört nur, ist nicht recht bei Trost.
Weiß sind ihre Beinchen,
glatt die Schenkel, braungelockt die Musch,
ihr Hintern ist schön prall –
was sich ein Mann bei Frauen wünscht,
        sie hat es in Vollendung!

Und nun gleich wieder ein weiteres Set von Neidhart-Liedtexten! Wir bleiben beim Thema Erotik, Sexualität.
Diesmal als erstes ein Frühlingslied. Der obligatorische Streit
zwischen Mutter und Tochter wird hier nicht direkt ausgetragen, es
wird über ihn berichtet, im Rückblick.

Weit umher wächst Freude, Lust heran!
Seit der Zeit von König Karl habt ihr
den Vogelsang
nie so schön wie jetzt gehört – dies überall!
Ganz vergessen
ist nun wieder all ihr Kummer.

»Fröhlich lärmt die Vogelwelt,
doch tanzen kann ich wieder nicht«,
rief Wendelmut,
»Strümpfe, Schleier, Hut:
von der Mutter
weggesperrt, um mich zu ärgern.«

»Sag, was hast du denn verbrochen?!«
»Richhild, ich weiß es nicht, bei Gott,
wofür ich büße.
Einem edlen Junggesellen
hab ich mich versagt –
dafür werde ich bestraft.

Der kam daher und wollte mich zur Frau –
schon rissen sie das Kleidchen mir vom Leib.
Ha, da wird er
weißgott auf mich verzichten müssen,
der Bauernkerl!
Ah, der ist Luft für mich!

Wenn er meinte, ich läge traut daheim,
befaßte mich mit seinem Dingelchen –
lieber werfe ich
auf der Straße meinen Ball
zu dem vom Reuental.
Der paßt genau zu mir!«

Und noch einmal: Streit zwischen einer Mutter und einer Tochter.

»Der Mai läßt viele Herzen höher schlagen«,
rief ein Mädchen aus, »er zeigt uns,
was seine süße Wonne schafft:
den schwarzen Dorn bekleidet er mit weißen Blüten.
Was sich der Winter unterworfen hat,
das will der Mai verjüngen.«

Das kriegte eine alte Frau gleich mit.
»Wie schön werd ich mich machen für den Mai –
heuer mehr als je zuvor!
Seit ich höre, daß man sich verjüngen kann,
fühle ich mich äußerst wohl!
Gott füge es zu meinem Besten.«

Die Tochter rief: »Was ich nur wieder hören muß!
Mütterlein, falls Ihr Euch nicht blamieren wollt,
so tut, was ich Euch rate:
Es gehört sich nicht für alte Weiber,
daß sie so übermütig werden!
Kommt doch endlich zur Vernunft!«

Die Mutter rief: »Ihr redet dummes Zeug!
Ich bin zwar alt, doch habe ich viel Geld.
Und käm ein junger Mann zu mir,
der nachts mich rüttelt wie die Tür, die klemmt,
daß in meinem Mund die Zähne klappern,
der wäre seine Armut quitt.«

»Gott ist mein Zeuge«, rief die Tochter aus,
»er könnt genauso einen faulen Esel schinden!
Wer bei Euch schlafen muß, des Nachts,
der kriegt zuviel von Eurem Husten, Schnaufen.
Bei Gott, so nehmt die Sache ernst –
schlagt Euch doch so was aus dem Kopf!«

Die Alte drauf: »Was redet Ihr, Frau Tochter?!
Nehmt zur Kenntnis, daß ein wahrer Könner
auf alten Fiedeln herrlich spielt!
Meine Fiedel leih ich einem jungen Mann,
der gut im Reien tanzen kann.
Der rüttelt mich dann richtig durch.«

»Welch Badestube wird so lau beheizt?
Bevor ein Mann von Herzen hitzig wird,
setze man ihn unter Dampf!
Bei gutem Scheitholz und bei schlechtem Herd
wird er vom Heizen kaum befriedigt werden.
Mütterlein, Ihr werft Euch weg!

Vergeßt nicht, was Ihr Vater einst versprach:
kein zweiter Mann! Nun kommt Ihr davon ab.«
»Ich tat das bloß aus diesem Grund:
wird er gesund, behandelt er mich besser.
Nun ist er tot. Er kann mir nichts befehlen.
Ich will mich meines Lebens freun.«

Die Tochter: »Soll Euch doch der Teufel holen!
Mannstoll seid Ihr und habt keine Zähne,
Eure Wangen voller Runzeln –
ich sage hier ein goldnes Wort!«
Sie schlug die Alte, daß sie humpeln mußte.
Die Junge sprang im Reien mit...

Nach dieser Einstimmung wieder ein erotischer Liedtext.

Ich gebe niemals auf,
bis sie mir gehört,
die sich Diemel nennt.
Zu ihr hab ich Vertrauen.
Es mög ihr nicht mißfallen,
daß ich sie stets umwarb.

Übereilen muß sie nichts:
an ihre Weide grenzt mein Feld.
Nur Eckemann verprügelt Eckemam –
beide kriegen einen roten Mund davon!

Mit meinem ganzen Herzen
bin ich ihr zugeneigt.
Ich wähnte mich bereits am Ziel,
da fragte sie mich nach Besitz.
»Was ich Euch zu bieten habe,
ist nichts Geringeres als dies:
Reuental ist mein;
das brachte meine Mutter ein.
Herrin, das will ich Euch schänkenschönken.«
»Herr, ich kann darauf verzächtenzöchten.«

Ich habe mich aus freien Stücken
ganz in ihren Dienst gestellt –
und dann entdeckte ich an ihr
einen roten Gürtel!
Jeder zarte Wink von mir
macht sie wütend über mich.
Gläsern ist die Schnalle,
kupfern ist der Dorn...!
Ich sah genau: es war ein schmaler Gürtel.
Der Ritter brachte ihn aus Wien.

Ich bin ihr nachgeschlichen
bis an den Waldesrand.
Groß war ihre Lust
mit dem schönen Ritter.
Ich kam zur rechten Zeit –
das stimmte mich nicht froh!
Es dauerte nicht lang,
da warf er sie auf das Kreuz,
schob in ihre edlen Händchen,
was man Pümmelpömmel nennt.

Als sie den Pümmelpömmel
in die Hand genommen hatte,
schob sie ihn zu ihrem Schoß
und er stieß ihn durch den Pelz.
»Rühr dich tüchtig mit dem Hünterhöntern,
daß der Pümmelpömmel nicht erschlafft!
Ei der Daus, wer kommt denn da…?!«

In Liedtexten Neidharts (und in denen einiger Kollegen) wiederholen sich Stichwörter zu diesem Kapitel: Sexualität im Mittelalter.

Ich intoniere mit einem Seitenthema: Nacktheit. Wir haben Enklaven gebildet, in denen akzeptiert wird, daß Menschen sich nackt
aufhalten: Saunen, Badeanstalten zu bestimmten Öffnungszeiten,
FKK-Strände. Eine Entwicklung, die im vorigen Jahrhundert ihren
Kulminationspunkt fand (die Textildrapierungen menschlicher
Körper am Strand… die knöchellangen Nachthemden für Männer
und Frauen…), ist damit rückläufig, oder: ist damit zum Teil rückgängig gemacht worden.

Im Mittelalter war es offenbar ohne besondere Verabredung
selbstverständlich, daß sich Menschen nackt ihren Mitmenschen
zeigten – dazu mußten sie sich keinen Überzeugungsruck geben.
Man war nackt im gemeinsamen Bad, soll gelegentlich auch nackt
zum Badehaus gegangen sein, zumindest bis zum Alter von etwa
achtzehn, und danach hielt man es so, wie es sich gerade ergab. Üblich war im Mittelalter auch, daß man nackt ins Bett ging, mindestens zu zweit – ich erwähnte es schon.

Die Schamschwellen, die Peinlichkeitsgrenzen, die heute ›natürlich‹ erscheinen, sie waren im Mittelalter so gut wie überhaupt nicht
vorhanden. Mußte sich diese Einstellung nicht auswirken auf das
sexuelle Verhalten? Zogen sich Paare zurück, wenn sie miteinander
schlafen wollten? Oder taten sie es ungestört in Gegenwart von Fa-
milienmitgliedern, Gästen, Dienern? Wir werden später sehen, wie
›ungeniert‹ man sich beispielsweise beim Essen verhielt oder wie
direkt sich jede Aggressivität in Aggression umsetzte: das Mittel-

alter als eine Zeit, in der man sich so gut wie überhaupt keinen ›Zwang antat‹, in der man Affekten nachgab, ohne Bedenken, ohne Reue. »Das Affektgefüge des Menschen ist ein Ganzes«, betont Norbert Elias, und so läßt sich schwer vorstellen, daß man in jedem Lebensbereich seinen Neigungen, Affekten, Trieben nachgab, und die Sexualität freiwillig einer strengen Regulierung oder Restriktion unterwarf.

Es ist hier allerdings mit Nachdruck zu fragen nach den Einwirkungen der Kirche gerade auf die Sexualität. Über Sexualität im Hochmittelalter schreiben heißt zugleich, über die damalige Kirche schreiben. Sie hatte das öffentliche Erziehungsmonopol.

Hat diese Kirche nicht die sexuelle Lust verpönt? Sexualität nur als Mittel der Fortpflanzung unter Eheleuten, und sonst macht sich schuldig, wird sündig, wer beischläft? Ist es nicht heute noch so in manchen Dörfern der Nordeifel, daß –? Bekommt man nicht heute noch im Odenwald zu hören, wie –? Aber Rückschlüsse aus heutigen fossilen Lebensformen führen nicht zu einer Antwort auf unsere Frage, wir müssen wieder Dokumente heranziehen.

Und hier läßt sich eigentlich beides belegen oder von Zitaten ableiten: die Vorstellung, daß man auch im sexuellen Verhalten noch nicht dem »Prozeß der Zivilisation« unterworfen war, sich gleichsam heidnisch unbefangen auslebte, und die Vorstellung, daß kirchliche Bevormundung und Repression sehr stark waren, so daß zumindest ansatzweise eine Kollektivneurose entstand, die starken gestischen Ausdruck suchte zwischen Tanzwut und Selbstgeißelung.

Die Frage nach der Einstellung der Kirche zur Sexualität läßt sich nicht trennen von der Frage nach der Einstellung der Kirche zur Frau. Und hier glauben wir zu wissen: die Kirche hat in Lehre und Verkündigung betont, daß die Frau in der Kirche zu schweigen hat, daß die Frau von Natur aus weniger wert ist als der Mann, daß die Frau den Mann zu Niedrigem verleitet und eins ihrer bewährtesten Mittel dazu ist ihre Geilheit, die des Teufels ist – und so weiter.

In seinem Buch über Medizin im Mittelalter legt Heinrich Schipperges Zitate vor, die solcher pauschalen Auffassung widersprechen. Ich setze mich der Herausforderung dieser Zitate aus, beziehe sie in dieses Kapitel ein. Basilius, griechischer Kirchenvater (und das Wort eines Kirchenvaters hatte Gewicht): »Die Frau besitzt nicht weniger als der Mann den Vorzug, nach Gottes Bild geschaffen zu sein. Beide Geschlechter haben dieselbe Würde, beide die gleichen Tugenden. Beiden ist dieselbe Belohnung, beiden die nämliche Auferstehung des Fleisches in Aussicht gestellt.«

Und Hildegard von Bingen zur Geschlechtslust: »Daher sollst du unter dem Wollen Gottes die Geschlechtsbegierde verstehen, in der Macht Gottes des Mannes Geschlechtskraft, in der Güte Gottes, die Wollen und Können vereint, den Geschlechtsakt, der beides, Libido und Potenz, in sich trägt. Auf diese Weise wird durch den Mann aus der Frau das menschliche Geschlecht hervorgebracht.« Und sie betont, wie sehr Frau und Mann – nicht nur in der Lust – aufeinander angewiesen sind, voneinander abhängen: »Die Frau ist um des Mannes willen geschaffen, und der Mann ist für die Frau gebildet worden. Wie sich die Frau nicht vom Manne, so soll auch der Mann sich nicht von der Frau und keiner vom anderen mehr trennen. Das liegt einfach in der Einheit ihrer Naturen, da sie ja beide in einem Werke eines wirken, so wie Luft und Wind ihre Werke zusammen verrichten.«

Hildegardis Bingensis ist auch davon überzeugt, daß mit der Auferstehung des Fleisches die Menschen nicht als geschlechtslose Wesen re-inkarniert werden, sondern »in sexu suo«, in ihrem Geschlecht, und das heißt wohl auch: mit ihren Geschlechtsorganen. Ja, sie betont: Auferstehung des Menschen in der Vollkommenheit seines Körpers und seines Geschlechts, in integritate et corporis et sexus sui.

Und wie war die Einstellung des Klerus zur Sexualität? Beliebt und entsprechend zahlreich waren im Mittelalter Anekdoten über Priester, die mit Frauen, mit Mädchen ihres Sprengels schliefen. Und es gibt die lateinische Liebeslyrik des Mittelalters, ausschließlich verfaßt von Klerikern; in dieser Lyrik wurden römische Traditionen fortgesetzt: Genuß, nicht Entsagung wurde besungen. Die wohl berühmtesten Beispiele mittelalterlicher Liebeslieder haben in Benediktbeuren Mönche gesammelt und aufgeschrieben: die Carmina Burana.

Haben also Kleriker, Mönche, Geistliche in lateinischer Lyrik (die von der Bevölkerung nicht verstanden wurde) sinnliche Liebe gefeiert, und nach außen hin wurde Enthaltsamkeit gepredigt, Repression ausgeübt – oder man versuchte dies zumindest?

Statt hier Zitate zusammenzustellen, die eine offiziell sexualfeindliche Haltung vieler (vielleicht der meisten) Repräsentanten der Römischen Kirche im Mittelalter dokumentieren (im Gegensatz zu einer Hildegard von Bingen, zu einem Bonaventura), bringe ich Materialien, die weniger bekannt sind: kirchliche Bußen für sexuelle Praktiken, die als Perversionen geahndet wurden.

In Bußtafeln des Frühen Mittelalters, deren Kanon jahrhundertelang als Gewohnheitsrecht fixiert blieb, wurden für sexuelle Verfehlungen Strafen angesetzt: Fastenzeiten bei Wasser und Brot, und zwar an allen Wochentagen.

Einige Beispiele: eine Frau, die sich beim Geschlechtakt auf den Mann legt, muß vierzig Tage Buße leisten – eine Zahl, die sich in verschiedenen Quellen wiederholt. Legt sie sich beim Beischlaf notorisch auf den Mann, so kann die Strafe rasch anwachsen: zu einem Jahr, sogar zu mehreren Jahren.

Und hier muß ich Vergleichsziffern nennen; vorsätzlicher Mord wird in denselben Rechtsdokumenten mit fünf bis sieben Jahren Buße geahndet – bei Laien, bei Klerikern können einige Jahre dazukommen, bis zu einem Jahrzehnt.

Weitere Angaben aus den Bußkatalogen: beim Analverkehr liegt das Strafmaß in gleicher Höhe, ist zum Teil sogar höher als bei Mord. Oralverkehr: drei, fünf oder sieben Jahre, womöglich lebenslängliche Buße bei Wasser und Brot. Ebenso wurde jede Form der Verhütung bestraft. Das einfachste Mittel, der coitus interruptus, wurde nach einem Rechtsdokument mit zwei, nach einem anderen mit zehn Jahren kirchlicher Buße geahndet.

Der Interruptus übrigens als einzige Form der Verhütung, die der Mann übernahm. Sonst war auch damals die Frau dafür ›zuständig‹. Um das Jahr 1000 nennt der arabische Arzt Avicenna verschiedene Methoden der Empfängnisverhütung: Interruptus; Verhindern eines gleichzeitigen Orgasmus; die Frau soll nach dem Koitus aufstehen und mehrfach rückwärts springen, damit der Same wieder

»herauskommt«; niesen, die Vagina vor und nach dem Koitus mit Zedernöl bestreichen, auch das Glied des Mannes – Bleiweiß oder Balsam sind ebenfalls geeignet; nach dem Koitus das Fruchtmark des Granatapfels mit Alaun in die Vagina einführen; empfohlen werden dazu auch Kohlblüten und Kohlblütensamen; eine andere Methode: Blätter der Trauerweide in einem Tampon aus Wolle nach der Menstruation in die Vagina einführen.

Am häufigsten wurde versucht, die Konzeption mit Kräutergetränken zu verhindern. Wurde bekannt, daß eine Frau solche Tränke bereitete und zu sich nahm oder daß sie auf andere Weise abzutreiben versuchte, so konnte die Strafe sehr hoch sein: jede potentielle Befruchtung, die verhindert wurde, galt als Mord. Zitat aus einem der kirchlichen Bußbücher: »Wenn eine Frau Kräutergetränke getrunken hat, um nicht zu empfangen, wird sie so vieler Totschläge angeklagt werden, wie sie hätte empfangen oder gebären müssen, und soll entsprechend bestraft werden.«

Aus solchen Bußkatalogen läßt sich ebensowenig wie aus heutigen Gesetzestexten auf gesellschaftliche Realitäten rückschließen. Allerdings, wenn etwas speziell verboten oder dezidiert bestraft wurde, so beweist dies: es wurde praktiziert. Also auch der Ehebruch – als die größte Quelle der Lust galt seit jeher die nichteheliche oder außereheliche Liebschaft.

Waren hier Schuldgefühle stärker, als sie es heute noch sind? Gesellschaftliche Kontrolle war damals leicht: man lebte eng beisammen, Wände zwischen Menschen waren dünn. Es kam die Angst dazu, ein uneheliches Kind zu zeugen, zu gebären – und alles wird offenkundig!

Ehebruch wurde damals rigoros bestraft, vor allem bei Frauen; sie konnten an den Pranger gestellt, aus der Gemeinschaft ausgestoßen werden. Welche emotionalen Rückwirkungen hatte das auf Zeitgenossen eines Neidhart? War es so ähnlich wie später in der Prohibition: es war schwer, an Alkohol zu kommen, aber getrunken wurde trotzdem? Berthold von Regensburg klagte wiederholt, er predige tauben Ohren.

Eine Frau als Hure in einem Bordell. Diese Frau von Mitte Dreißig hat ihre Kolleginnen an einem Nachmittag zusammengerufen, ein Mißstand soll besprochen, eine Lösung gesucht werden. Ich skizziere hier nach Vorlagen: keine freie Erfindung also.

Zu Beginn dieser Skizze eine kurze, heftige Auseinandersetzung zwischen dieser Dirne und dem Wirt des Frauenhauses: Der Wein, den er ihr vorsetzt, ist wieder mal verdünnt; der Bordellwirt bestreitet das; sie schreit, er bescheiße sie andauernd, gebe schlechtes Essen für gutes Geld, bei den Getränken stimme das Maß nicht, oder er verwässre den Wein, sie gibt ihm den entschiedenen Rat, einen Becher nachzureichen, sonst würde sie sich über ihn beschweren.

Zwei Männer, die an einem kleinen Tisch sitzen, würfeln weiter. Der Bordellwirt bringt der älteren Hure schließlich einen Holznapf Wein, stellt ihn so heftig vor ihr ab, daß es überschwappt, sie flucht, er flucht ebenfalls, der Bordellwirt geht zu den beiden Männern, würfelt wieder mit ihnen.

Die Frauen am größeren Tisch – wie sind sie gekleidet? Ein warmer Sommertag, also werden sie nur Hemden tragen. Fast alle werden sie barfuß laufen. Sie reden wild durcheinander, in der Sprache ihrer Region, die für diese Skizze nicht festgelegt werden muß.

Bevor die ältere Hure sich durchsetzt mit größerer Lautstärke: einige Informationen zum Haus. Es ist ein städtisches Frauenhaus, und dieser Status war weithin üblich: ein Bordell im Besitz und in der Verwaltung des Städtchens. Die Übernahme oder Gründung könnte – auch in diesem Fall – von den Herren der kleinen Stadt so gerechtfertigt worden sein: Obwohl der Rat mehr geneigt sein sollte, Ehrbarkeit und gute Sitten zu fördern, statt Sünde und sträfliches Wesen, halte man, um größeres Übel zu vermeiden, »gemeine Weiber«, und zwar mit Duldung der heiligen Kirche.

Dieses Frauenhaus steht an der Stadtmauer, in einem Viertel, in dem auch Gerber und Schmiede arbeiten, in das ehrbare Stadtbewohner und deren Kinder normalerweise nicht kommen. Die kleine Stadt dieser Skizze hat einen Mann beauftragt mit der Aufsicht über das Haus; die Leitung hat der Bordellwirt, der das Haus von der Stadt gepachtet hat. Vielfach wurden Frauenhäuser auch von Frauen geleitet.

Die ältere Dirne, die gleich das Gespräch auf ihr Thema bringen wird, ist auf eine damals fast übliche Weise zur Prostitution gekommen: ihr Mann, ein Handwerker, hat hohe Schulden gemacht, vor allem bei den (verbotenen) Glücksspielen im Frauenhaus; um von den Schulden befreit zu werden, hat er seine Frau an den Bordellwirt versetzt, obwohl das Verkaufen, Versetzen, Verpfänden von Frauen streng verboten war. Es kam trotzdem recht häufig vor, und wenn Frauen Schulden machten, blieb ihnen oft nichts anderes übrig, als sich selbst zu verpfänden. Und es kam vor, daß ein Bordellwirt eine Frau an einen Kollegen versetzte. Oder daß er eine der Frauen zwang, trotz Schwangerschaft zu arbeiten, weil sie hohe Schulden hatte. Das war verboten, und ebenso, daß eine Frau eingesperrt wurde. Dirnen durften nicht genötigt werden, sie durften – offiziell – das Frauenhaus verlassen, durften allerdings außerhalb des Hauses keine Prostitution betreiben.

Dafür war die Gemeinde, die das Frauenhaus eingerichtet hatte, verpflichtet, die freie Prostitution zu verbieten. Die ließ sich aber faktisch kaum unter Kontrolle bringen. In Wäldern vor der Stadt wurden, ich zitiere aus einer späteren Quelle, »viele und mancherlei Sünden und Übel der Unkeuschheit ganz unverhohlen und ohne Scham geübt und vollbracht«. Man versuchte das zu unterbinden, indem man in einer Zone von einer halben Meile rings um die Stadt »leibliche Werke der Unkeuschheit« verbot. »Zur Vermeidung weiteren Übels« wurde Prostitution im Frauenhaus institutionalisiert.

Die ältere Hure, die nun wieder in den Mittelpunkt der Skizze gerückt wird, schreit hinein in das allgemeine Durcheinanderreden, Durcheinanderrufen: Frauen, die öffentlich von der Buhlschaft leben, gehen auf dem Judenbühel und auf dem Anger an der Steinernen Brücke ihrem Gewerbe nach, auch in Häusern verschiedener Bürger!

Hier rufen die Frauen am Tisch gleich mehrere Namen: den eines Kuchenbäckers, der vier Frauen hält, zu denen sich Ehemänner wie Junggesellen legen dürfen; den Namen einer Witwe, die in ihrem kleinen Hof alle einläßt, die da kommen, auch Ehemänner, auch Frauen, die sich zu Frauen begeben wollen; genannt wird der

Name einer weiteren Frau, die in ihrem Haus am Graben junge Töchter hält – eine von ihnen so jung, daß sie noch nicht einmal Brüste hat.

Diese Nester heimlicher Huren, so ruft die ältere Frau, müssen ausgehoben werden, denn immer häufiger besuchen Männer diese geheimen Frauenhäuser, in denen alles viel schlimmer zugehe als in diesem Töchterhaus!

Die Erregung treibt die Stimmen noch höher; man hat das schon oft beklagt, jetzt muß endlich etwas geschehen! Ja, rufen Frauen am Tisch, und die Würfler blicken auf, ja, sie müssen in diese Hurennester eindringen und alle verprügeln und alles zertrümmern, das ist das einzige, was hilft! Und die nichtsnutzigen und unsittlichen Dirnen, die keinen festen Aufenthalt in der Stadt haben, die durch Gassen und Straßen streifen, die sich von Wirten verkuppeln lassen, sie alle müssen endlich aufgegriffen und in den Turm geworfen werden! Und diese ganz jungen, viel zu jungen Töchter soll man mit Ruten züchtigen.

Die ältere Hure findet das richtig, aber sie ist der Meinung, daß man doch etwas anders vorgehen soll: ein paar von ihnen sollen mit ihr zum Bürgermeister gehen, ihn auf die Mißstände hinweisen, ihn daran erinnern, daß er das freie Buhlen verbieten muß, die Einnahmen dieses Frauenhauses wurden in letzter Zeit geringer, man muß auch deshalb die Hurennester ausheben, sie wird ihn um die Erlaubnis bitten, dies sofort selbst zu besorgen.

Das treibt den Stimmpegel noch höher: Warum erst diesen Herrn fragen?! Aber die ältere Hure besteht auf ihrem Vorschlag, denn dies ist ein Frauenhaus der Stadt, und wenn ihnen von der Obrigkeit erlaubt wird, die Hurennester auszunehmen, wird es so schnell keiner mehr wagen, ein neues Hurennest einzurichten! Und weil sie das sehr entschieden vorträgt und weil sie am längsten im Dienst ist und weil man ihr zutraut, daß sie dem hohen Herrn alles klipp und klar sagt, setzt sie sich durch; gleich am nächsten Tag will man losziehen. Und die Frauen malen sich aus, wie sie die Häuser stürmen, wie sie alles zerschlagen, wie sie die Hurenwirtinnen und die Hurenwirte verprügeln, und die anderen Vögel ebenfalls.

Fortsetzung des rekonstruierenden Entwurfs. Der Dichter, der Sänger nennt wieder einen Namen: »Herr Bischof Eberhard«. Mit diesem Bischof ist er in die »Mark« gezogen. Sein Lied über diesen Feldzug erhielt in der Papierhandschrift den Titel *Uff der March gesungen.* Bevor ich diesen Text vorstelle, eine Skizze des Bischofs.

Eberhard dürfte etwa in Neidharts Alter gewesen sein; schon früh wurde er Bischof von Brixen, das noch zu Bayern gehörte, hielt sich aber nur selten in seiner Residenz auf, das Studium der Theologie war ihm wichtiger; Papst Innozenz III. sah sich gezwungen, ihm eine Rüge zu erteilen. Dennoch, im Jahre 1200 wurde Eberhard zum Erzbischof von Salzburg gewählt – er wird fast ein halbes Jahrhundert in diesem Amt bleiben.

Zur Zeit seiner Wahl sah es in Salzburg und Umgebung schlimm aus: wenige Wochen zuvor hatte eine Feuersbrunst Salzburg weithin zerstört; es kamen eine Überschwemmung hinzu, eine Seuche, eine Heuschreckenplage. Äußerst schwieriger Anfang für den Erzbischof, der in seiner Diözese zugleich Funktionen eines weltlichen Herrschers ausübte – später gibt es für diese Fusion den Begriff »Fürstbischof«.

Dieser Eberhard, auch von der Nachwelt als der bedeutendste unter den Salzburger Erzbischöfen und Landesfürsten gewürdigt, war ein Mann von zäher Energie. Sein großes Werk schließlich: das erweiterte und territorial geschlossene Gebiet der Erzdiözese Salzburg. Eins der Mittel, mit denen man damals Rechtsansprüche geltend machte, war das Fälschen von Urkunden; mit dieser Methode setzte Eberhard im Pongau an. Weitere und größere Regionen wurden gekauft.

Woher hatte er das Geld dafür? Dieser Erzbischof war ein geschäftstüchtiger Unternehmer, und zwar in der Salzbranche. Unter seiner Direktion wurde der Salzbergbau, die Salzgewinnung in Hallein entschieden gesteigert. Eine Zeitlang war Hallein fast bedeutungslos gewesen; dominierend war die Salzproduktion in Reichenhall: diese Vormachtstellung, die fast ein Monopol war, brach Erzbischof Eberhard.

Um ausreichend Kapital zu haben, verkaufte er zu Beginn des

Jahrhunderts Anteile, beispielsweise an das Zisterzienserkloster Salem am Bodensee. Mit diesen Geldern modernisierte er den Abbau, die Gewinnung von Salz. Er führte eine neue Methode ein: die Sole wurde in riesigen Pfannen gesiedet. Jeder Anteil, den er verkaufte, entspach umgerechnet einer Großpfanne. So waren die Zisterzienser vom Bodensee mit insgesamt zwei Großpfannen am Salzsieden beteiligt, die Erzdiözese selbst mit drei Großpfannen. Insgesamt waren es schließlich neun Großpfannen. Sie produzierten so viel Salz, daß Eberhard das Salzburger Handelsgebiet erheblich erweitern konnte, er nahm dem Konkurrenten Reichenhall immer mehr Marktanteile ab – im nördlichen Bayern, in Böhmen und Mähren, in Österreich. Die riesige Produktion, der harte Wettbewerb ließen allerdings den Salzpreis sinken, und zwar so tief, daß Bischof Eberhard die Methode heutiger erdölproduzierender Länder vorwegnahm: er drosselte die Salzproduktion, und zwar zeitweise auf ein Viertel; damit trieb er den Preis wieder in die gewünschte Höhe.

Und was hatte »Herr Bischof Eberhard« in der Mark zu tun? Welches Grenzgebiet, Grenzland ist hier gemeint? Vieles spricht für die Steiermark. Dort gründete der Bischof das Bistum Seckau, es wurde Amtssitz. Und er führte Visitationen durch in der Diözese Gurk: der Bischof von Gurk war abhängig von Salzburg, wollte das aber nicht bleiben, es wurden Urkunden gefälscht, um den Anspruch, die Vorherrschaft Salzburgs zurückzuweisen, es kam schließlich zu militärischen Auseinandersetzungen zwischen Gurk und Salzburg.

Neidhart (nein: das Sänger-Ich) bezeichnet sich im Lied, das ich noch vorstellen werde, als »Kriegsknecht«. War er demnach an Kampfhandlungen vor Gurk beteiligt? Oder fand der kleine Feldzug in einer anderen Mark statt?

Stichworte für einen Kriegsbericht: wie führte man Krieg in der Zeit, die man später zuweilen als Ära christlicher Ritter sah?

Das leuchtende, allzu leuchtende Bild von Rittern wurde im vorigen Jahrhundert von zahlreichen Ritterromanen geschaffen: lauter Bamberger Reiter...! Heute wird die Idealisierung in einem anderen Medium fortgesetzt: im Film. Wenn Ritter miteinander kämpfen (meist paarweise, selten in Pulks), so sind das festliche Ereignisse, präsentiert in schöner Choreographie, und es flattert Seide, blinkt Metall. Wollen wir uns damaliger Realität des Waffendienstes annähern, so müssen wir Aura und Nimbus, Legende und Mythos des Rittertums zumindest relativieren.

Als Vorlage meines Berichts die *Gesta Frederici*, die Taten Friedrichs, vom Freisinger Bischof Otto etwa zur Hälfte diktiert, nach seinem Tod von Rahewin fortgesetzt.

Die historischen Koordinaten des Feldzugs lasse ich weg, es geht um typische Abläufe. Realität Kampf, Realität Krieg: Abschnitte der Lebensreise waren Feldzüge.

Ich lasse den Modell-Feldzug damit beginnen, daß ein als zuverlässig geltender Einheimischer die Truppen in einer Gegend hin und her führt, in der man »Nahrungsmittel weder finden noch kaufen« kann. Es kommt anhaltend schlechtes Wetter hinzu. Die Stimmung im Heer wird mies.

Der Heerführer läßt den einheimischen Führer als Verräter bestrafen, exemplarisch, übernimmt wieder die Führung der Truppen, man erreicht nach tagelangen Märschen, Ritten ein Gebiet, das fruchtbar ist. Endlich wieder Proviant. Das Wetter aber bleibt schlecht, tagelange »Regengüsse«. Erst war man hungrig und erschöpft, jetzt ist man erschöpft und triefnaß.

Als das Wetter besser wird, dürfen sich die Truppen ein paar Tage erholen. Aufbruch, es geht weiter. Eine Brücke, die von hölzerner Schutzwehr gesichert ist, wird erobert, überquert, verbrannt. Eine kleine Stadt am Weg leistet Widerstand, wird von den Truppen rasch gestürmt, ausgeplündert, »eingeäschert«.

Nach diesem kleinen Sieg wird es notwendig, für Disziplin in der Truppe zu sorgen: in den Wochen des Hin- und Hermarschierens, des Wartens, Lagerns ist es zu zahlreichen Schlägereien gekommen, es wurden Messer gezückt, Schwerter gezogen. Es wird vom Heerführer ein Gesetz erlassen, das alle beschwören müssen, die Panzerreiter wie die Fußsoldaten und der Troß: keiner darf den Lagerfrieden verletzen; wer das tut und einen anderen Soldaten dabei verwundet, dem soll eine Hand oder gleich der Kopf abgeschlagen werden. Diese Drohung tut ihre Wirkung, fürs erste. Das Heer zieht weiter.

Wieder mal ein Fluß. Ein Teil der Truppen überquert ihn; Erkundungsritte in der Umgebung der Stadt – eine Aufgabe für ausgesuchte Panzerreiter. Der Heerführer kann mit dem größeren Teil der Truppen vorerst nicht folgen, wieder mal ein Unwetter, der Fluß kann in der Furt nicht mehr durchquert werden: am Ufer lagern. Warten auf beiden Seiten. Drei Tage später erst läßt sich der Fluß »mit einiger Mühe durchwaten«. Man rückt auf die Stadt vor. Ein erster Sturmangriff mißlingt; von der Mauerkrone werden derart viele bereitgelegte Steine und Steinbrocken, ja Felsbrocken auf die Anstürmenden geworfen, daß sie sich zurückziehen müssen.

Es beginnt die Belagerung und damit: die Wartezeit für Panzerreiter. Die wichtigsten Leute sind nun Ingenieure und ihre Schreiner, Schmiede. Wurfmaschinen werden gebaut, die möglichst große Steinbrocken gegen die Stadtbefestigungen schleudern sollen. Es dauert Wochen, bis sie stehen, Tage, bis sie einigermaßen justiert sind. Ein Treffer, bei dem auf der Mauerkrone drei feindliche Soldaten, womöglich Ritter, getötet werden, ist erwähnenswert in einer Chronik.

In der fortdauernden Wartezeit müssen die Streifzüge nach Proviant weiter und weiter ausgedehnt werden – die Umgebung der Stadt ist längst kahlgefressen. Ritter werden sich für solche Fouragier-Ritte kaum zu fein dünken: endlich was unternehmen! Auch bleibt man dabei in Übung. Vielleicht muß man auf einem dieser Streifzüge schon mal einen Bauern totschlagen.

Die Disziplin unter den Belagerern läßt wieder nach. Der Heerführer befiehlt, demonstrativ einen Galgen zu errichten.

An diesem Galgen werden aber als erstes Gefangene aufgeknüpft, in Sichtnähe der Stadtmauer. Man hat diese Gefangenen gemacht, als ein Trupp einen Ausfall wagte, um eine Brunnenanlage außerhalb der Stadtmauer zu sichern. Diese Quelle vor allem wird in der nächsten Zeit umkämpft. Zwar wird es auch in der Stadt Brunnen geben, aber die reichen bei zunehmender Hitze nicht aus.

Die Belagerung zieht sich hin. Die Wurfmaschinen können keine Breschen schießen. So versucht man, an günstiger oder günstig erscheinender Stelle die Stadtmauer zu unterminieren – auch dies ist keine Tätigkeit für Panzerreiter, sie müssen das Ergebnis abwarten. Der Tunnel wird ständig weitergetrieben, wird mit Holzstempeln abgestützt. Kommt man unterhalb der Stadtmauer an, so wird auch hier der Tunnel mit Holzstempeln abgesichert, und es wird rechts und links ausgehöhlt. Ist die Mauer genügend unterwühlt, sollen die Holzstützen angezündet werden, das Mauerwerk soll einsacken. Die Belagerer haben freilich schnell herausbekommen, was vorbereitet wird, auch sie treiben unterirdische Gänge vor, unterminieren die Unterminierer. Einige der Belagerer werden verschüttet, man gibt das Unternehmen auf.

Was mit Werkzeug und Waffen nicht erreicht werden kann, das sollen Hunger und vor allem Durst erreichen: man wirft »faulende und stinkende Leichen von Menschen und Tieren« in den Brunnen. Das Wasser wird offenbar dennoch benutzt in der Stadt: eine Zeit großer Hitze. Man stellt Fackeln aus Schwefel und Pech her, zündet sie an, wirft sie in den Brunnen, von dem aus ein Bach in die Stadt fließt: eher eine eingefaßte Quelle als ein Brunnen? Das wird in der Chronik nicht ganz klar. Jedenfalls, das Wasser wird verseucht. Warten auf Wirkung.

Futter für die Pferde, Proviant muß beschafft werden. Aber in dieser Region war die Ernte schlecht, da ist nicht viel zu holen für die vielen hungrigen Fußsoldaten und Reiter. Streifzüge. Warten. Streifzüge. »Da erfüllte sich auch hier das Wort: Was die geflügelte Heuschrecke übrigläßt, das frißt die hüpfende, und was die hüpfende übrigläßt, das frißt die Raupe.« Aus der Stadt greift ein Trupp an, es kommt zum Gefecht. Mit Beginn der Dunkelheit wird es abgebrochen; weder Sieg noch Niederlage. Tote, Verwundete auf beiden Seiten.

Ein weiterer Ausfall ist zu erwarten. Der Heerführer bereitet einen Hinterhalt vor: ein Trupp soll den Gegner auf sich ziehen, soll Flucht vortäuschen, und zwar in Richtung Falle – ein Trupp von Rittern, Fußsoldaten wird im Gelände versteckt. Wie zu erwarten, bricht ein Trupp aus der Stadt hervor, greift mit Vehemenz den Trupp an, der sich angreifen läßt und scheinbar die Flucht ergreift, auf Pferden; die Belagerer setzen so heftig nach, daß aus der vorgetäuschten Flucht eine echte Flucht zu werden droht, dabei läßt sich die vorgeschriebene Richtung nicht mehr genau einhalten – die Flucht führt am Hinterhalt vorbei. Dennoch bricht dort der Trupp aus dem Versteck hervor, überfällt den Feind an der Flanke, im Rücken. Mit einem Sprung in die Vergangenheitsform zitiere ich Rahewin: als die Feinde »rings umzingelt waren und ihnen keine Flucht mehr möglich war, da wurden sie, wehrlos gegen alle Angriffe, niedergemacht oder gefangengenommen; Pferde und Reiter lagen am Boden. Da bot sich auf dem offenen Felde ein grausiges Schauspiel, als die eingeschlossenen Feinde, die weder kämpfen noch fliehen konnten, mitleidlos niedergehauen wurden. Schließlich war, so weit man sehen konnte, alles mit Geschossen, Waffen und Körpern von Toten oder auf den Tod Verwundeter bedeckt.«

Auf beiden Seiten nimmt die Erbitterung zu. Gelegentliche Scharmützel vor den Toren. Gefangene werden gemacht, wechselweise. Einige der Belagerer schlagen toten Gegnern die Köpfe ab, werfen sie sich – in Sichtnähe der Stadtmauer – als Bälle zu: Spott, Hohn, Prahlereien. Und prompte Reaktion: »Die Leute in der Stadt hielten es für ehrenrührig, wenn sie weniger wagten, zerstückelten ohne Erbarmen die Gefangenen unseres Heeres auf den Mauern Glied für Glied und boten damit ein jammervolles Schauspiel.« Dafür muß wiederum Rache genommen werden: Gefangene werden vor der Stadt aufgeknüpft, an Galgen. Daraufhin werden wiederum auf den Mauerkronen Gefangene ans Kreuz gehängt. Nun befiehlt der Heerführer, Gefangene und Geiseln vorn an den Wurfmaschinen und Belagerungstürmen festzubinden, auch Kinder, die man gefangen hat. Die Belagerten setzen trotz der schreienden Bitten der Gefangenen und Geiseln den Beschuß der Belagerungsmaschinen fort – all dies geschieht in Sicht- und Hörweite; die Wurfweite der Schleudern liegt zwischen fünfzig und hundert Metern. Aus Rache dafür, daß die Belagerer gezwungen sind, auf eigene Leute, auf Kinder zu schießen, werden zur Abschreckung auf der Mauerkrone wieder Gefangene zerstückelt. Kämpfe im Hochmittelalter, in der Blütezeit europäischen Rittertums...

Warten. Beschuß, wechselweise, mit Schleudern. Es wird vor allem mit Steinen und Steinbrocken gekämpft, nicht mit Schwertern und Lanzen. Die Ingenieure, die Bastler und Wühler sind weiterhin die wichtigsten Akteure. Die kämpfende Truppe hat fast keine Gelegenheit mehr zu kämpfen, die Streifzüge in das Hinterland werden ausgedehnt, zeitweise ist das Areal vor der Stadt verlassen.

Die Belagerten bauen modifizierte Mausefallen, »aber der Beschaffenheit des menschlichen Körpers entsprechend stärker«; sie werden im Gelände vor den Mauern versteckt. Werden die disziplinlosen Truppen der Belagerer wieder zusammengetrommelt, zum Angriff vorgeschickt, so laufen sie in solche Menschenfallen, stürzen in verdeckte Gruben, in denen zugespitzte Pflöcke stecken. Racheaktionen wiederum.

Es wird kalt und regnerisch. Die Stimmung im Heer wird immer gereizter. Erneut Schlägereien unter den Soldaten. Diebstähle. Eifersuchts-Szenen unter Soldaten, die schwul sind oder schwul geworden sind, monatelang schon ist man unter sich. Messerstechereien, Schwerter werden gezogen.

Endlich der Generalangriff, von allen Seiten gleichzeitig mit sämtlichen verfügbaren Soldaten, Rittern. Pferde sind dabei nicht zu gebrauchen. Die Belagerungstürme werden an die Mauern herangerückt, einer erreicht auch die Mauer. Die Brücke oben wird auf die Mauerkrone hinübergeklappt, Ritter dringen vor. Die ersten werden sofort von Feinden umzingelt; einer von ihnen wehrt sich verzweifelt, läuft in eine der Straßen hinein, wird »von hinten mit einem langen Beil erschlagen«. Er wird sofort gefleddert. Einer schneidet ihm mit dem Kampfmesser den Skalp vom Schädel, kämmt den Skalp unter dem Gelächter der Umstehenden, bindet sich den blutigen Skalp an den Helm. Einem anderen Ritter, der zu weit vorgedrungen war, werden Hände und Füße abgehackt, man zwingt ihn mit Tritten, so weiterzukriechen, durch die Straßen, »ein böses Spiel«.

Eine Frau, die als »heilende«, als »weise« Frau gilt. Eine heilkundige Frau – und keine Ärztin, das muß ich gleich betonen, denn Ärztinnen gab es damals noch nicht, auch keine Ärzte im heutigen Sinne: damit setzen wir ein Studium mit öffentlich kontrolliertem Abschluß voraus. Zu Neidharts Zeit aber konnte man im deutschsprachigen Teil des Imperiums nicht studieren, auch nicht Medizin.

Woher hat die Frau dieser Skizze die Kenntnisse vor allem der heilenden Wirkung verschiedener Kräuter? Ich gehe davon aus, daß sie auf der Schule eines Stifts oder Klosters war, daß sie vielleicht einige Jahre Nonne war, daß sie dabei vor allem der Schwester geholfen hat, die für den Kräutergarten zuständig war und damit für die kleine Klosterapotheke, daß sie von dieser älteren Nonne viel gelernt hat, was sie nun anwenden kann. Warum sie Stift oder Kloster verlassen hat, das ist hier unwichtig: so etwas geschah häufiger.

Irgendwann wird sich ergeben haben, daß sie einer Frau ihrer Umgebung half, zumindest lindernd, womöglich heilend. Und sie wurde daraufhin gebeten, einer anderen Frau zu helfen. Und eine weitere Frau bat sie daraufhin um Hilfe für ihren erkrankten Mann. Und nun sieht ihre Umgebung in ihr eine Heilkundige, eine »weise« Frau. Darunter verstand man im Mittelalter aber nicht Abgeklärtheit, höhere philosophische Einsicht, sondern: der oder die »wîse« war kundig, besaß Kenntnisse.

Die heilkundige Frau dieser Skizze wird zu einem Kriegsinvaliden gerufen, zu einem Patienten mit einer Fußprothese – hier halte ich mich in der Beschreibung an ein archäologisches Fundstück, an die Schemazeichnung eines Wissenschaftlers.

Der Mann sitzt am Fenster, als die heilende Frau den Raum betritt, eine Achselkrücke liegt neben ihm auf dem Boden, er hat das Bein mit dem amputierten Fuß auf einem Schemel ausgestreckt, weist auf die klumpfußähnliche Prothese: ein prall ausgestopfter Lederbeutel, an dem unten eine Holzleiste befestigt ist, auf die eine leicht eingekrümmte Eisenkufe genagelt ist. Der Mann klagt, die »weise Frau« scheint seine Klagen nicht zum ersten Mal zu hören; die Ehefrau des Kranken kommt in den Raum, Begrüßung; jemand schaut zur Zimmertür herein.

Die »weise Frau« kauert sich, beginnt die Riemen und Schnallen über dem Fußgelenk zu lösen; etwa zehn Zentimeter tief steckt der Unterschenkelknochen in der Prothesenhalterung.

Entweder, so könnte der Mann nun sagen, muß diese Prothese so fest angeschnallt werden, daß dies zusätzlich weh tut, oder sie rutscht ab.

Die Frau hat die Riemen nun gelöst, zieht die Prothese vom Knochenstumpf. Sie könnte ein mittelhochdeutsches Pendant zu »Pfui Teufel!« sagen, und: »Das stinkt aber wieder mal!«

Der Mann könnte resignierend die Augen schließen – er riecht es wohl schon lange nicht mehr. Es muß allerdings außerordentlich übel riechen, wenn die heilende Frau das feststellt in der damaligen sehr geruchsintensiven Welt.

Der Klumpfußbeutel ist mit feinem Heu, mit Moos gefüllt, und dieses »Polstermaterial« ist vollgesogen mit Eiter und Wundsekret. Nach einer Amputation im oberen Sprunggelenk hat dieser Mann eine »chronisch infizierte Stumpfwunde«, eine »chronische Osteomyelitis«, so lautet heute die Diagnose der Paläopathologie.

Der Mann hält die Augen wahrscheinlich zusammengepreßt, während sie den roten, entzündeten Stumpf beschaut. Oder klagt er laut, schreit sein Unglück hinaus? Brüllt er, sie solle nur ja nicht den Stumpf berühren, sonst schlage er mit der Krücke zu?

Die »weise Frau« läßt sich frisches Heu bringen, nur Heu diesmal, zartes Heu, oder, wie mir ein alter Bauer einmal sagte: »zärtliches Heu«. Vielleicht hatte dieser Patient schon einen anderen Arzt in der Stadt oder Gemeinde herangezogen, der auch nicht helfen konnte; nun ist sie hier; sie kann höchstens ein wenig lindern.

Sie nimmt das feuchte, auch nasse Heu und Moos aus dem Lederbeutel, wirft es in einen Holzbottich, den die Ehefrau neben ihr abstellt. Noch stärker jetzt der Gestank im Raum. Die »weise Frau« stopft »zärtliches Heu« in den Lederbeutel mit der Kufe, hält eine Mulde frei für den Stumpf. Vielleicht macht sie dies sogar schon mit einem Holzstempel im Durchmesser des Unterschenkelstumpfs. Zuletzt nimmt sie aus einem Beutel Blätter und Blüten von Heilkräutern, hält sie dem Mann unter die Nase, er nickt, seine Wehklagen fortsetzend. Die Blätter und trockenen Blüten kommen in die Mulde.

Die Ehefrau muß ihren Mann nun festhalten, von hinten her an den

Schultern, während die »heilende Frau« so vorsichtig wie möglich die Prothese wieder anlegt, mit sondierenden Bewegungen, zuletzt aber mit einem Ruck, der den Mann aufschreien, fast ohnmächtig werden läßt. Der Lederbeutel mit der Kufe wird wieder festgeschnallt. Die »weise Frau« bittet den Mann, gar nicht erst aufzustehen und zu probieren, ob die Prothese richtig sitzt, sie weiß, daß die Schmerzen dann unerträglich würden, daß er vor Schmerzen das Bewußtsein verlieren könnte.

Gegen die chronische Entzündung, das permanente Eitern ist kein Heilkraut gewachsen, zumindest hat die »weise Frau« es nicht gefunden. Eigentlich ist dieser ausgestopfte Lederbeutel nur noch Schutz gegen eine versehentliche Berührung der Stumpfwunde, oder falls er, ungeschickt aufstehend, mit dem Stumpf anstößt. Die Prothese ist vor allem auch Schutz gegen die Fliegen, die sonst zu Dutzenden seinen Stumpf umschwirren, bekrabbeln würden. Die Ehefrau trägt den Bottich zur Latrine hinter dem Haus.

Die »weise Frau« steht noch neben dem Kranken: Es wäre zu überlegen, ob sie den Beutel das nächste Mal nicht ausschließlich mit Heilkräutern füllt, vor allem mit Blättern der Ringelblume, dann auch nur locker. Und da der Mann sowieso nicht mehr auf der doppelten Kufe geht, sondern den Unterschenkel beim Krückengang hochwinkelt, würde eigentlich ein schützender Leinenbeutel genügen. Aber vielleicht hat sie zuviel Respekt vor dem Arzt, der den Fuß abgesägt und einem Handwerker den Auftrag gegeben hat, diese Prothese herzustellen.

Otto von Freising hat in Vorworten und Schlußworten verschiedener Kapitel seiner Weltchronik Sätze formuliert, denen das Lebensgefühl auch vieler Zeitgenossen Neidharts entsprach oder: entsprochen haben dürfte. So schreibt er am Schluß des sechsten Buchs: »Kurz, so viel Unheil, so viele Spaltungen, so viele Gefahren für Leib und Seele bringt der Sturmwind dieser Zeit mit sich, daß er allein ausreichen würde, durch die Unmenschlichkeit der Verfolgung und deren lange Dauer den ganzen Jammer des menschlichen Elends zu enthüllen.«

Solche Sätze lassen mich einhalten vor dem Denkmal dieses Bischofs im weiten Domhof zu Freising. Eine Statue des 19. Jahrhunderts: der Biograph und Chronist lebensgroß, aber bestimmt nicht lebensecht, ein schlanker Mann mit nazarenisch edlem Gesicht, und er hat den Kopf ein wenig gesenkt, schaut hinab zum aufgeschlagenen steinernen Buch.

Auf die geschrägte Seite lege ich, hinter geschlossenen Augen, drei Blumen: ein Zweiglein Zitronenmelisse, eine Bauernrose, eine Lilie.

Denn Otto von Freising schrieb auch dies, im siebten Buch: »Die Erinnerung an die überstandenen, der Ansturm der gegenwärtigen und die Furcht vor den kommenden Schicksalsschlägen macht uns so beklommen, daß wir ›uns vorkommen, als hätten wir das Todesurteil empfangen‹, und ›des Lebens überdrüssig werden‹, zumal wir wegen der Menge unserer Sünden und wegen der stinkenden Sündhaftigkeit dieser höchst unruhevollen Zeit glauben, daß die Welt nicht mehr lange Bestand haben kann.«

Helles, föhnhelles Licht im Hof zu Freising, flirrend über der Kiesfläche am Denkmalssockel, grell reflektiert von den weißen Wänden der klassizistischen Gebäude ringsum, das Licht so intensiv, daß die Steinstatue zu schwingen scheint. Ich stehe reglos im menschenleeren Hof.

Mit einer kleinen Verbeugung danke ich dem steinernen, dem lichtschwingenden Bischof für einen Satz, den ich fast als Motto genommen hätte für dieses Buch: »Wir aber, die wir ja am Ende der Zeiten stehen, lesen von den Kümmernissen der Sterblichen nicht nur in ihren Schriften, sondern spüren sie infolge der Erfahrungen aus unserer Zeit im eigenen Herzen.«

Es geschah auf dem Feldzug in die Mark offenbar nichts, das beim Dichter Enthusiasmus hätte wecken können: alles miserabel, man muß sogar auf Lektüre verzichten, muß statt dessen Futtergras suchen für das Pferd. Es entstand ein Lied, so desillusioniert wie das große Kreuzlied.

Grenzland, geh schon unter!
Deine Gegend ist ja elend!
Ich und viele Flämelnde,
wir führen hier ein Jammerleben.
Wer sonst zu Haus in seinem deutschen Büchlein las,
der muß hier mit mir reiten, nur um Futtergras.
Den reut, daß er nicht in der Heimat blieb.

Herr Bischof, zieht nun fort
von hier, in Gottes Namen.
Ich ließ ein Weib daheim,
das ist ne dumme Kröte.
Ein andrer Mann, der legt die leicht herein;
erlaubt sies ihm, so läßt er sie das büßen.
Und ich bereue, daß ich sie erwählt.

Ah, es gibt noch mehr als mich,
die hier nicht bleiben wollen.
Auch die, so scheint es mir,
sie haben große Sorgen,
wie es zu Hause mit den Frauen steht.
Die Sorge drückt den armen Kriegsknecht sehr:
daß jemand Fremder in sein Bette steigt.

Auf der Rückreise nach Bayern dürfte Neidhart die folgende Strophe verfaßt und gesungen haben.

Es ist nur ein Spaziergang,
den wir nach Bayern machen.
Herr Bischof Eberhard,
bleibt standhaft im Entschluß –
das Grenzland, es liegt hinter mir!
Ich hab darum gebetet, nun hat es Gott gewährt.
Mein Unglück: für die Mechthild bringt es Glück.

Die Strophe, die in der Handschrift an fünfter Stelle steht, sie dürfte
wiederum *vor* der Rückkehr nach Bayern verfaßt worden sein.

> Es lebe hoch, mein Bayern!
> Ah, ich wär gern in dir!
> Ich habe Frauen dort,
> die fehlen mir hier arg;
> ich habe sie schon lang nicht mehr gesehn.
> Dies bedrückt mir sehr das Herz:
> daß ich mit meiner Mechthild nicht mehr sprach...

Neidhart, nach der Feldzug-Episode endlich wieder in Bayern,
für einige Zeit wohl auch zu Hause: bei seiner Frau? Die Ehefrau heißt im Reiselied Mechthild, in der Kurzform Mecze. Rollen-
bezeichnung und zugleich konkreter Name? Würde dem heute ein
Reserl entsprechen oder eine Mizzi? Wenn Neidhart in diesem Lied
den Bischof beim Namen nennt, sehe ich keinen Grund, anzunehmen, daß er im selben Lied einen fiktiven Namen einsetzt für eine
Ehefrau. Warum sollte er nicht verheiratet gewesen sein, warum
hätte seine Frau nicht Mechthild heißen sollen? Auf Widerruf also:
Neidharts Frau hieß Mechthild. Anzunehmen, daß er auch Fami-
lienvater war.

Ich beginne dieses Kapitel mit Anmerkungen über das Schreiben,
und damit schreibe ich mich möglichst rasch an Neidharts Frau
heran.

Die assoziative Verbindung stellt sich so her: im Sammelband
Stadtspuren lese ich eine längere Passage über Schreibstifte, Schreibgriffel, Schreibtäfelchen im Hohen Mittelalter. Nach Heiko Steuer
wurden und werden Schreibstifte bei zahlreichen Ausgrabungen
auch der Mittelalter-Archäologie gefunden; das bestätigte sich durch
»neue Bodenfunde aus dem Rheinuferbereich« in Köln. In diesem
Fall konnte der Schluß gezogen werden, daß einer der hiesigen Handwerker Schreibgriffel herstellte. Schreibstifte wurden auch bei zahl-

reichen anderen Ausgrabungen gefunden; die Schreibtäfelchen aus wachsbeschichtetem Holz konnten allerdings »nur unter günstigsten Umständen überliefert werden«. Aber wo Schreibgriffel waren, dort waren auch Schreibtäfelchen. Sie wurden, so läßt sich aus den Griffelfunden schließen, zahlreich benutzt, und das nicht nur in Skriptorien von Klöstern, in Kanzleien, sondern beispielsweise auch am Kölner Rheinufer. Das heißt: in Handwerksbetrieben. Dazu lese ich: »Es ist überliefert, daß es oftmals die Frauen waren, die in einem Haushalt des Handwerkers oder vor allem des Kaufmanns die schriftlichen Notizen für Abrechnungen etc. übernahmen.« Noch einmal: Frauen hatten im Durchschnitt mehr Schulwissen als Männer.

Und so schreibe ich – auf Widerruf – Neidharts Frau ein Schreibtäfelchen zu und einen Schreibstift, und sie macht literarische Notizen oder Aufzeichnungen für ihren Mann. Damit variiere ich die Rolle der Handwerkers- oder Kaufmannsfrau. Möglicherweise konnte ja Neidhart lesen, konnte eventuell auch schreiben, aber vielleicht war seine Frau hier geschickter, geübter, und so diktierte er ihr, und sie las ihm zur Kontrolle und Korrektur die Notizen oder Niederschriften vor.

Daß so gedichtet wurde, habe ich im Wolfram-Buch bereits entworfen. Nachträglich las ich bei Paul Zumthor: »Von gelehrten Schreibern des 12. Jahrhunderts, wie Pierre le Vénérable und anderen, weiß man, daß sie ihre Werke im Kopf verfaßten, den Text einem Sekretär diktierten, der ihn auf Tafeln niederschrieb; danach nahm sich der Verfasser diesen Entwurf vor und korrigierte ihn. Manchmal hatte er, den Text sich dabei laut vorsprechend, ihn selbst geschrieben. Nichts verbietet uns die Annahme, daß die volkssprachlichen Schriftsteller vom 12. Jahrhundert an genauso verfuhren.« Also: auch ein Liederdichter könnte, wenigstens gelegentlich, so gearbeitet haben – »nichts verbietet uns diese Annahme«. Und einer der Herren, vor denen Neidhart auftrat, stellte ihm einen Schreibmönch zur Verfügung, aus dem Hauskloster oder aus der Kanzlei, und der nahm das Diktat neuer Lieder auf. Und einige Jahre später führte dies, irgendwo anders, ein weiterer Schreibmönch fort.

Nun gab es aber Wochen, Monate, vor allem im Winter, in denen Neidhart zu Hause war. Wäre es allzu spekulativ, sich vorzustellen, daß er dann schon mal seiner Frau Liedtexte diktiert haben könnte? Was Frauen von Handwerkern zugebilligt wird, das können wir der Frau des Dichters nicht grundsätzlich verweigern, nur weil bisher noch keiner auf diesen Gedanken gekommen ist.

Mit der schriftlichen Übereignung eines Schreibtäfelchens und eines Schreibgriffels will ich ein wenig kompensieren, daß ich über Neidharts Frau, über die Mutter seiner Kinder, gar nichts weiß. Deswegen will ich aber nicht an ihr vorbeischreiben. Ich widme ihr dieses kleine Kapitel. Und zeige Mechthild im Möglichkeits-Entwurf so: sie hat ein etwa zehn Zentimeter hohes, fünfzehn Zentimeter breites Holztäfelchen mit Wachsbeschichtung auf dem linken Oberschenkel liegen, ritzt mit der Spitze eines Griffels aus Bronze oder Eisen oder Knochen kleine Buchstaben ins elastisch-feste Wachs, das grün oder schwarzgrün getönt ist, und mit dem spatel- oder keilförmigen Ende löscht sie schon mal ein Wort oder eine Zeile, ritzt ins geglättete Wachs das richtige Wort, die berichtigte Zeile. Ich sehe sie dabei nicht in der Rolle einer Frau, die ergeben ein Diktat entgegennimmt, sondern als Partnerin des Mannes, so wie eine schreibende Handwerkersfrau Mitarbeiterin ihres Mannes war. Und damit beende ich diese Hommage für Neidharts Frau.

Eine Frau als Handwerkerin: diese Skizze kann ich nicht ausführen, ich kann sie nur anlegen, wie Maler sagen würden.

Es werden zwar wiederholt Listen der handwerklichen Tätigkeiten aufgestellt, die von Frauen ausgeübt wurden im Hohen Mittelalter, aber in welchen sozialen Positionen, das bleibt unklar: war es möglich, daß eine Frau völlig oder ziemlich selbständig einen handwerklichen Betrieb führte, oder war sie hier einem Mann untergeordnet, und wie weit ging diese Unterordnung? Waren Frauen letztlich nur Handlangerdienste erlaubt?

Also: welche Rechte und damit welche Möglichkeiten könnte eine Handwerkerin zu Neidharts Zeit gehabt haben? In vielen Städten (und ich setze voraus, daß die Handwerkerin dieser Skizze in einer Stadt lebt) gelten Mann und Frau als frei. Weiter, so lese ich bei Edith Ennen: in vielen Städten »leisten Frauen den Bürgereid, werden in die Bürgerbücher eingetragen. Die volle genossenschaftliche Teilhabe der Ehefrau am Bürgerrecht des Mannes besteht nach dessen Tod weiter; Bürgerswitwe und Bürgerstochter vermitteln einem einheiratenden Ehemann im allgemeinen einen erleichterten Zugang zum Bürgerrecht.« Auch in der Erbfolge werden Mann und Frau in einigen Städten gleichgestellt. Aber hat eine Handwerkerin damit zu Neidharts Zeit schon das Recht, selbständig einen Handwerksbetrieb zu leiten, dabei auch Nachwuchs auszubilden?

Handwerker begannen sich seit dem 12. Jahrhundert in Zünften zusammenzuschließen. Schon zu Neidharts Zeit war Köln hier den meisten Städten im Reich weit voraus. Zur Zunft der Drechsler beispielsweise gehörten auch die Ehefrauen der Meister. Bei Totenehrungen wurden keine Unterschiede gemacht: starb eine Frau der Zunft, so hielten wie üblich sechs Männer die Totenwache, und alle Männer und Frauen der Zunft mußten an der Beerdigung teilnehmen. Offenbar aber gab es im 13. Jahrhundert noch nicht das Witwenrecht, nach dem eine Frau den Betrieb ihres verstorbenen Mannes übernehmen und weiterführen konnte. Zu jener Zeit war die Frau weitgehend noch »Gefährtin und Gehilfin des Mannes«.

Dennoch: ich prüfe einige Möglichkeiten für eine Handwerkerin, einen gewissen Grad an Selbständigkeit zu erringen. Im Brauereigewerbe war dies offenbar erst im Späten Mittelalter möglich. Und sonst? In der Viehhaltung war die Domäne der Frau bezeichnenderweise das Kleinvieh, Federvieh. Auch das Kochen war ihr selbstverständlich erlaubt, nicht nur im privaten Bereich – gelegentlich stellten Frauen Pasteten her und verkauften sie. Aber ich finde keine Belege dafür, daß sich daraus im Hohen Mittelalter ein selbständiger Gewerbebetrieb entwickeln konnte, geleitet von einer Frau. Im Baugewerbe wurden Frauen noch im Spätmittelalter als Handlangerinnen eingesetzt; zwar wurde schon mal verboten, daß sie Mörtel mischten, aber sie mußten Steine schleppen. Am ehesten durften Frauen mit Ansätzen von Selbständigkeit tätig werden im Bereich der Textilherstellung und -verarbeitung. Aber schon das Färben war offenbar Männersache, Männervorrecht.

Und das Bäckereigewerbe? Ich hätte gern eine Frau skizziert, die in einer Bäckerei arbeitet, ja, die womöglich eine Bäckerei führt. Sie hat, so läßt sich denken, ihrem (inzwischen verstorbenen) Mann geholfen, etwa bei der Herstellung des Teigs, beim Heizen des Ofens, beim Verkauf, aber hat sie je am Backofen gestanden, stehen dürfen? Dort stand, wie ich das auf einer Abbildung sehe, der Bäcker mit bloßem Oberkörper, nackten Beinen, nur mit einer Art Lendenschurz bekleidet (vielleicht auch bloß auf der Abbildung), und er hantierte mit dem langen Brotlöffel.

Wenn eine Witwe solch einen Betrieb weiterführte, mit stillschweigender Duldung oder offizieller Erlaubnis der Obrigkeit des Ortes – welche Arbeiten durfte sie übernehmen, welche Arbeiten mußte sie Männern überlassen? Caesarius von Heisterbach erzählt in einer seiner Wundergeschichten von einer Bäckerin, die Brote formt und mit ihrem Lehrling in den Backofen schiebt – hat Caesarius sich das ausgedacht, oder setzte er Selbstverständliches voraus? Wenn eine Witwe im Hohen Mittelalter als Bäckerin gearbeitet haben sollte, wird sie wohl jede anfallende Arbeit erledigt haben. Nur: wie war ihr Status? Auf den Status legte die mittelalterliche Gesellschaft Wert! Konnte sie einen Lehrling oder Gesellen ausbilden? Welche Anordnungen durfte sie ihm erteilen?

Ansätze zu einer Skizze: eine Frau übernimmt Anfang des 13. Jahrhunderts die Bäckerei ihres verstorbenen Mannes. Als Möglichkeit sei hinzugedacht: wenn ihr dabei ein Schwager oder Bruder hilft – wie wäre dann ihre Stellung in diesem Gewerbebetrieb? Ich möchte sie nicht einfach hinter den Ladentisch stellen, ich möchte sehen lernen, was ich mir bisher nicht genau genug vorstellen konnte, aber in diesem Fall sind nicht genug Materialien überliefert. Also: adieu, Frau Bäckerin.

Zum Schreiben das Lesen. »Wer sonst zu Haus in seinem deutschen Büchlein las« – so hieß es in der ersten Strophe des Lieds über den Feldzug in der Mark. Ich übersetze diese Strophe nun nach einer anderen Überlieferung, nach der Manessischen Handschrift.

Grenzland, du, geh unter!
Du bist ein rauhes Land.
Ich und viele Flämelnde
leben hier sehr unbequem.
Wer zu Haus gern deutsche Büchlein las,
der reitet hier für Futter und für Gras.
Daß er nicht daheim blieb, reut ihn sehr.

Es wird eine Gesellschaft, eine Gruppe besungen, in der man liest. Und zwar, so betont diese Variante: »wol«, also: gut und gern. Und es sind sogar mehrere Bücher, volkssprachliche. Zählte sich auch Neidhart zu denen, die lesen und damit wahrscheinlich auch schreiben können? Eine Selbstverständlichkeit wäre das nicht gewesen, das durfte hervorgehoben werden, aber: es lag nicht außerhalb des damals Möglichen.

Zum Stichwort Schreiben habe ich bei Neidhart zwei Textstellen gefunden. So heißt es im Liedtext *Das straussen horn*: »von yn sol man tichten vnde schreiben«. Gemeint sind Damen, die edel und hochgestimmt sind – über sie soll man dichten und schreiben. Heute würde man dies als Tautologie verstehen. Damals aber konnte man dichten, ohne schreiben zu können. Es gab aber auch diese Variante, offenbar: man konnte selber niederschreiben, zumindest vorläufig, was man dichtete.

Das Stichwort Schreiben finde ich in einem weiteren Liedtext. Es geht hier um einen Irenbär, der aus Pottenbrunn kommt.

All der Unfug, den er trieb,
ließe sich in einem Buch
nicht zur Hälfte niederschreiben.

In einer anderen Überlieferung heißt es:

Ich kriegte dies in einem Buch
nicht mal zur Hälfte aufgeschrieben.

Der Text des Liedes, aus dem ich diese Zeilen herauslöse, legt nicht eben den Schluß nahe, daß hier mehr zur Sprache kommt als das übliche literarische Spielchen mit Tölpeln. Aber könnten diese Zeilen nicht dennoch ein Realitätspartikel enthalten?

Neidhart war erfolgreich. Das zeigt als erstes die Überlieferung: die drei großen Sammlungen, die breite Streuüberlieferung – heute würden ihr Beiträge in Anthologien entsprechen.

Das zweite Indiz: Neidhart wurde mehrfach von Kollegen und Nachfolgern erwähnt – siehe Wolfram von Eschenbach.

Drittes, indirektes Indiz: ein Gedicht, ein »Spruch« des Walther von der Vogelweide, in dem er einen literarischen und musikalischen ›Trend‹ attackiert, der sich für ihn negativ auswirkt; der andere, erfolgreichere Dichterkomponist wird im Gedicht zwar nicht genannt, aber nach Auffassung von verschiedenen Forschern ist hier mit ziemlicher Sicherheit Neidhart gemeint. Es könnte sogar einen Anknüpfungspunkt geben, als Anspielung auf eine Neidhart-Strophe.

> Was immer ich auch singen mag,
>   ist Harfespielen in der Mühle!
> Sie versteht davon kein Wort.
> Dies sagt jener Willehort:
> »Steinchen rein in ihre Ohren,
>   daß sie nichts mehr davon hört!«

Und nun Walthers Gedicht-Attacke auf das allzu zahlreiche, allzu begeisterte Publikum des großen Ungenannten, der auch »in der Mühle« singt.

> Ach, du armer Hofgesang:
> daß die rüde Singerei
> dich vom Hof vertrieben hat!
> Gott bestrafe sie mit Hohn!
> All dein Ansehn ist zerstört,
> und dein Anhang: deprimiert.

Wenns so sein muß, sei es so:
Grobheit, dies ist Euer Sieg!

Wer uns wieder Freude bringt,
die den Anstand nicht verletzt,
ja, der hätte Lob verdient,
wo man ihn auch immer nennt!
Hofbewußtsein zeigte der –
und das wünsche ich mir sehr.
Damen, Herren brauchen es!
Leider, keiner zeigt es mehr.

Die die Liedkunst ganz versaun,
sind noch größer an der Zahl
als die Leute, dies gern hören.
Doch ich bleib beim alten Stil!
In der Mühle sing ich nicht,
wo der Stein sich kreischend dreht
und das Mühlrad dissonant ist –
merkt euch, wer dort Harfe spielt!

Die so dummdreist Lärm erzeugen,
lach ich aus, doch voller Zorn:
die den Mißklang produzieren,
haben auch noch Spaß daran!
Sind wie Frösche in dem Teich:
quaken voll Zufriedenheit,
daß die Nachtigall verstummt.
Dabei sänge sie gern mehr!

Untersagt doch dies Geschrei
(Qualität entstünde neu!),
treibt es aus den Burgen fort –
all die Grobheit wär vorbei!
Macht der Adel nicht mehr mit,
wäre mir das äußerst recht!

So was steht den Bauern zu –
habens auch hervorgebracht!

In dieser »Klage über das mangelnde Echo und Interesse des höfischen Publikums« (Mück) ging Walther geschickt vor: die Sorge um seine persönliche Zukunft als Sorge um den zukünftigen Bestand höfischer Dichtung. Dennoch, es ist nicht anzunehmen, daß es Walther gelang, mit diesem Lied das Publikum des Wiener Hofes umzustimmen; er mußte ausweichen: von den ›großen Podien‹ auf kleinere. Vielleicht fand er dort offene Ohren für seine zugleich persönliche und überpersönliche Klage.

Was sich in diesem Liedtext klar abzeichnet: eine Konkurrenzsituation – und zwar ohne ›soziales Netz‹. Um es im Deutsch eines Wirtschaftsteils zu formulieren: Walther hatte Marktanteile verloren, seine Position war schwächer geworden, er versuchte Marktanteile zurückzuerobern, aber Neidhart beherrschte den Markt.

Für wen Neidhart dichtete, komponierte, sang, das macht er in einer Schlußzeile deutlich: »alle di weil vnd mir der stegereif zehove wagete« (R 47,V). In heutigem Deutsch: »solang mein Bügel hofwärts pendelte«. Der Bügel als Steigbügel, und der hieß im Mittelalter »stegereif«. Aus dem Stegreif dichten ...: unsere Sprache erinnert sich daran, daß ein Dichter auch ein guter, vor allem: ein ausdauernder Reiter sein mußte, unterwegs zu seinem Publikum. Das fand er an Höfen – dies macht die Formulierung klar.

Trat Neidhart also nur in Burgen auf und nie in Städten, erst recht nicht in Meierhöfen? Dies als Schwur, als Parole, als Vorschrift, als stilles Abkommen, als Selbstverständlichkeit? Wie schon hervorgehoben, hat Neidhart selbst angemerkt: »Ich han eins herrn syn / wie ich ein herr nicht empin«, also:

Ich denke wie ein Herr von Adel,
obwohl ich nicht von Adel bin.

Dennoch, ich frage mich, ob Neidhart ausschließlich vor höfischem Publikum auftrat oder ob er nicht zum Beispiel auch reichen Kaufleuten Lieder vortrug. Ich habe bei meiner Beschäftigung mit dem Mittelalter wiederholt festgestellt, daß Grenzlinien selten klar gezogen sind oder daß sie leicht überspielt werden, daß sie oszillieren. Und so wäre es einem Reisenden Sänger vielleicht auch nicht in den Sinn gekommen, ausschließlich vor weltlichen und geistlichen Herren aufzutreten.

Beispielsweise wenn er in einer Stadt Zwischenstation macht und es ergibt sich die Möglichkeit, vor einem Handelsmann aufzutreten – warum das ausschlagen? Oder wenn er unterwegs am Hof eines reichen Bauern Unterschlupf sucht, und er wird gebeten, ein paar Lieder zu singen, nach dem Essen, wird Neidhart dann sagen: Ich habe einen Exklusivvertrag mit der höfischen Gesellschaft, es würde meiner Reputation schaden, wenn ich hier sänge? In der Gesellschaft seiner Zeit gab es Kontrollen, auch Repressionen, aber in vielen Lebensbereichen war man großzügig.

Abgesehen davon: wer könnte schon kontrollieren, wenn Neidhart, sagen wir, zwischen St. Pölten und Bogen (an der Donau) um Unterkunft bittet am Hof eines Meiers, weil es dunkel wird oder weil es unablässig regnet oder weil sein Pferd ein Hufeisen verlor? Und man nimmt ihn auf, erwartet aber, daß er ein paar Lieder singt? Vielleicht am nächsten Tag, und einige Nachbarn, ebenfalls reichere Bauern, werden zusammengerufen? Und die folgenden Liedzeilen könnten ein Echo sein auf eine mögliche Realität?

> Los, Herr Spielmann, blast die Flöte!
> Gottes Lohn sei Euch gewiß!
> Ihr lebt in höfischer Verblendung –
> eine Schüssel voller Bohnen
> sei Euch hiermit zugestanden!

Um es zu pointieren: die höfische Gesellschaft hat sich wohl kaum verhalten wie eine Schallplattengesellschaft, die einen Künstler exklusiv unter Vertrag nimmt, und jeder Abstecher, beispielsweise zu einer anderen Plattenfirma, ist nur möglich »by courtesy of«.

Auch hier wieder: ich entwerfe ein Modell. Neidhart kehrt zurück nach Landshut; das Herzogspaar ist nicht oben in der Burg, es ist erneut in Kelheim oder beispielsweise auf Wartenberg. Nun ergibt sich für Neidhart aber die Möglichkeit, im Hause eines reichen Kaufmanns aufzutreten, und da wäre in Landshut naheliegend: Salzbranche.

Daß ein Kaufmann einen Spielmann einlädt, einen Reisenden Sänger und Dichter, das ist nicht aus den Schreibfingern gesogen, denn: reiche Händler versuchten damals, höfische Lebensformen zu imitieren. Ein Salzhändler also lädt Neidhart ein; er verheißt ihm ein gutes Geschenk für den Auftritt vor seiner Familie, vor Freunden; es wird ein mitreißendes Konzert; unter den Zuhörern ein Salzhändlerkollege aus Hallein oder Reichenhall, und der ruft: Beim heiligen Zeno, dieser Sänger soll auch in meinem Haus auftreten!

Und Neidhart singt in Hallein oder Reichenhall; dort hört ihn unter anderen ein Mann, der auf der Salzach einige Boote besitzt, mit denen Salz transportiert wird; er möchte ebenfalls gesalzene und gepfefferte Lieder hören bei sich zu Hause.

Und Neidhart singt, an der Salzach wie an der Donau, an der Loisach wie an der Isar, ein Lied seiner erfolgreichen Gattung: einen Dialog, wieder einmal, zwischen Tochter und Mutter. Opening des sechsten Sets.

> »Töchterlein, du darfst nicht lieben,
> eh du vierundzwanzig wirst!
> Wie drück ich das am besten aus?
> Kein Mädchen liebte je mit zwölf!«
> »Mütterlein,
> halt dich raus!
> Ich werd immer leben, wie ichs will.
> Orgelum, orgelei, dudeldumdei...«

»Töchterlein, verlaß den Obstbaumgarten.
Hör auf das, was deine Mutter sagt –
gib nichts aufs Gerede dummer Leute.
Folgst du *mir*, so preist und rühmt man dich.«
»Mütterlein,
halt dich raus!
Ich werd immer leben, wie ichs will.
Orgelum, orgelei, dudeldumdei…

Passau, Regensburg und Wien –
viele Gründe, daß die mir so gut gefallen!
Alles tu ich für die jungen Leute dort.
Lachen sie, was macht das mir schon aus?!
Die sind vornehm,
hochgestimmt.
Tja, und wenn mich mehrere dort lieben…?«
»Tochter, paß bei Männern auf!

Töchterlein, erinner dich an Friederun –
wie kam die ins Gerede mit dem Mann!
Wollte mit ihm zuviel Techtelmechtel –
er wand ihr Haar um seine Faust.
Ja, so wars!
Und ich sah,
wie er ihr den Spiegel von der Seite riß!«
»Orgelum, orgelei, dudeldumdei…«

Mit solch einem Lied könnte Stimmung geschaffen, Resonanz geweckt werden für das folgende Lied.

Ich ging und lugte um das Haus
wie eine Katze nach der Maus:
wo finde ich die Schöne aus
der Dienerschaft?

Schenkte sie mir einen Blick,
so wäre das mein größtes Glück.
Bei Mädchen sah ich stets mein Heil –
solang es klappt.

Eine Alte winkte mir:
»Zahlst du mir, so zeig ich dir,
wo sie sich versteckt, die Schöne,
ganz allein…«

Ich ging auf ihren Vorschlag ein.
Und sie ließ mich ins Gewölbe.
Dort fand ich sie, in kurzem Hemdchen,
die ich liebe.

Sie schob die Türe zu.
Ich stieß den Riegel vor –
darauf erschrak sie sehr:
»Herr, macht das nicht noch mal!
Ich setze mit Euch Ruf und Leben
noch mehr aufs Spiel.«

Da legte ich mich zu ihr hin.
Und es war in meinem Herzen,
als weilte ich im Paradiese,
unbeschwert.

Sie sagte: »Ah, tat mir das gut!
Ich möchte mit Euch weiterziehn…
Von nun bleibe ich bei Euch –
ganz öffentlich!«

Und wieder, zur Abrundung, ein Mutter-Tochter-Dialog. Hier
steht erst einmal nicht, wie gewohnt, der Knappe oder Ritter aus
dem Reuental im Mittelpunkt der Wünsche, hier ist Neidhart plötzlich selbst die Spielperson im Medium des Sänger-Ichs Neidharts.

Dennoch ist kurz darauf vom Reuental die Rede, und das Vexier-spiel ist erneut perfekt: geht es um Neidhart, geht es um den Mann im Reuental? Wie nah werden die beiden auf diesem Spielfeld anein-ander herangerückt? Bis zur Identität? Neidhart, Reuental – es wird mal wieder schwer, klare Aussagen zu machen, und das wird Neid-hart durchaus recht sein, posthum.

Spinne auf dem Rocken, Tochter,
unterlaß die Tanzerei!
Nimm dir deine Sommerpuppe,
denn es wird nun wieder Mai.
Sei nicht bös, wenn ich dich schelte –
Töchterlein, dies Jahr ists schwer!
Weizen, Roggen fehlen mir.
Dummerchen, das ist die Wahrheit.«

»Deshalb werd ich nicht gleich sterben,
allerliebstes Mütterlein…
Meine Liebe will ich finden,
weil der Mai so hell erglänzt.
Nur auf *eines* hofft mein Herz:
den ich stets beglückt umwarb,
ihn hör ich neue Lieder singen –
Herrn Neidharts Reien an der Linde!«

»Bist noch viel zu jung an Jahren!
Halte dich der Liebe fern,
springe heuer nicht, im Reien,
falls du schon Verstand besitzt!«
»Mütterlein, ich will nur *eines*!
Ich sage Euch nicht mehr als dies:
auf Euer Zänken geb ich nichts!
Heuer blüht die Liebe auf!«

»Tochter, hast kein Schamgefühl,
du gerätst in Raserei!

Im geheimen und ganz offen
willst du mir nur Schande machen.
Weißt nicht mehr, wer dich im Vorjahr
küßte (ohne meinen Segen!),
mit dir tanzte, Hand in Hand?
Der reiche Bauernsohn aus Rust!

Der ist auf deine Liebe aus,
mein geliebtes Herzenskind.
Wenn du schlau bist, gib ihm nach –
seine Scheuern sind gefüllt!«
»Mutter, das heißt Knochenarbeit!
Haltet endlich Euren Mund!
Meine Liebe kriegt er nicht.
Ziegenglöckchen: nur für Bauern...!«

»So machst du mir das Leben schwer...
Ich hatte dich so gut erzogen!
Du willst nur für *dich* da sein!
Damit zeigst du dich verblendet.
Du, vererb das nur nicht weiter!
Töchterlein, komm zur Besinnung,
tu es bitte mir zuliebe.
Wollte Gott, ich könnt es ändern.«

»Daran läßt sich gar nichts ändern –
ich will nach Reuental!
Dort verpfändet man die Liebe
für das allerhöchste Glück.
Wenn ich dort mein Hemdchen öffne
von den Brüsten bis zum Nabel,
ist das Labsal für mein Herz.
Liebe schreit dann wie das Rebhuhn.«

»Ich werde deinem Vater melden,
daß du derart flattrig bist,

in deinem wahren Wesen –
er entzieht dir den Besitz!«
»Eure Strafe ist zu hart!
Ich kann Euch nur das eine sagen:
ich gebe nichts auf Euer Klagen.
Vaters ›Finger‹ stieß ins Weite...«

»Ach, bin ich beklagenswert!
Was habe ich dir vorgeworfen?!
Man hat es wirklich schwer mit dir.
Wollte Gott, ich hätt geschwiegen.
Mein Fehltritt freut dich allzusehr,
den ich als Sünderin beging –
wollte Gott, ich hätts vermieden.
Hau ab, du bist ein Teufelsweib!«

Fixpunkt Reuental ... Spielmodell Reuental ... Großes Reuentaler Spiel ... Damit (neben recherchierender Rekonstruktion) die Lizenz für Fiktion ... Also: erneuter Erzählansatz: Ein Spielmann, über dessen Erscheinungsbild sich nichts schreiben läßt, der höchstens charakterisiert werden kann durch rheinischen Tonfall, und ein zweiter Spielmann, der ebenfalls Berufsbezeichnung bleiben muß, sie liegen mit zwei anderen Reisenden in einem Bett der Herberge eines Klosters; im kleinen Raum zwei weitere, ebenfalls mit drei oder vier Reisenden belegte Betten; durch die Fensteröffnung der schwache Nachglanz eines Sommerabends. Reden, Lachen, Schnarchen, jemand singt halblaut vor sich hin. Er hat, erzählt der Spielmann im rheinischen Tonfall, Neidhart schon von weitem heranreiten sehen, hat auf ihn gewartet, ist eine längere Strecke neben dem im Schritt reitenden Neidhart hergegangen, hat ihm berichten müssen, woher er kommt, und als Neidhart das Wort Rheinland hörte, hielt er an, rief echohaft: Rheinland! Und langsam ritt er weiter, als denke er nach oder als lege er sich etwas zurecht.

Und der Spielmann schweigt. »Oisdann nacha«, sagte der zweite, bisher stumme Spielmann, »weida gemma!«

Als hätte er auf diese Stichworte gewartet, richtet sich einer der beiden Bettgenossen auf und sagt drohend: »Nee, stop ermee! Beierse verhalen kan ik niet uitstaan. Hou dus je bek; of jullie vliegen het bed uit, bÿ sint Zeno!« Der Fremde streckt sich wieder aus. Und der zweite der fremden Bettgenossen knurrt: »Jawel; 't is jullie geraden!« Der Bayer fährt hoch, aber der rheinische Spielmann sagt halblaut, dies seien holländische Berufspilger, mit denen lasse man sich besser nicht ein.

Lockendstes Reiseziel waren und blieben für einen Reisenden Sänger große höfische Veranstaltungen. So gebe ich Neidhart und mir ein Stichwort, an das sich – wie um einen Faden, den man in gesättigte Lösung taucht – Kristalle ansetzen zu einem Muster: das Friesacher Turnier. Einer der Hof- und zugleich Gerichtstage des Herzogs Leopold von Österreich, eines der großen Treffen von Rittern, eine der großen festlichen Veranstaltungen, eine der großen Auftrittsmöglichkeiten für einen Dichterkomponisten. Denn: zehn Bischöfe, fünfzig Adlige und Grafen, sechshundert Ritter sollen an diesem Fest in Kärnten teilgenommen haben – da wäre es ein Wunder, wenn sich nicht eine Reihe von Spielleuten eingefunden hätte. Und eventuell auch Neidhart.

Von solch einem Treffen hörte man lange vorher, im benachbarten Bayern, das sprach sich herum, dazu luden Herolde ein, das zog an, das lockte: Wettstreit, Abenteuer... Es war für einen anreisenden Dichterkomponisten wie Neidhart wohl ziemlich gleichgültig, weshalb sich hohe Herrschaften nach Friesach begaben – alles, was dort zusammenkam, war Publikum! Und solch eine Akkumulation wirkte äußerst belebend – es zeigt sich später bei Oswald von Wolkenstein, welche Bedeutung für ihn das große Treffen des Konstanzer Konzils hat. In kleinerem Maßstab traf das sicher auch auf Neidhart zu – *falls* er nach Friesach ritt. Das Turnier von Friesach als Modell einer großen höfischen Veranstaltung.

Einige Stichworte zur Kärntner Stadt: sie gehörte zur Diözese Salzburg, hatte wenige Jahre zuvor (1215) das Stadtrecht erhalten, schon seit langem aber wurden dort die bekannten Friesacher Pfennige geprägt; auf einem Hügel eine Burg; auf einem anderen Hügel eine Kirche; innerhalb des Mauerrings auch ein Spital, ein Chorherrenstift. Und der Zeitpunkt: das Turnier begann am 1. Mai 1224. Am 7. und 8. war der eigentliche Hoftag, bei dem es Herzog Leopold von Babenberg vor allem darum ging, Streitigkeiten zwischen hohen Herren zu schlichten.

Ein Dichter, der nach eigener Aussage am Friesacher Turnier und Hoftag teilnahm, war Ulrich von Lichtenstein, von dem ich bereits zwei Strophen und ein Tanzlied vorgestellt habe. Ulrich, wohl knapp vor der Jahrhundertwende geboren, war zu diesem Zeitpunkt gut Mitte Zwanzig, und Neidhart war ein Mann von etwa Mitte Fünfzig. Beide arbeiteten vor allem an der Entwicklung der ›Tanzlyrik‹. Viel Verbindendes, jedoch: Ulrich ritt, an der Spitze eines Gefolges, als Panzerreiter nach Friesach. Er berichtet:

Ein Hoftag (fürstliches Gericht)
wurde anberaumt zu Friesach,
genau auf den Sankt Philippstag,
an dem der Mai zuerst erscheint,
an dem der Wald im Laube steht,
und die Wiesen tragen schon
ihr wunderhübsches Frühlingskleid.
Als ich von diesem Hoftag hörte,
stimmte das mein Herz sehr froh,
und ich kam zu meinem Bruder –
auch er bewährte sich als Ritter.
»Dietmar von Lichtenstein«, sagte ich,
»fassen wir hier den Entschluß,
daß wir dort als Ritter kämpfen.
Ein Heer von Herren kommt dorthin!«
Er sagte: »Mir gefällt dein Vorschlag.
Natürlich folge ich dir gern.
Wir beide sollten dies beschließen:
Ritterkämpfe im forêt.
Solang der Tag auch dauern mag –
wer immer uns da fordern wird

zum Ritterkampf – wir stellen uns,
und zwar zu seinen Konditionen.«
»Bruder«, sprach ich, »du hast recht.
Du lädst hier, ich lade dort ein!«
Und die Boten zogen gleich
in alle Lande ringsumher.
Es kamen viele edle Ritter,
deren Sinn nach Ehre stand,
auch kamen dorthin viele Ritter
aus dem einen Grund: die Frauen.

Ulrich trägt in seinem Erzählgedicht ein ausführliches Teilnehmer-
verzeichnis vor, in dem – leider, leider – der Name Neidhart fehlt.
Kollegen aber wurden in solch einem Zusammenhang kaum genannt, es verstand sich von selbst, daß solch ein Hoftag, Hoffest
zahlreiche Spielleute, viele Vortragskünstler, Reisende Sänger anzog.
   Der Bischof von Passau war in Friesach und sein Kollege aus
Freising und, beispielsweise, der Bischof von Brixen. Und selbstverständlich Erzbischof Eberhard II. von Salzburg. Und Repräsentanten großer Adelsfamilien: ein Vohburger, ein Starkenberger, ein
Kuenringer. Zweifach genannt wird ein Wolkensteiner: Otaker
von Wolkenstein – ein Vorfahre des Oswald von Wolkenstein? Besonders hervorgehoben wird vor allem Otto von Lengenbach,
Domvogt zu Regensburg – er zog an der Spitze eines glanzvollen
Gefolges von 22 Rittern in Friesach ein, alle in schönstem Waffenschmuck. Selbstverständlich beteiligten sie sich, auch der Domvogt
persönlich, an Kampfspielen, vor allem an der Tjost. Dieses Stichwort greife ich auf, lasse in knapper Strophen-Collage aus Ulrichs
Erzählgedicht Ritterwelt präsent werden.

Ich erzähls euch, wie es war:
Wer uns zum Ritterkampf gefordert,
dem haben wir uns auch gestellt.
Morgens, als die Sonne aufging,
kamen sie von allen Seiten.

Sie kamen her im Stil von Rittern
mit vielen schönen bunten Wimpeln.
Man ritt zu uns im Waffenschmuck:
das Sommerkleid, das heut die Wiesen
tragen, ist nicht halb so bunt
(obwohl man viele Blumen sieht,
die aus grünen Halmen ragen)
wie der Waffenschmuck der Menge.
Es liefen die crieurs umher
und riefen: »Wer da, wer da, wer
wünscht als Ritter zu tjostieren?!
Er soll kommen! Nichts wie her!«
Es nahten viele edle Ritter,
helmbewehrt und hochgestimmt.
Sie wollten Ehre, Gut und Leben
für die schönen Frauen wagen.
Ich sage euch, bei meiner Ehre:
zehn Tage währte das Turnier,
und alle waren bei der Sache.
Sehr viele kamen dort zu Fall
samt Rössern, allem Drum und Dran.
Den Gegner stieß man mit der Lanze
in weitem Bogen hinters Pferd.
Es gab Verlust und auch Gewinn.
Fürst Leopold von Österreich:
»Das alles wird mir jetzt zuviel!
Können wir hier nur das eine:
Lanzenstechen? Kam ich deshalb?!
Ich setzte einen Hoftag an –
die Feindschaft möchte ich beenden,
die der von Kärnten unentwegt
gegen Markgraf Heinrich hegt.«

Die Ritterspiele, Ritterkämpfe im Mittelpunkt großer Treffen.
Ebenso wichtig waren die Rahmenprogramme, die vor allem von
Fahrenden gestaltet wurden.

Das Kurzzeilen-Epos *Morant und Galie*, im 13. Jahrhundert in Köln geschrieben, vermittelt ein suggestives Bild von einem großen höfischen Fest, zu dem sich zahlreiche Menestrels, also Spielleute, einfanden.

Unter ihnen waren welche,
die von Abenteuern, Kämpfen
sangen aus der alten Zeit;
andre wiederum erzählten
von der Liebe, Hohen Liebe
ohne jede Niederschrift;
und es ließen andere
ihre Fiedeln hell erklingen;
andre bliesen schön das Horn;
als Narren traten andre auf;
andre spielten hübsch die Flöten,
die von Holz und die aus Knochen;
andre spielten sehr gekonnt
musique auf ihrem Dudelsack;
andre harften, andre geigten,
daß man gerne dabei schwieg;
andre, cum psalterio,
stimmten die Betrübten froh;
andre spielten Griffbrettzither
nach der Schule von Paris;
andre zauberten aus Hüten,
waren darin meisterhaft;
andre ließen sehr gekonnt
jonglierend ihre Scheiben kreisen;
andre warfen Becken hoch,
fingen sie auf Stöcken auf;
andre sangen, und sie tanzten;
andre konnten sehr gut ringen;
andre ließen nach Belieben
Böcke mit den Pferden kämpfen,
und sie ließen Affen reiten;

andre tanzten mit den Hunden,
zeigten dabei wahres Können;
andre nahmen sehr gewagt
ihren Mund mit Feuer voll,
das sie wieder von sich spuckten;
und es gab dabei auch Narren,
die mit wirklich großer Kunst
sangen wie die Nachtigallen,
die auch viele andre Vögel
ausgezeichnet imitierten;
andre fiepten wie die Rehe,
andre schrieen wie die Pfauen –
was soll ich dazu noch sagen?

Und Neidhart reitet weiter – diesmal auf Wegen, auf Straßen, die durch Feldlandschaften führen, durch Weidegebiete. Was er dort sieht, was er gesehen haben könnte und was ich heute auf Weiden und Feldern sehe, das ist nicht ›kompatibel‹, hier läßt sich kaum noch vermitteln.

So ist aus einer Weidefläche »Hochleistungsgrünland« geworden; Felder werden bei Flurbereinigungsverfahren »maschinengerecht eingeteilt«; nur auf Reißbrett-Quadraten, Reißbrett-Rechtecken, Reißbrett-Rhomben, Reißbrett-Parallelogrammen kann der Einsatz der teuren Maschinen »rentabel« bleiben; zwischen diesen technikgerechten Feldern nicht mehr Wege, sondern »Fahrgassen«, die zuweilen plattiert, vielfach asphaltiert sind. Und es werden fast nur noch drei Fruchtarten angebaut: Gerste, Weizen, Mais. Dieser Mais wird zerschnetzelt zum Silomais der Rindermastbetriebe. Drücke ich mich fachgerecht aus?

Ich hatte vor, ein Glossar zu erstellen; ich wollte technische und behördliche Termini für das Begradigen, das Planieren von Ackerflächen auflisten, für das Zuschütten von Feuchtbiotopen mit Bauschutt oder Abraum, für das Verrohren von Bächen, aber dies soll kein nostalgischer Text werden – dazu gibt mir die damalige Landwirtschaft nicht das Stichwort! Heute werden sämtliche landwirtschaftlichen Produkte unseres Landes von rund vier Prozent der Bevölkerung hergestellt, während es in früheren Jahrhunderten ungefähr achtzig Prozent waren. Die Versorgung der Bevölkerung ist heute dennoch mehr als ausreichend – selbst nach schlechteren Ernten wird nicht mehr gehungert. Und das ist keine Selbstverständlichkeit, wenn wir in der Geschichte zurückblicken, wenn wir nach Süden, nach Afrika schauen; in unserem Land sind die Ausgaben einer Familie für Lebensmittel allein in den vergangenen drei Jahrzehnten von etwa 50 auf 25 Prozent zurückgegangen.

Für solch eine summa oecologica wirtschaftlicher Leistungsfähigkeit ließe sich wieder rasch eine Gegenrechnung aufstellen.

Und Neidhart weicht einer Sumpf- und Moorlandschaft aus: eine zu seiner Zeit sehr verbreitete, als häßlich und lästig empfundene Realität. Da stiegen Nebel auf und Mückenschwärme, man wurde zu weiten Umwegen gezwungen, man konnte sich das Sumpffieber holen.

Ich habe Wörter gesammelt, um Sumpf- und Moorlandschaft so zu beschreiben, wie ein Zeitgenosse Neidharts sie gesehen haben könnte, doch ich weiß nun: das wird mir nicht einmal ansatzweise gelingen. Bleichmoose, Riedgräser, Schlammschwemmen, Schwingrasen, Schilfhorst – solche Wörter lösen keinen Schrecken mehr aus, nicht einmal Gruseln, auch nicht das Schneidried, auch nicht der Sumpf-Schlangenwurz, der Gelbe Moorsteinbrech, die Moorbinde, der Kammschildfarn und schon gar nicht die Rote Sumpfgladiole.

Und wenn ich in naturwissenschaftlichen Darstellungen weitere Namen exzerpiere für die achthundert oder tausend Pflanzenarten, die im Sumpfgebiet, Moorgebiet wuchsen, die Zweiblättrigen Kukkucksblumen oder Sibirischen Schwertlilien oder das Weißblühende Wollgras, so würde dieser Zwischentext zu einer blumigen Abschiedsklage, es wäre hier nichts mehr vom jahrhundertelang nachschwingenden Echo damaligen Schreckens.

Zu den Pflanzennamen kämen auch noch die Namen all der Vögel! Der Rotschenklige Wasserläufer, der Kiebitz, die Bekassine, der große Brachvogel, in Neidharts Region heute Moosgrille ge-

nannt, und die Rohrdommel und die Haubentaucher und die Lach-
möwen und die Lachtauben – nein, ich kann die damaligen Aversio-
nen gegen Sumpf und Moor nicht artikulieren; die vielfältigen Be-
zeichnungen für Sumpffauna und Sumpfflora, Moorfauna und
Moorflora lösen eher Wehmut aus: dies alles hat Seltenheitswert, ist
vornotiert oder längst gestrichen auf den Verzeichnissen ausster-
bender Pflanzen- und Tierarten. Sumpf- und Moorlandschaft: erheblich eingegrenzte, isolierte, nur noch in wenigen Restgebieten
konservierte Realität auf Abruf, von abgezählten Wanderfalken und
Bussarden überflogen.

Und Neidhart reitet, wieder einmal, auf eine Stadt zu – diesmal
ist es eine Stadt, deren Namen er genannt hat: Mainz. Ich setze
voraus, daß er sich dem rechten Rheinufer nähert, also wird er jenseits des Flusses die Stadt in ihrer ganzen Ausdehnung sehen, auf
sanft ansteigender Fläche.

Vor dem Reiter eine Brücke; parallel zu ihr, im Abstand von etwa
fünfzig Metern, Stümpfe einer römischen Steinbrücke. Sie ist – fast
ein Jahrtausend zuvor erbaut – schon seit langem nicht mehr be-
nutzbar; von den insgesamt anderthalb Dutzend Pfeilern ragen
noch die meisten aus dem Wasser; nur wenige sind abgetragen oder
weggeschwemmt.

Die Brücke, auf der unser Reiter den Rhein überqueren wird, sie
ist – wie damals üblich – eine Schiffbrücke. Rheinkähne wurden
parallel zueinander verankert (in diesem Fall: mit Tauen an den
Stümpfen der römischen Brücke befestigt), wurden mit Balken und
Bohlen gekoppelt. So wackelig die Brücke auch aussehen mag – sie
trägt.

Aber noch überquert sie der Reiter nicht – zuviel, das er sich erst
einmal ansehen muß! Da sind vor allem die schwimmenden Kornmühlen, schwimmenden Walkanlagen, und vielleicht ist hier sogar
ein schwimmender »Eisenhammer«. Auf jedem der verankerten
oder vertäuten Flöße ein Holzhaus, in dem der Gewerbebetrieb arbeitet, seitlich das beinah ebenso breite Wasserrad – ähnlich wie die
riesigen Schaufelräder der Mississippi-Steamer. Viel Geplatsche und

Gepladder also. Und auf einigen dieser Rheinflöße: das rasche, dumpfe Stampfen der Walkmühlen. Gemeinsam mit fünf Kornmühlen ist auch eine dieser Walkmühlen zwischen Römerpfeilern und Pontonbrücke vertäut. An einer der Kornmühlen sind mehrere Boote vertäut, man sitzt dicht beisammen auf Deck – eine offenbar beliebte oder preiswerte Mühle; beim Warten läßt sich viel erzählen. Mühlen sind auf dem Land beliebte Treffpunkte, und was dort üblich ist, wird auch auf dem Floß so sein: Dirnen bieten sich den Wartenden an.

Holzknarren, Mühlsteinknirschen auf dem Fluß, das Stampfgeräusch der Walken – als wären die Flöße und ihre Holzbauten Resonanzkörper für die unablässig niederrammenden Balken, die »Pochstempel«; dumpfes Tamtam auf dem Rhein, das sich überlagert, verdichtet zu raschem Wirbel.

Die Brücke führt zur Nord-Ost-Ecke der ummauerten Stadt – man hat also, während man auf die Brücke zugeht, die Stadt links vor sich liegen. Ringmauer, Kirchtürme und Hausgiebel – alles ist eng zusammengeschoben in der Nähe des Rheins, aber hangaufwärts rücken die Häuser auseinander, oben ist Platz genug für mehrere Weingärten. Und man sieht die Stephanskirche und die Schottenkirche St. Brigida; in der rechten oberen Ecke des Stadtgebietes das Altmünster. Und rechts von der Stadt, außerhalb der Mauern, das Stift St. Peter. Und links von der Stadt, flußaufwärts, die St.-Alban-Kirche. Und dort drüben in der Rheinmauer die Heimenschmiedspforte und in der Mitte das Eis-Tor und rechts die Mühlpforte, an der die Brücke endet.

Dieses Mainz war damals eine der wichtigsten, mächtigsten Städte des Reichs; es wurde nur von Köln übertroffen. Mainz war einer der Haupt-Handelspunkte, Mainz produzierte auch: vor allem Wein (zum kleinen Teil innerhalb des Mauerrings gezogen) und das bekannte Mainzer Tuch. Was in Mainz ebenfalls gehandelt wurde: Pelzwaren aus Skandinavien und Rußland, Felle und Häute, die meist nach Straßburg weiterverkauft wurden, zur Herstellung von Lederwaren.

Beherrscht wurde die Stadt vom Klerus: das Erzstift, die Bibliotheken und Schulen, das Klerikerstift, das Domkapitel – alle wichtigen Posten von Geistlichen besetzt. Es gab aber auch hohe weltliche Positionen, beispielsweise den Stadtkämmerer, camarius.

Während ich dies berichte, wird ein Brückensektor aus der Vertäuung gelöst, wird beiseite gerudert; ein Boot wird durch die Brückenlücke gesteuert, flußabwärts. Dieses Zwischenspiel gibt mir das Stichwort zur Anmerkung, daß im Jahresschnitt die Stadt von etwa dreißig Schiffen pro Tag passiert wird – jetzt, im Frühsommer, können es fünfzig bis sechzig sein.

Mit Geschrei wird die Lücke wieder geschlossen. Und weil sich das etwas hinzieht, gleich eine weitere Notiz. Von Mainz bis Köln brauchte man vier Tage; stromaufwärts ging es erheblich langsamer: von Rotterdam nach Köln fünf bis sechs Wochen, von Köln nach Mainz ungefähr zwei Wochen, von Mainz nach Straßburg zwei bis drei Wochen. Also im Schnitt fünfzehn Kilometer pro Tag. Es wurde in der Regel getreidelt, von Pferden oder Treidelknechten. Wurden die Boote, die Schiffe nicht geschleppt, sondern von Stakrudern oder Schiffsstangen flußaufwärts bewegt, so ging es genauso langsam.

Was das Reisen zusätzlich verlangsamte: zwischen Mainz und Köln – zum Beispiel – lagen rund zwanzig Zollstationen. Weil sie von Burgen gesichert waren, gab es keine Möglichkeit, sich vorbeizumogeln – einige Zollstationen konnten die (damals von Felsen und Sandbänken meist eingeengte) Fahrrinne durch eine Kette sperren: die wurde erst abgesenkt, wenn bezahlt war. Handelswaren wurden während eines Transports auf dem Rhein ungefähr fünfzig bis sechzig Prozent teurer.

Unser Reiter kommt nun an der Walkmühle vorbei, die zwischen zwei Pfeilern der alten römischen Brücke vertäut ist. Es dröhnt, als würden Riesenfrauen mit senkrecht niederrammenden Balken Getreide in Holzmörsern kleinstampfen – und dies mit ungeheurem Tempo. Denn: zur Walkmühle gehört die Nockenwelle. Überraschende Begegnung zweier Wörter: Mittelalter und Nockenwelle. Möglichst rasch laufende Kornmühlen, Walkmühlen, Pochwerke, Schmiedemühlen – es muß eine Faszination gewesen sein: mechanisierte Arbeit! Wo früher vierzig Arbeiter »nackt und außer Atem« in den Wannen der Walkhäuser die tierischen Fasern stampften, da steht nun ein einziger Arbeiter. Und dem wird es in den Ohren gedröhnt haben, dem werden die Pochstempel der Pochwerke im Pochspiel die Ohren taub gepocht haben.

Während Neidhart lebte, dichtete: es drehten sich auf dem Rhein vor Straßburg, vor Mainz, vor Köln die Nockenwellen der Walkmühlen, ebenso auf der Seine vor Paris, auf der Themse vor London. Und während viele der verarmenden und verarmten Ritter zu Raubrittern wurden, stampften Kaufleute immer mehr Geld zwar nicht aus dem Boden, aber aus Walkwannen. Und hohe Herren ließen sich neue Walkmühlen bauen oder ließen schwimmende Kornmühlen umrüsten, weil sich mit Walkmühlen noch mehr Geld verdienen ließ.

Und Neidhart wird sich, nach weiterem Ritt über Land, für kurze Zeit in einem Kloster aufhalten: nicht einmal eine so simple Annahme ist möglich ohne Kommentar, ohne ergänzende Information. Alles, fast alles hat inzwischen die Bedeutung verändert, den Stellenwert. Eine unserer Assoziationen beim Stichwort Kloster: Abgeschiedenheit. Die wurde von Zisterziensern gesucht, nicht aber von anderen Mönchsorden. Eine Untersuchung von Wilhelm Störmer zeigt aber für den bayerischen Bereich, daß Klöster im Frühen Mittelalter vielfach an Römerstraßen gegründet wurden, die man weiterhin nutzte. Auch lagen Klöster häufig an »ehemaligen Straßenstützpunkten«, an »Umschlagstationen für Waren«, an Schiffsländen, an Straßenkreuzungen, an Pfaden des »Saumverkehrs«, des »Saumhandels«. Und wo es den Anschein hat, als wäre ein Kloster bewußt in der Abgeschiedenheit errichtet worden, zeigt genaueres Nachforschen, daß es zumindest an einem Saumpfad lag, der für den Handel wichtig war, beispielsweise als Abkürzung zu einer Paßstraße. »Daraus ergibt sich, daß Mönche bzw. die Klosterbrüder nicht primär die Einsamkeit aufsuchten, sondern sich neben dem eigentlich monastischen Leben noch eine öffentliche Aufgabe stellten bzw. gestellt bekamen.« So waren Klöster auch geplant, gegründet als Herbergen, ebenfalls – dies ist für das folgende Kapitel wichtig – zur »ärztlichen Betreuung« von Reisenden.

Gegen alle Traditionen von Skriptorien stellt sich Waltharius in einem Abschnitt der Annalen vor als Mönch des Klosters »in palude nigra«, im Schwarzen Sumpf oder Schwarzen Bruch, von Einheimischen auch Roter Bruch genannt, wohl nach der Farbe der Erde dieses Waldgebietes, das vor der Klostergründung eine (ich übersetze) »Stelle schauerlicher Öde und Einsamkeit war«, »im Dickicht des Waldes und des Dornengestrüpps unzugänglich«. Der Gründer des Klosters, so berichtet der Chronist weiter, habe sich bei einer Jagd hierher verirrt, sei in einen kurzen Erschöpfungsschlaf gefallen, in dem ihm der heilige Cosmas erschienen sei mit der Forderung, an Ort und Stelle ein Kloster zu errichten. An diesem Kloster wurde dann eine der bayerischen Pilger- und Handelsstraßen vorbeigeführt. Auf ihr kam der Besucher, von dem Waltharius in palude nigra berichtet: Neidhart.

Der Sänger sei, so könnte der Mönch einleitend berichten, mit einer Gruppe von Reisenden nach Schwarzenbruch gekommen, habe jedoch, weil sein Pferd lahmte, weil es zudem an einem Druckgeschwür litt und weil er selbst etwas fiebrig war, zurückbleiben und sich an die zwei Wochen im Kloster aufhalten müssen.

Und der Mönch legt hier ein neues Kapitel an, auch dies in lateinischer Sprache – freilich schreibt Walter gelegentlich so etwas wie Pidgin-Latein, indem er deutsche Wörter mit lateinischen Endungen versieht; in diesem Fall ist das wegen einiger Fachwörter unvermeidlich, denn Waltharius soll auf meinen Wunsch schreiben, was in Klosterannalen sonst nicht geschrieben wird: das nie und nirgends verfaßte Kapitel mit dem Thema »Dichter des Mittelalters und ihre Pferde«.

Neidhart könnte so (stellvertretend für einen Wolfram von Eschenbach, einen Walther von der Vogelweide, einen Ulrich von Lichtenstein oder einen Oswald von Wolkenstein) in diesem Buch präsent werden als Pferdekenner. Das heißt vor allem: er kennt erste Anzeichen und spätere Auswirkungen von Erkrankungen des Pferdes, hat früh schon gelernt, darauf zu achten – auch dieser Aufenthalt in Schwarzenbruch zeigt, welche Folgen eine Verletzung oder Erkrankung des Reitpferdes haben kann.

Warum sollte der wahrhaft exzeptionelle Chronist nicht einleitend berichten, daß er mit Neidhart im Stall des Klosters war? Sie schauten sich den rechten Vorderhuf an. Das Horn war hellrot gefärbt; das Pferd setzte diesen Huf nicht auf, stand mit leicht eingeknicktem Vorderfuß, stützte den Fuß höchstens mal auf der Vorderkante auf. Vielleicht, ja wahrscheinlich war dieses Pferd huflahm, weil unterwegs ein Schmied einen zu langen Nagel in das gelockerte Eisen geschlagen hatte. Schon bald darauf, bei einer Rast, stellte das Pferd den verletzten Fuß nach vorn, hob ihn wiederholt an, setzte ihn sanft nieder, scharrte, aber auch dies vorsichtig, ganz vorsichtig. Und dann, wieder auf dem Weg, lahmte es immer heftiger. Das hatte Neidhart im Lauf seiner vielen Reisejahre schon mehrfach erlebt – zuweilen war eine Gelenkentzündung der Grund gewesen; im Stallgespräch mit dem Mönch könnten hier mittelhochdeutsche Wortentsprechungen genannt werden zu Spat, Rehbein, Hasenhacke.

Diese Wörter stellvertretend für viele Wörter, die erfahrenen, langjährigen Reitern selbstverständlich vertraut sind und die in diesem Text über einen möglichen Text signalisieren, daß Neidhart, auch Neidhart als Reiter zahlreiche Wörter benutzt, ganz selbstverständlich, die in seinen Liedtexten nicht zu finden sind. Wie sehr wäre hier ein vielstrophiges Lied zu wünschen, in dem Neidhart von tagelangen, wochenlangen Ritten erzählt, und was ihm und seinem Pferd dabei zustieß…! Weil solch ein Lied nicht überliefert ist, muß Waltharius in palude nigra einspringen.

In den Klosterannalen könnte er (selbst ein erfahrener, ausdauernder Reiter) berichten, daß er mit Neidhart auch eine fast handflächengroße Druckstelle und Schwellung untersuchte – Stichwort für zahlreiche Erfahrungen, die Neidhart im Lauf seiner Lebensreise mit Schwellungen unter dem Sattel gemacht hat: immer mal wieder ein Pferd, dem sich der Sattel nicht richtig »verpassen« läßt, weil es einen zu hohen oder zu niedrigen Widerrist hat, einen Heubauch oder einen flachrippigen Brustkorb; es genügt auch schon, daß ein Pferd längere Zeit keinen Sattel getragen hat und daß man gezwungen ist, eine weite Strecke zu reiten, schon kommt es zu Druckstellen, Schwellungen – vor allem im Winter, wenn die Rückenhaut weich geworden ist. Satteldruck auch, wenn das Pferd während eines langen Rittes abmagert, das geschieht oft in wenigen Tagen, gerade an der Rippenpartie; außerdem kann es zu Satteldruck kommen, wenn der erschöpfte Reiter schief sitzt.

Als Neidhart den Sattel abnahm, sah der Mönch sofort die Schwellung, und als er vorsichtig draufdrückte, bog das Pferd den Rücken ein; auch war diese Stelle warm. Schlimm, aber noch längst nicht so schlimm, räsonieren die beiden, als wäre dem Pferd ein Gelenk gebrochen, als hätte es eine Kolik oder als wäre es gestohlen, geraubt worden.

Ich lasse den Chronisten weiter berichten, daß ihm Neidhart von langen, erschöpfend langen Ritten erzählt, Ritte oft auch im Regen, und die Kleidung nach kurzer Zeit schon vollgesogen, Wasser läuft an seiner Haut herab, und zuweilen regnet es wochenlang. Aber: er trägt die Harfe in einer Lederhülle auf dem Rücken, eine gute, fest vernähte Lederhülle. Eigentlich, so könnte Neidhart überlegen, müßte es auch für Reiter solch eine Hülle geben, das Leder schön eingefettet, damit der Regen abläuft wie an Entengefieder.

Weitaus schlimmer noch als Regenritte sind, so könnte er weitererzählen, so könnte Waltharius weiterschreiben, die Winterritte: ein zu früh einbrechender Winter, und er ist noch Tage, womöglich Wochen entfernt vom Haus, in dem er wohnt, und er muß durch Schneetreiben reiten, und manchmal ist unter dem Schnee eine Eisschicht, und je schneller er reitet, desto größer die Gefahr, daß das Pferd stürzt. Er wird von verschiedenen Reitern erzählen können, die im Winter gestürzt sind, Knochenbrüche, oder es ging etwas in der Hüfte kaputt, der Oberschenkelknochen aus dem Gelenk gesprungen, der Knochen bohrt sich ins Fleisch, und Schmerzen, Schmerzen, unerträgliche Schmerzen – einen so schweren Sturz hat er bisher nicht erlebt, dennoch bleibt genug zu berichten über Winterritte: die Entfernungen scheinen zu wachsen, zwischen einem Passau und einem Wien, zwischen einem Landshut und einem Reichenhall, und die kleine Harfe scheint in der Kälte zu knacken, ja, er spürt im Instrument auf dem Rücken die Einwirkung des Frostes, stellt sich vor, wie der Frost mit spitzen Wolfszähnen in den Rahmen beißt, das gibt Risse, und es dauert entsprechend lange, bis er das Instrument wieder gestimmt hat, und wie rasch ist die Harfe erneut verstimmt, das Holz scheint mürbe zu werden in der Kälte.

Wenn die Kälte allzu arg ist, hat er sogar die Vorstellung, sein Fleisch wird mürbe. Und da ist, abends in der Unterkunft, das Klopfen, Pulsen, Pochen in den Händen, in den Fingern, vor allem in den Fingerkuppen, da sind Schmerzen in den Füßen, wenn die Wärme zurückkehrt, und da ist das Ziehen im Rücken. Diese feindlichen Winterwälder! Dieses unerwünschte Schweben von Glitzerpunkten in der Luft! Diese von Schnee belasteten oder von Reif umkrusteten Äste! Dieser Rauch, der – wenn überhaupt einmal Rauch zu sehen ist – senkrecht aufsteigt. Und die immer größere Sehnsucht, ein Haus zu besitzen, für sich und seine Familie, und genug Holz, um es zu heizen – auch für dieses Holz muß er singen, ja, er muß Brennholz herbeisingen und Brot herbeisingen und Kleider für die Kinder herbeisingen, alles muß er sich ersingen, auch die Gunst eines Bischofs oder eines Grafen, das Interesse der Herzogin, des Herzogs – wie viele Strophen hat er in seinem Leben schon gesungen?!

Er wolle keine Klagelieder anstimmen, habe Neidhart gesagt, aber manchmal werde er sehr müde beim Reiten, so müde, als kaure etwas auf seinen Schultern und sauge an ihm. Nach solchen Ritten möchte er nur noch herumhocken wie hier in der kleinen Zelle des Bruders Waltharius mit dem Schreibpult am Fenster und nichts als Wald, Wald, Wald ringsumher, er möchte die Wölfe heulen, die Bären tapsen, die Räuber metzeln lassen, geht morgens in den kleinen Klostergarten, und er begießt die dicht wachsenden Pflanzen, ausgewählt und gesetzt nach den Vorschriften oder Vorschlägen eines Mannes mit einem lateinischen Namen, den er vergessen hat, begießt Lilien, Bauernrosen, Pfingstrosen, bewässert Liebstöckel, Selleriekraut, Gartenkerbel, füllt wieder den Bottich am Trog, beugt sich über Andorn, Zitronenmelisse, Eberraute, setzt sich nach dem Begießen in die Sonne, und während er dasitzt, denkt er, so könnte er dem Mönch gestehen: Eigentlich müßten in diesem Gärtlein auch Kräuter für ihn wachsen, denn da war nicht nur die kleine, fiebrige Erkrankung, die im Kloster rasch auskuriert wurde (vor allem mit

Hilfe der Breiumschläge, die Waltharius ihm gemacht hat), da ist auch immer wieder Durchfall, wenn er unterwegs mehrere Tage lang nichts als Roggenschrot und Roggengrütze und Roggenbrot zu essen bekommt. Und er könnte von Schmerzen in den Fingern reden und von der Angst, die Gelenke würden einmal knotig dick, und er könnte nur noch mühsam die Fiedel spielen, die Harfe schlagen.

Solange ihm die Stimme bleibt, wäre dies noch nicht das Ende, er hat aber, so könnte er dem Mönch bei einem Dämmergespräch gestehen, er hat zuweilen auch die Angst, auf einem der Winterritte gehe ihm Frost an die Kehle und pfuat di, du schöne, starke, auch große Räume füllende Stimme! Bisher hat ihn seine Stimme nicht verlassen, manchmal aber ist da eine Rauheit, wie er sie früher nicht kannte. Und dazu – nach langen Regenritten, nach Übernachtungen in feuchtkalten Heulagern – das schmerzhafte Ziehen im Rücken, und von den Hüften hinab bis in die Knie, ja bis in die Füße – manchmal denke er sich, so könnte Neidhart sagen, so könnte der Mönch das schreiben, manchmal also denke er sich, er müßte von der Stirn bis zu den Füßen mit einer Kräutersalbe eingeschmiert werden, ganz dick, und sie wird fest, und er bewegt sich nicht, damit sie möglichst lang ihre gute Wirkung tun kann, aber schließlich sprengt er sie mit jäher Bewegung, und er ist wieder so gesund wie ein Bauernbursche. Und er lacht auf, das könnte Waltharius de palude nigra so notieren: »ridet« – der lächelnde, der lachende Neidhart…

Das Reisen und die Reiseberichte, Reiseerzählungen: ein weiterer Reisender könnte im Kloster Schwarzenbruch eintreffen.

Was könnte die Motivation sein zu einer mehrtägigen Reise – wenn man kein Fahrender war, kein »reisiger Ritter«, kein Kaufmann, kein Fürst, kein König? Auf der Grundlage wissenschaftlich betreuter Überlieferung (Arno Borst) entwickle ich ein Beispiel: ein Mönch reist, um ein Buch zu studieren, beispielsweise in Schwarzenbruch. Denn die wenigen (kostbaren!) Bücher, die es damals in Klöstern gibt, sie werden in der Regel nicht ausgeliehen – schon damals kehrten nicht alle ausgeliehenen Bücher zurück. Also mußte man zu Büchern reisen.

Der von seiner kleinen Reise berichtet, ist magister hospitalis, auch hospitalarius genannt, ein Spitalmeister. Von seinem Abt erhielt er den Auftrag, im mehrere Tagesreisen entfernten Kloster eine Schrift zu studieren mit dem Titel: *Von der Übereinstimmung zwischen Hippokrates, Galen und Suran*. Als Spitalmeister kann er angemessen mit den wissenschaftlichen Begriffen dieser Arzt-Autoritäten umgehen, setzt der Abt voraus. Er arbeitet an einer noch größeren Kompilation. Die bedarf einer wichtigen Ergänzung, und die soll der Mönch vermitteln.

Rainald erhielt für die Buchreise selbstverständlich ein Pferd; ein Reservepferd oder Packpferd wurde ihm allerdings nicht zugestanden. Weil er nicht allein reisen wollte, nahm er einen Reitburschen in Dienst, mit Pferd. Zusätzlich ergab es sich, durch glückliche Fügung, daß sich Rainald einem Boten anschließen konnte, der in dieselbe Richtung unterwegs war – ein sehr guter Entschluß, wie sich zeigte, denn dieser Mann war erfahren, umsichtig, hilfsbereit; die Aussicht auf ein gutes Reisegeld spielte mit, entscheidend aber war dies nicht.

Sie ritten los. Es stellte sich heraus, daß der Bursche noch geschwächt war von einer fiebrigen Krankheit, die etwa zwei Wochen zurücklag – ein Dutzend Würmer war aus ihm herausgetrieben worden, mit purgierendem Kräutertrank. Offenbar teilte sich seine Schlappheit, seine Müdigkeit (die er bis zum Antritt dieser Reise verborgen oder überspielt hatte) dem Packpferd mit, das er ritt, es wurde immer langsamer, störrischer, bewegte sich schließlich nur noch im Eselstrott. Und plötzlich, »wie vom Blitz getroffen«, brach es unter dem Burschen zusammen, zuckte noch ein paarmal und war tot. Dies mehrere Stunden vor dem Ziel der ersten Tagesreise, dem Kloster von R.; andere Möglichkeiten, unterwegs zu übernachten, gab es nicht. Der Bursche fühlte sich zu schwach, um die Reise zu Fuß fortzusetzen, außerdem war da noch das gemeinsame Gepäck: er mußte bei dieser günstigen Gelegenheit eine größere Portion Bienenwachs überführen, der Bote hatte ebenfalls eine schwere Satteltasche – auch deshalb hatte er sich ihnen angeschlossen. Sie ließen das Gepäck mit dem Burschen zurück, versteckten es abseits vom Weg, schärften dem Jungen ein, nicht einzuschlafen.

Es regnete. Aber sie kamen gut voran – die Pferde nicht zusätzlich vom Gepäck belastet, die Luft kühl. Bei einsetzender Dämmerung erreichten sie den Fluß, die Brücke; von hier aus war es noch etwa eine halbe Stunde zum Kloster.

Allerdings, es waren, wie sich dem vorangehenden Reiter zeigte, derart viele morsche Stellen, derart viele Löcher in den Bohlen, daß man es eigentlich nicht wagen konnte, die Brücke zu überqueren. Der Reiter suchte einen Fährmann, ein Boot, vergebens – schließlich war hier eine Brücke! Aber mit Löchern, ja mit fehlenden Bohlen. Und es regnete weiterhin. Und die Nacht würde sehr kalt für den Burschen im Wald. Sie mußten also zusehen, daß sie das Kloster erreichten – der Bote wollte von dort aus zum Jungen zurückkehren. Er legte Aststücke über Lücken, legte jeweils den Schild über größere Löcher; viel Zuspruch für sein aufgeregtes Pferd, er schaffte es.

Beim zweiten Pferd war es schon leichter – wieder legte der Bote den Schild über die größeren Löcher. Sie ritten weiter. Endlich, endlich in der Ferne ein Licht – es wurde langsam heller, schien Wärme auszustrahlen.

Sie wurden sehr freundlich empfangen. Die Brüder bereiteten ihnen einen Trunk. Sie hatten an diesem Feiertag festlich gespeist, hatten sich beim Essen das Kapitel *Vom Kellermeister des Klosters* vorlesen lassen, ihr Umtrunk dehnte sich über die Dämmerstunde aus – wie zu seinem Empfang. Der Bote und er aßen, dann brach der Reiter mit einem Klosterknecht auf, um den Burschen und das Gepäck aus dem Nachtwald zu holen.

Er ließ den Burschen dann im Kloster, im Spital zurück; die Brüder versprachen, ihn gesundzupflegen. So setzte Rainald mit dem Boten die Reise fort, nun ohne Packpferd, also mußten sie langsamer reiten als geplant. Doch der Mönch kam nach langen Tagesritten (umgerechnet bis zu sechzig Kilometern) wohlbehalten im Kloster an, beschenkte den Boten – daß er diesen Begleiter gefunden hatte, erschien ihm als Gottes Fügung.

Noch am Abend der Ankunft ließ er sich von Waltharius die begehrte Schrift zeigen. Sie lasen sich abwechselnd vor, erörterten Punkte, die sich aus der Lektüre dieser Kompilation ergaben. Sie war die Reise wert.

Und wieder der namenlose Mönch von Heisterbach. In diesem Zwischenspiel schaut er, jeden Zeitgefühls enthoben, von der Kuppe des Petersbergs noch immer hinab auf den Rhein, der weite Mäander bildet, der sich in der Ebene begleiten läßt von Nebenläufen, die Sandbänke, Inseln, Auwälder umschließen. Jahrelang, so denkt der Mönch nun wieder, jahrzehntelang könnte er hier oben sitzen, auf die weitgeschwungene Mäanderlinie des Rheins blickend, und sie würde ihren Verlauf nicht ändern; zwar wird sich der Rhein zuweilen mächtig ausdehnen, wird seeweit in der Ebene nordwärts, doch er wird in sein Flußbett zurückkehren, wird sich darin zusammenziehen zu schmaler Fahrrinne, viel Sand, Kies, Fels wird man sehen, und dann wieder macht sich der Fluß breit in seinem Bett. Und er wird Eisschollen tragen, wird unsichtbar unter einem Eispanzer, doch der wird zerbrechen, Eisschollen, die sich am Ufer stauen, werden übereinandergeschoben, und die Eisschollen werden zerbröckeln, zerbröseln. Könnte er – dies sehend, dies bedenkend – erfahren, was Jahrhunderte sind, was ein Jahrtausend ist? Würde sich, was er hier in zehn Jahren sähe, in einem Jahrhundert nicht zehnfach wiederholen, würde sich, was er hier in einem Jahrhundert sähe, in einem Jahrtausend nicht wiederum zehnfach wiederholen? Wäre hier schon die Antwort auf die Fragen, die ihn auf diesen Berg geführt haben?

Und der Mönch steht auf mit der Ruhe der Selbstverständlichkeit, findet, ohne ihn zu suchen, einen schmalen Pfad, der hinunterführt ins Flußtal, schreitet fast beschwingt hinab, so, als hätte er bereits eine Antwort gefunden, zumindest auf eine der Fragen, in die sich seine große Frage aufteilt wie ein Kleeblatt. Bald erreicht der Mönch Königswinter, geht durch das Dorf, wieder ist seine Wahrnehmung nach innen gewandt, ist sein Kopf beherrscht von der Frage: Was ist ein Jahrhundert, was ein Jahrtausend?

Vor der Ortschaft setzt sich der Mönch an den Fluß. Würde er sich von einem der Boote, der Schiffe mitnehmen lassen, die an ihm vorbeigleiten, so könnte er in wenigen Stunden in Köln sein. Würde er dort eher Antwort finden auf seine Fragen? Oder wären dort zu viele Türme, zu viele Glocken, zu viele anlegende und ablegende Schiffe, zu viele Menschen, zu viele Pferde, zu viele Waren und zuviel Gesang, Geschwätz, Geschrei – ein Brausen schließlich in den Ohren, ein Flirren in den Augen, ein Vibrieren im Hirn?

Wiederum: dieses sehr gleichmäßige Rauschen, am Rand von hellem Gluckern begleitet – wäre dies die Antwort? Sind in diesem gelegentlich anschwellenden, zuweilen in sich zurücksinkenden Geräusch nicht die Wochen wie die Monate und die Monate wie die Jahre und die Jahre wie die Jahrzehnte und die Jahrzehnte wie die Jahrhunderte? Er starrt auf das Wasser: es fließt, fließt. Raum gedacht und Zeit erfahren? Raum erfahren und Zeit gedacht? Zeit, die ihm zuwächst aus diesem Raum? Und er läßt die Antwort auf sich zukommen?

Er schließt die Augen, zieht die Kapuze seiner Kutte über Stirn und Brauen herab, legt die Unterarme auf die hochgezogenen Knie, sitzt reglos, wie leblos.

Was ist ein Jahrhundert? Was ist ein Jahrtausend? Was ist Zeit, das Vergehen von Zeit?

Auch in Neidharts Epoche wurde der Tag eingeteilt in zwölf Stunden, aber dabei war es gleichgültig, wie lang oder kurz der Tag war: die erste Stunde, wenn es hell, die letzte Stunde, wenn es dunkel wurde. Selbst beim längsten Sommertag, der nach unserer Rechnung etwa sechzehn Stunden zählt, selbst beim kürzesten Wintertag mit seinen knapp acht Stunden – der Tag hatte 12 Stunden. Die waren im Sommer länger, nach unserer Zeitrechnung bis zu 80 Minuten, und im Winter entschieden kürzer, nach unserer Zeitrechnung etwa 40 Minuten.

Mit diesen verlängerten und verkürzten Stunden aber wurde kein Zeit-Raster geschaffen, und sei es ein variables, flexibles. Von den Pfarrkirchen der Städte und Dörfer wurde bestimmt aus sehr viel mehr Anlässen geläutet als heute, aber volle Stunden wurden nicht geschlagen. Wonach hätte sich der Pfarrer, der Küster auch jeweils richten sollen? Es gab die Sonnenuhr – aber die zeigt bloß einen Ausschnitt der gesamten Tageszeit an, und nicht immer scheint die Sonne. Und es gab Sanduhren – aber die sind zum Messen längerer Zeitabläufe nicht geeignet, es kann schon mal eine Zwischenphase entstehen, in der man nicht auf die Sanduhr achtet, und es läuft kein Sand mehr nach. Und die Brenndauer einer Kerze? Selbst wenn man eine Kerze akkurat nach der anderen abbrennt – es hängt auch von der Temperatur ab, wie lang eine Kerze brennt, und selbst bei gleicher Größe hätte ihr Wachs kein genormtes Gewicht. Am zuverlässigsten waren noch die Wasseruhren der Klöster – aber hatte jede Pfarrkirche ein Kloster in Hörnähe?

Wasseruhren – für sie war jeweils einer der Klosterbrüder verantwortlich, der Uhrenwärter. Ihn weckte die Wasseruhr mit einem kleinen Schellenwerk, darauf läutete er zum ersten Mal die Glocke oder die Glocken. Dieser Klosterbruder konnte die Wasseruhr so einstellen, daß sie – ungefähr – die verlängerten Sommerstunden, die verkürzten Winterstunden angab. Im Winter freilich, im ungeheizten Kloster, fror solch eine Wasseruhr wiederholt ein. Zeit des Eises, Zeit als Eis. Auf zugeschneiten Straßen keine Reisenden mehr, die Welt schrumpfte ein auf den sichtbaren Umkreis, und hier stand die Wasseruhr still, Zeit hatte keine Markierungen mehr oder nur ungefähre. Zeit nach Gefühl.

Im Frühling, im Sommer, im Herbst wurden die kanonischen Stunden wohl mit einiger Zuverlässigkeit eingeläutet: der Tag begann bei Sonnenaufgang mit der Prim, endete mit dem Sonnenuntergang, dem Nachtgesang, der Komplet – siebenmal insgesamt wurde in vierundzwanzig Stunden die Zeit angegeben, zu den Gebeten, den Messen. Damit wurden für die Menschen im Hörbereich der Klöster Zeitmarkierungen gesetzt, wenn auch nach besonderer Zeitrechnung: die Prim war nicht der Zeitpunkt, an dem man seinen Laden öffnete, vielleicht aber machte man ihn zu beim Ave-Läuten.

Und wonach richtete man sich in den vielen kleinen Städten, in deren Mauer- oder Palisadenbereich kein Kloster lag, und es war auch keins in der Nähe? Und in den vielen Dörfern, in denen man überhaupt keine Klosterglocken hörte?

Noch ist die Zeit zwei Jahrhunderte entfernt, in der mechanische Uhren erfunden werden, auch als Kirchenuhren, die jeweils die Stunden schlagen – dazu muß erst einmal mit dem Vatikan ausgehandelt werden, daß nicht mehr die Zeitpunkte der Gottesdienste entscheidend sind, sondern die jeweils vollen Stunden, und daß eine Stunde sechzig Minuten hat und daß eine Minute genauso lang ist wie die andere Minute, gleichgültig, ob das Holz des Glockenstuhls in der Sommerhitze knackt oder ob Schnee auf dem Kirchdach lastet.

Es gab zu Neidharts Zeit also noch nicht die Handwerker, die ›Schlag‹ soundsoviel Uhr den Frontladen ihres Ladens hochklappten, und die Lohnarbeiter, die sich ›auf die Minute pünktlich‹ einfanden – alles war noch vage, gleitend. Also konnte man Zeit noch nicht sparen, konnte man niemandes Zeit stehlen, Zeit war noch kein Besitz, mit dem sich rechnen ließ. Es ließ sich auch keine Zeit verlieren und keine Zeit vergeuden – es war noch lange nicht die Zeit, in der Zeit Geld ist. Da war ein langsames Aufblähen von Zeit: die satten Sonnenstunden; da war ein langsames Schrumpfen von Zeit: die mageren, die hungrigen Winterstunden... Eine noch nicht vermessene Welt mit sehr vagen, zwischen Erfahrung und Phantasie oszillierenden Konturen, und Zeit, die sich kaum aufteilen ließ. Zeit war wie langsames Einatmen, Ausatmen...

Was assoziieren wir als erstes beim Stichwort Mittelalter? Kirchen, Klöster... Also entwerfe ich, wie (in Schwarzenbruch, zum Beispiel) eine Kirche gebaut wird: die frühere Kirche ist nach einem Blitzschlag ausgebrannt und mußte abgerissen werden.

Ambiente des Entwurfs: das Tal mit einer der damaligen Fernstraßen; bewaldete Mittelgebirgshügel. Die Baustelle ausgedehnt: Gräben, in denen Teile des Fundaments gemauert sind; in regelmäßigen Abständen Gruben mit den Fundamenten der Säulen von Vierung und Längsschiff; drei oder vier Säulensockel sind bereits gesetzt; im Chor sind schon erste Quadern gemauert. Ein hohes Kreuz aus Holz an der Stelle des künftigen Altars.

Was bisher auf diesem Bauplatz geschah: als erstes wurde das

Kreuz errichtet. Dann wurden nach exakter Vermessung mit Bodenzirkeln und Meßlatten die Baulinien abgesteckt. Die erste Weihe fand statt: der Bischof der Diözese schritt weihrauchschwingend über den Bauplatz, gefolgt von Abt und Prior; die Mönche sangen den 83. Psalm: »Quam dilecta tabernacula tua Domine Deus virtutum«.

Nach der Weihe begannen die Ausschachtungsarbeiten – die Gräben mußten nicht sehr tief ausgehoben werden, man stieß recht bald schon auf Fels. Im Bereich des Ostchors wurde der Fundament-Sockel gemauert. Hier wurde, wieder mit dem Bischof, die Grundsteinlegung gefeiert: mit geweihtem Wasser bereitete der Bischof eigenhändig Mörtel zu, setzte mehrere Steine, während die Mönche den Psalm *Fundamenta eius* sangen; nach dem Bischof stiegen Abt und Prior in den Graben, auch sie mauerten mehrere Steine; der Abt drückte einen Amethyst in den Mörtel, der Prior einen Rauchtopas, sie sangen: »Edelsteine sind alle deine Mauern…«; der Bischof sprengte Weihwasser in die Gräben: »universa loca ad fundamenta ecclesiae designata«.

Was hier gebaut wird, ist (noch) eine Kirche im romanischen Stil: »Mauermassen- und Quaderbau«. Zwar werden in Frankreich und England bereits erste Bauten mit gotischen Stilmerkmalen errichtet, doch wird es noch bis etwa 1120 dauern, ehe sich gotische Bauformen klar ausgeprägt zeigen im »Steinmetzgliederbau«; in Deutschland wird sich der neue Stil erst zur Jahrhundertmitte entfalten mit dem Bau des neuen Doms zu Köln.

Gearbeitet wird auf einer Baustelle an sechs Tagen; im Sommer sind es elf Stunden, im Winter acht oder neun. Was hier auffällt: es gibt keine Schutzdächer, keine Bauhütten für die Steinmetze; es gehört offenbar zum Ehrenkodex, Quadern und Säulenzylinder unter freiem Himmel zu meißeln – erst im Späten Mittelalter wird es Schutzdächer, Bauhütten geben.

Mich über Baubetrieb im Mittelalter informierend, habe ich Fachbegriffe gelernt, die hier zur Disposition stehen: die Steinblöcke werden mit der sogenannten Spitz-Fläche bearbeitet – die Spitze »zum groben Abarbeiten der Bosse«, die Fläche zum Ebnen; ebenso werden Schlageisen benutzt mit Holzklöpfeln; Mörtel wird in Holzkästen gemischt, mit der Hacke, wird in Körbe geschaufelt oder in Bottiche; Gerüstbauten, Laufschrägen mit Quersprossen – Steine, Mörtel wird man in den Körben oder Bottichen hinauftragen; später wird man Kräne in Galgenform errichten oder einen »Säulenkran mit T-förmig aufsitzendem Ausleger«; für die bearbeiteten Steine der Hebeklau, die Greifschere, die »schwalbenschwanzförmigen Metallklauen«.

Bezahlt wurde im Tagelohn (»tagewerc«) oder im Akkord (»fürgrif«). Akkordarbeit zum Beispiel beim Herstellen von »Säulen, Kapitellen, Reliefs, Schlußsteinen und Maßwerk«. Beide Zahlungsweisen führten zu Problemen, die damals schon beklagt wurden: im Tagelohn nahm man sich Zeit, beim Akkord drohte Pfusch. Und weitere stereotype Beschwerden: Holz, Steine, Kalk verschwinden spurlos von der Baustelle; Maurer und Baumeister streiten sich; Maurer bezeichnen Handlanger als dumm und aufsässig; Baukräne verrotten; ein Baugerüst bricht zusammen. Dennoch, es ist – trotz vieler Klagen – gute Arbeit geleistet worden, wo strenge Bauaufsicht herrschte, sonst könnten wir nicht heute noch Kirchen aus Neidharts Zeiten besichtigen (etwa in Worms).

A n dieser Baustelle ließe sich ein Gespräch arrangieren zwischen dem Abt des Klosters und einem Besucher, beispielsweise dem cancellarius eines Fürstbischofs. Dieser Leiter einer Kanzlei hatte an der Weihe des Baugeländes und an der Grundsteinlegung nicht teilnehmen können wegen einer längeren Reise, er holt nun die Besichtigung nach.

Gemeinsames Wissen, das im fiktiven Gespräch nicht übermittelt werden müßte: Ecclesia materialis significat ecclesiam spiritualem – die Bauform als geistige Sinnfigur. Die vier Ecken symbolisieren die Fleischwerdung, die Passion, die Auferstehung und die Himmelfahrt Christi; die Vorhalle repräsentiert das Volk des Alten Testaments; die Kirchentür als die Rede der Propheten; durch die Fenster, vor allem im Ostchor, dringt das ewige Licht ein; der kreuzförmige Grundriß ist die göttliche Menschengestalt – das Langschiff der Leib, das Querschiff die Arme, der Altarraum das Haupt; die

Menschengestalt auch symbolisiert durch die Säulen – mit dem Säulen-Fuß und dem Kapitell, also Kopf; diese Säulen haben eine symbolische Zahl: zwölf Säulen im Hauptschiff, sie stehen für die zwölf Apostel, und zwölf Säulen in den Seitenschiffen, stellvertretend für die zwölf Propheten; so wird dieser Kirchenbau getragen von Aposteln und Propheten, und der Grundstein wie der Schlußstein im Gewölbe wird Jesus Christus sein; Er ist zugleich Baumeister und Gesamtgestalt der Kirche – ecclesia spiritualis, ecclesia materialis...

Was der Abt dem Besucher nun berichten könnte: Er habe ursprünglich vorgehabt, diese Kirche und den gesamten Klosterbereich zu einem Abbild der Heiligen Stadt zu machen. In einem Collectar habe er ein Bild dieser Stadt gesehen: die runde, zinnengekrönte Stadtmauer und die bebaute Kreisfläche, geviertelt durch das Straßenkreuz – eine Straße führt zur Stephanuspforte, die andere zum Zionstor. Die Rundmauer könnte man im Talkessel bauen, aber wie das für die Heilige Stadt charakteristische Straßenkreuz nachbilden? Die Gebäude hier ließen sich nicht mehr zurechtrücken! Abgesehen davon: die Stiftungen und Schenkungen reichten für den zusätzlichen Bau einer Ringmauer nun doch nicht aus. Trotzdem sei dies für ihn eine beinah zwingende, ja bannende Vorstellung: einen Kreis ziehen, einen Kreis nicht nur als Linie, einen Kreis als Mauer, und alle bedrohlichen Mächte werden von ihr zurückgehalten, die Wilde Jagd, die Bösen Geister, und in diesem Schutzkreis Gottes Segen – ja, für ihn sei das Lebenswerk erst vollendet, wenn diese Mauer die Abtei umschließe.

Doch immerhin: die bergende Kreisform werde sich hier im kleinen zeigen – er sei stolz auf seinen Einfall, der Baumeister habe diesen Vorschlag nach längeren Diskussionen freiwillig aufgenommen. Die Kreisform der Heiligen Stadt wiederhole sich ja in der Kreisform des Heiligen Grabes, auch in der Rundform der Grabkirche, und so werde hier ein runder Turm gebaut; damit entstehe in der Basis eine Rotunde, und diese Rotunde werde als Seitenkapelle vielleicht einmal zum Mittelpunkt der Abtei, denn wahrscheinlich werde man dort das kostbare Reliquiar aufstellen. Aber wo auch immer es später stehe – wenn in dieser schön ausgestalteten Kirche erst einmal die Transsubstantiation in Fleisch und Blut des Herrn stattgefunden habe, werde die Heilige Stadt, die Mater ecclesiarum gegenwärtig, und man werde gewiß von sehr weit her zu diesem Kloster, zu dieser Kirche pilgern, und es könnten Pilgerfahrten in dieses Tal letztlich sogar Kreuzfahrten und Pilgerreisen ins Heilige Land ersetzen: ein neues Jerusalem!

Kurze Unterbrechung! Für das Modell »Jerusalem in Schwarzenbruch« gibt es Vorlagen: überlieferte Texte. Zum Mittelpunkt dieses Konzepts ein Pendant, das sich besichtigen, begehen läßt: die Nachbildung des Heiligen Grabes in Eichstätt. Auf einer Lesereise (das »Singen«...) erfahre ich von diesem Bau aus den Jahren um 1160; am Tag nach der Lesung in der ehemaligen fürstbischöflichen Sommerresidenz ›pilgere‹ ich zur Kapuzinerkirche.

Im rechten Seitenflügel dieser betont schlichten Barockkirche der kapellengroße Bau aus Jura-Stein. Dieser Rundbau mit Rundbogenfries war im Mittelalter von einer Rundkirche umgeben. Eine kleine Schrift informiert mich darüber, daß es zahlreiche Nachbildungen des Heiligen Grabes gab (und etliche noch gibt), daß dies aber die genaueste Rekonstruktion ist.

Ein Vorraum mit Apsis; drei Eingänge; man erreicht die Grabkammer durch einen niedrigen und schmalen Zugang; zur Rechten eine Steinbank als Grabstätte. So konnte man sich in den Vorraum, in die Grabkammer des Heiligen Grabes zu Jerusalem ›versetzen‹, als Pilger in Eichstätt an der Altmühl.

Simulation im Mittelalter... Auch Simulation als Methode der Annäherung an das Mittelalter: hier fühle ich mich in Eichstätt erneut bestätigt, bestärkt.

Und Fortsetzung des simulierten Gesprächs. Der Abt könnte nun so argumentieren:

Selbst wenn das alte Jerusalem doch einmal zurückerobert werden sollte – es werde stets ein von den Heiden bedrohtes Jerusalem bleiben, weil es gar nicht möglich sei, derart viele Ritter und Fußsoldaten über das Meer zu transportieren, daß jederzeit der ungehinderte Zugang zur Heiligen Stadt sichergestellt sei. Die letzten Kreuzzüge hätten ja nicht einmal mehr das Heilige Land erreicht! Mit diesen Kreuzzügen seien vielmehr alle Voraussetzungen zerstört worden für künftige erfolgreiche Aktionen. Es sei mehr als Verrat gewesen, daß es den Venezianern damals gelungen sei, das Kreuzheer für die Zwecke ihrer Stadt, ihres Fernhandels einzusetzen, und es eroberte die Handelsstadt Zadar, eroberte sogar die Christenstadt Byzanz. Und es sei für ihn ein Menetekel gewesen, was dann beim Kreuzzug der Kinder geschehen sei – nach allem, was an fragmentarischen Berichten in Umlauf sei. Es sei für ihn eine weitere Bestätigung seiner notwendig kritischen Einstellung, wie der bisher letzte Kreuzzug nach Ägypten fehlgeleitet worden sei. Bei all diesen Unternehmungen habe sich auf bedrückende Weise bestätigt, daß sich das Geschehen nicht mehr lenken lasse, daß sich etwas selbständig gemacht habe, zu Ereignissen führend, die man aufs tiefste beklagen müsse.

Er sehe nur zwei Möglichkeiten, sagt der Abt. Die eine wäre, daß die Kirche die Leitung der Kreuzzüge übernehme. Das bedeute: ein päpstliches Söldnerheer müßte Vorhut des Kreuzheeres werden, einer der kriegskundigen Legaten müßte den uneingeschränkten Oberbefehl übernehmen. Das aber würde keiner der Fürsten, erst recht keiner der Könige akzeptieren, sie würden sich auf jede nur erdenkliche Weise solch einem Kreuzzug entziehen.

Es bleibe also nur die andere Möglichkeit: nicht mehr zu einem Kreuzzug aufrufen! Eine Erneuerung der Kirche auch in dieser Hinsicht! Überall, und das seit Jahrzehnten schon, die Reformbewegungen, das Streben nach der vita vere apostolica, nach der ursprünglichen Kirche: sie müsse wieder zur ecclesia spiritualis werden, wie sie hier als ecclesia materialis verwirklicht werde. Kein Beschädigen, Besudeln, Zerstören mehr des Menschenbildes und damit des Bildes Gottes – der Baugestalt dieser Kirche müsse die wahre, die innere Gestalt der Kirche entsprechen. Dieser Weg zur wahren ecclesia sei nicht der Weg der Kreuzzüge, seien schon gar nicht die Schreckenswege der letzten Unternehmungen, die Kirche dürfe nicht mehr das Stichwort geben zu solchen Aufbrüchen ins Verderben – ins Verderben auch der Kirche!

Er trage das vor mit dem sehr innigen Wunsch, der Besucher möge sich diese Gedankengänge zu eigen machen, möge sie dem Fürstbischof unterbreiten, der sie wiederum, als Mitglied der künftigen Rom-Delegation, dem Heiligen Vater vortragen solle, so eindringlich, so überzeugend, daß Innozenz einsehe, es könnte der Kirche nur schaden, wenn wieder zu einem Kreuzzug aufgerufen würde. Dieser Papst, der ebenso mächtig wie machtbewußt, ebenso geschickt wie überzeugend sei, werde gewiß auch das rechte Wort für diese Entscheidung finden – ein Wort, das nach den Ereignissen der letzten Jahre in der Christenheit starke Resonanz, ja einhellige Zustimmung finden werde.

Die beiden Männer stehen voreinander, der Kanzler schaut dem Abt ins gerötete Gesicht: »Du träumst, Bruder, es wird Zeit, daß du wieder aufwachst.« Über die Notwendigkeit von Reformen hätten sie sich gestern abend, heute nacht weithin geeinigt, nur: der Verzicht auf weitere Kreuzzüge sei weder Beginn noch Ersatz für solche Reformen. Auch sei er der Überzeugung, daß man mit einer ex cathedra verkündeten Beendigung aller Kreuzzüge gewiß keine überwiegende Zustimmung finden werde in der Christenheit. Selbst nach den letzten Debakeln bestehe bei vielen Menschen der Wunsch, ins Heilige Land zu ziehen, um Jesu Christo nahe zu sein. Und er sei auch völlig sicher – nach allem, was er auf seinen letzten Reisen gehört habe: wenn der erneute Aufruf zu einem Kreuzzug ins Heilige Land erfolge, so werde dies ein starkes Echo finden in der Christenheit. Denn bei einer wachsenden Anzahl von Menschen rege sich der Wunsch, die Grenzen des Gewohnten zu überschreiten, hinauszuziehen in die Fremde – also könnten selbst die schönsten der neuen Kirchenbauten das Verlangen nach einer Pilgerreise oder Heerfahrt ins Heilige Land nicht vergessen machen; immer deutlicher präge sich das Wesen des *homo viator* aus – das Leben als Wanderleben, als lebenslange Reise, die *vita peregrina*...

Trotz Warnungen: der Papst rief auf zur Teilnahme am sechsten Kreuzzug. Aufforderungen auch des Herzogs von Österreich und des Herzogs von Bayern, sich am frommen militärischen Unternehmen zu beteiligen. Aber wahrscheinlich zögerte Neidhart: er hat die Katastrophe des Kreuzzugs in Ägypten miterlebt, miterlitten. Außerdem: er war nun bereits ein Mann in den Fünfzigern, galt sicherlich schon als alter Mann. Dennoch eine zweite Reise über das Mittelmeer? Als Bußreise? Als Abenteuerreise?

Warum und wo auch immer Neidhart aufbrach: er wird, wie die meisten Teilnehmer dieses Kreuzzugs, zum Sammelpunkt in Süditalien geritten sein – mit Sicherheit in einer Gruppe. Und er wird mit großer Wahrscheinlichkeit den Brenner überquert haben, diese Handels- und Heerstraße des Mittelalters, die sogar im Winter benutzt werden konnte, mit Schlitten.

Neidhart in Italien, auf dem Weg nach Brindisi: ich kann hierzu keine Beweise vorlegen, leider, nur einen allgemeinen Hinweis des Dichters, des Sänger-Ichs.

> Von der Elbe bis zum Rhein,
> von der Donau bis zum Po
> kenne ich ein jedes Land.

So knapp und schnörkellos dies formuliert ist – es muß mit Vorbehalt gelesen werden. Neidhart könnte hier renommieren. Das zeigen Entsprechungen zu einer Strophe, in der das Muster des Minnesangs mit Witz parodiert wird: eine Dame besingen, deren Identifizierung nicht durch den geringsten Hinweise ermöglicht werden darf.

> Sie fragen, wer sie sei, die Glückliche,
> für die ich höfisch Lieder sang.
> Sie wohnt, auf jeden Fall, in deutschen Landen –
> *dies* Geheimnis geb ich allen preis!
> Meine Herrin lebt in der Region
> zwischen Nürnberg und dem Po,
> zwischen Ungarn und dem Elsaß –

in diesem Winkel fand ich sie.
Genauer: zwischen Paris und Wien.
Ich liebe sie!

In beiden Strophen der Eindruck der Weltläufigkeit: ein Topos. Aber auch dieser festen Wendung, dieser stehenden Rede könnte biographische Realität entsprechen: der Reisende Sänger ist viel herumgekommen, nicht nur im Donauraum, er könnte durchaus auch in der (zweimal genannten) Po-Ebene gewesen sein. Sie war für damalige Reisende Mittel Italiens; dieser Fluß könnte demnach Synonym sein für das Land.

Ein weiteres Angebot zum Stichwort Italien macht uns die Neidhart-Überlieferung nicht, ich will dennoch so genau wie möglich wissen, was gewesen sein könnte, gewesen sein dürfte. Also setze ich das Planspiel fort, nenne die Route, auf der Neidhart südwärts gezogen sein könnte, benenne sie zumindest für den Abschnitt Pavia – Rom: die Via Sancti Petri oder Strata Romea oder Via Francigena, die Straße der Franken, die Frankenstraße. Eine der wenigen, jahrhundertelang frequentierten Fernstraßen, die nicht einer römischen Trasse folgten, sondern römische Straßen nur in Abschnitten integrierte. Diese Frankenstraße verlief, wie ich bei Werner Goez lese, fast nur im Landesinnern, und das bedeutete: man war sicher vor Überfällen marodierender Seeräuber. Außerdem führte die Frankenstraße kaum durch Malariafieber-Niederungen. Was sich in Süditalien dann allerdings nicht mehr umgehen ließ – dort geriet man mitten hinein ins Fieberland.

Auf der Via Francigena waren wohl alle deutschen Könige nach Rom gezogen, zur Kaiserkrönung, auf der Via Francigena zogen Kaufleute, Pilger, Kreuzfahrer, Pilger, Ritter, Pilger, Soldaten, Pilger, Geistliche nach Rom, auf der Via Francigena dürfte auch Neidhart geritten sein – die Reise zugleich eine Wallfahrt zu den Apostelgräbern. Vierzig Übernachtungsmöglichkeiten sind in einem mittelalterlichen Verzeichnis genannt für die Strecke Pavia – Rom: ein Fußwanderer dürfte also mehr als einen Monat gebraucht haben. Ein Reiter kam schneller voran.

Ein paar Stichworte noch zum Verlauf der Francigena zwischen

Pavia und Rom. Zuerst die Ronkalischen Gefilde, dann, nach einem Knick südwärts: Piacenza. Auch Oswald von Wolkenstein wird nach Piacenza kommen, er wird ein frech pointiertes, zweistimmig komponiertes Piacenza-Lied verfassen. Piacenza, das bedeutete: der Übergang über den Po – die einzige Brücke auf einer Flußlänge von etwa 350 Kilometern. Also: auch Neidhart wird in Piacenza gewesen sein. Dann ging es weiter über Fidenza nach Parma. Von hier aus machte die Straße einen Schwenk nach Südwesten, führte endlich über den Cisa-Paß.

Weitere Stationen: Villafranca, Sarzana, Massa, Lucca. Dann Certaldo, Siena, Buonconvento. Am Lago di Bolsena entlang. Viterbo, Ronciglione, La Storta. Und schließlich die Porta del Popolo, durch die Könige und Kaiser und geistliche und weltliche Herren und Pilger und Kreuzfahrer und Fußsoldaten und Panzerreiter in die Ewige Stadt einzogen, und wahrscheinlich auch Neidhart.

War er von der Stadt enttäuscht? Noch kein überragender Petersdom, und weite Gebiete der Stadt als »Wüstungen«: aufgegebene Wohnviertel, Ruinen, Trümmerfelder, Steinflächen, wilder Bewuchs und dicht zusammengerückt in diesem weiten Areal: das mittelalterliche Rom.

Und weiter ging es auf der »Altstraße«, der Via Appia, Richtung Benevent.

Ich mache mich für diesen Kapitelabschnitt zum Begleiter des englischen Reiseschriftstellers Norman Douglas, der sich um die Wende vom 19. zum 20. Jahrhundert lange in Süditalien aufhielt, hier weite Gebiete durchwanderte und auf einer seiner Reisen beispielsweise dies erfuhr, von einem Arzt: In einem Dorf von etwa zweihundert Einwohnern waren während eines halben Jahrhunderts 391 Geburten und 516 Todesfälle zu verzeichnen – überwiegend durch Malaria! Zu diesen Opfern mußten noch 125 Bergbewohner gezählt werden, die in die Ebene gekommen waren, um während der Orangenernte, der Weinlese Geld zu verdienen, und die krank in ihre Dörfer zurückkehrten – gab es auch dort Anophelesmücken, so wurden die Malariafieberkeime rasch übertragen.

Diese Erklärung hatte man zu Neidharts Zeiten noch nicht, auch nicht in der Antike, man wußte nur, daß dieses weithin tödliche Fieber in Gebieten vorherrschte, in denen es Sümpfe gab oder Flußbetten mit verbrackendem Wasser: »Die Flußbetten wurden durch Geröll und Schlamm verstopft, so daß sich stagnierende Wasserflächen bildeten, Brutstätten für Moskitos.«

Die Ausbreitung des Fiebers wurde ebenfalls gefördert durch das fortgesetzte Abholzen in den Bergen: bei Gewitter wurden aus Bächen Sturzbäche, das Wasser breitete sich in den Ebenen aus. Doch selbst in Gebieten mit geregelter Bewässerung nisteten sich Anophelesmücken ein: die Brunnen gaben ihnen das nötige Wasser, auch die Pfützen und Lachen zwischen den bewässerten Pflanzen und Bäumen. Ein italienischer Senator erklärte Douglas, die Geschichte Süditaliens sei die Geschichte der Malaria.

Neidhart, beispielsweise auch Neidhart in diesen Fieberzonen, Fiebergürteln, Fieberregionen. Und Neidhart, beispielsweise auch Neidhart, sah Menschen mit früh vergreisten, vom Fieber ausgezehrten, leergebrannten Gesichtern. Neidhart, beispielsweise auch Neidhart: vom Sumpffieber bedroht.

Bei Wanderungen in Apulien und auf Sizilien habe ich (wieder) realisiert, wie viele Details wir bei so langsamer Bewegung wahrnehmen. Bäume, Felder, Hänge, Wegbiegungen…

Aber: hat ein Reiter des dreizehnten Jahrhunderts auf dem Weg nach Apulien umhergeblickt, bewußt, um Landschaft ›in sich aufzunehmen‹? Wollte man sich eine Flußkrümmung, einen Taleinschnitt ›einprägen‹? Wünschte man sich, daß man ein Landschaftsbild nie mehr vergißt, in keinem seiner Farbvaleurs? In Apulien oder auf Sizilien wandernd, bin ich eingestellt auf die Wahrnehmung von Landschaftsdetails, ich will Landschaftsbilder auf mich einwirken, will mich von Ausblicken überraschen lassen, will Bilder ins Gedächtnis aufnehmen – könnte mich diese Bereitschaft zur detailgenauen Wahrnehmung nicht grundsätzlich von einem Neidhart unterscheiden?

Selbst wenn ich mir italienische Landschaften des beginnenden dreizehnten Jahrhunderts vergegenwärtigen könnte – ich wüßte nicht, wieweit ein Neidhart sie überhaupt wahrgenommen hätte, bewußt. Beschaut man sich Gemälde jener Zeit, so spielt offene Landschaft kaum eine Rolle – viel wichtiger ist Gartenlandschaft (als hortus conclusus), ist Landschaft mit Burgen, Dörfern, Städten; Landschaft ›als solche‹ wird von Malern bekanntlich erst in der Renaissance entdeckt. Sah man als Reiter, etwa in Italien, Landschaft nur als Folge von Angeboten zur angenehmen Fortbewegung oder als Folge von Hindernissen? Die Millionen, die Milliarden von Landschaftsdetails beispielsweise zwischen Pavia und Benevento – hat sie Neidhart bei seinem Ritt vielleicht gar nicht wahrgenommen? Einen Blick für etwas haben... Der Blick, der schöne Bäume sucht, der Blick, der Flußwindungen nachzieht, der Blick, der auf sanftgeschwungenen Hängen ausruht – wäre dies nicht eine Projektion aus unserer Zeit in jene Zeit?

Heute, im übervölkerten Europa, schätzen wir abgelegene Regionen – je wilder, je abweisender eine Landschaft, desto stärker sind wir von ihr beeindruckt. Als ich mit dem Wagen durch die Po-Ebene fuhr, schaute ich kaum nach rechts und links: dies war ein Gebiet, das ich möglichst schnell hinter mich bringen wollte, ich ließ mich auf langer Strecke mitsaugen von einem Wagen mit Blaulicht. Erst als es gebirgig wurde, hatte ich wieder Augen für die Landschaft: die Schönheiten des Apennin, der Abruzzen...

Für einen Neidhart war es genau umgekehrt! Die Gebirgsregionen werden ihn nicht interessiert haben, Gebirge waren häßlich, weil lästig. Das Schönste an Italien dürfte, auch für ihn, die Po-Ebene gewesen sein. Es sind mehrere Lobeshymnen mittelalterlicher Reisender auf die Po-Ebene überliefert, ich finde einige bei Goez zusammengestellt. Die Po-Ebene als »wahrhafter Garten der Wonnen«. Oder, eine etwas spätere Stimme: »Das schönste Fürstentum der ganzen Christenheit«. Eine für den Reisenden ideale, weil flache Landschaft! Entsprechend »angenehme Wege«! Und die ganze Region auch noch mit üppiger Landwirtschaft – ein Paradies!

Benevent, Benevento, Beneventum lag, in strategisch günstiger Position, zwischen den Flüssen Calore und Sabato; diese gleichsam flankierenden Gewässer hatten der oft umkämpften Stadt den Mauerumriß eines weich gewordenen Rechtecks aufgezwungen; als Mittelachse die Via Appia, die durch die Stadt hindurch weiterführte nach Tarent, der befestigten Inselstadt tief im Süden; von dieser Straßenachse bog, innerhalb der Mauern, eine breite Seitenstraße ab zur Nordostecke der Stadt, zum Trajansbogen: der Anfang der neuen Militärstraße, die Kaiser Trajan auf vorwiegend alter Trasse (auf der bereits Horaz nach Brindisi gezogen war) in einer Breite von sechseinhalb Metern ausbauen ließ, eine schnelle Abkürzungsstraße hinüber nach Bari, Brindisi; im Jahre 109 ließen Senat und Volk der Stadt Rom den Ehrenbogen als Zeichen ihres Dankes an den Kaiser errichten, eine Lobrede in parischem Marmor.

Durch diesen Bogen muß, auf der üblichen Route, auch Neidhart gezogen sein, falls er an diesem Kreuzzug teilnahm, aber daran zweifle ich in Benevent kaum noch, allzu suggestiv ist hier die Engführung, topographisch, chronologisch.

An Neidhart denkend, gehe ich mehrfach um diesen Ehrenbogen herum, auf dem Platz mit den kleinen, sichelförmigen Grünanlagen, in einer Mittagsstunde, in der auf der Einbahnstraße unterhalb des mächtigen, bestimmt fünfzehn Schritt breiten und mindestens ebenso hohen Torbaues nur wenig Verkehr ist, und auf der asphaltierten Rundfläche nur noch gelegentlich ein Passant. Ein paarmal schreite ich durch diesen Bogen, auf die Berge und Hügel jenseits der Stadt schauend, so, wie Tausende von Pilgern, von Kreuzfahrern, durch diesen Bogen marschierend oder reitend, auf die Berge und Hügel jenseits der Stadt geschaut haben. Was für mich Vergangenheit ist, das war für Neidhart Zukunft; was für ihn Vergangenheit war, das ist für mich doppelt verlängerte Vergangenheit – die hier insgesamt achtzehn Jahrhunderte lange Zeitachse.

Neidhart vor diesem Tor: hat er sich begnügt mit einem Gesamteindruck, oder ließ er sich ein auf Details, betrachtete in der Vergangenheit des dreizehnten Jahrhunderts Halbreliefbilder aus der Vergangenheit des zweiten Jahrhunderts? Über große Flächen verteilte

Einzelheiten: ein Mann, der an der Stadtseite auf die Heranmar-
schierenden, Heranreitenden herabblickt; ein Füllhorn; eine Stan-
darte mit fünf Legionsadlern; Weihrauchopfer, Stieropfer; Brot
wird verteilt; Kinder reiten auf Schultern; Victoria krönt den Kaiser
mit einem Siegeskranz; der Triumphator und der Wettergott; Gefangene in Ketten; Opferdiener und Opfertiere, Reisewagen mit
Ochsengespannen; Beutestücke aufgehäuft. Beispielsweise dieses
Halbrelief: hat Neidhart es bewußt wahrgenommen? Sah er Bezüge? Ein Feldzug stand bevor, so erwartete man es beim Ritt nach
Brindisi, und bei diesem Feldzug würden Gefangene und Beute gemacht – auf welcher Seite mehr?

Neidhart in Benevent, vor diesem Triumphtor? Er hätte es rund
siebeneinhalb Jahrhunderte vor mir gesehen. Und dieser Triumph-
bogen, den er sah, war wiederum ein Jahrtausend und ein Jahrhundert vor ihm erbaut worden. »Was ist ein Jahrhundert, was ein
Jahrtausend, was ist Zeit, das Vergehen von Zeit?« Unter diesem
Tonnengewölbe stehend, bin ich von Vergangenheit überwölbt, die
auch für Neidhart Vergangenheit war.

Neidhart vor Brindisi oder in Brindisi. Wie bei jedem Kreuzzug dauert es lange bis zur Einschiffung – die großen Probleme der Organisation, der Koordination.

Diesmal müssen Pilger und Kreuzfahrer auch noch bei extremer
Hitze ausharren – die Temperaturen sind in diesem August so
hoch, daß Metall schmilzt, wie ein Chronist behauptet. Mit dieser
Hitze breiten sich die üblichen Epidemien aus, die Kreuzfahrer-
heere, Pilgerscharen dezimieren, bevor sie das Heilige Land erreichen. Süßlicher Verwesungsgestank, Millionen von Mücken und
Fliegen.

Endlich die Einschiffung. Auch hier eine mögliche Engführung,
topographisch: schreitet Neidhart (sein Pferd führend?) zwischen
den beiden römischen Riesensäulen hindurch, die jeweils die End-
punkte der Via Appia und der Via Trajana markieren, und er geht
von hier die Schräge hinab, die wohl schon damals gestuft war?

Fahrt aufs offene Meer. Erschöpfung und Erleichterung? Und in

frischer Meeresbrise erwachen wieder die von der Hitze niederge-
droschenen Lebensgeister? Und irgendwann der bei jeder längeren
Schiffsreise obligatorische Sturm, beispielsweise auf der Höhe von
Kreta? Und das Mittelmeer wird wieder sanft? Packt Neidhart nun
auf Wunsch eines der mitreisenden Herren sein Instrument aus?

Die durch das Mittelmeer gleitende Bühne seines Auftritts skizziere ich so: ein Schiff der Gattung Salandria. Oder eine Vorform
dieses Schiffs. Nach der Rekonstruktion von Pryor: ein Zwei-
master, reines Segelschiff, keine Ruder; etwa zwanzig Meter
Länge; rund 280 Tonnen; ein Schiff, das speziell entwickelt wurde
für den Transport von bewaffneten Kreuzfahrern mit Pferden.

Am Heck, und das wäre hier wichtig, ein Aufbau mit Kojen, für
bessere Herrschaften; obendrauf eine Plattform mit Balustrade. Auf
dieser Plattform könnte man sitzen, in der Abendbrise, und hier,
so entwerfe ich, singt Neidhart einige Lieder. Der Mann im Auslug
könnte zuhören; Panzerreiter auf Deck könnten zuhören; Matrosen, auch Mitreisende des Schiffsbauchs könnten in die Wanten
klettern und zuhören. Ich kann mir nicht vorstellen, daß einer der
hohen Herren, daß der Kapitän dies verbietet: Musik eines höfischen Sängers exklusiv für höfisches Publikum, alle anderen unter
Deck...?

Neidhart mag beginnen mit einem Abschiedslied, das er bereits
im Donauraum gesungen haben könnte, bei einem seiner letzten
Auftritte vor der weiten Reise, ein Lied, das er unterwegs vielleicht
schon wiederholt hat, und das er nun, auf Wunsch eines der Herren
an Bord, erneut vorträgt: Neidharts »peicht«.

> Ich wär gern froh, doch Leid verhindert es:
> die alte Herrin ist mir nicht gewogen,
> obwohl ich ihr so lange Dienst geleistet.
> Die Klugen spotten meiner sehr.
> Deshalb werde ich ihr nicht mehr dienen,
> richte meinen Sinn auf einen HERRN,
> der mich in Seinem Reich behausen will.
> Ja, dem will ich gerne dienen.
> Wollte Gott, ich hätt es längst getan!

Ihr klugen Leute, folgt hier meinem Rat:
kündigt ihr den Dienst auf, früh genug,
dient dem HERRN, der euch das wahrhaft lohnt.
Wollte Gott, ich hätte Ihm bereits gedient!
Dreißig Jahre lang verhalf Er mir zu Ruhm,
drum trage ich die graue Kutte.
Gottes Segen für euch alle, jung und alt.
Wünscht mir, daß ich Sein Gebot befolge.
Ich geh nicht mehr den Weg der Eitelkeit.

In diesem Glauben brech ich von hier auf.
Gott erweis euch allen Seine Gnade
und schütze mich, wenn ich das Land erreiche.
Mir fügte jemand derart schweres Leid zu –
eh ich so was auf die leichte Schulter nähme,
da wär ich lieber gleich im Heilgen Land,
ließ mich in deutschen Landen nie mehr blicken.
Trieb' er sein Alfanzen hier noch weiter,
ich litte drunter bis zu meinem Tod.

Anschließend, abschließend könnte Neidhart ein Lied singen über
die räumliche Distanz zu einer Frau; ein Ausschnitt.

Gott schenk der Lieben einen Guten Tag –
anders kann ich sie nicht grüßen.
Dies ist ständig meine Rede,
schon am frühen Morgen.
Ich vergesse sie auch nicht
am Abend. Und noch eine Gute Nacht!

Als ich kürzlich von ihr schied,
war ihre Bitte: Sing und schick mir Lieder.
Die hätt ich ihr nun gern geschickt,
wenn ich bloß wüßte, über wen:
wer ihren edlen, weißen Händen,
wer *ihr* als Bote passen würde.

Der Tannhäuser, ein jüngerer Kollege Neidharts, hat einen Liedtext geschrieben über eine Schiffsreise von Apulien zum Heiligen Land. Hat er am selben Kreuzzug teilgenommen wie Neidhart? Haben die beiden sich bei dieser Gelegenheit gesehen? Auch wenn diese Fragen offenbleiben müssen: das Lied des Tannhäusers paßt in den Kontext.

Erstaunlich konkrete Angaben in diesem Lied: harter Schiffszwieback, trübes Trinkwasser, stinkender Kielraum... Und doch, das macht Wolfgang Mohr in seinem Aufsatz über dieses Kreuzlied deutlich, ist hier nicht nur biographische Realität, hier sind zugleich literarische Muster; Mohr definiert diesen Stil als »allegorischen Realismus«.

Wohl dem, der nun auf Beizjagd geht
auf Feldern in Apulien,
auch wer jetzt pirscht, der hat es gut,
sieht Wild in großer Zahl.
Und manche schlendern zu den Brunnen,
die andren reiten zum Vergnügen,
lustwandeln mit den Damen –
der Spaß, der ist für mich vorbei!
Man kann von mir nicht sagen,
ich sei auf Windhund-Pirsch,
auf Beizjagd mit dem Falken,
sei hinter Füchsen her;
auch folg ich nicht den Spuren
von Hirschen und von Hinden;
es läßt sich auch nicht sagen,
ich trüge einen Kranz aus Rosen;
man braucht mich nicht zu suchen,
wo grün der Klee entsprießt;
ich bin auch nicht in Gärten
mit schönen jungen Mädchen –
ich bin auf hoher See!

Wer sonst hat es so schwer wie ich,
wes Hoffnung ist so klein?
Bei Kreta war ich nah dem Tod,
doch hat mich Gott gerettet.
Die Stürme trieben mich
sehr dicht an einen Fels,
in einer Nacht, ganz rasch –
ich gab schon alles auf!
Die Ruder, die zerbrachen –
bedenkt, wie ich mich fühlte!
Die Segel, die zerfetzten
und flogen weg aufs Meer.
Da sagten die Matrosen:
In solcher schlimmen Lage
war keiner eine halbe Nacht!
Ihr Schreien tat mir weh.
Das dauerte bestimmt
bis an den sechsten Tag.
Es war so ausweglos!
Mir blieb hier nichts erspart;
ich hatte keine Wahl!

Widrig ist mir mancher Wind
herauf vom Land der Berber –
was wehen sie so rauh und scharf,
auch die aus der Türkei?
Die Wellen, diese Wogen –
mir geht es reichlich schlecht!
So büße ich die Sünden ab.
Der Herr im Himmel helfe mir!
Das Wasser, das ist trüb,
mein Zwieback, der ist hart,
versalzen ist das Fleisch,
und Schimmel auf dem Wein!
Vom Kielraum stinkt es hoch –
das macht die Fahrt nicht schöner!

Viel lieber wär mir Rosenduft –
wenn ich ihn haben könnte!
Die Bohnen, Kichererbsen,
sie stimmen mich nicht froh.
Meint es der Höchste gut mit mir,
so wird zum Labsal das Getränk
und köstlich wird die Speise!

Ach ja, wie glücklich ist der Mann,
der auf dem Landweg reiten kann.
Man wird es mir nicht glauben wollen:
ich warte hier auf Wind!
Scirocco, der von Ost,
dazu der tramontano,
und der von Okzident,
der Südwind aus der Wüste,
maistro von den Alpen,
der greco aus Byzanz,
der austro, der levante –
die zählte man mir auf.
Ein Wind, der weht aus Afrika,
und einer kommt aus der Türkei,
der Nordwind und der Mittagswind –
so seht, schon ist das Dutzend voll!
Säß ich noch an trocknem Ufer,
mir wären diese Namen fremd,
doch hat mich Gott hinausgeschickt
und hat nicht sehr danach gefragt,
wie übel es mir dort ergeht!

Auch über den Kreuzzug zwischen September 1228 und Februar 1229 soll ein fiktiver arabischer Chronist berichten – er bleibt wie sein ägyptischer Vorgänger namenlos.

Einleitend könnte mein Chronist erwähnen, daß er in Akka lebt, von den Kreuzfahrern Akkon genannt. Diese Handelsstadt war damals wesentlich größer als Köln oder London. Eine Stadtfestung auf trapezförmiger Landzunge; an ihrer Nordecke der »Turm des Weinstockes«, der Burj Kuraijim – dort in der Nähe könnte das Haus meines Chronisten stehen. Und das hieße: in diagonal größter Entfernung zum Hafen, in dem sich Kreuzfahrerschiffe drängeln hinter der langen Mole vom Stadt-Trapez hinaus zum Fliegenturm, auf der winzigen Felseninsel vor der Bucht.

In der Nähe des Burj Kuraijim wird der Chronist niederschreiben, eigenhändig, er sei einer der Lehrer des Sultans al-Malik al-Kamil gewesen, habe ihn vor allem das philosophische Denken gelehrt, habe also Fragen aus vielen Bereichen des Wissens mit ihm erörtert, habe ihn darüber hinaus im höchsten aller Spiele unterrichtet, im Schach. Bei dieser Tätigkeit des Lehrens, Unterweisens, Unterrichtens habe er viele wichtige Personen des Gefolges kennengelernt, von ihnen werde er über die Verhandlungen zwischen dem Kaiser der Franken und dem Sultan informiert, durch Briefe, durch mündliche Berichte von Boten. Was ihm berichtet oder zugetragen werde, das wäge er jeweils kritisch ab; dieses Abwägen sei für ihn nicht schwierig, da er die Berichterstatter und Vermittler meist kenne. Die Chronik der Verhandlungen als seine letzte Hinterlassenschaft: immer deutlicher die Vorzeichen, daß sein Ende nicht mehr allzu lange auf sich warten lassen werde; die Schwäche seiner Beine und das Zittern seiner Hände erfülle ihn mit Wehmut, seine Schrift sei an schlechten Tagen ganz zittrig, aber er hoffe, er werde den Abschluß der Verhandlungen noch erleben, werde diese Chronik mit Allahs Segen abschließen können.

Und mein arabischer Chronist hebt in seinem Bericht hervor, was in abendländischer Geschichtsschreibung meist nur erwähnt wird: daß Vorverhandlungen stattgefunden haben zwischen Kaiser Friedrich und Sultan al-Malik al-Kamil. Man wußte im Morgenland, daß die Spannungen zwischen Kaiser und Papst sehr groß waren, daß zuweilen sogar Kriegshandlungen drohten, und damit schien Friedrich den Arabern bereits vertrauenswürdig; Friedrich mußte mit seinem Kreuzzug erfolgreich sein, aber er wollte diesen Erfolg nicht erkämpfen, sondern durch Verhandlungen erreichen; Sultan al-Kamil ging bereitwillig darauf ein, denn er führte, so berichtet mein arabischer Chronist, einen Machtkampf mit seinem Bruder, dem Sultan von Damaskus, und in diesem Machtkampf suchte al-Kamil einen Verbündeten, hier war ihm auch der Franke recht, er versprach ihm Entgegenkommen bei den Verhandlungen im Heiligen Land, das auch dieser Chronist nicht als Heiliges Land bezeichnet, sondern als »Syrien«; er berichtet, daß der Sultan seine Vorschläge durch einen Boten übermittelte, den Emir Far ed-Din, der im Verlauf der Vorgespräche den Kaiser rundheraus bat, nach Akka zu kommen; als Gegengabe für militärische Hilfe gegen den Bruder des Sultans wurden Friedrich mehrere Städte in Palästina angeboten.

Der Kaiser ging auf dieses Angebot ein. Dennoch dauerte es recht lange, ehe Friedrich in Akka, in Akkon landete: August 1228 die Seuche im Heer vor Brindisi, auch Kaiser Friedrich wurde krank, er mußte umkehren nach zwei Tagen auf See, wurde daraufhin vom Papst exkommuniziert, brach gleich nach seiner Genesung wieder auf, ohne sich um den Kirchenbann zu kümmern – sollte er erfolgreich sein, so war der Papst gezwungen, ihn wieder in die Gemeinschaft der Kirche aufzunehmen. »Schon haben wir uns von Brundisium glücklich nach Syrien gewendet und reisen mit Eile unter glückhaftem Wind, mit Christus, dem Führer.«

Mein Chronist mit einem Satz, den ich aus einer arabischen Chronik übernehme und ihm zuschreibe: »In diesem Jahre kam Kaiser Friedrich mit großem Gefolge von Deutschen und anderen Franken nach Akkon.« Etwa 1000 Panzerreiter, rund 10000 Pilger, die auf Friedrich bereits ungeduldig gewartet hatten, sie begrüßten ihn mit Jubel. Doch bald schon erfuhr man, daß zwei Franziskaner eintrafen; sie predigten, daß man Friedrich, der nach wie vor exkommuniziert sei, nicht gehorchen dürfe. Das löste ein Schisma aus unter den Kreuzfahrern, den Pilgern. Zu alldem erreichte Friedrich die Nachricht vom Einmarsch päpstlicher Truppen in sein Königreich in Sizilien. Der Kaiser brauchte jetzt Erfolg.

Die Situation, so berichtet mein arabischer Chronist weiter, hatte sich für Sultan al-Malik al-Kamil inzwischen geändert: sein aufsässiger, aufständischer Bruder war gestorben. Damit brauchte der Sultan nicht mehr die militärische Hilfe aus dem Westen. Aber er war trotz der veränderten Lage bereit zu verhandeln, Konzessionen zu machen, denn, so könnte auch mein Chronist schreiben: »Sultan al-Malik al-Kamil nahm an, wenn er den Kaiser nicht voll zufriedenstelle und es zum Bruch komme, könne sich daraus ein Krieg mit den Franken und nicht wiedergutzumachender Schaden ergeben, so daß ihm alle Vorhaben entglitten, für die er gearbeitet hatte.«

Er schickte dem Kaiser, nachdem er von seiner Ankunft in Syrien erfahren hatte, »viele und wertvolle Geschenke: Gold, Silber, seidene Tücher, kostbare Steine, Kamele, Elefanten, Bären und Affen und andere staunenerregende Dinge, deren die Länder des Westens entbehren.«

Der Kaiser der Franken revanchierte sich; der Chronist berichtet in wörtlicher Übereinstimmung mit einer Chronik: »Es kam ein Gesandter des Königs der Franken mit prächtigen Geschenken und seltenen Gaben für den Sultan al-Malik al-Kamil. Unter anderem brachte er mehrere Pferde, auch das Streitroß, das der König selbst zu reiten pflegte, und das goldene Steigbügel mit kostbaren Edelsteinen hatte.«

Die Verhandlungen wurden zwischen Kaiser Friedrich und Sultan al-Malik nicht unmittelbar geführt, sondern weiterhin über einen Vermittler, über den Emir Far ed-Din ibn as-Saih, mit dem, so betont mein arabischer Chronist, der König der Franken in fließendem Arabisch sprach. Die Verhandlungen zogen sich hin, auch als Kaiser und Sultan nur noch eine Tagesreise voneinander entfernt lagerten, mit ihren Truppen. Gelegentliche Scharmützel; zuweilen sah es so aus, als werde es doch zum Krieg kommen. Die Verhandlungen wurden fortgesetzt, über Fortschritte aber ließ sich nicht berichten.

Doch er gab seine Hoffnung nicht auf, daß es bei den Verhandlungen zu einer friedlichen Lösung komme. Dann würde sich nämlich erweisen, daß sein Schüler, der heutige Sultan, seine Lehre recht verstanden hatte: Wichtiger als der Kampf mit Waffen ist die Auseinandersetzung der Geister. Und er hatte ihm weiter gesagt: Ein Kampf zwischen zwei Gegnern darf nicht auf dem Schlachtfeld stattfinden, sondern nur auf dem Schachbrett. Leider, so könnte mein Chronist hier schreiben, sei es bisher nie zu einem Schachspiel zwischen Kaiser und Sultan gekommen – wie gern würde er bei solch einer Partie zusehen! Vielleicht würde sich dann zeigen, daß der Sultan auch weitere seiner Lehren befolge, etwa diese: Wie man große Erfolge durch kleine Opfer erzielt.

Freilich müßte auch der Kaiser Opfer bringen, um das Schlimmste zu verhindern: einen Krieg. Vor allem die päpstlichen Bevollmächtigten – so hat auch er gehört – sind gegen diese Verhandlungen, sie rufen auf zum Kampf. Auch sind nicht alle Muslime einverstanden mit diesen Verhandlungen, auch hier gebe es etliche, die zum Kampf aufriefen, vor allem seit der Kaiser der Franken in Sidon einzog und begann, die Festungsanlagen der Stadt zu reparieren, zu verstärken. Diesem Kaiser sei der Ruf vorausgeeilt, ein außerordentlich mutiger Heerführer zu sein, der mit unvergleichlicher Entschiedenheit durchführe, was er sich vorgenommen habe – mit seinen Rittern könnte er die Reitertruppen des Sultans wahrscheinlich zerschlagen. Auch der Sultan, so höre er aus dessen persönlicher Umgebung, habe Angst vor diesem Franken; al-Malik al-Kamil wolle sein Heer im Kampf gegen ihn nicht aufs Spiel setzen, weil es sonst rasch wieder zu einer Verschwörung gegen ihn kommen könnte.

Aber nicht nur aus diesem Grund sei dem Sultan daran gelegen, mit dem Kaiser zur friedlichen Regelung zu kommen; sein sehnlicher Wunsch sei der Frieden. In der Ablehnung unnötiger Kriege sei er sich mit dem Kaiser der Franken offenbar einig. Beide hätten aber auch die weitreichenden Folgen ihrer Entscheidungen zu bedenken. Dies alles mache die Verhandlungen so schwierig und zeitraubend.

In diesem Gespräch zwischen Sultan und Kaiser gehe es freilich immer weniger um politische Konditionen, sondern mehr um allgemeine Fragen. In (wörtlicher) Anlehnung an einen anderen arabischen Chronisten könnte mein Chronist schreiben: »Die beiden Fürsten tauschten viele Fragen und Antworten mit philosophischen und ähnlichen Thesen aus; denn dieser Kaiser war ein Mann von scharfem Geist, ein Liebhaber der Philosophie, der Logik und der Medizin.«

Mein Chronist berichtet mit Vergnügen über diese Phase der Verhandlungen, denn hier geschieht das für ihn Entscheidende, Wesentliche. Er schreibt, daß es Sultan al-Malik al-Kamil liebt, seit jeher, im Kreis von Gelehrten zu sitzen und mit ihnen verschiedenste Themen zu erörtern – bis zu fünfzig Wissenschaftler konnten das sein; und einen jeden verwickelte der Sultan in ein gelehrtes Gespräch. So redete er über Mathematik wie über Falkenzucht, über Medizin wie über Pflanzenkunde, über Tiere wie über Kristalle. In diesem Kreis werden nun auch die Fragen erörtert, mit denen sich Kaiser Friedrich beschäftigt, schon seit langem – der Kaiser der Franken liebt es ebenfalls, im Kreis von Gelehrten zu sitzen und mit ihnen verschiedenste Themen zu erörtern.

Mein Chronist stellt in seinem Bericht die folgende, wortwörtlich überlieferte Frage an den Anfang: »Welches ist das Ziel der theologischen Wissenschaft, und welches sind die unumgänglich notwendigen Voraussetzungen dieser Wissenschaft, sofern sie überhaupt Voraussetzungen hat?«

Mein Chronist nimmt weitere Fragen in seinen Bericht auf, und er begründet dies: in den Fragestellungen des Kaisers zeige sich Nähe zu Verfahrensweisen arabischer Forscher und Gelehrter, denen Augenschein wichtiger sei als Tradierung alten Wissens. In dieser Hinsicht, so betont mein Chronist, unterscheide sich der Kaiser sehr deutlich von den meisten seiner Mitreisenden und erst recht von den päpstlichen Gesandten, er habe seine eigenen Fragen gestellt und nicht bloß Fragen, die bereits in Schriften formuliert worden seien.

Bezeichnend sei hier auch diese Frage des Kaisers: »Warum sieht man Ruder, Lanzen und alle geraden Körper, von denen ein Teil in klares Wasser taucht, nach der Wasseroberfläche zu gekrümmt?«

Auch eine weitere Frage beweise, daß der Kaiser der Franken eigene Beobachtungen gemacht habe, wie sie für Gelehrte des Abendlandes nicht selbstverständlich seien – diesmal eine Beobachtung zum Stern Kanopus, den man im Arabischen Suhail nennt. »Warum sieht man den Suhail bei seinem Aufgang größer als an seiner höchsten Stelle, obwohl sich im Süden keine Feuchtigkeit befindet, die zur Erklärung herangezogen wird, denn die südlichen Gegenden sind trockene Wüsten?«

In eine ganz andere Richtung führe eine vierte Frage des Kaisers, diesmal den Grauen Star betreffend. »Warum sieht der, bei dem der Star beginnt, schwarze Fäden wie Fliegen und Mücken außerhalb des Auges, obwohl sich nichts außerhalb des Auges befindet und der Betreffende vollkommen bei gesundem Verstand ist?«

Als fünftes die Frage des Kaisers, woher das Feuer komme, das die Erde aus Ebenen wie aus Bergen speie, und woher der Rauch, und was bewirke ihre Ausbrüche?

Und als sechste Frage, warum das Meerwasser so bitter sei und warum es an vielen Orten fern vom Meere Salzwasser und an anderen Orten Süßwasser gebe, und wie es komme, daß Süßwasser manchmal von der Erde ausgespien werde oder von Steinen oder Bäumen tropfe.

Als siebte wieder eine der Fragen, die sich aus Beobachtungen und Versuchen des Kaisers ergaben: er habe festgestellt, daß Falken, denen man die Augenlider vernäht habe, das ihnen vorgeworfene Fleisch nicht bemerkten, obwohl sie im Geruchssinn nicht behindert seien, auch habe er festgestellt, daß die Vögel nicht schlügen, wenn sie nicht hungrig seien, er selbst habe ihnen ein Küken vorgeworfen, und sie hätten es weder geschlagen noch getötet – wie das zu erklären sei?

Und die letzte Frage im Oktogon der Betrachtungen: ob die Erde von etwas anderem als von Wasser oder Luft getragen werde, ob sie auf den Himmeln unter ihr ruhe. Von dieser Frage leitete der Kaiser weiter zur grundsätzlichen Frage, wie viele Himmel es gebe, wer sie lenke, wie groß die Abstände zwischen ihnen seien, was außerhalb des letzten Himmels sei, falls es mehrere gebe, in welchem Himmel Gott Substanz sei.

Fragen dieser Art, wiederholt mein Chronist, habe der Kaiser an Sultan al-Malik al-Kamil geschickt, und der habe sie zuerst Scheich Alam ed-Din Hanefit, genannt Ta-asif, vorgelegt, danach weiteren Gelehrten; der Sultan habe dann dem Kaiser die Antworten auf diese Fragen geschrieben.

Der Chronist betont, daß er diese Fragen gern erörtern würde, daß man all diese Phänomene aber in Büchern studieren könne, die dem Kaiser offenbar unbekannt seien. Deshalb verzichte er auf Bemerkungen und lange Erörterungen, dies um so mehr, als der Kaiser ja nur die allgemein gültige Meinung zu erfahren gesucht habe. Sehr viel wichtiger als das wechselseitige Erörtern solcher Fragen seien die gemeinsamen Voraussetzungen des Denkens. Hier sei die innere Gewähr dafür, daß die Verhandlungen zwischen Sultan und Kaiser trotz vieler Schwierigkeiten doch zu einem Abschluß kämen.

In wahrhaft morgenländischer Weisheit habe der Kaiser nach dieser Zeit gemeinsamer Erörterungen einen Brief an den Sultan geschickt, den er, der Chronist, wegen seiner Wichtigkeit zitiere. »Ich bin dein Freund. Du weißt wohl, wie hoch ich über allen Fürsten des Abendlandes stehe. Du bist es, der mich aufgefordert hat, hierherzukommen. Die Könige und der Papst wissen um meine Fahrt. Wenn ich von hier zurückkehre, ohne etwas erreicht zu haben, werde ich in ihren Augen alles Ansehen verlieren. Jedenfalls, ist dieses Jerusalem nicht die Wiege der christlichen Religion? Habt ihr es nicht zerstört? Jetzt liegt es darnieder in äußerstem Elend. Also übergib es mir bitte in dem Zustand, in dem es sich befindet, damit ich unter den Königen des Westens das Haupt erheben kann! Ich verzichte von vornherein auf alle Vorteile, die ich daraus ziehen könnte.«

Sultan al-Kamil habe sich daraufhin zum Abschluß des Vertrages bereit erklärt. Mein Chronist berichtet dazu, im Wortlaut eines anderen arabischen Chronisten: »Der König der Franken sollte von den Muslimen Jerusalem bekommen; er sollte es aber unbefestigt lassen, wie es war, ohne die Mauern wieder zu errichten; alle Dörfer, die zu Jerusalem gehören, sollten im Besitz der Muslime bleiben, außerhalb jeder Gerichtsbarkeit der Franken. Der heilige Bezirk mit Hara esch-Scherif und der Moschee al-Aqsa, die er umschließt, sollte den Muslimen bleiben, ohne daß die Franken eintreten dürften, außer zu Besichtigungen.« Dabei dürften die Franken keine Waffen tragen; sie dürften auch nicht in der Stadt Jerusalem übernachten; es wurden von der Küste aus zwei Korridore sichergestellt; Bethlehem und Nazareth wurden den Franken übergeben.

Um seine arabischen Mitbrüder zu beruhigen, betonte der Sultan: »Wir haben ihnen nichts weiter eingeräumt als zerstörte Häuser und Kirchen in Trümmern. Der heilige Bezirk, der ehrwürdige Felsendom und alle anderen Heiligtümer, die Ziele unserer Wallfahrt sind, bleiben, wie sie waren, in den Händen der Muslime.« Ein in seinen, des Chronisten, Augen kleines Opfer, mit dem der Sultan das größte aller Opfer, den Krieg, verhindert habe – getreu seiner Lehre, wie der Chronist betont, und er fügt hinzu, er sei stolz darauf.

Leider sehe man das Ergebnis unter vielen Muslimen anders: »Als die Nachricht von der Übergabe Jerusalems an die Franken eintraf, stürzte in allen Ländern des Islams die Welt ein. Das Geschehene wog so schwer, daß öffentliche Trauerfeiern angesetzt wurden«, schrieb al-Gauzi, und so lasse ich das auch meinen fiktiven Chronisten schreiben, der als Spielfigur Chroniktexte koordiniert – nichts, was in diesem Kapitel in Anführungsstrichen steht, ist erfunden.

Mein Chronist kommt zum Schluß. Friedrich zog in Jerusalem ein, besuchte auch den Felsendom. Mein Chronist, als Wiedergabe des Berichts eines Besuchers: »Als nun die Zeit des Mittagsgebetes nahte und der Ruf des Muezzin erscholl, erhoben sich alle seine Pagen und Diener mit ihrem Meister, einem Sizilianer, mit dem er die verschiedenen Abschnitte der Logik des Aristoteles zu lesen pflegte, und verrichteten das Gebet, denn sie alle waren Muslime. Der Kaiser, erzählten weiter die Wärter, hatte eine rötliche Haut, war kahlköpfig und kurzsichtig – als Sklave hätte er keine zweihundert dirham eingebracht. Aus seinen Reden ging klar hervor, daß er ein Materialist war und sein Christentum einfach Spiel.«

Nur kurz noch erwähnt der Chronist, daß der Kaiser, weiterhin unter dem Kirchenbann, bei einem Gottesdienst in der Grabkirche eine Selbstkrönung vollzog: in großem Kaiserornat setzte er sich die Krone des Königreichs Jerusalem auf.

Am Tag darauf mußte er die Stadt bereits verlassen – es lief das Gerücht um, Tempelritter wollten ihn ermorden. Vor allem in Akkon waren Ordensritter und Pilger gegen ihn aufgestachelt worden: beschimpft und mit Dreck beworfen, begab sich der Kaiser auf sein Schiff.

In vier einleitenden Strophen eines langen Liedtextes berichtet Neidhart über seine Teilnahme am Kreuzzug des Kaisers Friedrich, über seine Verwundung durch einen Pfeil.

Wo man vom Pimmel-Pimpern sang,
dachte ich nur an das Höchste –
doch das liegt ganz und gar darnieder.
Verflucht sei diese Zeit:
mich traf mit einem Heidenpfeil
ein Unglück, das war schwer genug.
Ich würd mich gerne amüsieren –
doch dieses Unglück, übergroß,
es liegt mir auf der Seele.

Ich bin ins Heilge Land gereist –
da kam ein riesengroßes Heer
mit Kaiser Friedrich
gezogen in das Heidenland.
Mich traf sofort ein Schuß,
ich hab mich abgesetzt.
Als wir die attackierten
(wie haben wir gekämpft!),
da schnitten ihre Schwerter scharf.

Ich hab dort allen Mut verloren
und auch den Schuß kaum überlebt,
ich mußte fortgetragen werden.
Ich war noch nie in solcher Not,
noch nie war ich so nah dem Tod,
in allen meinen Tagen.
Ich hab mein Unglück sehr beklagt:
Befrei mich, Gott, aus dieser Not,
geleite mich nach Hause.

Mit Kaiser Friedrichs Heer
marschiere ich nie mehr

in solch ein Unglück rein,
wie ichs zu dieser Zeit erlebte.
Falls ich gesund nach Hause komme,
singe ich erneut
von den vielen Tölpeln dort.
Ja, wüßten die, wie schlecht mirs geht,
wie würden sich da viele freun!

Also: der Sänger ist verwundet worden. Und zwar, wenn wir Neidhart beim Wort nehmen dürfen, nach dem Eintreffen des Kaisers und der ihn begleitenden Truppen. Offensichtlich war Neidhart – wie die meisten Kreuzfahrer und Pilger – zu jener Zeit längst in Akko.

Die Lage war zunächst unübersichtlich: die Nachrichtenübermittlung war langsam und lückenhaft, auch waren nicht alle Araber vom Friedenswillen der bewaffneten »Franken« überzeugt, nicht alle Kreuzfahrer wollten Verständigung, Versöhnung mit den »Heiden«, so kam es zu Reibereien, Geplänkel, Scharmützeln. Wohl bei einer dieser peripheren Auseinandersetzungen muß das Sänger-Ich dieser Strophen verwundet worden sein.

Im Jahr nach dem sechsten Kreuzzug, 1230, ließ einer der Söhne des inzwischen verstorbenen Dschingis Khan große Heere nach Westen aufbrechen.

Soll ich, von hier an, in diesem Buch Mongolen auf Neidhart, auch auf Neidhart zureiten lassen? Ein erstes Kapitel: sie sind in Georgien? Ein zweites Kapitel: sie überqueren den Kaukasus? Ein drittes Kapitel: sie erreichen das Schwarze Meer? Italienische Kaufleute fliehen aus ihren Handelsniederlassungen auf der Krim, verbreiten nach ihrer Heimkehr Schreckensmeldungen, die wohl auch in Neidharts Ohren dringen. Ein viertes Kapitel: Mongolen reiten in Ungarn ein, rücken hier vor? Wieder eilen Gerüchte den Mongolen voraus, Greuelgeschichten, auch sie werden Neidhart erreichen. Ein fünftes Kapitel: Mongolen überqueren die zugefrorene Donau, tauchen bei Neustadt auf?

Also: zu Neidharts letztem Lebensjahrzehnt als Basso ostinato der Hufschlag mongolischer Pferde?

Hat Neidhart gehofft, er könnte seinen Lebensabend in Bayern verbringen? Womöglich versorgt vom Herzogspaar?

Sollte er dies erträumt haben, so wurde seinem Traum spätestens im September 1231 ein jähes Ende gesetzt: auf der Donaubrücke von Kelheim wurde Herzog Ludwig erstochen, an einem Abend, »im Beisein seines Hofgefolges«, wie Aventinus schreibt. Auch der bayerische Chronist fragt nach den Gründen: geschah es »der Weiber wegen«, oder standen hinter diesem Attentat König Heinrich und die Päpstlichen? Der Täter wurde auf der Stelle gelyncht, so bekam man nie heraus, ob jemand hinter diesem Attentat stand, ob es ein Mord aus persönlichen Motiven war.

Dieser tödliche Messerstich als Zäsur auch in Neidharts Leben? Vielfach wird angenommen: Neidhart verlor mit Ludwig seinen (möglichen oder wahrscheinlichen) Gönner, versuchte jetzt sein Glück bei Ludwigs Sohn, aber der neue Herzog, Otto II., hatte offenbar kein Interesse daran, den Dichter und Sänger am Hof zu halten; so zog Neidhart nach Österreich.

Es wird hier eine Beziehung hergestellt zwischen zwei Fakten, die vielleicht nichts miteinander zu tun haben: hier der Mord an Herzog Ludwig, dort Neidharts Übersiedelung nach Österreich.

Ihr genauer Zeitpunkt läßt sich nicht bestimmen. So bleibt als Möglichkeit denkbar: Neidhart gehörte doch eine Zeitlang zum Gefolge des neuen Herzogs Otto, zog erst später nach Österreich.

Das Attentat auf der Kelheimer Brücke hat Neidhart nie erwähnt. Aber er hat vom Verlust des Lehens berichtet, in zwei Strophen eines Liedes mit dem Titel *Die aichell*.

> Sommer, deine sanften Wonnen müssen wir entbehren,
> weil der böse Winter nichts als Trauern, Sehnen läßt.
> Und meine Lust erfüllt sich nicht bei meiner Lieben, Schönen.

Wie soll ich diese schwere, lange Zeit bloß überstehn,
die Wiesen fahl macht und so viele hübsche Blümlein?
All dies hat die Vöglein so bedrückt, im offnen Land,
    daß sie nicht mehr singen können.

Genauso hat die Liebe mir das Herz bedrückt,
daß ich ohne Freude meine Tage hier vergeude.
Daß ich so lange für sie sang, das hilft mir nichts –
wenn ich schweige, komme ich bei ihr genauso weit.
Daß sie für Männer etwas übrig hat, das glaub ich nicht.
Es bringt uns gar nichts, was wir ihr gesungen, zugeflüstert,
    ich und jener Hillebold.

Der ist der Dümmste unter all den dreisten Gigerln:
er heißt der »junge Hildeger«. Ich kriegte sie
den ganzen Sommer über nicht von ihrer Seite weg,
als man abends auf der Straße hin und her getanzt.
Dreist und drohend haben sie mich öfters angestarrt,
so mußte ich denn, gegen meinen Vorsatz,
    vor den Tölpeln Leine ziehn.

Um mich zu ärgern, haben sie mit ihr wie wild getanzt –
diese Frechheit macht mir graue Schläfenhaare.
Ach, so viele haben mich vom schönen Fleck verdrängt,
jetzt bei meiner Liebsten, früher auch in andren Fällen –
über ihren Schildrand funkelt mich die Schöne an!
Gerne sollt ihr hören, wie die Tölpel sich bekleiden:
    mächtig sind sie aufgeputzt!

Sie trugen enge Röcke unter kleinen, kurzen Mänteln,
rote Hüte, Schnallenschuhe, schwarze Hosen.
Wie Engelmar, der Friederun und mir das Leid getan,
so führten sich die beiden auf mit ihren Seidensäckchen,
die sie trugen; drinnen steckte eine Ingwerwurzel.
Eine gab der Hildebold der Schönen bei dem Tanz –
    Willeger entriß sie ihr.

Wollt ihr wissen, wie sie miteinander umgesprungen?
Ich weiß es nicht – ich hab mich gleich von dort verdrückt.
Ich hörte unter ihnen viele nach den Freunden rufen!
Und hörte einen schreien: »Onkel Weigend, hilf mir doch!«
Als der so laut um Hilfe schrie, war er sicher in der Klemme.
Lauthals schreien hörte ich die Schwester Hildebolds:
        »Ach, mein armer Bruder, ach!«

Ein dreistes Gigerl kam vom Streit dahergerannt –
ich fragte, wer sich dort mit wem geprügelt.
Das Mäntelchen des Hildebold, es wurde aufgefetzt
und auch sein enger Rock – einen halben Meter weit!
Der Grund: die Ingwerwurzel, die ihm die Schöne raubte.
Dafür mußte manche schöne Kappe büßen –
        sie lagen nach dem Tanz zerfetzt.

Was mich ärgert, ist: der Friedebrecht trägt Schellensporen,
und mehr als eine Hand breit ist sein Gürtel mit den Spangen;
am Schwertring, unten an der Scheide, trägt er Bänder.
Glaubt mir, liebe Freunde, daß ich schwer darunter leide:
er zieht die Handschuh bis an seine Ellenbogen hoch!
Gerne sollt ihr hören, wie der Tölpel dann
        von dem Gassenkampf entfloh.

Woran soll man künftig mein Gesings erkennen?
Früher hat man mich so gut erkannt am »Reuental«.
Nach dem Rechtsbrauch müßte man mich
        heute noch so nennen.
Mein eigner Grund und Boden sind zu klein bemessen.
Leute, laßt den für euch singen, der dies nun besitzt.
Man trieb mich fort, ich hatte keine Schuld! Liebe Freunde,
        sprecht mich von dem Namen frei.

»Neidhart hat uns hier verlassen – wie die Krähe,
die vom dürren Aste fliegt und sich ins Saatfeld setzt.
Keiner mache sich an seine schöne Frau heran,
wenn sie ihm auch nicht den kleinsten Anlaß dazu gibt.

Schaden hat sie sowieso genug, wie jeder weiß.
Laßt Hildebold in Ruhe, denn es war nur eine Eichel,
   die er in dem Säckchen trug.«

In der vorletzten Strophe dieses Winterlieds scheinen in das literarische Spiel biographische Fakten einzudringen. Dies wird von
einigen Forschern nicht als Bonus akzeptiert, den uns Neidhart
posthum zukommen läßt, hier wird eher ein Malus gesehen. Sobald nämlich der Anteil an eingeschmolzenem Realitäts-Granulat
ein hohes (offenbar störend hohes) spezifisches Gewicht erhält,
wird in pawlowschem Reflex der Verdacht geäußert, solch eine
Strophe sei unecht, also erst nach Neidharts Tod verfaßt worden. Die folgende Variante der Strophe über den Verlust des Lehens Reuental wird von Edmund Wießner denn auch als
»unechter Einschub« bezeichnet; dazu Ingrid Bennewitz: »Wie
mir scheint, mit einigem Recht«. Aber ich frage: welcher Sänger
hätte, Jahre oder Jahrzehnte nach den Ereignissen, mit solchen
Anspielungen noch Resonanz finden können? Anspielungen sind
nur sinnvoll, wenn sie Gegenwärtiges treffen – man sang nicht
Anspielungen, die Fußnoten brauchten, ergänzende Kommen-
tare, Hintergrund-Informationen. Um es zu pointieren: gerade,
wo konkrete Hinweise in Liedstrophen aufgenommen werden,
können wir sicher sein, daß sie von Neidhart stammen. Nachge-
holte, nachgetragene Anmerkungen gehen ins Leere, verspätete
Witze zünden nicht mehr. Grundsätzlich: wir müssen nicht bei
jedem Text, der im Neidhart-Corpus überliefert ist, beweisen,
daß er von Neidhart ist oder sein könnte, sondern: wer aus der
Neidhart-Überlieferung Strophen und Lieder ausklammern
möchte, der steht unter Beweiszwang – und wird bald in Be-
weisnot geraten.

   Dies auch beim folgenden Strophenpaar. Ich übersetze nun nach
der Berliner Handschrift.

Woran soll man künftig mein Gesings erkennen?
Bis jetzt erkannte man mich gut am »Reuental«.
Noch heute müßte man mich rechtens danach nennen,

jedoch mein Grund und Boden sind zu klein bemessen;
Leute, laßt den für euch singen, der dies nun besitzt.
Ohne jede Schuld bin ich verstoßen worden.
Liebe Leute, sprecht mich von dem Namen frei!

Die Huld des Dienstherrn hab ich ohne Schuld verloren,
darum ist mein Herz so voller Jammer, Trauer.
Großer Gott, sei gnädig, mache mir das wieder gut.
Viele edle Freunde werde ich entbehren müssen –
alles, was ich je erwarb, ließ ich zurück in Bayern.
Ich ziehe hin nach Österreich und biete meine Dienste an
dem würdig-edlen Österreicher.

Von diesen beiden Strophen könnte sich ablesen lassen: Neidhart
verlor Besitz in Bayern, verlor zugleich die »hulde« seines Herrn,
das heißt: dessen Bereitschaft, Dienste zu akzeptieren und zu honorieren, durch ein Lehen. Das Lehen konnte grundsätzlich jede Form
der Einnahmequelle sein.

Weil die beiden Strophen keine klare Antwort geben auf die
Frage, was geschehen sein könnte, ziehe ich nun auch noch die Parallelüberlieferung der Riedegger Handschrift heran.

Woran soll man mein Gesinge künftighin erkennen?
Früher, da erkannte man es gut am »Reuental« –
danach müßte man mich heute noch mit Recht benennen.
Besitz und Lehen sind mir dort zu klein bemessen.
Leutchen, laßt den für euch singen, der dies nun besitzt.
Ohne eigne Schuld bin ich vertrieben worden.
Meine Freunde, so erlaßt mir diesen Namen.

Beide Überlieferungen ergänzen sich hier. In der Strophe der Berliner Handschrift heißt es, Neidhart habe seine »hauben«, also
»huoben« verloren, seine »Hufen«, das heißt: seine Pachthöfe,
sprich: Einnahmequellen. Die Riedegger Handschrift setzt hier
den Terminus »Lehen« ein. Aus dieser Konstellation versuche ich
(auf Vorbehalt!) Schlüsse zu ziehen.

Es könnte so gewesen sein, im Kontext dessen, was damals üblich war: sein Dienst- oder Lehnsherr hat Neidhart das Lehen entzogen, als Einnahmequelle; es ist ihm zwar ein wenig Besitz geblieben, doch davon kann er nun erst recht nicht mehr leben; der Name (Künstlername) »Reuental« bleibt ihm zwar formell erhalten, aber was hilft das wirtschaftlich?

Neidhart empfindet diese ›Enteignung‹ als ungerecht. Für ihn steckt ein anderer dahinter! Selbstverständlich: der neue Lehnsmann, der für dieses Lehen Dienst in der Verwaltung oder mit der Waffe leistet oder beides, je nach Bedarf.

Wir müssen uns noch einmal bewußtmachen: wenn ein Lehen die indirekte Form der Bezahlung ist für Leistungen und Dienste, so muß ein Lehen übertragbar sein; bleiben Dienste aus oder werden sie nicht mehr erwünscht, so wird das Lehen eingezogen. Zwar wurden viele Lehen erblich, mit ihnen Hofämter, ein Teil des Lehen-Fonds aber mußte Manövriermasse bleiben, sonst stand ein Lehnsherr bald mit leeren Händen da.

Freilich, so objektiv wird ein Betroffener wie Neidhart nicht gedacht haben – er fühlte sich ungerecht behandelt. Aber bedenken wir: er ist mittlerweile ein Mann von Ende Fünfzig, vielleicht schon von sechzig, und so könnte für seinen Dienstherrn der Zeitpunkt gekommen sein, das Lehen an einen Jüngeren weiterzugeben.

Für Neidhart hieß es: er mußte einen neuen Herrn finden. Einen Herrn, der an musikalischer Dienstleistung noch interessiert war.

Dies war der Versuch, der Entwurf einer Erklärung. Ich entwickle, relativierend, eine Alternativ-Version, auf Widerruf lokalisiert in Reuenthal bei Amorbach.

Im *Historischen Atlas von Bayern* werde ich informiert über die Geschichte dieser Region zur gegenwärtigen Zeitphase in Neidharts Leben.

Ich vereinfache die Grundkonstellation: größter Grundbesitzer war das Bistum Würzburg, doch von Westen her schob sich das Bistum Mainz vor. Gerade in der Region Miltenberg–Amorbach übernahm Kurmainz mehr und mehr Areal. In Miltenberg erbauten die Mainzer zu Neidharts Zeit eine Burg; Erzbischof Siegfried II. von Mainz residierte hier 1226, offenbar zur »Sondierung mainzischer Interessen am südöstlichen Mainknie«. Und nun kommt es: im Jahre 1229 verpfändeten der bayerische Herzog Ludwig und sein Sohn Otto dem Erzbischof von Mainz Besitzungen bei Miltenberg für insgesamt 400 Mark Kölner Währung. Eine beträchtliche Summe: sie entsprach knapp zweihundert Pfund Barrensilber. Dafür erhielt Kurmainz die Stadt Wallhausen, die es heute nicht mehr gibt, und einige Ländereien. Gehörte zu denen auch Reuenthal, das etwa ein Dutzend Kilometer von Wallhausen entfernt lag? Wallhausen: auf heutigen Landkarten ist es markiert, ungefähr, durch Kleinheubach am Main.

Ich entwerfe: Reuenthal auf bayerischem Streubesitz unter Herzog Ludwig von Bayern. Streubesitz: ich habe schon beschrieben, wie flickerlteppich-ähnlich damals Besitzungen oft waren, in großem wie in kleinem Maßstab, wie viele Enklaven und Exklaven es hier jeweils gab. Also auch in Franken: bayerischer Streubesitz. Und davon wird ein Teil durch Kurmainz übernommen. Für die neuen Herren werden bayerische Lehnsverträge nichtig, sie setzen neue Lehnsmänner ein. Damit wäre für Neidhart die Zeit in Reuenthal abgelaufen, er hätte dort kein Nutzungsrecht, kein Wohnrecht mehr – ein anderer übernimmt Reuenthal, und dem könnte er nur böse sein. Vielleicht bleibt ihm nominell ein Rest ›Privatbesitz‹, aber damit kommt er nun erst recht nicht mehr aus. So verläßt er Reuenthal mit seiner Familie, verläßt die ehemalige bayerische Exklave in Franken, verläßt gleich auch Bayern, denn: es gibt für den vertriebenen Lehnsmann keinen Anspruch auf Ersatz, auf so etwas wie eine ›Ausgleichszahlung‹ oder ein ›Härtegeld‹. Und ein neues Lehen kann Neidhart kaum angeboten werden.

I n der Sprache von Geheimdiensten gibt es den Begriff *Spielmaterial*. Bezeichnet werden damit Informationen, die von einem Geheimdienst täuschend echt aufbereitet und einem Spion der Gegenseite zugespielt werden, zur Ablenkung, als Täuschungsmanöver.

Das Spielmaterial muß einen kalkulierten Anteil echter Information enthalten, ist insgesamt jedoch fingiert. Spielmaterial kann auch eingesetzt werden, um echte Informationen herauszulocken, beispielsweise über Doppelagenten.

Wenn ich in dieser Textsequenz von Spielmaterialien schreibe, so folge ich dabei nur einer Assoziation – es wird kein Vergleich suggeriert. Doch wer weiß: vielleicht komme ich mit dem folgenden Spielmaterial biographischer Wahrheit unversehens näher?

Ich gehe aus vom Modell Reuenthal bei Amorbach, im wachsenden Machtbereich von Mainz, das (neben Köln) am Rhein dominierte. Meine Erinnerung sortiert rasch Textstellen durch: wird in Neidharts Liedtexten neben wiederholten Hinweisen auf Bayern nicht auch mehrfach der Rhein genannt – der von der Miltenberger Region nicht mehr allzu weit entfernt ist, von Landshut oder Regensburg aus gesehen?

Ja, es werden einmal zwei rote Strümpfe oder Schuhe mitgebracht, »übern Rhein«. Und ein Bauer Ellengous, der seinem »Feind von Reuental« den Stadel eingeäschert haben soll, er nennt den Grund: der Mann aus dem Reuental sang ihm nach, er sei »hüftenschief«. Und nun: »Ein Wasser, das heißt Rhein; soll ich mich vielleicht dorthin verdrücken?« Und: falls der vom Reuental ein Spottlied so laut heraussingt, »daß es bis zum Rhein ertönt«, so wird sich das schon rächen... Für einen Dichter, der dieses Lied im Donauraum singt, hätte eigentlich genügt, wenn der Gesang bis zur Donau ertönt oder bis zum Inn. Warum hier wieder der Rhein?

Noch größere Irritation: wieder einmal Eifersüchteleien zwischen dem Mann aus dem Reuental und Tölpeln der Umgebung. Einer von ihnen will sich an eine attraktive Ave heranmachen, doch das Sänger-Ich droht:

Geb ihm deshalb ganz dezent den Rat,
daß er sich von hier verdrückt.
Andernfalls
käme er in Mainz mit blauen Augen an.

Wieso Mainz?! Warum ausgerechnet Mainz?! Auch die Szenen dieses Liedtextes spielen im literarischen Ort Reuental; dieser Name wird in der nächsten Strophe wieder genannt. So haben wir hier die Namenskombination Reuental/Mainz. In diese Stadt also zieht der Mann, den das Sänger-Ich nicht ausstehen kann, dort soll er mit blaugeschlagenen Augen erscheinen: Gruß aus Reuental... Die Pointe erschiene bemüht, wenn in einem niederbayerischen Reuental bei Landshut Burschen verprügelt werden und sie verziehen sich nach Mainz – damit wäre die Grenze zum Unwahrscheinlichen überschritten für das Publikum. Von Reuenthal bei Amorbach dagegen hätte es ein Nebenbuhler längst nicht so weit gehabt bis Mainz...

Um Neidharts Situation nach dem Verlust des Lehens präziser herauszuarbeiten, ein zweiter Seitenblick zum Tannhäuser.

In einem (späteren) großen Lebenslied beschreibt er seine Abhängigkeiten von hohen Herren, vor allem von Herzog Friedrich II., der auch Neidhart unterstützt. Offenbar war der Tanhuser hoch dotiert: er habe, so erzählt er in seinem Lied, einen schön gelegenen Hof in Wien gehabt, ferner sei er in Leopoldsdorf (bei Lassee im Marchfeld) begütert gewesen und in Himberg (südöstlich von Wien, heute eingemeindet). Aber seit dem Tod des Herzogs, so klagt der Tannhäuser, könne er von den Lehnsgütern keinen Zins mehr einziehen – der Nachfolger hat ihm also das Lehen gestrichen.

> Ja, daß ich nicht von Adel bin,
> es ist ein wahres Kreuz!
> Denn: deshalb krieg ich nichts vom Geld,
> das aus Italien kommt;
> die Großen teilens unter sich,
> wir Kleinen gucken zu;
> voll Jammer sehen wir mit an,
> wie man sich Taschen füllt.
> Nun wird uns auch aus Thüringen
> viel Geld gebracht –

318

ich schwöre einen heilgen Eid:
    ich bin nicht scharf darauf.
So dumm ich bin – ich fände dort
    für mich den Herrn Mäzen.
Bevor ich von der Krone ließe,
    blieb ich lieber arm.
Den König preis ich sehr –
    ich weiß nicht, ob er mich belohnt.

Ich wäre gern am Hof;
    man könnte mich dort singen hören.
Nur, leider, will mich niemand.
    Ich hab kein feines Repertoire.
Wer gibt es mir? Ich sänge dann,
    was richtig höfisch ist:
ich sänge dort für lange Zeit
    von all den schönen Damen,
ich sänge von den Wiesen,
    vom frischen Laub, vom Mai,
ich sänge von der Sommerszeit,
    vom Reien und vom Tanz,
ich sänge von dem kalten Schnee,
    vom Regen und vom Sturm,
ich sänge von Gottvater und der Mutter
    und vom Kind.
Wer löst mir meine Pfänder aus?
    Nun macht euch nicht so rar!

Die schönen Frauen, guter Wein,
    zum Frühstück leckere morceaux,
und zweimal in der Woche baden –
    dies fehlt mir zum Besitz!
Solang ich noch verpfänden kann,
    lebe ich recht sorgenfrei,
doch wenn ich erst mal zahlen muß,
    ergeht es mir sehr schlimm,

und muß ich noch die Pfänder lösen,
    wird aus meiner Freude Leid!
Es macht die Fraun nicht schöner,
    wenn ich die Summe bilde.
Der gute Wein schmeckt sauer,
    wenn ich nichts verpfänden kann.
Ich dummer Hund, wann werde ich
    die Jammerarien beenden?
Ich kenne keine Herrn,
    die hier die Wende bringen könnten.

Ach Gott, warum verlor ich bloß
    den Helden, den aus Österreich?
Er gab mir ein so gutes Haus!
    Entsprach ganz seinem Ruf...
Zum Hausherrn hat er mich gemacht –
    nun lebe ich im Elend,
ich sitze wieder auf der Straße –
    wo soll ich Armer hin?
Wer tröstet mich für den Verlust?
    Wer eifert ihm dann nach?
Wer hält sich Gaukler, wie ers tat?
    So stolz und glücklich waren sie.
Ich irre jetzt umher – wo find ich noch
    die wahren Gönner?
Wenn er noch am Leben wäre –
    selten ritte ich im Gegenwind.
Der Wirt fragt: »Ach, Herr Gast,
    was friert Euch denn so sehr?«

Ich hatte einen Hof in Wien,
    der lag wahrhaftig schön,
auch Leopoldsdorf gehörte mir,
    das nah bei Lassee liegt;
in Himberg hatt ich schöne Güter –
    Gottes Lohn für ihn!

Werd ich jemals wieder Zins
    von dort beziehn?
Man solls mir nicht verdenken:
    ihn beklage ich mit Recht.
Mit ihm starb alle meine Lust –
    so muß ich ihn betrauern.
Wo willst du dich denn künftig
    niederlassen, Tanhuser?
Kennst du wieder niemand,
    der dir aushilft in der Not?
Oweh, wie lang schon läuft das so!
    Ein Jammer, daß er tot ist.

Mein Maultier trägt nur leichte Last,
    mein Pferd schleppt sich dahin,
und meine Knechte gehn zu Fuß.
    Meine Taschen sind geleert.
Mein Haus, es steht ganz ohne Dach –
    und Klagen hilft hier nichts.
Mein Zimmer ohne Tür –
    ich halte das nicht länger aus.
Mein Keller, der ist eingestürzt,
    die Küche ausgebrannt,
mein Stadel, der ist ohne Wand,
    das Heu ist mir zerstoben.
Man mahlt und backt nicht mehr für mich,
    und selten wird gebraut.
Die Kleidung ist mir viel zu dünn –
    so zahlt sich alles aus!
Mein Hausrat: keinem gibt er Grund
    zum Neid, zum Ärgernis.

Neidhart in Österreich: es sind mehrere Bittstrophen von ihm überliefert. Die Stereotypie der Bitten könnte schließen lassen auf eine anhaltend schlechte ökonomische Lage.

Als Beispiel zuerst eine Pauschalbitte, die sich nicht unbedingt auf Neidharts Situation in Österreich beziehen läßt.

> Wer sich einen Vogel hält,
> der das ganze Jahr durch singt,
>   wie man sich das wünscht,
> der sollte ab und zu einmal
>   nach dem Käfig schauen und
> dem Vogel gutes Futter geben.
> Zum Lohn singt ihm der Vogel freudig
>   eine schöne Melodie.
> Und man gäbe freiweg zu:
>   seine Sache macht er gut!
> Möchte man sich den Gesang
>   gerne auch im Mai anhören,
> sollte man ihm für den Winter
>   einen hübschen Vorrat geben:
> wenn sie gut behandelt werden,
>   danken Vögel mit Gesang.

Der Wunsch nach regelmäßigen Einkünften ist in diesem Singvogel-Gedicht freundlich spielerisch stilisiert. Er wird konkreter formuliert im folgenden Beispiel.

> Und hab ich irgendwo ein Heim –
> wo soll das sein...?
> Die Schwalbe klebt aus Lehm
> ein Häuselein:
> sie wohnt darin
> im Sommer nur sehr kurze Zeit.
> Gott gebe mir ein Haus mit Wohnrecht
> beim Lengenbach.

Ich riskiere wieder einen Aussagesatz: Neidhart muß in Lengbach gewesen sein, denn nur in Lengbach konnte die Bitte um ein Haus am Lengenbach die erwünschte Resonanz finden.

Altlengbach liegt unmittelbar an der Autobahn West nach Wien, in der Nähe des »Knotens« Steinhäusl. Ein Dorf also im Wienerwald, in einer Region mit weit geschwungenen Hügeln, langen Tälern.

Am Ortseingang von Altlengbach, im Wald etwas oberhalb des Bachs, die Ruine eines Gebäudes mit quadratischem Grundriß: ein Festes Haus. Eine typische Bauform bis zur Mitte des 12. Jahrhunderts, bevor es üblich wurde, Burgen zu errichten. So auch hier: nur bis 1197 wohnten Herren von Lengenbach – unter anderem – in Altlengbach, dann zog man um in die Burg Neulengbach. Zwischen diesen beiden Dörfern der Kohlreitberg und Maria Anzbach, es sind also zwei deutlich voneinander getrennte Siedlungen.

Altlengbach und Neulengbach: wenn man auf eine Straßenkarte blickt, scheinen diese Orte abseits der großen Trassen zu liegen, in verkehrsstillen Winkeln. Doch zu Neidharts Zeit war das anders: hier verlief eine Ost-West-Verbindung, in der Fachliteratur »Neulengbacher Straße« genannt. Sie verband (und verbindet) als ›direttissima‹ St. Pölten mit Wien. Der mittlere Abschnitt dieser Straße war Ende des 12. Jahrhunderts von Altlengbach nordwärts verlegt worden, führte nun durch Neulengbach – Grund dafür, daß die Lengenbacher sich in Neulengbach ihren neuen Herrschaftssitz erbauten. Neulengbach wurde Zollstätte.

Ich werde hier nicht, kurzgefaßt, die Geschichte der Herren von Lengenbach darstellen; nur einige Hinweise, die eine biographische Möglichkeit, Wahrscheinlichkeit in greifbare Nähe rücken könnten.

Die Lengenbacher waren, gerade zu Neidharts Zeit, eine der reichsten und mächtigsten Adelsfamilien des Landes: nobiles, keine Grafen. Bereits in der dritten Generation waren sie Domvögte zu Regensburg; die Lengenbacher besaßen beinah zwanzig Burgen; Bischof Wolfger von Passau hatte den Lengenbachern ein Handelsprivileg verliehen.

Der Lengenbacher, an den sich Neidhart vermutlich gewendet hat, war Otto V. Um 1200 geboren, war er entschieden jünger als Neidhart. Schon früh machte er Reisen, unter anderem nach Passau. Wichtiger für uns hier: Otto von Lengenbach nahm teil am Kreuzzug von 1217, an der Belagerung von Damiette, und damit wurde möglich: Otto, der Gefolgsmann des Herzogs Leopold von Österreich, lernte in Ägypten den Dichterkomponisten Neidhart kennen. Die Teilnehmer aus dem Donauraum werden im feindlichen Ägypten und bei all den Querelen und Auseinandersetzungen mit »welschen« Teilnehmern noch enger zusammengerückt sein – zumindest die Herren von Stand, mit Gefolge. Und man wird Neidhart wohl öfter aufgefordert haben, Lieder zu singen: die zermürbend, die demoralisierend lange Belagerung von Damiette, die Phasen völliger Untätigkeit; hier war ein Unterhaltungskünstler mehr als willkommen. Also, wenn ich mir diese Situation vergegenwärtige: spätestens in Ägypten dürften sich Neidhart und Otto von Lengenbach kennengelernt haben. Vielleicht hatte sich aber schon früher ein Kontakt zur Familie ergeben – über Regensburg.

Als Otto 1219 heimkehrte, ließ Erzbischof Eberhard II. von Salzburg den Kreuzfahrer festnehmen und einsperren. Der Grund: Otto von Lengenbach hatte zur Finanzierung seiner Reise zwei Burgen verkauft oder zu verkaufen versucht, auf die der Erzbischof Teil-Ansprüche, zumindest eine Art Vorkaufsrecht hatte; nun sollten die Modalitäten unter Druck ausgehandelt werden. Die Auseinandersetzungen zogen sich jahrelang hin, die Versöhnung erfolgte erst auf dem Friesacher Turnier. Wir hatten schon bei Ulrich von Lichtenstein gelesen, daß Otto von Lengenbach hier mit einem glanzvollen Gefolge von zweiundzwanzig Rittern aufgetreten war – noch größer muß der Troß gewesen sein. Nach dem Versöhnungsakt am Fürstentag konnte sich Otto wieder der Konsolidierung und Erweiterung seiner Besitzungen widmen.

Es sind Dutzende von Orten dokumentiert, in denen oder bei denen die Herren von Lengenbach Besitzungen oder Einkünfte hatten; ich nenne nur ein paar, in die Neidhart später (wieder?) kommen wird: Atzenbrugg und Michelhausen, Perschling und Tulln, und besonders wichtig: Mödling, ebenfalls eine Zollstätte. Als Neidhart sich an den Lengenbacher wendete mit der Bitte um ein Haus, war Otto auf dem Höhepunkt seiner Macht.

Neulengbach: etwa einen Kilometer südlich von Ort und Burg sitze ich an einem Wiesenhang, breche Brot und schneide Käse. Kauend blicke ich auf den hohen, dicht begrünten Hügel mit der weitläufigen Burganlage; an der rechten Flanke einige Giebel, eine Kirche. Die Burg, wie sie jetzt zu sehen ist, von außen: sie stammt aus Jahrhunderten nach Neidhart – kein Bergfried mehr, kein Mauerturm. Eine Wohnburg mit Fenstern nach außen, wenn auch in sicherer Höhe. Das Dach ist leuchtendrot gedeckt – dieses Ziegelrot betont die Burg in weiter Umgebung. Berge des Wienerwalds, die ausschwingen in die Ebene des Tullner Felds. Wieviel mittelalterliche Bausubstanz in dieser Burg erhalten blieb, weiß ich nicht: der Gemeindebesitz ist verschlossen; ein Holztor, zwei Türen. So bin ich zu diesem Hang gefahren, breche Brot, schneide Käse, trinke gelegentlich einen Schluck Wein, blinzle in die Sonne.

Neidharts Wunsch nach einer Wohnung, einem Haus im Gebiet von Lengbach wurde offenbar nicht erfüllt: dennoch entwerfe ich ein Fördermodell Neulengbach. Damit möchte ich nicht, posthum, gerechten Ausgleich schaffen, sondern: ich will skizzieren, wie eine Dame der adligen Gesellschaft einen Dichter, einen Sänger fördern konnte, gefördert haben könnte. Ich spiele damit, das betone ich, nur eine Möglichkeit durch. Sie wird uns jedoch näher heranführen an die gesellschaftliche Wirklichkeit der Zeit und der Welt Neidharts.

Denn, noch einmal: sehr wichtig waren für Dichter und Musiker die Damen an den Höfen. Joachim Bumke in *Höfisches Leben*: »Wenn das Publikum am Hof zu einem beträchtlichen Teil aus Frauen bestand, haben diese gewiß auch einen großen Einfluß auf die literarische Urteilsbildung gehabt.« Und: »Nicht selten haben die höfischen Epiker durch Hörer- und Leseranreden zu erkennen gegeben, daß sie bei der Abfassung ihrer Werke hauptsächlich an ein Frauenpublikum gedacht haben.« Hervorzuheben ist in diesem Zusammenhang auch, »daß die Thematik und der Stil der höfischen Dichtung sicherlich in besonderer Weise die Interessen der Frauen ansprach«.

So skizziere ich eine Dame der ersten Jahrzehnte des dreizehnten Jahrhunderts, im deutschsprachigen Raum, beispielsweise auf Neulengbach: sie ist an Literatur und Musik interessiert, sie möchte einen Dichter, einen Sänger fördern, und wenn sie dies nicht direkt tun kann, so möchte sie ihren Gemahl oder einen der Männer ihrer Verwandtschaft dazu motivieren.

Ich würde ihr gern einen Vornamen zuschreiben, doch was ich nicht finde, will ich auch nicht erfinden, schließlich bin ich im Bereich des (zumindest potentiell) Dokumentierbaren.

Die namenlose Frau von Lengenbach, Gemahlin oder Schwägerin oder Schwester des fünften Otto von Lengenbach, sie war, so setze ich voraus, als Kind, als junges Mädchen in der Schule eines Klosters, lernte hier Lesen und Singen: bene legere et bene cantare – dies galt als besonders wichtig. Das Schreiben konnte hinzukommen – es hing vom Lehrer ab, welche Bedeutung es erhielt; verbindliche Lehrpläne gab es noch längst nicht.

Ihr Interesse für Literatur könnte geweckt worden sein durch den Auftritt eines Spielmanns in der Burg oder im Festen Haus ihrer Eltern. Und dieser Spielmann erzählte beispielsweise aus dem *Volksbuch von Herzog Ernst*. Oder er sang Lieder. Jedenfalls: ein zündender Funke sprang über. Ihr Interesse könnte weiter gefördert worden sein durch eine Verwandte, die in der Champagne oder in Burgund lebte, und bei einem Familientreffen erzählte sie mit Begeisterung vom Auftritt eines Troubadours oder Trouvère, und daß er eine Zeitlang mitleben durfte in der familia, daß er dafür mit einem neuen Lied dankte, für das er wiederum ein besonderes Honorar erhielt. Solch ein Bericht konnte in der jungen Frau von Neulengbach den Wunsch wecken, gleichfalls einen Sänger zu fördern.

Gönnermodell Neulengbach: diese Dame schlägt also dem Herrn des Hauses vor, Neidhart eine Zeitlang in der Burg wohnen zu lassen oder in einem der Häuser, die zum Besitz gehören, und man sorgt vielleicht auch dafür, daß einige seiner Lieder aufgezeichnet werden.

Selbst wenn eine Frau von Lengenbach mit ihrem Vorschlag keine Resonanz fand: sie steht hier für Damen, deren Fürsprache erfolgreich war, oder die vielleicht sogar persönlich einen Dichter, einen Sänger förderten.

Neidhart in Österreich: er wurde, so scheint es, nicht sofort zum Hausdichter, zum Hofsänger der Babenberger. Dies könnte das Bittgesuch zu Lengbach zeigen – falls er diese Strophe nicht schon vor dem Stichjahr 1230 gesungen hat. Neidhart dürfte Reisender Sänger geblieben sein, ein Unbehauster.

Wird er von nun an seine Reisen beschränken auf das Herzogtum Österreich? Es gab dort kaum so etwas wie Präsenzpflicht für ihn, und so vermute ich: wie er von Bayern nach Österreich gereist sein wird, vor dem Verlust des Lehens, so konnte er auch von Österreich nach Bayern reiten. Hier wird er Auftrittsmöglichkeiten bei den gleichen Adressen gesucht haben wie früher: bei Bischöfen und Äbten, bei Grafen und Hochfreien.

Neidhart wird also noch einen großen Teil seines Lebens auf Landstraßen verbracht haben. Je weiter, je länger man reiste, desto verständlicher der Wunsch, seßhaft zu werden. Immer nur Gast sein, teils willkommen, teils weniger, zuweilen überhaupt nicht – es war auf Dauer schwer zu ertragen. Walther von der Vogelweide hat dies artikuliert.

> *Hausherr, seid willkommen:* schweigen muß ich bei dem
> Gruß!
> *Seid als Gast willkommen:* sprechen muß ich da, mich
> neigen.
> *Hausherr, Heim:* die Wörter sind sehr ehrenvoll.
> *Gast* und *Unterkunft:* reichlich Anlaß, mich zu schämen.
> Wär es mir nur mal vergönnt, einen Gast zu grüßen,
> so daß er mich als Hausherrn grüßen muß...
> Heute hier und morgen dort: was für ein Vagantenleben!
> *Ich bin daheim, Ich will nach Hause:* das klingt schöner!
> *Seid Gast!* und: *Schach!* – man hörts nicht gern.
> Sagt nicht mehr *Gast* zu mir, und Gott sagt euch nicht
> *Schach!*

Zum Klagelied das Bittlied: Walther wendet sich an Friedrich den Zweiten.

Schirmherr Roms und König Apuliens, zeigt hier Mitleid:
ich bleib so arm, bei allem Reichtum meiner Kunst...
Wenn möglich, würd ich gern am eignen Feuer warm.
Sakra, wie ich dann von allen Vögeln sänge,
von der Wiese und den Blumen – wie ichs früher tat!
Der schönen Frau, die mir das Ruhmesblatt verliehe,
ließ' ich auf den Wangen Lilien blühn und Rosen.
Komm spät erst an, reit früh schon fort: *Armer Fremder!*
Wer Hausherr ist, singt schöner von dem grünen Klee.
Helft in dieser Not, so wird Euch in der Not geholfen!

Der Wunsch nach dem eigenen Dach über dem Kopf: wir müssen uns bewußtmachen, wie eng man in Burgen damals lebte, auch in Burgen großer Herren; dort gab es kein ›Gästezimmer‹, auch nicht für einen angesehenen, wenigstens regional angesehenen Dichter und Musiker, eigene Zimmer gab es nur für den Hausherrn und seine Familie; die Gäste und das Gefolge legten sich irgendwo hin. Das hieß: die wenigsten Bewohner einer Burg hatten ein Bett am immergleichen Platz. Zwar gab es Tragebetten, auch Spannbetten genannt, aber die waren schon etwas Luxuriöses – meistens kamen Liegepolster auf den Boden, damals schon Matratzen genannt, aber sie sahen noch nicht aus wie unsere Matratzen, waren eher Zwischenformen von Federbett und Strohsack; darauf legte man sich zu zweit, zog eine Decke über sich. Morgens wurden diese Liegesäcke irgendwo verstaut.

Es war gewiß schon ein Privileg, eine besondere Auszeichnung, wenn Neidhart mit anderen Mitgliedern des Hofgefolges in einem der Räume des Wohnbaus schlafen durfte; größer dürfte die Wahrscheinlichkeit gewesen sein, daß er mit anderen Fahrenden in einem der Nebengebäude nächtigte, vielleicht sogar in einer Scheune. Neidhart im Heu, oder zumindest auf einem Strohsacklager, und das mit Dienern und Gauklern, mit Tierbändigern und Instrumentalisten und so weiter.

Bei ständig wechselnden Gruppierungen ging es laut zu – das wurde von Walther beklagt für den Hof von Thüringen, und bei Wolfram finden wir ein Echo auf diese Klage. Ich male mir das aus: ständiges Eintreffen und Aufbrechen, Rabatz fast die Nacht hindurch, und morgens Gedrängel um einen Brunnen oder um ein paar Bottiche, und die Latrine einer Burg war wohl kaum so weitläufig wie in einer großen Klosteranlage. Ja, und dann wurde irgendwo der Morgenbrei, die Grütze gelöffelt. Und der Herr, vor dem man auftreten wollte, der hatte keine Zeit, der war auf Jagd, vielleicht für mehrere Tage, oder er mußte seinem Hofkaplan diktieren, und das zog sich hin, oder er ritt auf einer Wiese ein Streitroß ein, oder er mußte sich, gemeinsam mit dem Falkner, um den kranken Lieblingsfalken kümmern. Also warten. Würfeln. Und Hin und Her, Rein und Raus. Und Zankereien, Schreierei, Schlägereien.

Der Wunsch nach dem eigenen Haus, zumindest nach einem Häuschen: es war wohl auch der Wunsch nach einem Bereich ohne Drängelei, Gerempel, Lärm.

Kurz nach dem Tod seines Vaters Leopold wurde Friedrich, neunzehnjährig, Herzog von Österreich und der Steiermark. Genauer: er machte sich selbst zum Herzog. Denn offensichtlich wurde das Herzogslehen vom Kaiser nicht an diesen jungen Mann vergeben, er übernahm das Amt, als wäre es erblich. Das war es nach der Verfassung des Römischen Reiches aber nicht: nach dem Tod eines hohen Lehnsträgers wurde das Lehen offiziell wieder frei, mußt neu vergeben werden; damit war ein Treuegelöbnis verbunden. Friedrich schien sich um dieses Ritual nicht weiter zu kümmern – keine Chronik berichtet vom festlichen Akt der Lehnsübergabe.

Der Herzog von eigenen Gnaden mußte erst einmal mit Adligen kämpfen, die sich ihm nicht unterwerfen wollten. Friedrich belagerte, erstürmte Burgen der aufsässigen Kuenringer, setzte sich durch.

Kriegerische Auseinandersetzungen auch mit Böhmen: Österreichs Grenze war im zwölften Jahrhundert in böhmisches Gebiet vorgeschoben worden, das wollte der Böhmer-König endlich rückgängig machen: »Gleich nach Friedrichs Regierungsantritt fielen die Böhmen in das Land ein«, berichtet Karl Lechner. Und mit Bayern waren noch alte Rechnungen zu begleichen. Friedrich tat dies auf seine Weise: die bayerischen Klöster und Hochstifte in Österreich waren zu Abgaben an ihre Mutterklöster und an Passau verpflichtet, diese Abgaben ließ Friedrich nur äußerst ungern über die Grenze – Tricks und Behinderungen. Beschwerden über ihn häuften sich.

Friedrich erwies sich, im Gegensatz zu seinem konzilianteren Vater, als ein entschiedener, vielfach rücksichtsloser Landesherr. Seine von Anfang an betonte Selbständigkeit führte recht bald zum Konflikt mit dem Kaiser des Römischen Reiches.

In diesen Kontext könnte eine Strophe passen aus einem Liedtext, der sonst kaum zu Neidhart zu passen scheint. Denn es ist einer der seltenen Liedtexte, in denen Neidhart nicht ›erzählt‹, sondern räsoniert: Kritik an höfischen Verhaltensweisen, die nicht mehr den guten alten Spielregeln der Hohen Minne entsprechen. Auch dieses Lied beginnt mit einem Natureingang.

> Es kam zu uns das Glück, es kam zu uns der Mai,
> es kamen zu uns Blumen von verschiedner Art,
> es kamen zu uns Vögelchen mit ihren Melodien,
> es kamen zu uns helle Sommertage,
> die sehr glücklich stimmen nach den Sehnsuchtsklagen.
> Man vergesse künftig seinen Kummer…

Dennoch, Neidhart sieht Grund zur Klage, gleich in der anschließenden Strophe.

> Die den Frauen Hochgefühle schenken
> und in ihre kecken Augen lächeln sollten,
> die verstrickten sich in so Befremdliches,
> wie der Deutsche es zuvor nicht kannte.

Wer sich selber schlechter macht,
nein, der ist kein Spiegel für die Frauen...

Eine rätselhafte Strophe. Ist Homosexualität gemeint, die damals zum öffentlichen Problem, wenigstens zum öffentlich erörterten Problem wurde?

Es folgt ein kurzer Sing-Dialog zweier Frauen über gute und schlechte Männer, über wahre und falsche Liebe. Ich lasse es bei diesem Hinweis, gehe gleich über zu Neidharts Resümee.

Wär es in der Welt noch wie vor dreißig Jahren,
und man sähe mich mit einer Trauermiene,
dürfte man mich häuten, mir das Haar ausreißen –
ja, die große Strafe hätte ich verdient!
Heuer ists noch schlimmer als vergangnes Jahr.
Dieses Leben fällt mir langsam schwer...

Früher, als die Herren Hohe Liebe pflegten
und sie lagen bei der Herrin ohne Lug und Trug,
nahmen sie in ihrem Glück der Liebe nichts.
Heute macht sich falsche Liebe breit,
hat die edle Liebe abgewertet.
Will nicht weiter drüber reden...

Diese beiden Strophen sind in mehrfacher Hinsicht überraschend. Ausgerechnet Neidhart, der in seinen Liedern systematisch und radikal das überlieferte Schema des Minnesangs durchbrochen, travestiert hat, ausgerechnet er beklagt nun den Verlust der Hohen, der edlen Liebe. Eine Anwandlung? Ein Rückfall in alte, aber noch immer gebräuchliche literarische Muster? Eine Auftragsarbeit, eine Pflichtübung? Ein Liedtext aus Neidharts späten Jahren? Diese Schlußfolgerung könnte der Hinweis nahelegen auf eine aktuelle, eine damals aktuelle politisch-militärische Situation.

Erreichte man bei Deutschen wie bei Böhmen,
daß sie vor der Aussaat nichts verheeren,

und legte jeder Herr die Rüstung ab,
die man vor Damen auch nicht tragen sollte,
so würd ich singen, rezitieren!
Möge doch der Frieden bleiben...

Auch Friedrich zog im Herzogtum umher, regierend, hofhaltend, aber es gab einige Burgen, in denen er besonders oft und in denen er vielleicht auch besonders gern war, vor allem im Winter, wenn Reisen und Kriegführen eingestellt wurden. So war er gelegentlich in Klosterneuburg, war häufig in Wien; Mödling gewann später an Bedeutung für ihn. Zeitweiliger Herrschersitz war auch die Burg der (Wiener) Neustadt, etwa 25 Kilometer südlich von Wien.

Für Neidhart dürfte die Trias Klosterneuburg – Wien – Mödling wichtig geworden sein.

Daß er in Klosterneuburg auftrat, das schließe ich aus einer Anspielung: »Die Leute um den Bisamberg«. Dieser Bisamberg, 358 Meter hoch, liegt jenseits der Donau, im Osten von Klosterneuburg.

Klosterneuburg: die Obere Stadt mit Stift und Pfalz; die Untere Stadt rund um die Kirche St. Martin; zwischen beiden befestigten Stadtbereichen eine Senke mit einem Bach. Die Pfalz des Landesherrn lag im Bereich des heutigen, die Stadt optisch beherrschenden Stifts – als Dominanten die beiden neogotischen Türme. Leopold III. hatte in der »südwestlichen Ecke des alten Römerlagers« die Residenz, die »Stadtburg« erbauen lassen: »Das Hauptgebäude, dessen Mauerwerk heute noch in einer Höhe von zwölf Metern aufrechtsteht, hatte die Bauweise des Festen Hauses, wie es am Anfang des 12. Jahrhunderts üblich war. Dieser Bau war aber nur der Teil eines imposanten Komplexes, der es an Größe mit den damaligen Kaiserpfalzen aufnehmen konnte.« So Tilman Röhrig.

Klosterneuburg: hier könnte Neidhart auch vor Friedrich aufgetreten sein. Und so habe ich Bausubstanzen sehen wollen aus Neidharts und Friedrichs Zeit. Ich habe sie – mit dem Lageplan in Röhrigs Buch – gefunden, es war nicht schwer.

Zu sehen ist die Ostwand des um 1200 erbauten Palas, des Wohntrakts und Festsaals; in den beiden Fensteröffnungen je eine alte, dünn gewordene Säule und eine ergänzte. Im Gebäude, das hier einmal stand, könnte Neidhart aufgetreten sein – als die Fenstersäulen noch gesund und dick waren.

Neben diesem Wandabschnitt das spätere Gebäude des Stiftlichen Hofgerichts; daneben wiederum der Schmiede-Hof, in den ich, das Tor öffnend, hineinspaziere. Ein weitflächiger, grasbewachsener Hof, in dem Baumstämme (in Bretter, in Bohlen zersägt) lagern und trocknen; kleine Schuppen. Von ihnen zum Teil verdeckt: Baumasse aus der Zeit der Babenberger, sogar mit den Konturen eines großen Kamins, der vielleicht auch einmal Neidhart gewärmt hat.

Ein Straßenschild in Klosterneuburg: Wien 13 Kilometer. Nach diesen dreizehn Kilometern ist man bereits im Zentrum der Stadt, in der Friedrich häufig residiert hat, in der Neidhart mit größter Wahrscheinlichkeit aufgetreten sein dürfte, nicht nur spontanen Beifall suchend, sondern längerfristige Honorierung.

Neidhart in Wien: hier ist Sichtkontakt mit Bausubstanzen einer romanischen Pfalz nicht möglich – die Herzogsburg, die herzogliche Pfalz ist archäologisch nicht mehr nachweisbar, lese ich bei Karl Lechner. Sie muß aber im Bereich »Alter Hof« gelegen haben. Friedrichs Vater hatte zwischen 1220 und 1230 die Stadt Wien erheblich erweitern, im Stadtbereich mehrere Klöster errichten und die Neue Burg erbauen lassen.

Diese Pfalz skizziert Lechner als »Viertürmeburg auf erhöhtem Platz, eingebaut in die Stadtmauer, wobei der stärkste Turm an der gefährdeten Südwestecke steht, am Hauptverkehrsweg nach dem Westen gelegen; die anderen drei Türme sind sogenannte Trabantentürme.« In diesem Bau (dem übrigens die Burg in Neustadt glich) wird Neidhart aufgetreten sein, und, so nehme ich an, mit Erfolg.

Den brauchte Neidhart auf dem Weg zum Ziel, das er sich gesetzt, offenbar aber nicht so rasch erreicht hat, wie er sich das wünschte.

Neidharts Bitte um ein Haus, um ein Häuschen, um ein kleines, ein vorbildlich bescheidenes Häuschen war dringlich. Also wurde sie wiederholt – im folgenden Beispiel mit einem ironischen Schlenker.

> Friedrich, Herr und Fürst,
> meine Bitte sei gestattet
> um ein kleines Häuselein,
> das meinen vollen Silberschrein
> sicher birgt: ich habe ihn
>   von dir geschenkt bekommen.
> Ja, ich bitte dich darum,
> höre es dir gnädig an.
> (Ach, in diesem Bauernland
> bin ich Streu für viele Trampel!)
> Und so lange ich noch lebe,
>   werde ich dir dafür dienen,
> hier: mit meiner Faust,
> vor Gott: mit meiner Zunge.
> Dir wird man im Himmelreich
>   dafür ein Loblied singen,
> und du wirst aufgenommen
>   in den Chor des Paradieses.

Dem »hewßlein« der Handschrift c entspricht im Codex Manesse eine andere Lesart: dort (C 10) bittet das Sänger-Ich um ein »hufelin«, also um einen kleinen Grundbesitz, auf dem er den vollen Silberschrein offenbar verbuddeln will. Ob »cleines hufelin« oder »kleines hewßlein« – beidemal wird Grundbesitz ersehnt.

Aber: der diesen Wunsch vorträgt, der soll schon einen vollen Silberschrein besitzen – und das kann nur ein Witz sein! Denn mit einem Teil dieser Silbermünzen oder dieses Barrensilbers hätte man sich leicht ein Häuschen oder Stück Land kaufen können. Wieder mal eine der Finten des Dichters...?

Ich gehe davon aus: Neidhart war und blieb angewiesen auf die Großzügigkeit, die Generosität des Landesherrn; er mußte unterstützt werden; in der Textversion, die ich meiner Übertragung zugrunde gelegt habe, wird der Wunsch nach einem kleinen Haus vorgetragen. Eine Immobilie für den Mann lebenslanger Mobilität...

Er fand sein Refugium schließlich in Mödling. Ein Aussagesatz, abgeleitet von einer Liedstrophe, also keine verläßliche Aussage. Aber ich gehe auch hier davon aus, daß diese Strophe bei allem literarischen Spiel doch Angaben zur Vita vermittelt: Realitätsgranulat.

Weil ich die Liedtext-Aussage wichtig nehme, übersetze ich die drei überlieferten Varianten. Zuerst die Strophe aus der Riedegger Handschrift.

> Was mir meine Feinde wünschten, hat sich kaum erfüllt,
> Wollt' es Gott, es würd hier sicher Hilfe geben.
> Ich wurde gut empfangen im Lande Österreich
> vom edlen Fürsten, der mir Unterkunft verschaffte.
> Für immer bin ich hier in Mödling –
>   und sie alle ärgert das.
> Mir tut es leid, daß ich von Eppe und von Gumpe
>   im Reuental so oft gesungen habe.

Und hier das klarer formulierte Strophen-Pendant der späteren Papierhandschrift.

> Was meine Feinde mir gewünscht, es hat sich nicht erfüllt.
> Wollt' es Gott, so fände ich in meiner Not noch Hilfe.
> Ich kam hierher nach Österreich und wurde gut empfangen
> von dem edlen Fürsten – er gab mir schöne Unterkunft.
> Dort in Mödling wohne ich – meine Feinde ärgert das.
> Mir tuts nicht leid, daß ich im Reuental so viel
>   von Gumpe und von Eppe sang.

Zuletzt die Strophe aus der Sterzinger Miszellaneen-Handschrift.

Was mir meine Feinde wünschten, hat sich nicht erfüllt.
Will es Gott, so finde ich in meiner Not schon Hilfe.
Ich kam nach Österreich gereist, dort ward ich gut
    empfangen.
Gottes Lohn dem Fürsten, der mir dieses schöne Haus gab.
Dort in Mödling wohn ich fest – zum Ärger meiner Feinde.
Mir tut es leid, daß ich im Reuental so viel
    von Eppe und von Gumpe sang.

Ich sehe keinen Anlaß zu bezweifeln, daß die Angabe Mödling zutrifft. Das ist auch weithin Konsens in der Forschung. Leider ist diese Strophe nicht datiert und nicht datierbar; ich muß also versuchen, wieder kombinatorisch vorzugehen; ich informiere mich über die Geschichte der Burg Mödling.

Diese Burg, erst Mitte des zwölften Jahrhunderts erbaut, wurde von Heinrich dem Älteren erweitert zu »einer der größten Burganlagen ihrer Zeit«, so lese ich in der Darstellung des Ausgrabungsleiters; eine Burg hoch auf steilem Dolomitfels, über der Klause des Tals, in dem der Mödlingbach fließt und durch das eine wichtige Straße führte.

Die Mödlinger Herren hatten ursprünglich in Mödling in einer kleinen Stadtburg residiert; die neue Burg wurde entschieden größer: Ein Burgareal von 80 mal 175 Metern; die aus dem Fels gleichsam herauswachsenden Ringmauern in einer Höhe von fünf bis acht Metern; zwei Vorburgen, palisadengeschützt, mit Torturm und Zwinger; ein zweites, drittes und viertes Mauertor; fünf Höfe; die Zentralbauten drei bis fünf Stockwerke hoch.

In dieser Burg hielt sich Heinrich der Ältere ab 1200 vorzugsweise, ja fast ausschließlich auf, ein Mann, der zu dieser Zeit Mitte Vierzig war, der offenbar wenig oder keinen politischen Ehrgeiz entwickelte, dafür um so entschiedener die Burg ausbaute, die Hofhaltung erweiterte. Heinrich starb 1223, als 65jähriger.

In den Jahren 1223 bis 1236 residierte auf dieser Burg ebenfalls ein Babenberger: Heinrich der Jüngere. Dieser ansehnliche, kluge Fürst war ein Mannsbild von einsachtzig, ein begeisterter Jäger. Viel ist über ihn nicht überliefert.

So wie Leopold der Glorreiche den Sänger Neidhart bei einem Besuch zu Beginn des Jahrhunderts an seinen Onkel Heinrich den Älteren verwiesen haben könnte, so könnte nun Friedrich den Sänger an seinen Onkel Heinrich den Jüngeren verwiesen haben – hat er dem Bayern eine Unterkunft beschafft, und sei es für begrenzte Zeit?

Ich frage mich das, weil Herzog Friedrich über Mödling erst ab 1236 frei verfügen kann: nach dem Tod Heinrichs, der keinen Erben hinterläßt, zieht Friedrich in den freiwerdenden Mödlinger Lehnsbesitz ein. Wenn Neidhart sich bei Herzog Friedrich für die Unterkunft, für den Wohnsitz in Mödling bedankt, so gibt es hier nur zwei Möglichkeiten: er bedankt sich – vor 1236 – für die Vermittlung zwischen den Babenbergern in Wien und in Mödling oder: er bedankt sich – erst nach dem 22. Mai 1236 – bei Herzog Friedrich, weil er ihm im freigewordenen, eingezogenen Mödlinger Lehnsgebiet ein Dach über dem Kopf verschafft. Der Alterssitz.

Ab wann auch immer – Neidhart könnte einige oder mehrere Jahre in Mödling seinen Wohnsitz gehabt haben. So mache ich Mödling – nach Landshut – zum zweiten Brennpunkt der Ellipse, die ich um Neidhart ziehe.

Ich fahre nach Mödling. Mein zweiter Besuch – etwa zwanzig Jahre zuvor war ich schon einmal in Mödling, um zu sehen, wo Beethoven zeitweilig gewohnt und komponiert hatte. Als Erinnerungsbild: felshelle Hänge mit südlichen Pinien. Die Erinnerung hat nicht getäuscht: die Dolomit-Hänge an der Klause von Mödling sind von Pinien bewachsen, dort Föhren genannt, genauer: Schirmföhren.

Solche Bäume hat es zu Neidharts Zeit in dieser Region noch nicht gegeben, sie wurden zu Beginn des neunzehnten Jahrhunderts, als Goethe und Beethoven noch lebten, an den Felshängen angepflanzt, schlugen dort nachhaltig Wurzeln – ein botanisches Unikum, ein sehr schönes. Fürst Liechtenstein hat für eine weitere, eingreifende Veränderung gesorgt: auf Grundmauern der romanischen Burg hat er eine romantische Burgruine errichten lassen, den heutigen Aussichtsturm mit den fünf Fenstern. Wer an diesen Fenstern steht, der schaut also nicht aus Fenstern, aus denen Neidhart geschaut haben könnte. Und der Text der Erinnerungstafel, die an dieser künstlichen Ruine angebracht wurde, später, er mogelt: Walther von der Vogelweide war nicht in diesem Gebäude, sondern in einem Gebäude an der Stelle dieses Baus.

Die mächtige Burg wurde 1556 vom Blitz getroffen, brannte aus; von diesem Zeitpunkt an Verfall, bis sie im 18. Jahrhundert verkauft und abgetragen wurde; mit ihren Quadern wurde dem Mödlingbach am Fuß der Burg ein neues Bachbett gemauert.

Der Augenschein trügt also: die Hänge dieser Klause waren früher nicht bewaldet, und was man heute von der Burg sieht, ist eine (schlecht) gemauerte Kulisse. Erst Ausgrabungen machten die Grundrisse der Gebäude und Wehranlagen dieser Burg sichtbar; sie erlaubten es, ein Bild der Burg zu rekonstruieren. So hat an der Stelle des heutigen Aussichtsturms der romanische Wohnturm gestanden: »Mit seiner leicht verzogenen rechteckigen Grundfläche von 15,20 m mal 13,50 m ist er der größte Wohnturm im deutschen Sprachgebiet. Seine äußeren Mauerkanten wurden bei der Grabung freigelegt, und besonders die Nordwestecke zeigt seine Mächtigkeit. Hoch war der Turm etwa 10 m und hatte wahrscheinlich vier Geschosse und Rundbogenfenster. In der Mitte der Burg liegend, beherrschte er sämtliche Burghöfe.« Eine mächtige Markierung also in der entwerfenden Rekonstruktion von Neidharts Lebensreise.

Wo und wie könnte Neidhart in Mödling oder bei Mödling gewohnt haben? In einem der Nebengebäude dieser Burg? Im alten Stadthaus? In einem Haus des Ortes? In einem Haus in der Nähe, vielleicht sogar in Sichtnähe der Burg, also beispielsweise im Gebiet der heutigen großen Wiese am Föhrenhof?

Neidhart, endlich (wieder) mit einem eigenen Dach über dem Kopf – das hieß wohl auch: mit einer festen Stelle am Hof (»min hove herre«: C 128). Darauf läßt jedenfalls die folgende Bitte schließen.

> Fürst Friedrich, generös und höchst seriös:
> du gabst mir gute Unterkunft,
> dafür soll dich Gott belohnen.
> Mich hat noch nie zuvor ein Fürst so reich beschenkt.
> Soweit wär alles gut – doch ist der Beitrag viel zu hoch!
> Wovon die Kinder leben sollten,
> das frißt der Beitrag völlig auf.
> Ich werde unter Freunden bald verpfänden müssen.
> Mein lieber Landesherr:
> senkst du mir den Beitragssatz,
> so will ich kämpfen für dein Heil,
> ich werde deinen Ruhm in Wort und Ton verkünden,
> daß es mächtig widerhallt, von der Elbe bis zum Rhein.

Um welche Art Beitrag es hier geht, das werde ich im übernächsten Kapitel zeigen.

In Neidharts Bittstrophen dürfen wir nicht nur gereimte Bittbriefe sehen – auch hier sind Spielelemente. Neidhart treibt ein foppendes Spiel mit uns – wo man ihn zu packen glaubt, entzieht er sich oft wieder. Beispielsweise in der folgenden Bittstrophe.

> Friedrich, Herr und Fürst,
> ich klage an! Bestrafe
> diese große Dreistigkeit,
> die ein gewisser Depp begeht.
> Befiehl, daß er das Land verläßt,
> verbiete, daß er etwas erbt.
> So können ich und Elsemut
> zuletzt noch Rat und Hilfe finden.

Wenns dir recht ist, daß ich dir
mit meinen neuen Liedern diene,
so lasse diesen dummen Kerl,
diesen Messerhelden hängen.

Hier wird offensichtlich mit Formeln einer Bittstrophe gespielt –
eine Frotzelei, bei der Neidhart das Einverständnis seines Landesherrn voraussetzen wird. Dies wiederum setzt voraus: man kennt
sich gut genug. Da sind Gemeinsamkeiten.

Was Jean Renart erzählte, das bestätigt sich am Hof dieses Herzogs: auch hohe Herrschaften trugen öffentlich Lieder vor.

Ach, wer singt uns diesen Sommer
    mal ein neues Liebeslied?
Das tut mein Herr Tröstelein
und mein Herr des Hofes.
Ich sollte ihr Gehilfe sein,
doch ich denke jetzt nicht dran!

Zuerst: wer ist Herr Tröstelein? Eine Spielfigur mit einem sprechenden Namen – der kleine Tröster durch Lieder? Oder könnte
Moriz Haupt recht haben, der ihn mit Meinhard Tröstel von Zier-
berg identifiziert?

Keine Identitätsfragen beim Landesherrn, der an seinem Hof Liebeslieder vorträgt. Dies bestätigt später der Tannhäuser: »Denn er
singt die Reien für die Damen.« Der Landesherr als Vorsänger, damit wohl auch als Vortänzer – also fast Kollegialität zwischen dem
Fürsten und dem Dichter (falls der nicht gerade verstimmt ist…).

Und gleich eine Skizze des Herzogs, der Neidhart förderte, ihn
offenbar fest anstellte als Hofdichter, Hofsänger.

Im Verhalten des jungen Herzogs prägte sich eine Tendenz, eine
Entwicklung im Römischen Reich nördlich der Alpen besonders
deutlich aus: möglichst selbständig zu werden, das heißt: unabhän-
gig vom König, vom Kaiser.

Es kam hier rasch zur Herausforderung. Wenn Kaiser Friedrich einen Hoftag einberief, mußten die geladenen Fürsten kommen – die sogenannte Hoffahrtspflicht. Nun hatte Österreich ein Sonderprivileg, das hier einen gewissen Freiraum schuf, aber dies nutzte Friedrich allzu entschieden aus: er erschien nicht auf dem Reichstag zu Ravenna, erschien nicht in Cividale. Erst 1235, als Kaiser Friedrich mit pompösem Gefolge durch Kärnten und die Steiermark nordwestwärts zog, um seinen Sohn, König Heinrich, abzusetzen, erst da trafen sich Kaiser Friedrich und Herzog Friedrich.

Der Herzog stellte gleich eine Forderung: der Kaiser solle ihn im Kampf gegen Böhmen und Ungarn unterstützen. Das lehnte der Kaiser entschieden ab, er wollte keinen Krieg im Reich. So führte der junge Herzog diesen Krieg auf eigene Faust weiter. Im Sommer 1235 stieß er in Ungarn auf ein riesiges Heer; es kam gar nicht erst zur Schlacht – eine Massenflucht der Österreicher. Raubend und tötend konnten die Ungarn bis nach Wien ausschwärmen. Friedrich mußte mit den Ungarn verhandeln: sie ließen sich den Abzug teuer bezahlen.

Viele Feinde, wenig Ehre: Ungarn, Böhmen, Mähren, Bayern und hier besonders die Bischöfe von Freising, Passau, Regensburg. Denn vor allem diese geistlichen Herren hatten Klage zu führen über Friedrich: er hatte mittlerweile eine Grenzsperrung durchgeführt, zog Abgaben bayerischer Klöster ein. Ja, es wird ihm sogar vorgeworfen, er habe in einer organisierten Aktion alle Klöster in seinem Land überfallen und ausgeraubt. Selbst seine Mutter Theodora plünderte er aus – sie floh daraufhin zu König Wenzel nach Böhmen.

Die Vorwürfe, die Anklagen gegen Friedrich wurden so zahlreich, so dringlich, daß der Kaiser etwas unternehmen mußte: er lud ihn erneut zu einem Hoftag ein. Oder war das schon eine Vorladung? Der Hoftag von Mainz – aber Herzog Friedrich kam nicht. Der Hoftag von Augsburg – Friedrich kam nicht. Der Hoftag von Hagenau – der Herzog kam nicht. Kaiser Friedrich ließ eine Art Anklageschrift gegen ihn erstellen, sie zeigte ein düsteres Bild des jungen Landesherrn, der rücksichtslos, hart, brutal nur tat, was ihm nützte. Nicht allein die Nachbarländer beklagten sich über ihn, auch

Untertanen. Das Stichwort war hier: die »stiure«, die Neidhart beklagte.

Der Landesherr bezog feste Einkünfte aus seinen Gütern, aus Zollstätten und so weiter. Zusätzlich konnte er die Großen seines Landes bitten oder auffordern, eine »stiure« zu beschließen, eine Unterstützung oder Beihilfe durch die Bevölkerung – beispielsweise nach Naturkatastrophen, nach Hungersnöten und selbstverständlich auch bei Kriegen. Dieser letzte Babenberger, in lateinischen Chroniken als »bellicosus« bezeichnet (was sich mit »kriegssüchtig« übersetzen ließe), dieser Friedrich »der Streitbare« führte fast permanent Krieg, also wurde die »stiure« zur beinah ständigen Zusatzzahlung, eine Art Solidaritätsbeitrag für die ständig überlastete Kriegskasse des jungen Mannes. Die Verbitterung in der Bevölkerung wuchs. Beschwerden beim Kaiser, Hilferufe.

Kaiser Friedrich machte Ernst: Juni 1236 wurde Herzog Friedrich auf dem Hoftag zu Augsburg verurteilt, geächtet; die Reichslehen wurden eingezogen, die Reichsexekution wurde angeordnet.

Der Kaiser konnte sie nicht persönlich durchführen, er wollte endlich Oberitalien unterwerfen, so übernahmen Nachbarländer die Reichsexekution: Bayern, Böhmen und mehrere Herren. Noch im Sommer 1236 marschierten Truppen in Österreich ein. Alle Burgen und Städte wurden ihnen sofort geöffnet, auch Wien. Der Herzog mußte sich immer weiter zurückziehen, seine letzten Bastionen waren schließlich Neustadt und die Burg Starhemberg.

Friedrich dachte auch jetzt nicht daran, sich dem Urteilsspruch von Augsburg zu unterwerfen. Kaiser Friedrich kam Ende 1236 nach Österreich, zog Januar 1237 in Wien ein, blieb hier ein Vierteljahr. Der glanzvolle Hoftag zu Wien, Selbstdarstellung kaiserlicher Macht; Friedrich ließ seinen neunjährigen Sohn Konrad zum neuen deutschen König wählen – ein »Unterkönig«. Um Friedrich in Neustadt kümmerte man sich nicht weiter, der schien endgültig erledigt.

Was sollte mit dem Herzogtum geschehen? Der Kaiser vergab dieses Lehen nicht an einen Nachfolger, er zog es ein. Das heißt: Österreich wurde reichsunmittelbar, wurde Kron- und Reichsgut.

Damit tat Kaiser Friedrich, in einem Ansatz, was er in seinem Königreich Sizilien konsequent und rigoros durchgeführt hatte: Macht direkt zu übernehmen, sie nicht mit Lehnsträgern zu teilen. Er setzte einen Statthalter ein, verließ Wien und das Land – wieder mußte er nach Italien, Krieg führen in der Lombardei.

Er hatte Herzog Friedrich falsch eingeschätzt. Nach einer Art Winterschlaf in Neustadt brach er im Frühjahr hervor und eroberte als erstes fünf Burgen. Um bei der Rückeroberung seines Landes freie Bahn zu haben, schuf er mit Bayern und Böhmen einen Ausgleich. Und mit Geschick, Energie, Härte breitete Friedrich seinen Machtbereich immer weiter aus in Österreich, das dem Kaiser gehörte. Der schickte einen Bannspruch los gegen den Herzog, entband seine Untertanen der Treuepflicht, aber das änderte nichts: der Herzog kämpfte immer erfolgreicher. Adlige unterwarfen sich wieder, großzügig wurde Amnestie gewährt. Ein Gefecht bei Tulln, aber keine Entscheidung, der Herzog setzte sich dennoch durch: gefürchtet, nicht geliebt. 1238 war er wieder Herr im Land – bis auf Wien. Er belagerte die Stadt. Ende Dezember 1239 zog Friedrich auch in die Reichsstadt als Landesherr ein. Von der Goldenen Bulle wurde das kaiserliche Siegel abgeschnitten, damit war der Reichsstatus von Wien rückgängig gemacht.

Und der Kaiser? Er konnte sich einen Krieg mit dem Herzog nicht leisten, er ging auf Vermittlungsvorschläge ein, es wurde verhandelt: das Kron- und Reichsgut sollte wieder als Territorium des Herzogs anerkannt werden. Dagegen opponierte mit Entschiedenheit der Papst, der den Kaiser mit allen Mitteln bekämpfte; durch seinen Legaten forderte er die geistlichen Fürsten Bayerns auf, Widerstand zu leisten gegen die drohende Aussöhnung. Als sie aber nichts weiter unternahmen, exkommunizierte der Papst die Erzbischöfe von Mainz und Salzburg, die Bischöfe von Freising, Passau, Regensburg. Und was geschah daraufhin? »Der Erzbischof von Salzburg und der Bischof von Passau erklärten die Verfügungen des Legaten als ungültig und hoben das Interdikt auf« (Lechner).

Kaiser Friedrich, sonst unbeirrbar in seinem Kurs, schwenkte ein, paßte sich den Fakten an, die Herzog Friedrich geschaffen hatte: Mitte 1240 fand die Versöhnung statt. Kaiser Friedrich bestätigte

Herzog Friedrich schriftlich, daß er stets treu und ergeben gehandelt habe, bezeichnete alle Vorwürfe gegen ihn als übertrieben, ja böswillig. Damit war der Schlußpunkt gesetzt.

Wie sich schon zeigte, gibt es einige Liedstrophen, in denen Neidhart auf politische Zustände und Entwicklungen der dreißiger Jahre des dreizehnten Jahrhunderts reagierte. Um es gleich zu sagen, vorwarnend: es ist schwierig, hier jeweils den Stellenwert abzuschätzen. Dieses Problem zeigt sich auch bei den folgenden drei Strophen: zwei Eröffnungsstrophen und die Schlußstrophe eines Liedes mit der Überschrift *Des kaisers kunft*.

> Wunderschöner Mai wird zu uns kommen;
> leider können Klerus, Laien
>   sich nicht dran erfreuen,
> denn uns freut mehr, daß der Kaiser naht.
> Kommt er, wie ich das so hörte,
> bringt er das Geschrei zum Schweigen.
>
> Österreich ist voller Leid und Jammer –
> ja, der würde sündenfrei,
>   der dies Elend von uns nähme;
> dies wär seine beste Tat.
> Keiner sorgt für Recht und Frieden,
> zu der Sünde kommt die Schande.

Es folgen keine weiteren Ausführungen zur Lage, es werden nun Mädchen angesungen, die schöne Sommerzeit naht mal wieder, die Vöglein und so weiter, die Nachtigall wie immer, und Mädchen, namentlich aufgezählt, bilden einen Reien, einige junge Männer, namentlich aufgezählt, führen ihn an, aber trotz aller Tanz- und Lust- und Liebessprünge, Frohsinn ist nicht mehr in Österreich, Friederun ist der Spiegel geraubt worden. Und nun, abschließend, diese Spottstrophe:

»Herr Neidhart, Euer Kaiser braucht zu lang!
Den kündet Ihr uns jedes Jahr
    mit Euren neuen Liedern an.
Es wär auch für die Bauern gut:
die sind dem Hungertod ganz nah,
und ihre Wangen werden hohl.«

Auch wenn hier nicht das Rollen-Ich des Sängers spricht, sondern das Rollen-Ich eines bäuerlichen Gegenspielers: den Bauern geht es miserabel, das wird gesagt, und das entspricht für diese Zeitphase den historischen Fakten. Das wußte Neidhart, das wußten seine Zuhörer.

Wüßten wir nur, wann Neidhart dieses Lied geschrieben hat! Geschah es in der Zeit, in der Kaiser Friedrich nach Österreich marschierte, um Ruhe und Ordnung wiederherzustellen? Dann wären das Strophen gegen Herzog Friedrich. Indirekte Kritik ist hier sowieso eingeschlossen: keiner mehr im Land, der für Recht und Frieden sorgt – und das wären primär Aufgaben des Landesherrn. Zeigt sich hier, daß Neidhart sich vorbehielt, eine eigene Meinung zu haben und zu vertreten? Oder verhielt er sich hier in einer kritischen Situation opportunistisch, formulierte allgemeine Meinung: So geht es nicht weiter, der Kaiser muß eingreifen!?

Der Kaiser kommt und sorgt für Ordnung: das läßt sich auch von den ersten zwei der folgenden fünf Strophen ablesen. Wieder ein Lied, das nicht primär als politisches Lied angelegt ist. Eine Winterklage, die mit ihr gekoppelte Klage über die Herrin, auf die das Sänger-Ich fixiert ist, die er in die Arme nehmen will, aber nicht in die Arme nehmen kann und darf, und ein Freund wird gefragt, ob es kein Zaubermittel gibt, das hier helfen könnte, und wieder eine Klage über die Frau, die seine Liebe nicht erwidert, und nun angehängt: ein fünf Strophen langes politisches Lied.

Ach, wer singt zum Tanzen auf
den Mädchen unter Rosenkränzen,
Goßbrecht, wenn man dich ersetzt?
Lutold, Luppsun, Hildolf, Utz,

Wigolt, Wildling, Rog und Tutz –
eure Gaudi setzt man matt!
Euch verhagelts, denn der Kaiser kommt.
Eure Haare wird man stutzen,
oberhalb der Ohrenlocke.
Ihr Pfauen büßt die Schweife ein.

Dies Dekret könnt ich verkraften:
wenn man Goßmann rings beschneidet
im langgelockten blonden Haar.
Ihm und seinen Tanzgenossen
stutze man das Haar, die Kleidung
(streng nach guter alter Sitte),
wie man sie bei König Karl getragen.
Wer sich da nicht fügen will,
soll mit Haft und Strafgeld büßen,
daß es für sein Leben reicht!

Hirschbär sagt, wie seine Spezis:
er und acht von seinen Neffen
wollen dieses Land verlassen,
dazu hundert Anverwandte:
sie riskieren Kopf und Habe!
Ha, sie wolln sich davor drücken,
daß sie zu den ersten zählen,
die das neue Pensum lernen.
Und wenn der Lehrer sie erwischt,
mit der scharfen Schnibbelschere?

Schart euch alle, arm und reich,
um den Fürsten Friederich!
Der wird wieder Ordnung schaffen,
er und alle andren Fürsten.
Ihn bewundern wir am meisten:
seine Würde, seine Taten;
er zeigt Urteilskraft und Mut.

Wo gute Tat ihr Echo findet,
ist und bleibt er generös.
Sagt, wer schwingt sich höher auf?

Laßt es mich verdeutlichen:
neue Grenzen will er setzen –
Friedensschluß im Land der Ungarn,
gleicherweise in Bulgarien,
auf dem Rückmarsch in Rumänien
mit Entschiedenheit und Kraft,
er und alle, die da Mut besitzen,
Deutsche, Welsche und Walachen.
Will er dann noch weiter – schafft er!
Kaiser, schließe Frieden an dem Rhein!

Neidhart will die Restauration, und die soll der Kaiser durchführen: per Dekret, mit Zwang soll die herkömmliche Kleider- und Haarordnung für Bauern wieder aktiviert werden, die sichtbare Subordination.

In der dritten Strophe wird angespielt auf die Auswanderung von Bauern aus dem Österreich dieser Kriegsjahre mit ihrer großen Not, ihrer verschärften Unterdrückung – Neidhart äußert sich über diese Emigration höhnisch und sarkastisch. Und wieder ein Sprung: nach dem Kaiser wird der Herzog gefeiert – wie ›reimt‹ sich das bei den damaligen Konfrontationen?

Herzog Friedrichs militärische Expansionspolitik wird gerechtfertigt, das Chaos, das er auslöste, wird als neue Ordnung ausgegeben, und der Kaiser, eben noch herbeigesehnt, erhält – indirekt – den Rat, im aufsässigen Rheinland die Ordnung wiederherzustellen.

Der Kaiser kommt...! Dieser Kaiser Friedrich II. wußte seine wenigen Auftritte wirkungsvoll zu inszenieren. Wenn er – selten genug – von Sizilien aus in den deutschen Teil des Römischen Reiches zog, geschah das mit Pomp: der große, viel bestaunte, oft gerühmte Festzug, mit dem er sein öffentliches Auftreten zu einem Schauspiel gestaltete, mit dem er Eindruck machte, Unterwerfung fordernd, beispielsweise im Jahre 1235.

Wenn er mit seiner Karawane in eine deutsche Stadt einzog oder vor einer Kaiserpfalz erschien, stapfte ein Elefant voran, auf dem Rücken ein Podest mit fünf Blechbläsern und Trommlern. Es folgten ihnen zwei riesige Nubier mit Leoparden an Lederriemen; anschließend sarazenische Bogenschützen in Rüstungen, sarazenische Tierpfleger mit Falken, Bussarden, Adlern, auch mit Schleiereulen und Uhus, mit Pfauen und Straußen. Sarazenen und Mohren führten an Ketten Luchse und Affen, Bären und Löwen. Kamele trugen Lasten, die Reichtum demonstrierten. Eine Gruppe von Mohrenknaben in prächtigen Gewändern, silberne Businen blasend. Eunuchen und schöne arabische Mädchen, von denen viel gemunkelt wurde mit Blick auf den Kaiser. Es folgten Akrobaten, Seiltänzer, Gaukler, Beamte in repräsentativer Kleidung. Und schließlich, auf besonders lebhaftem Pferd, Kaiser Friedrich: mittelgroß, mit rotblondem, etwas gelichtetem Haar, das Gesicht ein wenig aufgeschwemmt, aber er wirkte rasch, temperamentvoll, seine Gestik war entschieden. Und auf dem Elefanten lärmten weiterhin die Musiker, ergeben ließ der Dickhäuter die Ohren hängen.

Neidhart im Österreich des streitbaren Friedrich: hatte in diesen unruhigen Jahren der Kampfhandlungen und Feldzüge ein Dichterkomponist überhaupt Chancen, die gewogene Aufmerksamkeit des hohen Herrn zu finden, und wurde er von ihm vielleicht sogar unterstützt, wurde, wenn er ganz großes Glück hatte, als Hofsänger fest angestellt?

Wir müssen uns noch einmal vor Augen führen, was Feldzüge im Hohen Mittelalter bedeuteten: punktuelle Aktionen und weitflächige Verwüstungen. Das heißt: es wurden Burgen und gelegentlich auch Städte belagert; man zog umher, um möglichst große Gebiete des Gegners zu verheeren; Feldschlachten fanden nur selten statt. Und: der Krieg hatte seine Saison, den Sommer. Da waren die Wege fest, da konnte man ernten, was man nicht gesät hatte. Die Truppen wurden, weil es ja noch keine stehenden Heere gab, für die jeweilige Saison zusammengekauft, wurden danach umgehend wieder entlassen. Wer, wie Friedrich, Bauern mobilisierte, der schickte sie im Spätherbst nach Hause. Allzu viele Bauern konnte Friedrich ohnehin nicht einziehen, die Arbeit mußte getan werden.

Üblich war dann, auch in Kriegsjahren: ein Landesherr machte eine seiner Burgen zur Winterresidenz, rührte sich kaum noch vom Fleck. Und weil ein Landesfürst wie Friedrich in den Wintermonaten nicht unablässig mit dem Verwalten, Regieren beschäftigt war, hatten Spielleute in dieser Zeit durchaus Chancen, vor dem Landesherrn aufzutreten.

Es ist von Mediävisten wiederholt darauf hingewiesen worden, daß Neidhart in Österreich vor allem Winterlieder verfaßt habe: soweit ich sehe, ist noch keiner auf den Gedanken gekommen, dies in Zusammenhang zu bringen mit damaligen Usancen der Kriegsführung. Phasen äußerer Aktivitäten eines Landesherrn, Phasen des Verweilens: das konnte durchaus rückwirken auf innere und äußere Aktivitäten eines Dichterkomponisten wie Neidhart.

Freilich, wir müssen auch diese Möglichkeit mitdenken: daß Neidhart seinen Landesherrn »ins Feld« begleitete – da hätte er auch Gelegenheiten gehabt, Frühlingslieder, Sommerlieder vorzutragen. Die literarische und musikalische Hauptsaison aber wird in jenen Jahren der Winter gewesen sein.

Mödling: über Neidharts soziale Situation wissen wir nichts; vielleicht aber lassen sich einige Rückschlüsse ziehen, wenn wir einen Zeitsprung machen über die Sprachgrenze hinaus.

In England ist eine Pergamentrolle überliefert, in der Spielleute aufgelistet sind, die Pfingsten 1307 an einer königlichen Schwertleite teilgenommen haben. In dieser sogar doppelt geführten Liste (vorn auf Latein, rückseitig auf französisch) wurde Buch geführt über ihre Einnahmen, über Sonderzuwendungen. Ein Dokument, zu dem eine Monographie geschrieben wurde, von Constance Bullock-Davies.

Ich hebe aus ihrer Darstellung einige Punkte hervor. Generell zeigt sich: englische Spielleute standen vielfach in einer Art von festem Angestelltenverhältnis, sie waren Hofmusiker, Hofartisten, Hofherolde und so weiter. Bezahlt wurden sie nicht in Monats- oder Jahresgehältern, es wurde ein Betrag angerechnet für jeden Tag, den man Hofdienst leistete, auf Geheiß des hohen Herrn oder der hohen Dame. Die Auszahlung dieser Tagegelder war allerdings sporadisch, je nach Liquidität – Bargeld war immer noch rar in Europa. Kam genug Geld in die Hofkasse, wurde erst einmal Vordringliches beglichen, danach kamen Hof-Spielleute dran. Zuweilen wurde das Geld kurz nach Sonnenaufgang ausgezahlt; das brachte etliche Spielleute in Schwierigkeiten, sie suchten Kollegen, die für sie früh aufstanden.

Zusätzlich zu den Tagegeldern gab es für die Hof-Spielleute (wie für alle Diener): zwei Röcke (also knöchellange, schlupfkleidähnliche Tuniken); einen für den Winter, einen für den Sommer; die englische Autorin bezweifelt, ob sich Winterrock und Sommerrock in der Dichte des Stoffes unterschieden. Außerdem zwei Paar Schuhe. Weiter hatte ein höfischer Spielmann Anspruch auf Frühstück, Mittagessen, Abendessen; die Mahlzeiten wurden in der Regel noch früher eingenommen als heutzutage in deutschen Krankenhäusern. Obendrein erhielten Spielleute Brot und Wein, Brennholz und Leuchten. Zur Unterkunft noch Stallplätze für ihre Pferde.

Die Hofmusiker wurden in der Buchführungsrolle aufgeteilt in Bläser und in Spieler von Saiteninstrumenten.

Die Blechbläser (die Businen, ventillose fanfarenähnliche Instrumente bliesen), die Pfeifer und Trommler traten auf bei militärischen Veranstaltungen. Die Blechbläser hatten außerdem die Aufgabe, zu signalisieren, wo und wann der hohe Herr Hof hielt; befand er sich auf Reisen, so hielten sie mit Signalen die Gesellschaft beisammen, erleichterten Zurückbleibenden oder Abschweifenden die Orientierung; sie bliesen, wieder in der Burg, zum Essen, gaben Zeitsignale für Nachtwachen, informierten die Umgebung, wenn der hohe Herr ausritt, beispielsweise zur Jagd, und im Notfall bliesen sie Feueralarm.

Die Flötisten und Trommler spielten vor allem zum Tanz auf und zur musikalischen Begleitung akrobatischer Vorführungen. Trommelspieler selbst konnten akrobatische Sondernummern einbringen; besonders beliebt war es, wenn man flache Trommeln, Tamburine rotierend hoch in die Luft warf und mit senkrechtem Zeigefinger wieder auffing; wurde so etwas von jungen Mädchen vorgeführt, war das noch attraktiver. Übrigens war diese Nummer schon zu Neidharts Zeit sehr beliebt.

Die Saitenspieler leisteten ihren Hofdienst vor allem bei den Hauptmahlzeiten, »like a café orchestra«, und erst recht bei festlichen Gelegenheiten, und die waren häufig; sie spielten zur Unterhaltung hoher Herrschaften in ihren Räumen, spielten auf, wenn der Hausherr nicht einschlafen konnte, spielten, wenn der hohe Herr nach einem Aderlaß ruhen mußte und sich dabei langweilte. Die Königin der Saiteninstrumente war auch in England noch zu Beginn des vierzehnten Jahrhunderts die kleine Harfe; immer beliebter wurde die Fiedel.

Die Hofmusiker, Hof-Spielleute waren quasi fest angestellt. Es sind sogar Zahlen von Dienstjahren überliefert: Musiker, die zwischen 22 und 35 Jahren Dienst leisteten. Und von einer Spielfrau, einer Akrobatin namens Mathilda, weiß man, daß sie mindestens vierzehn Jahre lang ihre Körperkunst vorgeführt hat.

Und gleich eine Anmerkung zu solch einer Akrobatin: sie trug eine knielange Tunika; von Mönch-Illustratoren wurde sie durchweg bis zu den Knöcheln verlängert, aber in solch einer Kleidung hätten Akrobatinnen nicht ihre Saltos vorwärts und womöglich rückwärts machen können. Männliche Akrobaten traten meist nackt auf.

Frau Bullock-Davies betont, daß Spielleute der verschiedenen Darbietungsbranchen gut bezahlt wurden – Vergleiche zeigen dies. Von der Summe der Tagegelder konnte man das Jahr über leben, mit Familie, selbst wenn man nicht das ganze Jahr lang Dienst leistete – üblich waren längere Pausen. An kirchlichen Feiertagen und zu Turnierzeiten war der Dienst obligatorisch. Es gab aber Sommerwochen, Winterwochen, in denen Hof-Spielleute nicht gebraucht wurden. Dann zogen sie nicht umher, um kurzfristige Engagements zu suchen, sie nahmen allenfalls Einladungen anderer hoher Herrschaften an. Sonst blieben sie zu Hause, übten, komponierten, unterrichteten.

Ihre ›Tagegelder‹ konnten übrigens aufgestockt werden: durch honorierende Gaben der hohen Herren. Deren guter Ruf wurde vor allem bestimmt durch den Grad ihrer Freigebigkeit. Das heißt: besonders gute Leistungen wurden besonders hoch honoriert. Hier bestanden Erwartungen auf beiden Seiten. Beliebte zusätzliche Honorar-Dotationen am reichen englischen Hof waren »Pferde, Waffenstücke, Tuchbahnen, Seidenkleider, versilberte Becher, goldene Mantelschließen, neue Instrumente«. Es konnte beispielsweise auch Bauholz sein, falls größere Reparaturen am Wohnhaus notwendig wurden, oder: Eichenholz für den Kamin, oder: Grund und Boden, oder: Einkünfte aus Immobilien.

Und wichtig war die Altersversorgung: Spielleute, die nach 22 oder 35 Jahren Hofdienst nicht mehr auftreten konnten, wurden im Hauskloster des hohen Herrn untergebracht.

In der Sekundärliteratur habe ich mehrfach gelesen, Neidhart hätte in Liedtexten, die eindeutig in Österreich verfaßt sind, nicht mehr auf das Reuental angespielt. Das stimmt nicht. Wer sich die Mühe macht, die überlieferten Neidhart-Liedtexte zu lesen, wird sehen: auch in Liedtexten der österreichischen Phase nennt Neidhart gelegentlich das Reuental, rückt dabei seinen Namen in auffallende Nähe zum Hof oder Dorf Reuental.

Ich trage hier nicht alle Belege zusammen, bringe nur drei Beispiele. Das erste Lied endet mit zwei Spottstrophen. In denen redet sich das Sänger-Ich als »der von Reuental« an und zu Beginn der nächsten Strophe als »der Neidhart« – hier werden Name und Spielname also gleichrangig behandelt. Oder: die Spielfigur wird dem Dichter wieder einmal zum Verwechseln ähnlich.

> Der von Reuental verspottet meine Vögelchen,
> die mir liebevolle Frauen an die Kappe nähten.
> Singt er das so laut heraus, daß es bis zum Rhein ertönt,
> stürz ich ihn in Schande, unterstützt von Hildemar.

Kommt er hier zu uns nach Zell,
ins Gebiet der Perschling:
von Hildemar und Irenbär
wird ihm übel mitgespielt!

Ah, was stört den Neidhart meine kunterbunte Kappe?
Die soll er mich mit gnädigster Erlaubnis tragen lassen.
Macht er nicht Schluß, bei uns, mit Hohn und Spott,
so stauchen wir ihm seinen ellenhohen Kragen ein.
Seht, er will uns mit dem Singen
einfach nicht in Ruhe lassen!
Treibt er das noch lange so,
brechen wir ihm das Genick.

In einem Liedtext, dessen Spielhandlung eindeutig in Österreich angesetzt ist (Ortsangabe Atzenbrugg!), heißt es:

Viele fragen, überall im Lande,
wer er sei, der solcherart
von den dummen Gigerln sang,
     die zahlreich sind in dieser Welt.
Und so will ich ihn benennen:
     Ich bins, der von Reuental!
Gesegnet, die mir dafür Dank erweisen!
Singend stimme ich sie glücklich,
     daß ihr Leid verfliegt.
All die edlen Herren,
nein, die sollen nicht mehr trauern!

»Der von Reuental«: der Name des Sängers. Er hat sich, so würde
man heute sagen, einen Namen gemacht, bei diesem Namen bleibt
er, diesen Namen hebt er ausdrücklich hervor, mit Selbstbewußtsein.

Das folgende Zitat belegt wieder, wie wichtig die Salzburger Edition sämtlicher Liedtexte ist, die unter dem Namen Neidhart überliefert sind: hier ist nicht ausgewählt, vorsortiert, redigiert, hier

läßt sich endlich einmal das Repertoire von Zitaten erweitern, die im Recycling der Textinterpretationen immer wieder auftauchen.

> Wahrhaftig, mich, den Reuental,
> beschützt der Herzog Friedrich
>   vor ihm und vielen dummen Kerlen.

Ich zeigte bereits im ersten Neidhart-Workshop, aus welch heterogenen, ja disparaten Bau-Elementen Neidhart vielfach seine längeren Liedtexte zusammensetzte (oder: aus welchen Elementen sie in der Überlieferung zusammengesetzt sind): ich werde das an einem Winterlied noch einmal demonstrieren, rücke die »Sinnabschnitte« auseinander, spielerisch erprobend – was könnte dabei an ›Gedichten‹ entstehen, für uns?

> Sommer und der Winter: beider Feindschaft
> kann zu dieser Zeit des Jahres niemand schlichten.
> Heuer zog der Winter wieder auf mit seinem Anhang,
> ist nun hier in seiner harschen Macht.
> Hat dem Wald auch nicht ein Blatt gelassen,
> nahm dem offenen Land die Blumen, ihren lichten Glanz.
> Er ist rauh
> und will uns nichts als schaden.
> Aufgepaßt: uns allen sagte er den Kampf an.

> Und so sagte ich der Herrin meinen Dienst auf:
> darf mich nicht mehr zum Gefolge rechnen.
> Keinen Tag mehr dien ich ihr aus freien Stücken,
> denn sie trieb den edlen Freund in Feindesfallen.
> Was ich suche: eine Herrin, die lang Herrin bleibt,
> und mich sicher zu der Gnade Gottes führt –
> die mich *jene* kostet.
> Mein Vertrauen zu ihr schwindet.
> Wissen soll sie, daß ich sie als Herrin
> gut entbehren kann.

Was ich jetzt so singe, das sind Klagelieder –
die erfreuen leider kaum noch einen!
Früher sang ich, was den Edlen gut gefiel.
Seit mich Alter von der Jugend trennte,
werde ich behandelt, wie ichs früher nie gekannt.
Bilde sich nur keiner ein, ihm würd es besser gehn.
Wird er grau wie ich,
wird ihm übel mitgespielt.
Kommt der Wolf ins Alter, reitet ihn die Krähe.

Mit dem starken Bild von der Krähe und dem Wolf ist für mich
dieses Alterslied zu Ende. Aus den oft groben Klitterungen ver-
schiedenartiger Versgruppen ziehe ich hier eine Konsequenz, für
mich. Leserinnen und Leser brauchen sie nicht zu ziehen, denn es
folgen nun die Strophen, die sich diesem ›Schlußbild‹ anschließen.
Als Angebot hier aber auch: ein neues Lied.

Früher kamen freudenreiche Jahre auf uns zu.
Lob verdienten alle hochgestimmten Menschen –
heute gibts in allen Landen nur noch Trauern, Klagen.
Seit der grobe Tölpel Engelmar
der liebsten Friederun den Spiegel raubte,
hat die Trauer weltweit alle Lust vertrieben,
nichts mehr blieb von ihr.
Mit der Lust verbannte man
Zucht und Ehre. Keiner fand die drei je wieder.

Der mir einst auf meiner Wiese rumgetrampelt
und sich auf ihr Rosen pflückte, für den Kranz,
und in höchsten Tönen seine Liebesliedchen sang,
ging mir nicht so auf die Nerven
wie der Dreh, den ich bei einem Burschen sah:
sprang beim schrägen Tanz an ihrer weißen Hand,
schlenkerte das Bein,
daß mir jeder Spaß verging!
Ihn und Gätzemann, die grüße ich nicht mehr.

Er sprang linksherum an ihrer edlen Hand,
Kopf und Hals, sie wackelten wie wild –
der hatte sich, so schien es, nicht in der Gewalt.
So lernte ich den blöden Hund erst richtig kennen...
Ach, wer hat ihn bloß von Atzenbrugg hierher gebracht?!
Vorgesungen hat er dort an vielen Feiertagen:
damit trumpft er auf!
Er nähm es gern mit jenem auf,
der meiner lieben Dame einst ins Kleidchen trat.

Auch hier: ein kleines Lied ist damit beendet. Ein weiteres Lied
schließt sich an, und dieses Lied ist in Ton und Inhalt wiederum
völlig anders. Ich bin nicht der erste, dem das auffällt. In Lomnitzers
Kommentar zu diesem Lied lese ich von der »charakteristischen
Verschiedenheit der einzelnen Bestandteile«, lese, daß »manche Be-
urteiler« in den Schlußstrophen ein »selbständiges Lied« sehen. So
trenne ich, diesmal mit wissenschaftlichem Segen, die Schlußstrophen ab.

Minne, wer gab dir den wahrhaft schönen Namen
und verlieh dir nicht zugleich auch Geisteswitz?
Minne: edle Sinne sollten dich begleiten.
Oft genug muß ich mich für dich schämen –
du verlierst das Zeichen deiner Würde.
Daß du niedren Leuten deinen Ring aus Haaren gönnst,
das verletzte deine Ehre.
Herrin, sei dafür verwünscht.
Seinen Finger stieß ein Knecht
in deinen Ring aus Haaren.

Daß sie ihn nicht einem Ritter auf den Finger schob,
als er neu und somit etwas wert war...
Wär dann für den Knecht noch gut genug gewesen.
Ich weiß wahrhaftig nicht, warum sies ihm gewährt.
Sah sie sich in diesem Knecht gespiegelt?
Minne ist ganz rücksichtslos, wenn sie etwas will,

Minne ist von solcher Art:
wenn man ausführt, was sie wünscht,
entwickelt sich die Liebe so,
    daß sie Ehre auf das Spiel setzt.

Das folgende Lied hat in der Berliner Handschrift sechs Strophen, in
der Manessischen nur drei. Teilungen an ›Sollbruchstellen‹ fanden
also bereits in der Überlieferung statt. Ich stelle die Strophen vor.

Viel junge Leute werfen
auf der Straße ihren Ball:
ist das erste Sommerspiel!
Dieses Schreien, überlaut,
meldet einen Störenfried!
Solches Spiel und solchen Kampf
habe ich noch nie vermißt.
Was, wenn mich
dieser Dorfrabauke stößt?
Spielt sich reichlich ruppig auf.
In der Spielschar wieselt er
hin und her.
Er kann stürmen, rennt zurück,
fälscht beim Ballwurf ab.
Um das Gigerl hüpfen da
zwei mal zwei
mit Juchhei –
wollen sie das Fliegen lernen?

Boppe wetzt von drüben her –
hat er wohl ein Wild erspäht?
Auch kommt einer namens Bär,
Haken schlägt er und versucht,
in den Ballbesitz zu kommen.
Kranichsprünge, falsch gestartet,
lassen sich dort sehr bestaunen.
Jeijeijei,

wie die Mädchen jubelnd loben,
wie sie kreischen, wie sie toben,
wenn er seinen Ball abspielt.
Habens gern!
Wenn er schaut, wem er den Ball
zuwirft, hoch im Bogen,
strecken sie zu ihm die Arme:
»Du gehörst zu mir,
mein Lieber,
wirf ihn doch auf diese Seite!«

Unser Vetter Tunzel hat es
äußerst gerne, wenn die Mädchen
Jeutelein und Elsemut
vor ihm auf der Wiese stehn.
»Die den Ball gut schnappen kann,
sie verdient den Ehrenpreis!«
Rannte los von Rumpold, Krumpold
mit Geschrei:
»Wirf mir her, ich werf zurück!«
Rempelte so manches Dirndl,
denn er ist ein Grobian.
Danach stieß er,
Erkenbold, ein Dirndl um,
das dem Ball nachlief,
stieß es über Eppes Bein,
hick und hack:
sah beim Sturz
in die Beuge ihres Knies.

Neidhart in Österreich: er ließ seine Gestalten agieren auf einem
Schauplatz, den er wiederholt als Tullner Feld bezeichnete. Das
läßt sich, im Gegensatz zum Reuental, topographisch genau bestimmen. Doch was auf dem Tullner Feld geschieht, das gleicht Vorgän-
gen im Reuental – ähnliche Figuren, ähnliche Konstellationen.

Dennoch, auf meiner Neidhart-Reise fuhr ich zu einigen der Orte, die Neidhart in Liedern genannt hat. Ein Beispiel:

> Irnwart und der Uoge
> wären eigentlich verpflichtet,
> Ackerbau zu treiben –
> beide sah man nun in Wien beim Kauf von Panzer, Harnisch.
> Einen kaufte Uoge
> und dazu zwei dicke Leder
> für den Schienbeinschutz –
> so muß man ihm in Rust wohl häufiger den Vortanz lassen.
> Einen Neffen hat er
> dort bei sich in Michelhausen.
> Würd der Richter oberhalb von Perschling stöbern –
> da gibt es noch viele, die sich auf der Kirchweih prügeln.

Aus der Wachau ins Tullner Feld fahrend, erlebte ich ein landschaftliches Kontrastprogramm: eine Ebene, deren Weite und Öde mich streckenweise an die Po-Ebene erinnerten. Maisfelder, Maisfelder, Maisfelder, auch Getreidefelder, kleine Dörfer, und von verschiedenen Punkten aus sieht man in der diesigen Ferne, donauwärts, ein Kernkraftwerk. Leergeräumte Nutzlandschaft. Die Flüsse, die sie durchziehen, sind auf Karten deutlich markiert, wurden von Neidhart wiederholt genannt, aber die Traisen und die Perschling sind enttäuschend klein, die Große Tulln ist nur ein größerer Bach und die Kleine Tulln ein Bächlein.

Ein paar Kilometer südöstlich von St. Pölten liegt das Dorf Pottenbrunn, auf der Höhe von Traismauer. Bei der Einfahrt in dieses Dorf sah ich erst einmal Erwartungen bestätigt, die Neidhart geweckt hatte.

Zu meiner Überraschung aber dann: eine Parkanlage, ein Wassergürtel, ein kleines Renaissanceschloß, in dem sich heute das Österreichische Zinnfigurenmuseum befindet. Im Katalog der ständigen Ausstellung ein kurzer Bericht über Geschichte und Baugeschichte des Schlosses Pottenbrunn. Hier lese ich: Pottenbrunn ist sehr alt – bereits 890 wurde es erwähnt; schon in der ersten Hälfte des zwölften Jahrhunderts gab es in diesem Dorf eine Wasserburg, »deren Kern im heutigen Bau des Museumstraktes steckt«.

Pottenbrunn mit einer Wasserburg schon zu Neidharts Zeit: Herausforderung zur Revision von Erwartungen, Vorstellungen? Wenn für Neidhart (und sein Publikum) die Namen aus dem Tullner Becken nicht bloß Spielmaterial waren, so könnte der Schluß gezogen werden, daß Neidhart vor einem Publikum sang, dem ein Name wie Pottenbrunn bekannt, ja geläufig war. Das setzte voraus: der Ort mußte durch repräsentative Bewohner bekannt sein. Herren der Wasserburg waren die von Aspan – erst später benannten sie sich nach Pottenbrunn. Sie waren übrigens verwandt mit den nobiles von Lengenbach. Ich erwähne das, um anzudeuten, wie dicht das Netz verwandtschaftlicher Beziehungen war; in diesem System wurden Empfehlungen weitergereicht, und so hatte Neidhart vielleicht auch mal einen Auftritt in der Wasserburg von Pottenbrunn, auf einer Reise von oder nach Klosterneuburg.

Auftrittsmöglichkeiten auch in Atzenbrugg, Michelhausen oder Zeiselmauer? Ich fahre in einer Diagonalen durch das Tullner Feld, komme dabei durch das Perschling-Tal. Einer der ersten Orte ist Perschling, von Neidhart in der oben zitierten Strophe erwähnt. Südlich des Dorfes beginnt das Land leicht anzusteigen bis hin zu den fernen Mittelgebirgshängen des Wienerwalds.

Das Tal der Perschling – dies klingt weitaus großartiger, als es aussieht: das Tal ist eine nur geringe Einmuldung. Und bezeichnenderweise wird die kleine Perschling begleitet vom Perschling-Hochwasserkanal, und das Stichwort Hochwasser werde ich bald aufgreifen müssen.

Atzenbrugg an der Perschling: auch hier gibt es ein Schloß! Ein vergammeltes kleines Schloß, das renoviert werden soll, und dabei ist wohl weniger die Bausubstanz wichtig als die Erinnerung an Franz Schubert.

Eine Schubert-Gedenkstätte in diesem Schloß, die man, laut Pappschild im Doppelfenster, besichtigen kann nach vorheriger telefonischer Absprache mit dem lokalen Gendarmerieposten. Und auf einem kleinen, busch- und baumbewachsenen Hügel am Schloß das »Schuberthäuschen«: zimmergroßer oder zimmerkleiner Pavillon, in dem Schubert zwischen 1820 und 1828 jeweils einige Sommermonate verbrachte, auch komponierend. Beispielsweise den Atzenbrugger Tanz.

Unerwartete Begegnung mit Schubert – und was war in Atzenbrugg zu Neidharts Zeit? Schon damals hat es hier eine Burganlage gegeben – den Burghügel hatte man in dieser überaus flachen Region allerdings aufschütten müssen; auf dieser Plattform das Feste Haus. Erst als diese Anlage verfiel, wurde im Späten Mittelalter das kleine Schloß gebaut.

Übrigens: die Hochfreien von Lengenbach besaßen in Atzenbrugg zwei Meierhöfe. Atzenbrugg kann also kein armes Nest gewesen sein: zumindest zwei Meierhöfe und eine – wenn auch kleine – Burg.

Nächste Station: Rust. Hierzu habe ich im *Handbuch der Historischen Stätten Österreichs* folgende Angabe gefunden: Dieser Ort muß lange Zeit Verwaltungszentrum der Besitzungen der Regensburger Diözese im Tullner Feld gewesen sein. War das schon so in Neidharts Zeit?

Weiter nach Michelhausen, das nur zwei Kilometer von Rust entfernt liegt: Neidhart nennt beide Orte in einem Atemzug. Auch dies könnte den Schluß zulassen: Neidhart hat die Orte gekannt, auf die er in seinen österreichischen Liedtexten anspielt.

Michelhausen: die heutige Namensform wäre »Großhausen«. Bereits Jahrhunderte vor Neidhart war dort ein Großes Haus dokumentiert, also wohl ein Festes Haus. Die Bischöfe von Regensburg besaßen auch hier Grund und Boden.

Nächste Station auf der Fahrt nach Zeiselmauer: Königstetten. In der Umgebung dieses Ortes hatte die Diözese Passau seit Jahrhunderten großen Eigenbesitz. Verwaltet wurde diese »Passauer Eigenwirtschaft« freilich nicht hier, sondern im nahen Zeiselmauer. Zur Zeit des Oswald von Wolkenstein wird Passau übrigens den Verwaltungssitz nach Königstetten verlegen – allzu häufig die Überschwemmungen, das Donau-Hochwasser. Königstetten liegt an der ersten sanften Steigung Richtung Wienerwald.

Ich setze die Fahrt fort, erreiche Zeiselmauer. Auch hier hatten die Römer, wie im nahen Tulln, ein Kastell errichtet: eine strategisch oder zumindest taktisch wichtige Position also. Die Passauer Bischöfe bauten hier später ebenfalls Wehrhaftes: den sogenannten Passauer Schüttkasten. In Zeiselmauer hielten sich wiederholt Passauer Bischöfe auf. Hier honorierte Bischof Wolfger den Sänger Walther von der Vogelweide mit den fünf dokumentierten Schillingen.

Ein Blick auf eine Auto- oder Wanderkarte zeigt: die meisten Orte, die Neidhart im Tullner Feld benennt, liegen an der Straßendiagonalen St. Pölten–Zeiselmauer. Diese Traversale ist mit der Römerstraße identisch, der Limesstraße, die durch das Tullner Becken führte; auf ihrer Trasse auch die Heer- und Handelsstraße des Mittelalters.

Der Straßenverlauf wird in der Forschung als St. Pöltner Straße bezeichnet. Sie ist eine Variante der Donautalstraße. Flußabwärts, talwärts benutzte man am liebsten die Wasserstraße Donau: von Regensburg bis Passau brauchte man im Schnitt drei Tage, von Passau bis Persenbeug ebenfalls, und für die gesamte Strecke zwischen Regensburg und Klosterneuburg oder Wien etwa zwei Wochen. Westwärts benutzten Reisende die Wasserstraße meist nicht mehr – Waren hatten mehr Zeit, konnten getreidelt werden.

Die völlig flachen Bereiche des Tullner Beckens zwischen Straße und Donau müssen zu Neidharts Zeit sehr feucht gewesen sein. Die Donau hat dort mäandert, hat Nebenarme gebildet, und so wurde bei Hochwasser das Gebiet weithin überschwemmt – und es gab häufig Hochwasser, wie Chroniken bezeugen. Diese flache, feuchte, ja sumpfige Region wird eine Brutstätte von Mückenschwärmen gewesen sein, ein Gebiet also, in dem Sumpffieber herrschte; landwirtschaftliche Nutzflächen mußte man hier (immer wieder) durch mühsame Melioration gewinnen; Viehwirtschaft dürfte nur mit Schafen, Ziegen möglich gewesen sein. Allerdings konnte man sich als Anrainer der Handelsstraße (auf der vor allem Salz und Wein transportiert wurden) ein Zubrot verdienen: Verkauf von Proviant; Dienstleistungen. Anwohner der Donau hatten auch Einkünfte durch das Treideln.

Keine Fahrt ins Marchfeld! Ob Tullner Feld, ob Marchfeld: die Szenerie ist jeweils real, ist ›Originalschauplatz‹; was sich dort abspielt, ist aber jeweils eine weitere Runde des Ludus Reuentalensis.

Das Tölpelwesen oder Tölpelunwesen des Marchfelds wird von Neidhart charakterisiert durch den »newen hoffsyn«. Damit meint er wohl: die Pervertierung des guten alten höfischen Sinns, des maßvollen Verhaltens. Den neuartigen Hofsinn karikiert Neidhart mit einer virtuosen Klangsprache, wie sie erst wieder der Wolkensteiner entwickeln wird.

> ich will auff das Marichfelt
> da die ganczen gendt enczelt
> die wil ich nu leren
> wie sie tanczen
> vnd auch swanczen
> mit Ir glanczenn
> swibelswanczen.

In der Übertragung braucht das Klangbild dieser Strophe nur wenig modifiziert zu werden.

> Auf das Marchfeld möchte ich,
> wo Ganter wie die Zelter schreiten,
> und ich möchte ihnen zeigen,
> wie sie tänzeln
> und scharwenzeln,
> wie sie schwenzeln,
> schwenzscharwenzeln.

Zur Abwechslung wird das Neidhartsche Tölpeltheater also gelegentlich ins Marchfeld verlagert. Selbst Engelmar, der in bayerischen Liedern oft die Hauptrolle spielte, er kann schon mal im Marchfeld auftauchen – schließlich war Engelmar unter Neidharts Zuhörern so bekannt wie Herr Palmström bei Morgensterns Lesern.

Ich sah den Engelmar im offnen Land,
im Gebiet, das Marchfeld heißt.

Aber was sich hier rings um Engelmar abspielt, das unterscheidet
sich kaum von seinen fiktiven Aktionen einige hundert Kilometer
weiter westlich. Kurz: auch Neidhart entdeckt im Marchfeld nichts
Neues. Wenn Vorgänge im Tullner Feld karikiert werden, kann es
schon mal heißen, im Marchfeld sei es genauso, im Prinzip. Aber:
während das Tullner Feld in Liedtexten Neidharts mit zahlreichen,
heute noch lokalisierbaren Namen besetzt ist, bleibt das Marchfeld
weitflächig abstrakt. Also kann ich mich begnügen mit diesen Angaben: die Ebene erstreckt sich zwischen der Donau, etwa bei Kor-
neuburg, und der March im Osten, oder: zwischen Wien und Bra-
tislava.

B ereits zu seinen Lebzeiten hat der Dichter Neidhart seinen Stell-
vertreter und Repräsentanten gefunden in der Rollenfigur
Neidhart; diese Rollenfigur wird selbständig als Schwankfigur.
Eventuell schon in Neidharts letzten Jahren, vielleicht sogar von
eigenen Texten initiiert: es entstehen Schwänke, in denen »Neidhart« von Dörpern übel mitgespielt wird, in denen sich »Neidhart«
an Dörpern rächt. Sie werden in späteren Schwänken zu Bauern – in
verändertem zeitlichen Kontext.

Der wohl beliebteste und berühmteste Schwank trägt den Titel
Das Veilchen. Hier vollzieht »Neidhart« ein höfisches Frühlings-
ritual, und es wird ihm von einem Bauern ein Streich gespielt. Die
Herzogin von Bayern, mit der Bauernferkelei konfrontiert, sie
wird, wie bereits erwähnt, in einer anderen Version zur Fürstin des
Wiener Hofs; ich bleibe hier jedoch bei der Version mit der bayerischen Herzogin.

Der Winter ziehe nun dahin
und mit ihm der kalte Schnee –
ein schöner Sommer kommt zu uns!
Man sieht die Wiese und die Weide
sommerlich herausgeputzt.

Ihr Ritter und ihr Damen,
haltet auf der Maienwiese
Ausschau nach dem ersten Veilchen,
das sich in seiner Schönheit zeigt.
Die Jahreszeit, sie paßt zu uns!
Entbietet euren Gruß dem Sommer
und seinem ganzen Hofgefolge.
Allen Kummer macht er wett,
mild kommt er zu uns daher.
Drum will ich auf die Maienwiese
und das erste Veilchen suchen.
Gebe Gott mir Finderglück.
Weil mir die Jahreszeit gefällt,
wünsche ich sie mir herbei.

Und so ging ich hin und her,
bis ich dieses Blümlein fand.
Aller Kummer war vergessen,
überglücklich wurde ich,
begann mit schönem Klang zu singen.
Über die besagte Blume
stülpte ich dann meinen Hut,
denn ich wollte allen Ruhm,
den verdienten, nur für mich;
was ich brauchte, war Erfolg.
All dies sah ein Bauernfilz
hinter mir, in einer Senke.
(Später wird der es bereuen,
daß er es so arg getrieben!)
Ich denke, dieser Unglücksrabe
lüftete nun meinen Hut
mit seinem Bruder Hinkebein,
ließ die Jauche unter sich.
So kam das Unglück über mich.

Erhobnen Hauptes schritt ich da
hinauf zur Burg, berichtete:
»Was ich sage, das ist wahr,
ihr sollt alle fröhlich sein –
ich hab den Sommer aufgespürt!«
Und die Herzogin von Bayern
führte ich an meiner Hand;
Pfeifen, Fiedeln, Flöten folgten.
In diesen Stunden waren wir
alle noch sehr gut gelaunt.
Zu der Edlen sagte ich:
»Knieet nieder, lüpft den Hut,
laßt für uns den Sommer leuchten,
denn das haben wir sehr gern!«
Und die liebliche Erscheinung
streckte aus die weiße Hand,
wendete allein den Hut –
und sah unter ihm die Jauche.
Meine Freude war dahin.

Darauf sprach die Herzogin:
»Neidhart, das habt *Ihr* gemacht!
Ich weiß genau, was ich hier sage.
Diese Schande muß mich treffen,
und sie wird Euch schwer gereuen!
Nie zuvor in meinem Leben
ist mir solche Schmach geschehen.
Ja, ich kann es nur so sagen:
mir ist alle Lust vergangen,
und mein Leid erneuert sich.«
Weh mir, immerdar oweh!
Ich wünschte mir, ich wäre tot –
nun muß ich den Schmerz erdulden,
war noch nie in solcher Not.
Ihre wunderschönen Lippen,

die ich so gepriesen habe,
muß ich ganz zu Recht bedauern.
Welch ein Leid erfahr ich Armer!
Glaubt mir bitte, auf mein Wort.

Und in einem Freudentanz
sprangen Wildsau, Irrenfrid,
trugen, beide, Rosenkränze.
Roßwein, Rotzwein und der Schmied
sangen da aus voller Kehle,
und dazu der junge Lanze
und sein Bruder Augenspieß,
Fritzenbär und Ranze.
Vetter Plattfuß, komm heran,
laß die neuen Sporen klirren!
Es waren ihrer zweiunddreißig,
sie verlorn ihr linkes Bein.
Einer mit dem Namen Reißig
brüllte über einen Hügel:
»Dieser Sommer sei verwünscht,
den der Neidhart aufgespürt!
Das bringt uns nichts als Elend ein,
dieses Veilchen sei verflucht!
Wir werden nie mehr tanzen können!«

Über seinen Tod hinaus wird Neidhart präsent bleiben. Sein Name wird sogar zur Gattungsbezeichnung: »ein Neidhart« ist ein Liedtext von Neidhart oder à la Neidhart. Noch lange hat man beim Vortrag von Neidhartliedern, Neidhartschwänken Erfolg.

Der Erfolg findet seine Verkörperung. Mehrere Chronisten (unter ihnen Aventinus) berichten später von einem Unterhaltungskünstler am Wiener Hof des Herzogs Friedrich des Schönen und seines Nachfolgers, des Herzogs Otto des Fröhlichen (1330 bis 1339). Dieser Entertainer hieß Otto Fuchs. Er legte sich den Künstlernamen Neidhart zu, trat auf als Neidhart Fuchs.

Auch diese Wiederverkörperung im Rollenspiel macht sich selbständig: es entsteht die Schwankfigur Neidhart (Fuchs), der Bauernfeind aus Zeiselmauer.

Dieser »Ritter« ist Hauptfigur in Neidhart-Spielen, die ab 1400 entstehen und die man zur Fastnacht aufführt. Ich werde allerdings nicht nacherzählen, was im sehr kurzen St. Pauler Neidhart-Spiel, was im Kleinen Neidhart-Spiel, was im umfangreicheren Sterzinger Neidhart-Spiel geschieht und im Großen Neidhart-Spiel; ich erwähne nur: es werden jeweils Schwankmuster weitergeführt, aus der Gaudi wird Klamauk, aus dem Klamauk wird blutiger Slapstick. Ein Kapitel für sich, und so bemerke ich hier nur noch: Neidhart-Schwänke werden vorgetragen, Neidhart-Spiele werden aufgeführt auch in der Zeit, in der Oswald von Wolkenstein lebt, dichtet, komponiert, in der ersten Hälfte des 15. Jahrhunderts.

Nun mache ich einen Zeitsprung über Oswald hinaus, mehr als ein Jahrhundert weit: dann werden sich »Neidhart« und Oswald auf überraschende Weise begegnen, zumindest indirekt.

Stätte der Begegnung: eine Ausgabe des Schwankzyklus *Neidhart Fuchs*, im Jahre 1566 »gedruckt zu Frankfurt am Mayn«. Der Titel, in heutige Schreibweise übertragen: »Wunderbarliche Gedichte und Historien des edlen Ritters Neidhart Fuchs, gebürtig aus Meißen, Dienstmann der durchlauchtigen, hochgeborenen Fürsten und Herren Otto und Friedrich, der verstorbenen Herzöge zu Österreich, und was er zu seinen Lebzeiten mit den Bauern und anderen angefangen und angestellt hat – sehr kurzweilig zu lesen und zu singen, so daß er mit Recht als der ZWEITE EULENSPIEGEL bezeichnet werden kann.« Ein werbender Hinweis also!

In 37 kurzen Episoden wird eine Schwankbiographie entwickelt, jedes Kapitel kombiniert mit einem Liedtext, der für Neidhart Fuchs bezeichnend sein soll. Ein Dutzend Neidhart-Schwänke gibt den Ton an. Erstaunlich, daß immerhin zwanzig Liedtexte Neidharts (wenn auch mit einigen Änderungen) in diesem kleinen Buch abgedruckt sind; der Kompilator sah also eine Verbindung zwischen der Figur des Ritters Neidhart Fuchs und dem längst verstorbenen Dichter Neidhart.

Die größte Überraschung: Neidhart Fuchs werden zwei Liedtexte zugeschrieben, die vom Wolkensteiner stammen. »Ihr alten Frauen, freut euch mit den jungen!«, so beginnt der abgedruckte Liedtext. Der Kompilator des Neidhart-Fuchs-Drucks muß von der Vorstellung ausgegangen sein: Dies paßt zu »Neidhart«! Alte Frauen, übermütig…! Frühling, endlich…! Tanzen, Springen, Fiedeln, Singen…! Reisen und Reien…!

Das hochvirtuose Lied erhält im Neidhart-Fuchs-Büchlein die Überschrift: »Hier erzählt Neidhart, wie er mit einer Dame nach Paris kam und ihr zwei Schuhe bestellte.« Eine Motiv-Verknüpfung! Neidhart läßt ja in einem seiner Lieder ein Mädchen singen: »Auch hat er mir zwei rote Strümpfe mitgebracht, übern Rhein!« Strümpfe und Schuhe sind im Mittelalter nicht immer klar zu unterscheiden: Schuhe konnten auch Beinlinge mit dünnen Sohlen sein.

Das Schuhmotiv taucht beim Wolkensteiner in der Schlußcoda der zweiten der drei großen Strophen auf.

> Ach, die eine,
> die ich meine,
> lieb alleine,
> süße Kleine,
> Brüste, Beine:
> so vereine
> dich alleine
> doch mit mir!
> Wär verschwunden,
> was gebunden,
> fest gewunden –
> würd gesunden
> an den Wunden,
> hätt's gefunden!
> Und bestellte ihr Schuhe
> in London, Paris!

Das prägte sich offenbar besonders ein: Schuhe aus dem Ausland...! Französische Schuhe ...! Englische Schuhe ...! Also ganz Exquisites!

Als weitere Komponente, die den Liedtext präsent bleiben ließ: das Erotische. Neidhart und Oswald als Meister auch dieses Fachs. Oswalds großer Liedtext wirkte so stimulierend, daß sogar noch hinzugedichtet wurde mit »greiff an mein schwenczli«, »dein zinglin spiczlin« und »ich schliuff dir ins schliczlin«.

Eine Erfolgsnummer war offenbar auch Oswalds Lied von der »Graserin«. Ich stelle den erotischen Liedtext vor auf Seite 176 meiner revidierten Wolkenstein-Biographie. Das Doppelspiel mit Zaunzapfen und Kerben wurde aufgegeben, die Graserin wird in eine der kastenförmigen Badewannen gesetzt. Ihr Partner ist nun allerdings nicht mehr das Sänger-Ich des Oswald von Wolkenstein; in vier Ausgaben des Neidhart-Fuchs-Drucks des sechzehnten Jahrhunderts heißt es in der Überschrift: »Es folgt nun, wie Neidhart bei einer schönen Graserin in der Wanne badet.«

> Graserin saß in der Wanne,
> weckte Lust, mich lockte ihr Gekräus.
> Als ich zwischen ihren Schenkeln
> das Braune sah, da störten mich nicht Hügel, Schilf –
> ich packte zu und zog sie an mich ran,
> bückte mich und jückte sie, im Bad.
> Hat der Welt nicht groß geschadet,
> hat uns beiden Herz und Sinn erfreut.
>
> Hat sehr lieb mit mir gerangelt,
> und ich sagte: »Hätte ich dich in der Nacht,
> ja, wer weiß, was da passierte...
> Würde dich schon nicht ins Auge stoßen;
> was ich täte, würd dir keine Sorgenfalten machen.
> Streicheln, stößeln raus und rein
> macht dem Fräulein sicher Spaß.
> Zuck nicht, Schätzchen, will nur mit dir spielen.«

Mit Neidharts Metamorphosen entsteht eine Zeitbrücke zu Oswald von Wolkenstein – über dessen Tod hinaus. Aber es ist nun an der Zeit, aus »Neidharts« Zukunft wieder in Neidharts Gegenwart zurückzukehren: das siebte Set von Liedtexten. Als Eröffnungsnummer diesmal: burlesk-unhöfisches Treiben auf dem Tullner Feld.

Ach, du armer Sommer – deine süßen Lustbarkeiten
hat uns dieser Winter mit Gewalt geraubt.
Niemand gibt es, fürcht ich, der uns zwei versöhnen könnte.
Viele Herzen sind jetzt nicht mehr hochgestimmt,
die sich sonst auf dich gefreut,
wenn die Maienzeit begann.
Freude macht der Winter
nur den Stubenhockern.

Weiß hier einer, wo sie blieben, die Scharwenzel?
Hab den Eindruck, sie sind sämtlich außer Landes.
Viele gabs von denen auf dem Tullner Feld;
wenn man sie vertrieben hätte, wär es mir sehr recht.
Kamen sich wer weiß wie vor
mit dem langen Haar.
Blöder auch von Jahr zu Jahr!
Nehmt als Beispiel Hildemar.

Habt ihr nicht gesehen, wie sich seine Locken kräuseln,
die ihm runterhängen, beinah schulterlang?
Und die nachts in seiner Haube stecken, eingezwängt?
Die so gelb sind ungefähr wie Krämerseide?
Sind, in Lockenform, umschnürt
von der Haube. Doch befreit
stehn sie ab von seinem Kopf,
eine Elle weit.

Kann auch diese Bauernhelden nicht vergessen,
die mir an Friederun so großes Leid getan.

371

Einer, der gibt mächtig an (eine Kappe trägt auch er),
hört nicht auf, mir übel mitzuspielen:
trägt den Namen »Ungenannt«,
fühlt sich übermäßig stark.
Mit Frau Geppe tanzt er rum –
seht, ein wahrer Eisenfresser!

Schaut, ich dachte, ich hätt Ruhe vor dem »Ungenannten«,
der mich aus Reuental vertrieben hat, für immer,
doch nun will mich seine Sippschaft
        auch aus diesen Landen jagen.
Uge, und dann einer, der beim Tanz den Reien führt,
Werenbold wird er genannt.
Ranze, Orgerun.
Ach, den mag ich überhaupt nicht:
ein gewisser Braun.

Eine Kappe trägt er, die ist innendrin verschnürt;
außendrauf sind seidne Vögelchen genäht;
viele Hände haben ihre Finger regen müssen,
bis das Prachtstück fertig war. Nein, ich lüge nicht!
Und mein Fluch, er treffe jenen,
der auf den Gedanken kam,
diese Seide und den Stoff
aus Italien herzubringen.

Ranggleich will er leben mit der edleren Gefolgschaft,
aufgewachsen und erzogen in der Welt des Hofs.
Wenn die ihn erwischen, reißen die ihm gleich
        die Kappe runter –
eh er sichs versieht, sind ihm die Vögelchen entflogen!
Und Ersatz, zu gleichem Wert,
darf ihm nicht versprochen werden.
Sonst gibts auf dem Marchfeld kaum
solche zügellosen Burschen!

Dame Frohsinn zieht in tiefer Trauer durch die Lande:
wird sie einen finden, der in Glück und Freude lebt?
Wer steht so hoch und schickt ihr seinen Boten zu,
der ihr meldet, er sei frei von Unmut?
Wer ist nun so reich an Glück
(außer Friederich, dem Fürsten?),
daß sie bei ihm bleiben will?
Suchen soll sie ihn und finden.

Wer sie bei sich aufnimmt, bei dem wird sie auch bleiben;
als sie den Boten ausgeschickt, war das ihr Entschluß.
Wird mit ihren Spielgefährten ihre Zeit vertreiben!
Ach, wer singt uns diesen Sommer ein neues Liebeslied?
Das tut mein Herr Tröstelein
und mein Herr bei Hof.
Ich sollte ihr Gehilfe sein –
doch ich denke jetzt nicht dran!

Ich mag jetzt nicht mehr allen Leuten
        was zum Tanz vorsingen,
wie früher, als die Lust mich singen ließ.
Wie nur soll ich die Bedrückten heiter stimmen,
die seit vielen Jahren schon die Lebenslust verloren haben?
Wo man früher sich vergnügte,
gibt es nur noch Trauerklöße;
viele geben ihren Nachbarn
volle Schüsseln davon ab.

Doch das Spiel geht weiter, Frühjahr um Frühjahr, Liedsaison um
Liedsaison! Erneut entbrennt ein Streit zwischen Mutter und
Tochter.

Freut euch, jung und alt,
der Mai, er hat mit Macht
den Winter fortgejagt,
die Blumen sind erblüht.
Wie schön die Nachtigallen

auf grünen Ästen
viele Melodien
erklingen lassen, jubilierend!

»Der Wald ist frisch belaubt.
Wer mich an die Kette
legt, mit einem Fuß«,
so rief ein muntres Kind,
»den würde meine Mutter preisen!
Mit den Mädchen
zu der Linde
auf der Wiese muß ich *doch*!«

Das schnappte ihre Mutter auf.
»Ich zieh dein Rückenfell
mit einem Prügel stramm!
Du Grasmück, winzigklein –
wohin willst du denn hüpfen,
aus dem Nest?
Setz dich, näh
mir den Ärmel wieder an!«

»Mutter, mit dem Prügel
soll man Alters-Runzeln
strecken, trommelfest!
Noch heute seid Ihr blöder
als in Eurer Kinderzeit!
Bringt Euch um
wegen nichts:
weil Euch der Ärmel abgerangelt…«

Die Alte schnellte hoch.
»Der Teufel spricht aus dir!
Ich sag mich von dir los,
du nimmst ein böses Ende!«
»Mütterlein, ich leb! Doch Ihr

phantasiert.
Den Ärmel ab,
am Saum entlang: ins Loch!«

Auch in diesem Set ein erotischer Liedtext.

Wie soll ich die Blumen nur verschmerzen –
alle sind sie ganz verwelkt!
Ich find sie nirgendwo,
     wie man sie im Mai gesehn.
Vergeßt nur ja die grüne Linde nicht,
(ach, wo tanzt die Jugend jetzt?),
die uns heuer vor der heißen Sonne
     gut beschirmte.
Doch nun blieb ihr nicht ein Blatt.
Drum bin ich böse auf den Winter,
der den Wiesen viele helle Blumen raubte,
die dort heuer herrlich standen.

Ich brauch jetzt, Freunde, euren Rat:
eine Frau stieß mich zurück!
Ich packte sie
     (da schwang sie Flachs für ihre Bäuerin);
sie hat sich erst nur schwach gewehrt,
jedoch dann zeigte sie mir klar,
daß sie für mich zu stark war
     und ich ihr zu schlapp.
Herzlich wenig half hier all mein Ringen
(ich strengte mich da wirklich an),
sie verpaßte mir so manchen harten Stoß.
»Setzt Euch, Bester, laßt mich schwingen!«

Ich begann zu schäkern mit der Guten
(denn ich weiß, was sich gehört),
griff sanft dorthin,
     wo Frauen lieblich sind.

Doch sie tat mir ihr Mißfallen kund:
mit den Füßen stieß sie
wuchtig gegen meine Brust –
        da kriegte ich den Mund nicht zu!
»Alter Wichser, stört nicht bei der Arbeit!
Ihr seid ja ein verfluchter Kerl!
Kriegt es meine Tante spitz, ha, straft sie mich,
weil ich so lange mit Euch streite.«

Wir hatten kaum noch Kraftreserven
nach dem Ringkampf, den wir dort
um die Bagatelle führten,
        die heuer große Mode ist.
Sechs Birnen brieten wir am Feuer;
zwei gab mir die Gute ab,
selber aß sie viere;
        damit stärkten wir uns beide.
Hätten wir nicht dieses Obst gegessen,
ich wär – in meinen Augen – tot.
Ach, weshalb nur hab ich es so furchtbar schwer?
Worauf hab ich Ärmster mich bloß wieder eingelassen?!

Ich will euch jetzt noch kurz erzählen,
wie das Spiel dann weiterging.
Nie zuvor sah ich ein junges Weib
        derart wütend prügeln –
ich mußte über ihre Wildheit lachen.
Was mir so an Leid geschehen,
machte ich mit ihr dann wett
        auf dem Flachsdörr-Laken.
Hinter ihrer Mutter Haus, unter einer Hecke,
stieß ich zu ihr – scharf war sie darauf!
Ja, dort kriegte sie mein bestes Körperteil,
ich schob der Schönen meinen Saftmann zu.

Und noch einmal ein Mutter-Tochter-Dialog. Sonst fällt in dieser Konstellation der Name Reuental, hier wird Herr Neidhart benannt.

> Beim Reien tanzte eine Alte vor,
> die mehr als tausend Runzeln hatte.
> »Tochter, hüte schön das Haus!
> Ich fühl mich voller Lebenslust!«

> »Mutter, was ist los mit Euch?!
> Was stach Euch heuer in die Augen?
> Nun sind es mehr als fünfzig Jahre,
> daß Ihr graue Haare habt!«

> Sie schwang sich hoch, dem Vogel gleich.
> »Ha, narrisch will ich heuer sein!
> Seht nur meine ranke Hüfte –
> so was springt ganz wild beim Tanz!

> Tochter, laß die Tür nicht aus den Augen.
> Ich will tanzen, kreuz und quer!
> Und schau dezent den Knappen an,
> den dort, mit dem blonden Haar...«

> »Ich werde Euch verstoßen, Mutter!
> Ein Herr vom Hofe lud mich ein.
> Der macht die lange Weile kurz.«
> Diesen Reien sang Herr Neidhart.

Zum Abschluß dieses Sets ein Abgesang, ein halber – Widerruf und zugleich Widerruf des Widerrufs, es geht weiter. In den ersten Strophen dieses Liedes ein Balance-Akt: Neidhart, die Rollenfigur Neidhart singt von einer Dame der Gesellschaft, einer Herrin, der er dient, nicht länger aber dienen will – diese Herrin ist zugleich (das wird in der Parallel-Überlieferung deutlicher) Frau Welt. Und der Herr, dem Neidhart dienen will, ist hier nicht der Landesherr, sondern unüberhörbar Gott. Dennoch führt dieser Liedtext nicht weiter ins Religiöse, sondern, im Sprung, wieder in die Tölpelwelt.

Alles, was den Sommer über heiter war,
traurig wird es, weil
    die lange, schwere Winterszeit beginnt.
Überall ist der Gesang der Vögelchen verstummt,
ganz verwelkt sind alle Blumen und das Gras.
Schaut nur, wieviel kalter Reif
    dort oben auf dem Walde liegt.
Daß die grüne Wiese fahl ist: er allein ists schuld.
Allgemein wird das beklagt,
traurig stimmt es mich;
bis an meinen letzten Tag
wirds nicht anders sein.

Dauernd will sie wissen, was die Klage soll,
die ich zur Belehrung
    meinen lieben Freunden vorgetragen.
Will es euch erklären, daß ihr sagt: Es stimmt.
Keiner auf der Welt lebt sündenfrei,
ja, es wird auf Dauer immer schlimmer
    mit der Christenheit!
Meine Tage schwinden, kürzer wird mein Leben –
müßt ich da nicht Freude suchen,
die allein von Herzen kommt,
und ich leiste nur noch Dienst,
der für mich weit besser ist?

Wenn ich Sünder in der Reue bade,
wünscht sie, meine Herrin,
    daß ich ihren Kindern neue Lieder singe.
Wenn sie mich so zwingen will, muß ich mich verweigern.
Nie mehr wieder lade sie mich zu sich ein!
Wie ich mich vom Dienst an ihr befreie,
    nur darauf richtet sich mein Denken.

Ich bin entschlossen, meine Seele zu erretten,
die sich weit von Gott entfernte
mit dem Singen loser Lieder.
Stehe ihr der Engel bei,
beschütze sie vor Höllenqual!

Herrin ohne Ehre: was wollt Ihr nur von mir?
Laßt statt meiner tausend junge Leute
    künftig Eure Diener sein.
Ich will einem HERREN dienen, dem ich ganz gehöre,
will nicht länger Euer Sänger bleiben.
Daß ich je, in Eurem Dienst,
    am Hof so viele schöne Tänze machte,
ist nicht gut für meine Seele, für mein Heil.
Was am schwersten auf mir lastet:
daß ich Euch dort nie entfloh
und mich nicht zum HERRN begab,
dessen Lohn weit höher wäre.

Wenn ich meinen Sinn aufs Büßen richte,
gleich kommt einer, sagt mir:
    »Bester, singt doch was!
Laßt uns mit Euch singen,
    macht, daß wir uns glücklich fühlen.
Was man jetzt so singt, ist mäßig.«
Meine Freunde sagen: »Euer Singen
    war einst weitaus besser.«
Ständig wollen sie erfahren, wo die Tölpel stecken,
dies hier früher einmal gab,
auf dem Tullner Feld.
Einen gibts noch – er trägt Sporen.
Ich berichte, wie der angibt.

Er trägt mit Recht den Namen Heckenflick.
Der und einer seiner Spezis
    mit dem Namen Lochimpilz –
solch Gespann hat früher keiner hier gesehn!

Des einen Haar ist blondgelockt, des andren hell.
Er ist noch dreister als der Kerl,
     der unsrer Friederun den Spiegel raubte,
oder jene, die in Wien einst Brustblech kauften.
Der Halsschutz dieser beiden ist
dicht bestückt mit kleinen Noppen,
doppelreihig um den Hals,
daß sie blinken, weitumher.

Ihre Hüte, Röcke, Gürtel: reichlich aufgeputzt.
Ihre Schwerter sind gleich lang,
     kniehoch ihre bunten Stiefel –
so traten sie im Sommer auf bei Kirchweihfesten.
Sie sind in ihrem Überschwang
     derart voller Tatendrang –
sie bilden sich wohl ein, sie kämen
     herab vom Traisen-Tal!
Wie konnte nur mein frohes Liebchen
     Heckenflick erlauben,
daß er an ihrer Hand den Reien sprang?
Übermütig vor plaisir
schwang er seinen Kopf zu ihr
bei der turbulence.

Das ist wieder einmal bezeichnend für Neidhart: stimmt eine Klage an über das trügerische und betrügerische Verhalten von Frau Welt, er will lernen, ein gottgefälliges Leben zu führen, und schon singt er wieder von den Rüpeln und Tölpeln, von denen er sich soeben noch abgewendet hat.

Diesem Komponisten, diesem Dichter, diesem Phänomen ist in der Tat so leicht nicht beizukommen! Scheint sich zu stellen, endlich, und jäh ein Wechsel des Tons – vom Gefühl der Reue zum Treiben der Tölpel. Neidhart erweist sich erneut als Experte für jähe Übergänge. Assoziationen an Zapping oder Anklicken: verschiedenste Bildfolgen, unvermittelt. Was eben noch real schien, ist gleich wieder fiktiv; was eben noch klar schien, ist schon wieder unklar.

Aber nicht einmal auf die Unklarheit ist Verlaß – zwischendurch wird uns in einem seiner Lieder als Köder ein Realitätshäppchen angeboten oder ein Häppchen, das einem Realitätshäppchen täuschend ähnlich sieht: Verlust des Lehens im Reuental... Verwundung im Heiligen Land durch einen Pfeil... Und ich reagiere prompt: Eine Selbstaussage, endlich...! Doch schon setzen wieder Rollenspiele ein: Die Rolle des armen Ritters im Reuental... Die Rolle des Sängers, der von diesem Ritter singt... Die Rolle des Herrn Neidhart... Und plötzlich wird die Figur Neidhart in unmittelbare Nähe gerückt zur Figur des Ritters im Reuental... Und es stellt sich wieder einmal die Frage: Meint das Neidhart hier ernst? Meint er das wirklich so? Verdammter Jongleur...! Bewundernswerter Equilibrist...!

Ich fühlte, ich fühle mich während der Arbeit an diesem Buch erinnert an Vexierspiele, die mich als Kind faszinierten: aus dem Linienspiel einer täuschend realistischen Zeichnung eine Figur heraussuchen: »Wo ist der Kapitän?«

Trotz aller Vexierspiele: ich habe mir ein Bild von Neidhart gemacht, ich sehe ihn als kleinen, agilen, quicklebendigen, quecksilbrigen Mann.

Und: im bescheidenen Museum von Cefalú auf Sizilien sah ich das Porträtgemälde eines Mannes, in dem ich sofort mein Inbild Neidharts wiedererkannte. Ja, wie dieser Unbekannte auf dem Gemälde des Antonello da Messina muß er ausgesehen haben: etwas ironisch, fast füchsisch. So erscheint er, als Bildzitat, auf dem Umschlag dieses Buchs.

Selbstverständlich könnte er auch völlig anders ausgesehen haben: ein Mann mit ›Quadratschädel‹, etwas schwerfällig, mit zurückgenommener Gestik, womöglich einsilbig, und nur bei öffentlichen Auftritten ging er aus sich heraus, beinah explosiv... Andererseits, wenn ich mir wieder die Reproduktion des Gemäldes in Cefalú ansehe... Wechselnde Phantombilder – komme ich so dem Phänomen Neidhart näher?

Neidhart, am Ende einer seiner vielen Reisen: wie könnten seine Auftritte verlaufen sein?

Am häufigsten wird er vor kleinem Kreis gesungen haben, vor der »familia« des Herzogs, vor der »familia« eines Burgherrn – ich habe dies bereits skizziert. Und dann gab es die Veranstaltungen im Palas, im Saal, und hier wird Neidhart seine großen Auftritte jeweils nach dem Festbankett gehabt haben, also mittags oder am frühen Nachmittag.

Solch ein Festbankett hatte, zumindest im äußeren Arrangement, einen weithin ritualisierten Ablauf. Beliebt war, das zeigen zahlreiche Abbildungen mittelalterlicher Handschriften, die lange Tafel im Palas. Der wurde zu festlichen Anlässen geschmückt – der Boden wurde bestreut, vor allem mit Blumen, die Wände wurden mit kleinen Gobelins behängt.

Ein Truchseß sorgte dann dafür – mit dem Stab anweisend –, daß die rechte Sitzordnung eingehalten wurde. Als erstes geleitete er den Hausherrn, Hofherrn und dessen Gemahlin zur Tafel; meist nahm der hohe Herr am Kopfende Platz. In der Reihenfolge, die sich anschloß, wurde Hierarchie sichtbar. Der begehrteste Platz war rechts neben dem Landesherrn (oder König oder Kaiser). Es fühlte sich ausgezeichnet, wer diesen Ehrenplatz erhielt; es konnte sich zurückgesetzt fühlen, wer einen Platz weiter entfernt einnehmen mußte. Wenn die Hauptperson in der Mitte der Tafel saß, konnte man eher ausgleichen. Auf jeden Fall aber: je weiter vom Hausherrn entfernt, desto geringer der Rang.

Selbstverständlich werden Unterhaltungskünstler möglichst nah beim Hausherrn aufgetreten sein. Das konnte ihm gegenüber geschehen. Denn bei Festbanketten war vielfach nur eine Seite der Tafel besetzt, die andere Seite wurde freigehalten, hier wurde bedient – es waren meist junge Damen und Herren, die Tafeldienste übernahmen, aber auch Diener. Es gab noch, das muß erwähnt werden, diese (seltenere) Möglichkeit: statt einer großen Tafel wurden kleine Tische im Saal aufgestellt, an denen je zwei oder vier Personen saßen. Aber bleiben wir beim ersten Beispiel: eine lange Tafel, und man sitzt nur an einer Längsseite.

Was auch immer während des Banketts und anschließend vorgeführt wurde: Musik gehörte ganz selbstverständlich zu einem Hoffest. Das war wohl auch so in kleinerem Rahmen: »Ohne Harfe oder Organistrum werden die Mahlzeiten bei vornehmen Leuten nicht gefeiert« (Bumke). Bei einem Hofbankett wurde nicht nur die Harfe geschlagen – festliche Intrada, schmetternde Zwischenspiele mit Trommeln und Businen. Wurde ein neuer Gang aufgetragen, so konnte das lautstark akzentuiert werden.

Die eigentliche Musik bei Tisch aber wurde von leiseren Instrumenten gespielt: von Flöten und Saiteninstrumenten – immer wieder werden die Fiedler genannt; sie traten oft gemeinsam mit Sängern auf. Und es gab Schautänze junger Damen, vor dem Tisch; die Tänzerinnen (und Tänzer) sangen vielfach während ihrer Vorführungen.

Und an der Tafel wurde das Bankett fortgesetzt. Gegessen wurde zu Neidharts (und Wolframs) Zeit grundsätzlich mit den Fingern. Die freiwilligen oder angestellten Dienerinnen und Diener mußten Fisch, Fleisch, Geflügel in mundgerechte Portionen vorschneiden – ähnlich wie in der chinesischen Küche. Löffel gab es nur für Suppen; die Gabel war eine Seltenheit, ein Kuriosum, sie wurde nur zum Servieren benutzt; mit den Messern schnitt man zurecht; Teller wurden an einer Festtafel nicht benutzt, man hatte eine Scheibe Brot vor sich liegen, auf der konnte man seine Brocken deponieren, konnte man Soße abtropfen lassen; dieses Brot war bei vornehmen Gastgebern weiß und wurde als gâteau bezeichnet. Man hatte übrigens auch kein eigenes Trinkgefäß – es wurde jeweils unter Tischnachbarn herumgereicht. Und man griff wieder in die nächste Schüssel, tunkte Fleisch oder Fisch oder Geflügelstücke in Behälter mit Soßen, die meist süßsauer waren. Wollte man an weiter entfernt stehende Schüsseln heran, mußte man sich entsprechend weit vorbeugen – um so länger konnte die Kleckerspur werden. Die fettigen Finger wischte man schon mal am Tischtuch ab, denn Servietten gab es nur als Unterlagen, beispielsweise für Brot. Man wischte sich den Mund auch am Ärmel ab. Die Knochen wurden auf dem Tisch deponiert oder Hunden zugeworfen.

Wie es selbst in vornehmen Häusern zuging, darauf lassen »Tischzuchten« schließen; was hier getadelt wurde, dürfte Realität gewesen sein. Kurioserweise gibt es zum Beispiel eine »Tischzucht«, die dem Tannhäuser zugeschrieben wird: »Daz ist des tanhausers getiht und ist guot hofzuht.« In der überlieferten späten Version wird dieser Tisch-Knigge kaum vom Tannhäuser verfaßt worden sein, aber falls eine Vorlage von ihm stammt, könnte man voraussetzen: als Fahrender wird er Gelegenheiten genug gehabt haben, das Benehmen der Herrschaften bei Tisch beobachten zu können.

Einleitend wird in dieser Tischzucht der edle und anständige Mann ermahnt, vor dem Essen zu beten, und er soll die Armen nicht vergessen, soll nicht aus dem Löffel schlürfen, soll nicht aus Schüsseln saufen, nicht in sich hineinkippen wie ein Verrückter (»als er tobe«), er soll nicht schniefen und schmatzen, soll Angenagtes oder Abgeknabbertes nicht in die gemeinsame Schüssel zurückwerfen, und mit vollem Mund säuft man nicht, und bevor man trinkt, soll man sich den Mund abwischen, und man soll sich beim Essen nicht am Hals kratzen, soll nicht zwischen den Zähnen stochern, soll nicht mit der Hand schneuzen, soll sich nicht vor Gier in die Finger beißen oder in die Zunge, soll sich nicht überfressen, Tausende seien nach dem Essen fix und fertig gewesen, hätten sich den Magen verdorben, und man solle einen guten Wein trinken.

Neidhart war, wie sein Publikum, wohl vor allem Weintrinker. Bier war noch längst kein Volksgetränk. Es muß dünn und ziemlich bitter gewesen sein. Eine damals gern wiederholte Äußerung: ein Becher Wein »stärke« mehr als vierundzwanzig Becher Bier. So trank man lieber Met: Wasser mit Honig (im Verhältnis zwölf zu eins); diese Mischung ließ man gären. Und es gab Beerenwein, auch Apfelwein, Birnenwein; Most wurde getrunken, und am liebsten Weißwein, Rotwein.

Ich habe keine Aussagen über die Qualität deutscher Weine der ersten Jahrzehnte des dreizehnten Jahrhunderts gefunden, doch aus der Zeit ein, zwei Jahrhunderte später. Weil sich im Mittelalter vieles nur langsam verändert hat, lassen sich auch hier Rückschlüsse ziehen. Der Italiener Enea Silvio Piccolomini kam in Deutschland nicht auf seinen Weingeschmack, nicht einmal an Höfen. »Wein, den selbst schmerige Wolle nicht annähme, wie Juvenal sagt, wird aufgetragen, dir wird unwohl, wenn du davon trinkst, er ist scharf wie Essig oder ist verwässert, verderbt, flockig, sauer, entweder zu kalt oder zu lau, von ebenso schlechtem Aussehen wie Geschmack.« Ein anderer enttäuschter Weintrinker, Petrus Blesensis: »Ich habe zuweilen gesehen, daß den Großen derart trüber Wein vorgesetzt wurde, daß er nur mit geschlossenen Augen und zusammengebissenen Zähnen, mit Schauder und Widerwillen eher geseiht als getrunken werden mußte.«

Das waren offenbar deutsche Weine. Den schlechtesten Ruf hatten dabei bayerische Weine. Gepriesen wurden schon damals die Elsässer Weine und Weine aus Nußdorf bei Wien, gepriesen wurden weiße und rote Weine aus den Regionen Auxerre und Beaune, gepriesen wurden Südweine aus Zypern, gepriesen wurden vor allem Malvasier und Muskateller. Aber solche Importweine waren sehr teuer, wurden entsprechend selten ausgeschenkt. Wieder Piccolomini: »Bisweilen wird in deiner Gegenwart dem König alter Wein vorgesetzt, dessen lieblicher Duft das ganze Haus erfüllt. Denn er trinkt Muskateller und Malvasier, läßt sich die Weine aus Frankreich, aus Malaga, aus Genua, aus Ungarn oder sogar aus Griechenland beschaffen; und niemals gönnt er dir den kleinsten Schluck davon, obwohl dir das Herz weh tut.«

Um mit milden, süßen Weinen aus dem Süden konkurrieren zu können, wurden deutsche Weine aufgeschönt. Eine der Behandlungsmethoden ist heute noch üblich: das zeitweilige Versetzen mit Kalkmilch, um Säure zu neutralisieren. Offenbar wurde der Kalk danach nicht immer ausgefiltert – es gab ein Verbot der Stadt Straßburg, Wein zu kalken.

Weine wurden nicht nur gekalkt und mit Eiweiß geklärt, sie wurden mit Kräutern konserviert, wurden mit dem damals üblichen Rohrzucker und mit Honig gesüßt, wurden vielfach mit Ingwer, Muskat und Nelke gewürzt. Man nannte solch einen Wein »piment«, also: Gewürzpimentwein.

Beliebt war auch der »lûtertrank«, der »clâret«: der wurde mit Gewürzen nicht versetzt, sondern nur behandelt. Man ließ den

Wein so oft durch ein Säckchen mit Gewürzen, Zucker und Honig laufen, bis er die gewünschte Süße und Würze hatte.

Ob Würzwein oder Aromawein – diese Getränke stiegen rasch in den Kopf. Wirkten sie mit Kopfschmerzen nach?

Neidhart wird auf dem Festbankett bald seinen Auftritt haben. Zuvor, so setze ich voraus, darf er mitessen. Hier werden von Norbert Elias gesammelte Informationen koordiniert: indem ich Verhaltensweisen anschaulich zu machen versuche, die für Neidharts Zeit typisch waren, typisch gewesen sein dürften, ziehe ich Schlüsse auf Neidharts wahrscheinliches Verhalten bei Tisch.

So wird auch er mit Vergnügen, wohl auch mit laut geäußertem Vergnügen zuschauen, wenn Diener das Riesenfleischstück auf die Tafel wuchten, Rehbock, Schwein oder Kalb. Es wird von einem Vorschneider tranchiert. Neidhart dürfte zu dieser Zeit schon so einiges verzehrt haben: die Scheibe Brot vor ihm ist von Soßen durchtränkt. Nun aber, da er den Fleischberg sieht, wird auch ihm das Wasser im Mund zusammenlaufen, er spuckt aus – über den Tisch hinweg? Auf den Tisch? Oder bereits unter den Tisch? Das wäre schon der elegantere Stil.

Und Neidhart tunkt wieder ein Stück Brot in den Holznapf mit Brühe, der an ihm vorbeigereicht wird, es tropft. Er schnieft, wischt mit dem Ärmel an der Nase entlang, schneuzt sich vielleicht auch, in die linke Hand, und auch das wäre schon die feinere Art: man soll nicht in die rechte Hand schneuzen, mit der man Speisen anfaßt, mit der man Brocken tunkt, mit der man den gemeinsamen Trinkbecher packt. Zwischendurch wird mal nach einem der Hunde getreten, die sich um Knochen balgen. Und Neidhart holt sich einen Batzen Fleisch, zerteilt ihn mit dem Messer, auf der durchtränkten Brotscheibe, schiebt sich ein Fleischstück in den Mund.

In der besseren Gesellschaft wurde viel Fleisch verzehrt; wo Fleisch aufgetragen ist, wird auch Neidhart mit dem Oberkörper über der Tischplatte hängen, und er schiebt, stopft in sich hinein. Er hat mindestens eine große Hungersnot miterlebt, auch er weiß, daß Fleisch auf dem Tisch nicht selbstverständlich ist, selbst Fleisch auf der Tafel nicht, jedenfalls nicht in großen Mengen, und wenn er wieder unterwegs ist, wird er meist Roggenbrot, Roggenschrot essen – also her mit dem nächsten Batzen und in den Mund gestopft!

Wenn die Finger allzu fettig sind, wischt er sie am Tischtuch ab, die Lippen auch schon mal, obwohl der kreisende Becher am Rand bereits eingeschmälzt ist.

Und Neidhart tunkt ein Fleischstück in einen Holznapf mit Gewürzbrühe, fischt vielleicht ein Obststück aus der Soße oder eine Kirsche, spuckt den Kern über den Tisch – auf dem Boden liegen schon viele Kerne, liegen Knochen.

Unterwegs, auf Lesereise. Ein Ritual: nach der Lesung das Gespräch mit dem Publikum. Es werden Meinungen geäußert, Fragen gestellt – etwa zu meiner Schreibmethode. Zuweilen höre ich Formulierungen, die ich zitierend übernehme. Zum Beispiel: meine Methode des »erlebenden Entdeckens«.

Eine der Fragen, die sich wiederholen: Warum ich mich derart intensiv und extensiv mit dem Mittelalter beschäftige. Ja, sage ich darauf, diese Frage habe ich mir auch gestellt, ich will versuchen, sie zu beantworten.

Beispielsweise wie folgt: ich fände Expeditionen langweilig, ja überflüssig, wenn sie in vertraute Regionen führten. Denn ich stelle mich nicht in Frage, wenn ich mich ins Geläufige begebe. Ich möchte überrascht werden in Konfrontationen mit dem *anderen*. Ich möchte erfahren, indirekt oder direkt, was mich befremdet, was ich mir nicht an-gleichen, an-eignen kann.

Wenn ich über mich, über meine Situation schreiben will, so tue ich das direkt oder erfinde eine zeitgenössische Spielfigur in einem zeitgenössischen Umfeld, das ich aus Anschauung und Erfahrung kenne. Ich kehre nicht sieben, acht Jahrhunderte weit in die Vergangenheit zurück, um mich so wiederzufinden, wie ich mich bereits kenne oder zu kennen glaube. Wozu solch ein Umweg? Und: mit welchem Recht würde ich Fremdes sich selber fremd machen, indem ich es mir angleiche? Das Vergangene nicht als Ferment der

Selbstbestätigung! Mich mit dem Vergangenen beschäftigen heißt: ich will aus mir herausgehen, will mich dem Fremden aussetzen – das könnte meine Erfahrungen mit mir erweitern, indirekt wenigstens.

So ungefähr beantworte ich nach Lesungen die Frage, die ich mir selbst oft stellte. Und ich zitiere zuweilen mein Kontrastmittel-Theorem: die injizierte Kontrastlösung, die bei einer Röntgenaufnahme die Form eines Organs hervorhebt. Also: wie ich lebe, denke, fühle, das wird mir deutlicher, wenn ich mich auf Lebensformen des Mittelalters einlasse, da erfahre ich, was uns heute fehlt und auch, was wir hinzugewonnen haben. Anders gesagt: das Vergangene betont in Kontrastlinien und Kontrastfarben meine Situation, gibt ihr schärfere Konturen.

Thema Essen, Fortsetzung. In Sterzing, Tirol, wurde zur Zeit des Oswald von Wolkenstein in der großen Miszellaneen-Handschrift ein Freß- und Sauflied aufgezeichnet, das Neidhart zugeschrieben war: *Neidharts gefräß*.

> Preisen wir den Herbst! Gute Laune,
> Lust wird uns das Essen machen. Blaß
> bleiben wir da nicht…
> Hierher, liebe Freunde, die ihr euch was
> Gutes gönnen wollt. Sind schon gierig
> auf was Leckres. Das Vergnügen
> läßt nicht nach;
> alle nehmen wir dran teil. Großes Lärmen
> fängt am Feuer an. Dieses Jahr
> werden etliche besoffen sein.
> Wirt, serviere uns ein großes Frühstück,
> daß wir uns (so muß es sein)
> unsre Mägen füllen. Ohne nachzubitten,
> müssen wir genug bekommen.
> Jedem gib Kapaune
> und vier Trappen,

gut gebraten, in der großen Schüssel,
fette Gänse,
schön begossen,
daß die Schnäbel
fettig sind bis in den Schlund.

Und ich fang jetzt an zu saufen! Klaren
Most aus Riesenkrügen eingegossen!
Denn es ist nun an der Zeit,
daß wir, bei der Fresserei, mächtig,
maßlos saufen, bis wir zu den Bänken
torkeln. Eingeschenkt, nun los –
wollen doch nicht durstig bleiben!
Nach dem Frühstück gehn wir dann
von dem Most zum Bad, laden
schöne Mädchen zu uns ein,
sollen uns denn streicheln, uns die Zeit
vertreiben. Keiner solls da
eilig haben. Soll dann
ausruhn wie ein Fürst.
Bademädchen,
fang schon an
und bereite
jedem nach dem Bad ein hübsches Bett.
Denk nicht weiter
an die Schulden.
Nur bis morgen…
Gib nichts drauf, wird alles gut bezahlt.

Auf gehts! Und gleich wieder ran! Freßgemeinde,
ziehe los, zum Most. Essen
hat der Wirt uns reichlich vorbereitet.
Geht nun alle, animiert,
auf die Straßen, tobt dann
durch die Gassen. Keiner soll euch
übertönen.

Setzen wir uns an den Tisch! Frische Fische,
Schleien, Karpfen, Hechte, Hausen schlemmen
wir aus heißer Pfeffersoße.
Seh in Massen gutes Wildbret:
wir verschlingen Hirsch und Hirschkuh;
Schweine, Bären lassen wir
uns dann mit Vergnügen schmecken.
Hase, Fuchs,
Reh und Luchs:
unser Bauch
nehm geweitet alles in sich auf.
Schafe, Rinder
und ihr Nachwuchs –
nirgendwo
können sie sich vor uns schützen, retten.

Feiste Kälber, Ochsen, Stiere: wir verschlingen
die sofort! Und vier Schinken. Reichlich
Rüben soll man für uns kochen!
Und ein jeder wünsche sich
Hammel, zwei, Kapaune, vierzehn,
fette Braten, wohlgewürzt,
eine Elle lang,
Würste länger als ein Speer. Und noch mehr
wollen wir: Schultern, Schinken, Schenkel, riesengroß,
Reiher, Rebhuhn und Fasan,
Ferkel, Hahn und Hühner – von der Tenne
hin zum Spieß! Wisse, Wirt,
daß wir ohne Umstand zahlen,
ich und meine Freunde.
Dafür gib auch
jedermann
aus der Pfanne
hundert Eier, schmalzgebraten!
Großpasteten
– mach schon voran! –

schnell bereitet:
lasse sie aus Fleisch und Käse machen.

Bring uns dann in Schüsseln, Trögen reichlich
Sülze, Kalbshax. Um so besser
werden wir den Hunger stillen.
Hackfleisch, Bauchfleisch gibts dazu.
Und dann Zunge, Leber, Lunge,
Euter, Magen: unbestellt
soll das alles kommen.
Ja, so werden wir erst satt! Schaffen
dann noch tausend Birnen, herbstreif – Mädchen
kochen sie schön auf!
Solch ein Essen wird uns allen schmecken!
Diesen Winter wollen wir von dir
keine Rechnung sehen! Achte drauf,
daß wir bloß nicht sparen!
Essen wollen wir
und fressen,
auch das Saufen
nicht vergessen, jetzt und immerdar.
Hoch den Wein,
(gute Stimmung!)
und den großen Krug
in der Runde kreisen lassen!

Wirt, du hast ein volles Faß! Also rasch,
schlag den Zapfhahn rein. Zechen
wollen wir noch an der letzten Glut.
Gute Kutteln und Kastanien setze deinen
Gästen vor. Wollen dann zum Schlafen
schlurfen. Lege jeden
in ein Einzelbett.
Jeder soll mit einem schönen Mädchen
sich vergnügen, mit ihm spielen
in der Nacht, das ist mein Rat.

Hat der Mai auch schöne, süße Klänge,
Blumenflor – gegen diesen Durst
kommt er heuer wohl kaum an. Kein Wunder,
daß wir ihn nicht mögen.
Lieber Herbst:
erntest Lust
und ersetzt
Maienluft durch Mostgeschäume.
Deinen Ruhm zu steigern,
dich zu preisen,
hab ich gerne
öffentlich dies Freßlied vorgesungen.

Neidhart würde nicht aufatmen, wenn er – von einer himmlischen Agentur vermittelt – zu uns käme und nach einem
Konzert in ein teures Restaurant geführt würde, in dem an jedem
Platz reich sortiertes, beinah sterilisiertes Besteck liegt. Beispielsweise die Gabel, an deren Gebrauch sich Europäer jahrhundertelang gewöhnen mußten: ein Metallstück zwischen Hand und
Happen, ein Gerät der sichtbaren, fühlbaren Distanzierung. Und
daß für ihn ein eigenes Glas bereitgestellt ist und daß ihm auf
einem Teller vorgelegt wird, von dem er ganz alleine essen muß,
dies könnte er schon gar nicht verstehen. Selbst wenn zu seiner
Zeit nur zwei, drei Menschen an einem Tisch saßen, sie speisten
stets aus gemeinsamer Schüssel, tranken aus gemeinsamem Becher,
auch in höchsten Häusern. Ja, es war eine Ehre, mit einem Fürsten
oder König aus gemeinsamer Schüssel essen zu dürfen, mit den
Händen. Neidhart könnte am Tisch des feinen Restaurants den Eindruck haben, man rücke von ihm ab, ja, es wäre eine Glasglocke
über ihn gestülpt. Dieser Neidhart würde nicht seufzen: Endlich
unter zivilisierten Menschen! Er müßte sich (in unseren Augen) zu-
rücknehmen, zusammennehmen, müßte sich (in seinen Augen) das
Verhalten von Antipoden aufzwingen, die bekanntlich alles falsch
machen.

Ich bleibe hier bei einer von vielen Lebensäußerungen: dem

Spucken. Äußerst befremdet würde Neidhart feststellen, daß in diesem Raum nicht gespuckt wird. Man scheint im Mittelalter viel gespuckt zu haben beim Essen. In Tischregeln wurde das Spucken nicht untersagt, es wurde nur gelenkt: der Mensch der höfischen Gesellschaft spuckt nicht auf und nicht über den Tisch, sondern unter den Tisch. Erst viel später kommen, wie Norbert Elias zeigt, weitere Modifikationen hinzu: wenn man in Gegenwart eines anderen ausspuckt, setze man den Fuß auf den Speichel. Noch später: wenn es unbedingt sein muß, so spucke man in ein Taschentuch. Aber schau dir die Spucke dann nicht genüßlich an, das gehört sich nicht! Am besten: unterlaß das öffentliche Spucken. Mit dieser »Zivilisierung« ist die Speichel-Sekretion entschieden zurückgegangen – es wurde rigoros verinnerlicht!

Aber dies brauchte viel Zeit. Im bayerischen Dorf, in dem ich heranwuchs, habe ich als Kind im Postamt auf einem Schild gelesen, daß Spucken verboten war. Wie selbstverständlich das öffentliche Spucken sein kann, habe ich in China erlebt. Dort wurde und wird auf den Straßen nicht nur Speichel abgesondert, es wurde und wird, vor allem von älteren Menschen, der Speichel geräuschvoll gesammelt, geräuschvoll ausgeworfen. Die ersten paarmal erschrak ich, wenn das neben mir losging; nach einigen Tagen achtete ich nicht weiter darauf, es schien mir selbstverständlich als Lebensäußerung in dieser Umwelt. Den Chinesen beginnt das Spucken jedoch peinlich zu werden. Erste sichtbare Veränderung: jeder der auf dem Boden öffentlicher Gebäude stehenden Spucknäpfe hat einen Deckel mit senkrecht angebrachtem Stab; so kann man den Deckel abheben, ohne sich zu bücken. Das setzt dann voraus: man zielt. Dies wiederum setzt voraus: man schaut in den Speichel, der sich im Spucknapf gesammelt hat.

Wer an einer mittelalterlichen Tafel neben einem spuckenden Mann (oder einer spuckenden Frau) saß, rückte nicht ab. Wohl auch nicht, wenn der andere schwitzte, schmatzte, rülpste.

Um es salopp rheinisch zu sagen: Menschen des Mittelalters waren nicht »fies« voreinander. Beste ze fies, för minge Leffel ze nemme? He, drink all us mingem Jlas, wannste nit fies bes. Solche Aufforderungen waren zu Neidharts Zeit nicht notwendig. Es war selbstverständlich, daß man dicht beisammen lebte, sich nah auf den Leib rückte. Eine Nähe, vor der wir zurückschrecken, ja zurückschaudern würden. Wer sich in damaligen Formen der Gemeinsamkeit wohl fühlte, mußte die Mitmenschen anders wahrnehmen – sich selbst ebenfalls. Der schloß sich nicht aus, betonte sich nicht im Distanzieren. Norbert Elias: »Menschen, die so miteinander essen, wie es im Mittelalter Brauch ist, Fleisch mit den Fingern, aus der gleichen Schüssel, Wein aus dem gleichen Becher, Suppe aus dem gleichen Topf oder dem gleichen Teller (…) standen in einer anderen Beziehung zueinander als wir; und zwar nicht nur in der Schicht ihres klar und präzise begründeten Bewußtseins, sondern offenbar hatte ihr emotionales Leben eine andere Struktur und einen anderen Charakter.«

Und wieder das Festbankett: es geht inzwischen dem Ende entgegen mit Früchten, Nüssen, Süßigkeiten. In großer Zahl laufen Mädchen und Pagen umher, Dienerinnen und Diener, tragen ab, bringen Wein, schenken ein, und es wird gelacht, erzählt, es wird gefiedelt, geflötet, Businen setzen schmetternd eine Zäsur, das Unterhaltungsprogramm wird fortgesetzt. Tänzerinnen zeigen, wie biegsam-elastisch ihre Körper sind, ein Tierbändiger läßt einen Hund auf den Hinterläufen gehen oder einen Bären tanzen, Akrobaten versuchen, die Schwerkraft zu überwinden. Dies also ist die Zeit, in der – auch – Lieder gesungen, Ausschnitte aus epischen Texten vorgetragen werden.

Damit nicht der Eindruck entsteht, ich entwerfe eine Filmszene, möglichst bunt, figurenreich, lege ich Zitate vor. Die ersten beiden aus dem Aeneas-Roman des Heinrich von Veldeke, Ende des zwölften Jahrhunderts. (Ab Zeile 6209)

> Als sie übermäßig viel
> getrunken und gegessen hatten,
> alles, was sie sich gewünscht,
> ließ Aeneas gleich darauf
> seinen Spielmann zu sich kommen.

Und der führte ihnen vor,
was ihm aufgetragen wurde:
der Befehl, er solle viele
kuriose Gauklerstücke
zeigen, wie in Troja üblich,
die man hier noch gar nicht kannte.

Heinrich von Veldeke rückt in einer Beschreibung höfischer Unterhaltung noch näher, noch direkter an seine Gegenwart heran. (Ab
Zeile 13153)

Als sie sich dorthin gesetzt
und vergnügt gegessen hatten,
wie der Appetit es wollte,
wurde es nicht grade still:
das Spektakel war so groß,
daß nur der Adel es genoß.
Gauklerstücke und Gesänge,
Attacken dichter Reiterpulks,
Pfeiferei und Tanz mit Sprüngen,
Fiedelspiel und Dichterkunst,
Örgelchen- und Saitenklänge:
breitgestreute Unterhaltung!

Es deutet sich an: nicht alle ließen sich unterhalten, verschiedene
Herren trieben lieber Sport. In Hartmanns *Iwein* bestätigt sich das.
(Ab Zeile 62)

Nach Beendigung des Pfingstmahls
unterhielt sich jedermann,
wie es ihm am liebsten war:
manche wollten sich mouvieren,
manche tanzten, manche sangen,
manche liefen, manche sprangen,
manche lauschten Saitenklängen,
manche sprachen ein auf Frauen,

manche schossen auf die Scheibe,
manche sangen von der Liebe,
manche von den Heldentaten.

Auch hier: das große Mischprogramm! Es war also nicht so, als hätte nach dem Essen ein Herold ausgerufen, dies sei die Stunde der Literatur, sondern: Präsentationen literarischer Texte waren ein Programmpunkt unter vielen.

Das Wort »Programm« müßte ich eigentlich gleich wieder streichen, denn es setzt Planung, Terminierung voraus; es war aber eher so: man tat, was sich ergab, man hörte sich an, worauf man Lust hatte – Tanzlieder, Liebeslieder, Heldenepen. Wahrscheinlich fluktuierte das Publikum auch: man setzte sich kaum zu Beginn der Präsentation hin und stand erst wieder auf, wenn unüberhörbar Schluß war.

Ein *Modell*, nicht mehr, aber es ist nicht unwahrscheinlich, daß es damaliger Realität entspricht. Literatur wurde demnach in einem vielstimmigen, fluktuierenden Kontinuum präsentiert – zumindest auf einem höfischen Fest.

Das bestätigt ein weiterer Text – ich zitiere Joachim Bumkes Übersetzung aus dem Lateinischen: »Als die Mahlzeit beendet ist, fängt die Schar der Fahrenden wieder mit ihren Kunststücken an. Jeder macht, was er kann, und müht sich zu gefallen. Der eine singt und erfreut die Zuhörer durch die Lieblichkeit seiner Stimme; der andere trägt Lieder von den Taten der Helden vor. Dieser hier schlägt mit den Fingern nach der Regel die verschiedenen Saiten; dieser da läßt mit seiner Kunst die Leier süß ertönen. Die Flöte macht aus tausend Löchern Töne verschiedener Art, der Schlag der Pauken erzeugt schrecklichen Lärm. Der eine springt und vollführt mit seinen Gliedern verschiedene Bewegungen, beugt sich vor und zurück, bewegt sich im Zurückbeugen nach vorn, läßt die Hände anstelle der Füße gehen, streckt die Füße in die Höhe und heißt den Kopf, unten zu sein, wie eine Chimäre. Der andere läßt durch Zauberkunst verschiedene Trugbilder erscheinen und täuscht durch die Geschicklichkeit der Hand die Augen. Dieser führt den Leuten einen jungen Hund oder ein Pferd vor, die er auffordert, sich wie

Menschen zu gebärden; dieser dort wirft die Scheibe in hohem Bogen durch die Luft, fängt sie im Fallen auf und wirft sie wieder empor. Solche Spiele und andere mehr gibt es an diesem festlichen Tag.«

Neidhart tritt also auf im bunten Programm eines höfischen Festes. Sein Auftritt findet vielleicht erst statt, wenn die Herrschaften nach einer ersten Erschöpfungs- und Verdauungspause wieder aktiver werden und tanzen wollen: nun singt Neidhart seine beliebten, zündenden Tanzlieder, macht wohl auch den Vortänzer.

Dessen Wahrzeichen ist der »leitestap«, den Neidhart selbst erwähnt, und diesen Stab stelle ich mir vor wie die einfachere Ausführung eines Tambourstocks; hinter dem Vortänzer bilden die Tänzer einen Reien, und tanzend wird Neidhart die Schritte vormachen, die von Tänzerinnen und Tänzern imitiert werden. Denkbar, daß ein Vortänzer wie Neidhart auf den Leitstab verzichtet und sich mit einem Instrument beim Singen begleitet, etwa auf einer Fiedel. Tanzen, spielen, singen: zu viele simultane Tätigkeiten? Aber warum sollte Neidhart nicht schon gekonnt haben, was heute bei jedem guten amerikanischen Entertainer vorausgesetzt wird: daß er plaudern (moderieren), singen und tanzen (oder steppen) kann, und all dies virtuos? Virtuosität brauchte ein Vortänzer bei einem höfischen Fest kaum zu zeigen, er agierte nicht exponiert auf einer Bühne, und wenn er ein Saiteninstrument strich oder zupfte, wird das im Festtrubel kaum gehört worden sein, und was er sang, das wurde zum Teil wohl mitgesungen, soweit die Lieder bekannt waren, zumindest sang das höfische Publikum die Refrains. Und zahlreich die Zwischenrufe.

Es gibt allerlei Tanznamen, die Neidhart selbst erwähnt, aber es läßt sich nicht zuverlässig sagen, ob diese »dancie et springaciones« (wie es im vielfach unnachahmlichen Latein des Mittelalters heißt) gemessene Schreittänze oder temperamentvolle Sprungtänze waren, ob sie bei Bauern üblich waren oder zum höfischen Kanon gehörten. Gewiß haben die Damen und Herren der höfischen Kreise im Palas der Burg von Kelheim oder Wartenberg oder Trausnitz, von Klosterneuburg oder Wien oder Mödling rituell, formalisiert getanzt, beispielsweise zur Musik eines Minnesängers, aber wenn Neidhart seine Tanzlieder sang, könnte es hoch und heiß hergegangen sein.

In jener Gesellschaft der jähen, oft fieberhaften Bewegungen, der Übergriffe, der plötzlichen Ausschreitungen kann ich mir nicht vorstellen, daß die Vitalität beim Tanzen gebremst wurde durch ständig beachtete Formalisierungen der Bewegungen. Unablässig wurde von Epikern (beispielsweise von Wolfram) betont, daß sich die Figuren (seiner utopischen Welt der Artusritter) formbewußt, formbetont, formvollendet verhalten, aber damit wurde ein Gegenbild entworfen zu Repräsentanten einer Gesellschaft, die *nicht* die Form wahrte, die *nicht* Maß hielt, sondern vielfach explosiv reagierte und agierte. Aber das war noch kein psychologisch motivierter, stimulierter »Urschrei«, das war noch keine bioenergetisch geweckte Intensität der Körperbewegungen, das war unreflektierte Selbstverständlichkeit.

Nein, ich kann mir nicht vorstellen, daß die Damen und Herren in Bayern, in Österreich rituell, höchst formalisiert tanzen, wenn Neidhart singt, aufspielt, es könnte vielmehr ähnlich zugehen, wie das Neidhart in vielen Liedtexten über Tanzvergnügen im Freien schildert, und wie das kritische klerikale Zeitgenossen bestätigen: Frauen, die beim Tanzen »wie Hirschkühe die Hinterkeulen grob und unanständig bewegen«, die sich beim Springen teilweise entblößen – es läßt sich also trotz aller Stilisierung Neidharts annehmen, daß seine Beschreibungen von Tänzen und Tanzexzessen Realitätsbezug hatten. Und wenn Neidhart Tanzlieder mit sieben, mit neun, mit dreizehn, mit fünfzehn, mit achtzehn oder womöglich zwanzig Strophen sang, so muß das bei seiner wohl rhythmisch akzentuierten, meist eingängig simplen Musik zu beinah tranceartigen Zuständen geführt haben, zu einer kollektiven Tanzwut, in der sich so mancher der Herren benahm wie ein Veitstänzer.

Nach einer längeren Tanzsequenz wird man wohl keuchend, lachend wieder Platz nehmen, und Neidhart wird, so nehme ich an, erst mal ein Holzbecher Wein zugeschoben. Auch die Damen und Herren erfrischen sich, man ruft sich zu, was man an lustigen Einzelheiten aus Neidharts Liedern aufgeschnappt hat, setzt das vielleicht mosaikförmig zusammen in den vorgegebenen, längst bekannten Mustern. Und dann tritt eventuell ein Feuerschlucker auf oder ein hochdotierter Messerwerfer, oder eine junge Akrobatin rollt barfuß auf zwei Kugeln heran, schlägt dabei Tamburin, springt von den Kugeln herab in ihrem kurzen Kleid, läßt das Tamburin zur Decke hochrotieren, fängt es, nach überaus graziöser Körperbewegung, mit hochgestrecktem Zeigefinger wieder auf. Applaus!

Letztes Set von Neidhart-Liedern. Diesmal, weil es auf das Ende zugeht, als Eröffnungsnummer ein Winterlied.

Ach, du liebe Sommerszeit,
ach, ihr Blumen, auch der Klee,
ach, so mancher Spaß, der uns nun fehlen wird:
was den Frohsinn uns verdirbt,
das sind Reif und kalter Schnee –
sieht ganz anders aus als Rosenrot!
Wenig gleicht sich auch
mein und Amelungens Leid.
Wenn mir etwas schiefgeht, freut er sich, mit Amelreich.
Nur auf meinen Nachteil sind die beiden aus,
er und Eberolf, ein ungestümer Wüterich.

Eberolf und Amelung,
Amelreich und Udelhart
haben einen Bund geschlossen, gegen mich.
Aufgeblasen sprangen sie
mehrfach in die Luft,
als sie prahlten, was sie mir noch antun würden.
Heimlich und ganz offen
haben sie es ausgeführt!
Wünsche denen, daß es ihnen immer dreckig geht.
Einer unter diesen vieren hat mir derart zugesetzt,
wie das nie so schlimm durch Euch geschah, Herr Engelmar!

Wenn ich wüßte, wem ich bloß
all mein Unglück klagen soll,
das ich durch sie leiden muß, lange schon erlitten habe!
Was sie mir in meinem Alter
angetan an Biestereien,
zählt fast nicht vor dem, was mir der *eine* jetzt getan!
Ach, nun muß ich wohl
meine Schande eingestehn:
meiner Augenweide griff er an die Muschi.
Blöder Hund! Selbst Kaiser Friedrich wäre das zuviel!
Die Unverschämtheit finden edle Frauen niemals schön!

»Herr Neidhart, regt Euch nicht so auf,
es ist doch alles gutgegangen…
Seine Hand kam nur von außen an die Muschi.
Eure Schande wär zu groß,
hätt ers richtig angestellt:
mit dem Finger reingetrillert, wo die Lust beginnt.
Euer großes Leid,
es erscheint uns nicht so arg.
Euer Schaden, Eure Schmach, sie wären unerträglich,
wäre es gelaufen, wie der Wildling sich das dachte.
Ja, war höchste Zeit, daß sie ihm die Faust gezeigt!«

Jei, was war der unverschämt,
daß er sich erdreistete,
dieser Schönen an den kleinen Spalt zu greifen.
Der sich diesen Spaß erlaubte,
er darf nicht mehr lange leben,
deshalb: Strick um seinen Hals!
Solchem Spaß hab ich noch nie
derart ungern zugeschaut:
warf die Kleider dieser Schönen auf ein Häufchen,
konnte auf sein rüdes Schäkern nicht verzichten.
Nie zuvor geschah mir an der Liebsten solches Leid!
Früher schon erlebten Frauen

(nur mit Zwang und nie aus Neigung!)
was der Lieben, Schönen dort durch ihn geschah.
Hätt sie den Griff vorausgesehn
(und sie war ja nie sehr schwach!),
hätte er das büßen müssen – wie sie später sagte.
Schneller als ein Bolzenschuß
war ihm Lust zu Leid geworden.
Immer stärker schwoll der Kamm dem Tölpel,
dennoch kam er bei der Edlen nicht ans Ziel.
Diesen Vorfall kläre zwischen uns Herr Knüppelholz.

Und wieder eine Klage, diesmal über den vergeblichen, unheilstiftenden Dienst für eine Dame mit offenbar allegorischer Bedeutung –
Neidhart zu einer Figur in einer anderen Überlieferung: »sie heisset
werlt svesse«. Also: die schöne, verlockend schöne Frau Welt.

Alle klagen, dieser Winter
sei so hart, so grimmig
        wie seit vielen Jahren nicht.
So klag ich über meine Herrin:
        ihr Wesen ist nur eitel, nichtig.
Und: sie ist mir viel zu schroff.
Gott behüte mich
        vor ihrem schlechten Einfluß.
Daß sie mich beherrscht,
        ist eher schlimm als gut;
ich hatte ihr mein Leben
rückhaltlos geweiht;
niemand mach es mir zum Vorwurf,
        daß ich die Herrin nun verlasse;
gerechten Lohn gewährt sie nicht –
        auch nicht um ein Haar.

Du schamlose Betrügerin,
Sündenköder, Lasterfalle,
        lose Courtisane –

selbst wenn dir einer ständig dient,
    er kriegt nicht den gerechten Lohn,
ja, eigentlich belohnst du *nie*.
Ihr Mädchen und ihr Frauen,
    fühlt euch hiermit nicht getadelt;
die Strophen über meine Herrin
    trag ich vor mit vollem Recht.
Ihre Ehre siecht dahin –
alles, was sie tut, beweist dies.
Als sie einst die Hohe Liebe bot,
    war sie noch makellos,
und so sang ich ihr zu Diensten
    gerne meine Liedchen.

Völlig anders ist sie jetzt!
Fahrendes Gesindel
    macht sich breit an ihrem Hof.
Treue, Formvollendung, Ehre findet
    keiner mehr bei ihr;
sie waren früher ihr Gefolge,
doch das liegt schon weit zurück –
    ich war noch jung.
Wer die drei jetzt finden will,
    der suche sie an andrem Ort;
mit allem Nachdruck hat man sie
von ihrem Platz verdrängt.
Eine Zunge gab es früher nur
    in *einem* Munde,
doppelzüngig spricht man jetzt –
    an ihrem Hof so üblich.

Achtzig neue Lieder
irren herrenlos umher,
    die ich einst im Dienste
meiner Herrin sang,
    als hohes Lob.

Dieses ist das letzte,
das ich noch mal singe;
    es ist nicht eben hochgestimmt,
ihr hört es schon
    am wunderlichen Klang.
Es ist derart anspruchslos
in der Wortwahl, in den Reimen,
daß man es nicht singen sollte,
    nicht zur Prim und nicht zur Terz.
Ich beklage, daß ich diese Herrin
    einst zu meinem Dienst erkor.

Ich bitte Euch, Herr Küster:
wünscht Ihr, daß ich Gott
    mit meinem Paternoster diene,
so sorgt dafür, daß Damen nicht
    mit spitzen Schuhen
an die Pforte kommen.
Es reicht schon, daß ich ihre
    hübschen Händchen sehen muß!
Ja, so denke ich
    an den langen Dienst zurück.
Wollen Frauen zu mir schleichen,
lasse ich die Kutte fallen:
ihre Schönheit scheucht mir
    das Paternoster fort.
Wollt Ihr, daß ich in den Himmel komme,
    so sagt, sie sollen draußen bleiben.

Aber das scheint schwierig zu sein... Ich bin fast sicher, daß der alte
Neidhart nicht bloß Entsagungslieder anstimmte, vorbildlich, sondern immer wieder ›rückfällig‹ wurde. Repräsentativ könnte hier
beispielsweise das folgende Lied sein – wann wurden je zuvor (und
danach) Halluzinationen bei einem Orgasmus so poetisch formuliert?

Bei meiner Six, bei meiner Wahrheit:
singen werde ich
von einem Mädchen namens Res.
Das sah ich beim Ringelreien
niedlich hüpfen.
Sie spielte mit den Gören gerne
»Zwickezwacke«.
Und sie war auch gut im Spiel,
das so heißt, glaube ich:
»Pümpel stecken«.
Als sie vor dieser Göre saßen,
sagte sie: »Ich geh jetzt mit dem Pümpel rum.«
Und es schwollen ihr die Händchen,
trotzdem gab sie es nicht auf,
sie ging zu einer jeden hin:
zwischen Knieen, weiter oben
schob sie fest den Pümpel rein.

Ich ging, als wäre ich dort fremd,
Richtung Aue,
durch das Gras zu jener Wiese,
auf der man Veilchen pflückte:
Röslein sehn...
Es war an einem frühen Morgen;
sie war allein...
Ich schlich mich ran und fragte, was das Liebchen tue.
Sie erschrickt,
die hübsche Süße, hofgerecht.
»Fräulein, sagt, was macht Ihr da?«
Und sie: »Ich binde mir ein Rosenkränzchen,
für den Kopf, als Schmuck.«
»Fräulein, so gestattet mir,
daß ich dir die Rosen reiche
zu diesem Kranz – ich wähl sie aus.«
Die Edle hat es mir erlaubt.
Rasch band sie uns zwei Kränzchen.

Auf der Wiese
hab ich ihre weiße Hand getätschelt,
und begann mit diesem Mädchen
so zu tändeln...
Ich warf ihr meinen Maienzweig
bald schon zu,
sie fing ihn auf. Und zwickte mich
und sprach: »Ich würde gern poussieren,
am Waldesrand.«
Ich begann, nicht schlecht, das »Zwickezwacke«.
»Könnt Ihr, Herr, das Spielchen ›Pümpel stecken‹?«
»Ja, das kann ich! Legt Euch drunter.«
Seht, ich brachte es sogleich,
schob ihr, ganz nach ihrem Wunsch,
meinen Pümpel zwischen ihre Beine.
Als sie den spürte, staunte sie!

Dieser Spaß wurd ihr zu dicke,
sie rief: »Hör auf!
Eurer Spiel ist mir zu grob!
Weshalb entblößt Ihr mich?
Stößt mir etwas Schlimmes zu?«
»Daß ich, Herrin, meinen Pümpel
fester reinschieb –
danach steht mir grad der Sinn!
Ich bring dir etwas Neues bei.«
Und die Liebste
sagte: »Nie kam mir ein Pümpel unters Hemd.«
»Hohe Frau, ich zeig dir jetzt zwei neue Nummern«,
sagte ich der Schönen, »aufgepaßt!«
Ich steckte ihr den Pümpel rein,
und der schien ihr gar nicht schlecht.
Die Schöne, die nicht träge war,
sie bat mich nochmals um den Pümpel.

Als das Spiel ein Ende nahm,
sprach die Edle:
»Herr, Ihr seid mir wohl nicht böse
(ein bißchen schäme ich mich ja) –
bei Eurer Ehre,
stellt mir Euren Pümpel vor,
ich will sehen,
wie es um denselben steht.«
So gab ich ihn in ihre Hand...
Vor der Aue
bat sie mich um weitres Pümpel-Stecken:
»Mein Herr, an Euer Spiel reicht nichts heran.
Mit ists, als würde sich die Erde drehn...
Das bringt mich ganz um den Verstand!
Der Himmel scheint mir kupferrot,
und die Sonne seh ich dreifach!
Das kann ich beschwören!« sprach das Gör.

Zum Abschluß dieses Sets ein (zweiter) Abgesang, herausgelöst aus
dem Strophenkonvolut *der werlt vrlaub* – Neidharts »Abschied von
der Welt«.

Alles, was den Sommer über heiter war,
traurig wird es, weil die winterlange schwere Zeit beginnt.
Überall ist der Gesang der Vögelchen verstummt,
abgestorben sind die Blumen und das grüne Gras.
Seht nur, wieviel kalter Reif dort oben auf dem Walde liegt –
nicht grundlos ist die grüne Wiese fahl, das offne Land.
Ich allein muß obendrein
beklagen, was mich traurig stimmt –
das Klagen wird kein Ende finden,
nicht vor meinem letzten Tag.

Wenn ich Sünder tief bereuen müßte,
verlangt die Herrin, daß ich ihren Kindern neue Lieder singe.
Ah, wenn sie mich *so* bedrängt, muß ich mich verweigern!

Sie soll mich nie mehr zu sich kommen lassen.
Was sie fordert, scheint mir ungebührlich.
Ich bin fest entschlossen, meine Seele zu erretten;
ich habe sie von Gott entfernt,
weil ich schlimme Lieder sang.
Stehe ihr der Engel bei
und beschütze sie vor Not.

Ihr, Herrin ohne Ehre: ach, was wollt Ihr noch von mir?
Laßt an meiner Stelle künftig tausend junge Leute dienen!
Einem HERREN will ich dienen, dem ich ganz gehöre,
will nicht länger Euer Sänger sein.
Ach, daß ich in Euren Diensten viele schräge Tänze wagte,
ist für meine Seele, für mein Heil nicht gut.
Dies belastet mich am meisten:
daß ich Euch nicht schon floh,
mich nicht zum HERRN begab,
dessen Lohn weit schwerer wöge.

Meine Herrin: mehr als ein Jahrtausend alt
und noch dümmer als ein kleines Kind von sieben.
Ich kenne keine Herrin von so schlechtem Lebensstil.
In die Irre führte sie mich bis zuletzt
und hofft noch heut, ich würd ihr ständig dienen.
So sagte mir ein Bote, den sie mir geschickt;
sie bot mir unverblümt
den Dienst und ihre Liebe an.
Da sagte ich mich völlig los
von ihr, die falsch ist und betrügt.

Den dreisten Tölpeln will ich nun gewähren,
daß sie in dicken Jacken tanzen wie im letzten Jahr…
Ich will nicht weiter spotten, wenn sie nobel tun,
ich strebe jetzt nach einem *andren* Leben.
So mögen sie die langen Schwerter gürten –
die Riemen mehr als spannenbreit!

Dies sei überall geduldet,
damit sie mich nicht mehr verfluchen;
sie brauchen mich im Reuental
niemals mehr zu suchen.

Einhundertundvier Lieder, die ich gesungen habe,
und neun, für öffentlichen Vortrag noch nicht fertig,
dazu ein Tagelied – mehr zum Singen hab ich nicht.
Wenn ich sie eitel aufgeführt, sind dies
Frau Welt und ihre dummen, dreisten Kinder schuld.
Ich bitte Dich, vergib es mir, Gott Vater.
Jesus Christus: weil ich Deine Gnade suche,
lasse mich hier Buße tun,
mit Blick auf Dein Màrtyrium.
Liebster Gott, ich bitt Dich drum.

Wir kommen ans Ende dieses Buchs, dieser langen Lebensreise. Neidhart ist nun ein Mann über Sechzig, vielleicht sogar um die Siebzig. Damit hat er zähe Lebenskraft, eine starke Konstitution bewiesen. Viele seiner Altersgenossen wird er überlebt haben: hat er schmerzhafte Abschiede nehmen müssen? Von Freunden? Von befreundeten Kollegen? Von Herren und vielleicht auch Damen, die ihn gefördert haben, zumindest eine Zeitlang? Begann er, sich nun als Relikt, als Fossil zu fühlen – nur *er* ist noch nicht abberufen?

Neidhart scheint als Dichter seine Vitalität bewahrt zu haben. Zwar wurden mehr Abschieds- als Aufbruchslieder angestimmt, aber zu einem weise gewordenen Mann der Entsagung wird man ihn kaum stilisieren können. Er wird einer der alten Männer sein, die jünger erscheinen, als sie sind.

Dieser Mann um die Sechzig oder Siebzig, wahrscheinlich in Mödling lebend, scheint stolz zu sein auf die große Zahl der Lieder, die er gedichtet, komponiert und vorgetragen hat in einem langen Wanderleben.

Auch beim zweiten Spaziergang hinauf zum Kirchhügel von Mödling ist die Eingangstür des Karner verschlossen. Ich will nun allerdings nicht, bei beginnender Dämmerung, das weithin restaurierte, ja rekonstruierte frühromanische Portal dieses Kapellen-Rundbaus besichtigen, ich will diesen Raum betreten, denn: der Karner hat, so zeigen neuste Forschungsergebnisse, schon zu Neidharts Zeit gestanden, selbstverständlich ohne den Glockenturm-Aufsatz; errichtet hat diesen Bau wahrscheinlich Heinrich der Ältere von Mödling.

Dies rekapitulierend, lehne ich mich an die Tür, und plötzlich gibt sie nach – als hätte sie mir Caesarius von Heisterbach persönlich geöffnet. Ich trete in den kleinen halligen Raum – Dämmerlicht. Hinter mir wird die Tür sanft ins Schloß gedrückt, als dürfe es keine Zeugen geben.

Ich stehe mitten im Raum, auf den polygonalen Steinplatten des Jahres 1897, unter denen, etwa fünfzehn Zentimeter tiefer, der alte Boden liegt mit den »abgetretenen, unregelmäßigen Sandsteinplatten«, die auch Neidhart betreten haben könnte.

Wie auf dieses Stichwort wird mir aus der Apsis etwas vor die Füße geworfen: ein kleiner Strauß Blumen und Kräuter. Ohne mich zu bücken, weiß ich sofort: Fenchel, Liebstöckel, Gartenkerbel, Pfingstrose, Bauernrose, Lilie, Salbei, Eberraute, Zitronenmelisse, Andorn, Wermut, Muskateller-Salbei und Betonie.

Ich habe gelernt, daß man im Märchen nicht immer das Selbstverständliche tun darf, nicht einmal im Reflex, und so stelle ich keine Frage, gehe ein paar Schritte seitwärts, von der Mittelachse weg: er muß hinter dem (rechten) Mauereinzug zwischen dem Rundbau und der Apsis stehen, drei Stufen höher.

Ich lehne mich an diesen Mauervorsprung: dahinter scheint sich nichts zu rühren, aber ich warte, lausche. Glaube bald, tonloses Wispern zu hören. Und rasch lösen sich aus dem Sprechgeräusch Wörter heraus, bayerisch eingefärbt: Auf der Spur... sogar Passau... Lieder... viele Kapitel... den Schritt machen... Ich blicke auf das Sträußchen. Und glaube zu hören: er werde mir nicht erzählen, was ›wirklich‹ geschehen sei in seinem langen Leben, werde mir auch nicht sagen, wo das Reuental gewesen sei. Warum, so fragt er nach einer minutenlangen Pause, die für ihn wohl kurz ist wie ein Lidschlag, warum auch sollte ich so etwas wissen wollen? Würden mit solchen Lokalisierungen seine Konturen deutlicher? Würde er damit größere Präsenz gewinnen? Er habe sich hier auf dem Kirchhügel von Mödling eingefunden, um mich, nachdem ich ihm so lange auf echten und vermeintlichen Spuren gefolgt sei, zu ermuntern, ja zu ermutigen, den einen naheliegenden, entscheidenden Schritt zu machen.

Und er schweigt. Ich tue so, als verstände ich nichts, als ahnte ich nicht einmal, worauf er hinauswill. Depp, damischer! sagt er, und es folgt tonloses Lachen.

Wir schweigen wieder, aber nur kurz, denn diese Minuten sind kostbar. In der Othmar-Kirche nebenan Orgelspiel: sanfte Klanggrundierung.

Also?! Eine kurze, von mir als lauernd empfundene Pause.

Und er sagt, zitierend: »Stellt euch vor, liebe Leute, was ich neulich erlebt habe! Da kommt mir doch Neidhart entgegengeritten, auf seinem kleinen, zähen Pferd, und er trägt einen feuerroten, weithin leuchtenden Umhang über dem Schlupfgewand. Ich bleibe stehen am Wegrand und frage: Herr Neidhart, wie kommt Ihr an diesen wunderschönen roten, und, wie ich sehe, seidenen Umhang? Und Neidhart erzählt« … Hier müßte ich einen winzigen Schritt machen, einen Doppelpunkt setzen und ihn sprechen lassen in direkter Rede. Das wiederholt er: in direkter Rede!

So etwas sei nur möglich, wende ich ein, wenn ich ein genaues Bild von ihm hätte.

Das hätte ich mir inzwischen doch gemacht, sagt er, ich sollte das nur zugeben! Und mahnend, soufflierend: der quecksilbrige, quicklebendige, auch querköpfige Mann… Und weil ich schweige, als könnte ich damit die Festlegung wieder in die Schwebe bringen, kommt es zu einer lautlosen Explosion von Bewegungen in der Apsis, im Dämmerlicht, als liefen Dutzende von Bewegungen und Bewegungsabläufen in ungeheurer Zeitverkürzung oder Zeitraffung ab, Bewegungen eines kleinen, offenbar sehr gelenkigen, mit den Extremitäten gleichsam um sich werfenden, in der Tat quecksilbrigen, quicklebendigen Mannes.

Aber auch jetzt halte ich mich an die Spielregeln eines Märchens, schaue nicht genau hin, lasse diesen Bewegungswirbel an der Grenze meines Blickfelds ablaufen, im Dämmer, der sich verdichtet. Und wie abgerissen, ja abgeschnitten die Bewegungen. Am Atem glaube ich zu hören: ein älterer Mann. Ich lasse ihn ein wenig verschnaufen, damit er mir besser zuhören kann.

Ich hätte mir nicht, sage ich, kritischen Abstand erarbeitet, um schließlich distanzlos einen historischen Roman über ihn zu schreiben! Wieder schweigen wir. Die gedämpfte Orgelmusik von St. Othmar – weder Beethoven noch Schönberg, noch Webern, obwohl sie zeitweise in Mödling gewohnt haben. Und keine freien Improvisationen über ein Thema Neidharts. Schon daran merke ich, daß die Realität nicht mitspielt.

Erneut eine Pause, die für mich minutenlang, für ihn lidschlagkurz ist. Und er spricht weiter, als würde er den Text ablesen: »Und Neidhart lacht auf, zeigt die braunen, verkürzten, auf Lücke stehenden Zähne und erzählt, daß er am Hof des Bischofs zu Passau aufgetreten sei, bei dem auch einige andere Spielleute waren, unter ihnen ein Feuerschlucker oder Feuerspucker, mit dem er sich sofort verstand, vielleicht auch deshalb, weil sich herausstellte, daß sie einen gemeinsamen Bekannten haben, einen virtuosen Messerwerfer, der zu dieser Zeit weiter südlich unterwegs war, Richtung Brixen; mit diesem Feuerschlucker sei er, auf Wunsch des hohen geistlichen Herrn, gemeinsam aufgetreten, das Wort als Feuer, das Wort als Flamme, und so hatten sie gemeinsam das Lied vom brennenden See vorgetragen, abwechselnd jeweils er mit einer Singstrophe und der andere mit einer Feuerstrophe. Und nach dieser gemeinsamen Darbietung sagte der Bischof: Neidhart« … Ja, wenn ich schon Bischof Wolfger von Passau die direkte Rede zugestanden hätte, so sei es nur ein kleiner, ein winziger Schritt, auch ihm, Neidhart, die direkte Rede zu gönnen.

Ich sage ihm, ich sei hier bereits in der Schlußphase des Buchs über den Neidhart, wie ich ihn sehe, also über *meinen* Neidhart, hier sei kein Platz mehr für Werkreflexionen, also könnte ich ihm nur noch Stichworte zurufen: das Mögliche und das Wahrscheinliche als Kategorien des Ästhetischen, und kein Schritt darüber hinaus!

Denn dieser Schritt wäre zwangsläufig – in ästhetischer Hinsicht, in der Schreibmethode – ein Schritt zurück.

Schmarrn! ruft er und lacht. Weida, gemma! Und er sagt, körperlos an mich herantretend, tonlos auf mich einsprechend, ich sollte doch zugeben, trotz meiner Vorbehalte, daß ich durchaus schon wüßte, was ich erzählen könnte, wenn ich mich nur endlich über meine Bedenken hinwegsetzen würde.

Hier gibt sich meine Antwort fast von selbst, ich muß ihr nur zuhören: Ich weiß, was ich *nicht* erzählen würde!

Was dies wäre, zum Beispiel, will er wissen, und er fragt das ganz gierig.

Da kann ich nicht widerstehen, erzähle ihm, was man in einem historischen Roman erzählen könnte, was *ich* aber um keinen Preis erzählen würde! Es ist erwartungsvoll still neben mir, sogar die Orgel wird nicht mehr gespielt: sitzt der hellhörige Organist vorgebeugt? Nehmen wir also nur mal, sage ich, dein Ende vorweg – hier könnte sich der Verfasser eines historischen Romans ja das Tollste ausdenken, ausmalen!

Zum Beispiel: die Mongolen, die sich genauer beschreiben ließen mit ihren Schuppenpanzern, mit ihren Bögen, mit ihren kleinen, zähen, schnellen Pferden, diese Mongolen also tauchen an der Donau auf, von Ungarn her, wo sie allen Widerstand weggefegt haben, und sie überqueren die zugefrorene Donau, schwärmen aus bis Neustadt, und von dort ist es für sie nicht mal mehr ein Tagesritt bis Mödling, vielleicht erscheint auch schon ein erstes Mongolentrüpplein an der Klause von Mödling; als der alte Neidhart im Krankenbett, im Sterbebett auf der Straße vor seinem Haus die ersten Laute der Mongolen hört, da schließt er für immer die Augen, oder: da wird sein Blick starr.

Eine nicht ganz so melodramatische Variante: er stirbt mit einem Seufzer, der wie ein Seufzer der Erleichterung klingt, als er hört, was keiner so recht fassen kann: daß die Mongolen, die bereits die Donau überquert haben, die schon bei Neustadt gesehen wurden, sich plötzlich zurückziehen. Ja, nun könnte in einem zünftigen historischen Roman Neidhart die Augen für immer schließen, oder sie werden ihm geschlossen, von seiner Frau, die unangefochten

412

Mechthild heißt, Mechthild hieße, und es stehen auch Kinder am Bett, und diese Kinder zittern nicht mehr. Siehst du, rufe ich, das Gesicht zur rechten Schulter gedreht, auch so etwas könnte ich erfinden, aber damit würde ich meine notwendigen kritischen Bedenken annullieren, die sich ausprägen, ausformen in der Struktur dieses Buchs. Und ich füge begründend hinzu: das sogenannte souveräne Verknüpfen von Fäden zu auffällig geschürzten Knoten geschieht ja immer nachträglich, die Geschichte, the history, la histoire selbst schafft so etwas höchst selten, das muß ihr der Verfasser historischer Romane aus den Händen nehmen, aber dabei geschieht notwendigerweise dies: störende Faktoren werden ausgeklammert. Ein überaus störender Faktor wäre hier beispielsweise, daß ich nicht weiß, wann Neidhart gestorben ist. Fest steht aber: im Jahre 1241 zogen sich die Mongolen zurück, weil ein »Pfeilreiter« eintraf mit der Meldung, der Herrscher, der Khan Ogideus, Sohn des Dschingis Khan, sei gestorben; weil damit Kämpfe um seine Nachfolge drohten, eilte alles zurück. Möglicherweise, ja wahrscheinlich müßte der Autor eines historischen Romans die Lebensspanne des Neidhart ein bißchen verlängern, um diesen Schnittpunkt zu erreichen: zwischen Neidharts Lebenslauf und der Marschroute der südlichen Heereseinheit der Mongolen, über die Donau hinweg Richtung Neustadt.

Nein, sage ich mit Entschiedenheit, weil hinter mir herausfordernd geschwiegen wird, nein, ich werde dich nicht direkt agieren lassen, ich könnte sonst allzu leicht Erzählmustern verfallen, die nicht meinen Denkmustern entsprechen. Fiktion soll nicht ersetzen, was uns an Fakten fehlt! Wenn ich als Erzähler erfinden will, schreibe ich lieber gleich einen fiktionalen Text, verstehst du? Einen Text, in dem ich mich frei bewegen kann. Hier bleibe ich ja doch an dich gebunden. Da will ich mich nicht auch noch an bewährte Erzählmuster binden. Ich entwickle lieber meine eigenen Textstrukturen – du verstehst?

Ich nehme das Schweigen als Zustimmung. Die Dämmerung schwärzt sich unaufhaltsam ein. Aber ich sehe das Sträußlein auf dem Boden, als wäre es von einem Spotlight hervorgehoben: Liebstöckel und Fenchel, Pfingstrose und Gartenkerbel, Lilie und Bauernrose,

Eberraute und Salbei, Andorn und Zitronenmelisse, Betonie, Muskateller-Salbei, Wermut. Zwei, drei Lidschläge kurz, wenigstens zwei, drei Minuten lang kein Wort, keine Regung.

Und plötzlich wieder eine Explosion wild auszackender Bewegungen – eine Hand über dem Kopf, eine Hand in die Hüfte gestemmt, ein Knie weit ausgewinkelt, so könnte das auf einer Momentaufnahme aussehen. Weiter die betäubend rasche Folge von Bewegungen im Zeitraffer, vielleicht werden hier alle Bewegungen gebündelt, in denen ich ihn vor mir, in mir gesehen habe, aber nun sind die Bewegungen so sehr verdichtet, daß ich, obwohl ich diese rasende Pirouette nur an der Grenze meines Blickfelds sehe, die Augen schließen muß.

Ich öffne sie erst wieder, als ich spüre, daß sich nichts mehr rührt im kleinen romanischen Raum. Ich taste hinter den Mauervorsprung: kein Körperwiderstand. Und das Sträußchen ist von der Finsternis wie verschluckt. Ich gehe zur Tür zurück, die sich öffnet wie auf ein Zauberwort.

Anhang

Warum Mittelalter?

Für jeden Band der *Trilogie des Mittelalters* etwa drei Arbeitsjahre ansetzend, komme ich auf insgesamt neun Jahre; mit der Übertragung des Romans *Tristan und Isolde* wird es ein sattes Jahrzehnt. Die Hauptfrage, die oft an mich gerichtet wurde, vor allem in Gesprächen nach Lesungen, sie stellte ich wiederholt auch mir selbst, während der Arbeit: Warum Mittelalter? Als ich, vor allem für die Trilogie, mit dem Großen Literaturpreis der Bayerischen Akademie der Schönen Künste ausgezeichnet wurde, 1989, hatte ich Anlaß, mir diese Frage erneut zu stellen.

Leserinnen und Lesern dieses Buches (und der beiden anderen Bände der Trilogie) kann ich in der (nun nachgedruckten) Dankesrede zur Preisverleihung kaum Neues sagen, aber: hier ist fokussiert, was in den Mittelalter-Büchern unter verschiedenen Stichworten erzählt, berichtet, erörtert wird. So kann der folgende Text die Orientierung im fremden Territorium erleichtern – deshalb nehme ich ihn auf in diesen Anhang.

Die erste Person des Mittelalters, der ich mich schreibend zuwendete, war Oswald von Wolkenstein. Woher meine Impulse, mich mit einem Dichter zu beschäftigen, der Mitte der siebziger Jahre außerhalb Germanistischer Seminare vergessen war? Bestand bei mir generelles Interesse an Repräsentanten der höfischen Literatur, und ich wählte mir einen der Dichter aus? Ich habe Germanistik studiert, habe allerdings über einen Autor dieses Jahrhunderts promoviert, über Robert Musil. Die Seminare in Gotisch, Althochdeutsch, Mittelhochdeutsch habe ich zähneknirschend absolviert, weil ich die Scheine brauchte. Als ich die notwendigen Scheine besaß, war ich sicher: Nie mehr Mittelhochdeutsch! Und dann drei Bücher über Dichter des Hohen und Späten Mittelalters, mit vielen Übertragungen! Was waren die Auslöser, die Impulse?

Ich muß – ganz kurz – anekdotisch werden. Irgendwann Mitte der sechziger Jahre sah ich eine kleinformatige Reproduktion des Porträtgemäldes des Wolkensteiners mit Ehrenzeichen und Orden. Das erste authentische Bildnis eines deutschsprachigen Dichters, Komponisten, Sängers. Ein auffälliger Kopf, nicht nur, weil das rechte Auge geschlossen ist – massiger Schädel mit energischen Kinnhöckern, deutlichen Blessuren. Über dieses Mannsbild, das ich so genau vor mir sah, wollte ich mehr erfahren.

Der zweite Impuls: eine Langspielplatte mit Wolkenstein-Liedern, in der Archiv-Produktion der Deutschen Grammophon. Einige der Lied-Kompositionen des Wolkensteiners wurden zu Ohrwürmern: »Wach auf, mein Schatz! Schon leuchtet her / von Orient der lichte Tag!«...

Dritter Impuls: irgendwo las ich einen Liedtext, in dem Oswald stilisiert besingt, wie er in seiner Burg Hauenstein bei Seis am Schlern haust, im Winter, drangvolle Enge im einzigen Raum, der, außer der Küche, beheizt wurde – ein kurzer Ausschnitt, in meiner Übertragung.

Was mir an Ehrung ward zuteil
durch Fürsten, »manig« Königin
und was ich so an Schönem sah,
da büß ich ab in diesem Bau.
Mein Unheil hier –
es zieht sich lange hin!
Ich bräuchte sehr viel Mutterwitz:
muß täglich sorgen für das Brot!
Dazu werd ich noch oft bedroht.
Kein schönes Mädchen tröstet mich!
Die früher auf mich hörten,
sie lassen mich im Stich.
Kein feiner Umgang mehr, statt des:
nur Kälber, Geißen, Böcke, Rinder
und Bauerndeppen, häßlich, schwarz,
im Winter ganz verrotzt.
Macht froh wie Pansch-Wein, Wanzenbiß...
In der Beklemmung hau ich oft
die Kinder in die Ecken.
Da kommt die Mutter angewetzt,
beginnt sogleich zu zetern.
Gäb sie mir eines mit der Faust,
ich müßt auch das erdulden!
Sie schreit: »Die Kinder hast du ja
ganz fladenflach geschlagen!«

Dieser Liedtext, das Tagelied, das Bildnis: dreifacher Auslöser. Was ich geplant hatte: einen biographischen Essay von etwa hundert Seiten. Aber dann wirkte der Glücksfall auf das Buch ein, daß mehr als tausend Wolkenstein-Dokumente erhalten sind. Ich mußte nicht durch Erfindung interpolieren, die Lebensgeschichte wurde zum Lebensroman, in dem jedes Detail wissenschaftlich verifizierbar ist.

Wenn man eine so umfangreiche Arbeit engagiert und enthusiasmiert fortführen will, müssen Motivationen hinzukommen – Neugier reicht nicht aus. Einer der stärksten Impulse: die wachsende Bewunderung für das sehr breite Spektrum der Liedtexte des Wolkensteiners. Reiselieder und Marienlieder und Liebeslieder und geistliche Lieder und politische Lieder und experimentelle Liedtexte – eigentlich das gesamte Spektrum damals möglicher ›Lyrik‹.

Das löste mehr als nur abstrakte Bewunderung aus, hier stellten sich – rückwirkend – Bezüge ein: Kritiker sind zuweilen irritiert über die Vielfalt meiner literarischen Arbeiten, meiner »Textsorten« – im Idiom der Linguistik. Unausgesprochen spielt dieser Gedanke mit: Hörspiele und Theaterstücke und Kinderbücher und Erzählungen und Romane und dann auch noch eine Biographie, das kann eigentlich nicht gutgehen. Und nun sah ich beim Wolkensteiner, modellhaft, im Bereich der Gedichte, der Liedtexte: es kann durchaus gutgehen, wenn jeweils mit größter Intensität gearbeitet wird.

So wuchs der Wolkensteiner zu einer literarischen Vaterfigur heran. Wäre das chronologisch und juristisch möglich, so würde ich ihn als literarischen Vater adoptieren. Ich betone: als *literarischen* Vater. Mit dem Mann selbst, der sich Bauern gegenüber zuweilen wie ein Mafioso verhielt, mit ihm hätte ich es privat nicht gern zu tun. Meine Bewunderung aber für die Breite der literarischen Artikulation, die Vielfalt der Formen im Bereich des Liedtextes, sie ist ungebrochen. Der Wolkensteiner ist eine der literarischen Vaterfiguren für mich, wie Flaubert, Tolstoi, Joyce.

Also kein »interesseloses Wohlgefallen«, sondern subjektive Motivation, subjektiv bis ins Emotionale. Dies in einem Land und in einer Zeit des wachsenden Informationsumsatzes, des ansteigenden Datenflusses, der einmal zu einem Daten-Hochwasser anschwellen kann, das vieles mit sich reißt, wegreißt. Nur in speziellen Situationen ist es schwierig, an Informationen zu kommen – in Bereichen wie Militär, Wirtschaft, Verfassungsschutz. Generell jedoch ist nicht unser Problem, daß wir zuwenig Informationen haben, sondern: wie wir die zahlreichen, die ständig zunehmenden Informationen verarbeiten können. Es zeigt sich, daß vor allem *die* Informationen unser Bewußtsein intensiv und extensiv beschäftigen, die emotional aufgeladen sind, gleichsam: emotional magnetisiert. Was ich an Informationen über das Mittelalter zusammengefaßt und umgesetzt habe, das scheint emotional stark aufgeladen, magnetisiert zu sein. Das zeigen mir zahlreiche Rückmeldungen, in Briefen und Gesprächen. Damit ist es an der Zeit, die Leitfrage »Warum Mittelalter?« ein zweites Mal zu stellen, sie zu verbinden mit dem Stichwort Werk.

Wie die beiden Türme des Kölner Doms – oder der Münchner Frauenkirche – dominieren in der erzählenden Literatur des Mittelalters der *Parzival-* und der *Tristan*roman. Diese Werke sind exemplarisch in vielfacher, objektivierbarer Hinsicht, aber ich bleibe bei subjektiven Anmerkungen.

Was mich, was viele von uns an *Tristan und Isolde* des Gottfried von Straßburg heute noch interessiert, inhaltlich – ich betone: inhaltlich –, das ist die Liebesgeschichte, die Ehegeschichte. Vieles an diesem Werk ist uns fremd geworden, aber zuweilen werden wir unmittelbar angesprochen, ja angerührt, über Jahrhunderte hinweg. Zum Beispiel, wenn wir lesen, wie König Marke nicht wahrhaben, aber doch wissen, zwar wissen, aber nicht wahrhaben will, daß seine jüngere Frau Isolde ein Verhältnis hat oder haben könnte mit seinem Neffen Tristan. Gottfried beschreibt die innere Situation dieses Mannes so genau, daß Vergleiche möglich sind mit eigenen Erfahrungen oder den Erfahrungen von Freunden. Zwar lernt man in der Germanistik, man soll nicht identifikatorisch lesen, sondern kritisch objektivierend, aber: das Lesen ohne Identifikation, zumindest ohne teilweise Identifikation, es wäre vielfach langweilig und hätte keine Nachwirkungen. Einwirkung und Nachwirkung aber stellen sich ein, wenn in einem Werk Spiegelbilder entstehen, für uns. Im Verhalten eines

Tristan oder eines Marke kann ein Mann des zwanzigsten Jahrhunderts eigene Verhaltensweisen, Verhaltensmuster wiedererkennen, und er sieht sich deutlicher. So kann das Interesse am Mittelalter auch motiviert, gefördert werden durch Spiegelbild-Wirkungen. Als Leser habe ich dann das Gefühl: Es geht nicht nur um eine fiktive Figur namens Tristan in einem Werk des ersten Jahrzehnts des dreizehnten Jahrhunderts, es geht auch um mich, um uns. Direkte Bezüge stellen sich her, im wahrsten Wortsinn: verkürzend.

Damit bin ich beim dritten Stichwort, mit dem ich die Leitfrage verbinde: Zeit, Gesellschaft. Warum ist bei vielen von uns die Resonanz so stark auf Werke, die sich intensiv und extensiv mit Figuren, Werken, Ereignissen des Mittelalters befassen?

Ein Name, dem man selbst mit großer Anstrengung nicht ausweichen kann: Umberto Eco. Mehrfach habe ich nach Lesungen zu hören bekommen: Ohne Eco wäre das Interesse am Mittelalter längst nicht so groß, ja, er hat dieses Interesse erst mit seinem Roman *Der Name der Rose* geweckt.

Dazu sagte ich, sage es wieder: Eco hat das Interesse am Mittelalter gefördert, aber nicht geschaffen; die große Resonanz, die er mit seinem Roman fand, ist Indikator, nicht Auslöser; wäre dieses Buch Anfang der siebziger Jahre erschienen, als die Neue Aufklärung proklamiert wurde, es wäre höchstwahrscheinlich untergegangen. Es hätte zwar in unserem Jahrzehnt wiederentdeckt werden können, aber damals hätte es kaum Resonanz gefunden oder eher negative: Ein Buch gegen die Aufklärung, hätte es geheißen, ein Buch gegen die Emanzipation der Rationalität, ein Buch des Obskurantismus – und so weiter. Wie Lackmus-Papier zeigt der Erfolg dieses Romans eine bestimmte gesellschaftliche Situation an. Umgekehrt: ein bestimmtes gesellschaftliches Klima ermöglichte die rasche Entfaltung der Erfolgs-Rose.

So spezifiziert sich hier die Leitfrage: Welche Grundstimmung unserer Gesellschaft fördert die Zuwendung zu Büchern, die sich mit Personen, Werken, Ereignissen des Mittelalters beschäftigen, intensiv und extensiv?

Zur Grundstimmung unserer Gegenwart gehört, vor allem in Deutschland, die Einsicht, Sorge, Angst, die Zeit der Katastrophen könnte beendet werden durch eine ganz große Katastrophe. Die Angst vor dem Ende der Welt. Und diese Angst war im Hohen Mittelalter, zur Zeit eines Wolfram von Eschenbach oder Neidhart, stark ausgeprägt. Artikuliert wurde diese Angst, nein: Erwartung beispielsweise durch Otto von Freising. Der Tenor seiner Ausführungen: Alles ist korrumpiert, das Ende steht nah bevor. Er schloß dies aus Weltzuständen, las dies ab aus der Bibel. Heute sehen wir das mögliche, das drohende Ende anders: wir haben Mittel geschaffen, menschliches Leben auf der Erde weithin oder vollständig zu vernichten. Wenn dazu nicht nukleare und thermonukleare Massenvernichtungsmittel eingesetzt werden, genügt es, wenn wir weiterschludern wie bisher. Weit verbreitet das Bewußtsein: Es kann nicht gutgehen, wenn es so weitergeht. Dieses Bewußtsein könnte uns verbinden mit Menschen des Mittelalters, obwohl deren und unsere Besorgnisse völlig unterschiedliche Voraussetzungen haben. Dennoch: eine Art Spiegelbild. Ohne solch ein Gefühl von Gemeinsamkeit, von Verbindendem wären Informationen über das Mittelalter nicht emotional aufgeladen, blieben also fast völlig wirkungslos. Wirkungen aber sind nachweisbar.

Jedoch: wir sehen uns, wir sehen das Mittelalter nicht richtig, wenn zum Spiegelbild nicht das Kontrastbild kommt. Von Vertretern und Verfechtern des Historischen Romans wurde die These entwickelt oder die Suggestion vermittelt: Menschen vergangener Epochen sind letztlich wie Menschen heutiger Zeiten. Sie wohnten und reisten, aßen und tranken zwar anders, lernten anders, dachten anders, aber wenn sie traurig waren, weinten sie, und wenn sie glücklich waren, sah man es ihnen an. Ich pointiere hier selbstverständlich, aber gemeint ist in der Tat dies: Menschen der Vergangenheit und Menschen der Gegenwart sollen sich ähnlich sein. Je länger und genauer ich mich mit dem Mittelalter beschäftigte, und das hieß: je mehr Details ich verarbeitete, desto größer wurden die Zweifel an dieser These. Sie kann nur partiell, aber nicht generell zutreffen.

Ich bringe auch hier nur ein Stichwort: Öffentliche Ordnung. Die Gesellschaft, speziell in der Bundesrepublik, wird immer stärker durchorganisiert, immer dichter vernetzt, immer genauer kontrolliert. Immer mehr Gesetze (darüber klagen schon Verwaltungsexperten und Juristen), immer mehr Durchführungsbestimmungen (darüber stöhnt fast jeder Lehrer), immer mehr Verwaltung (das beklagen wir alle). Das Gesellschaftssystem wird immer abstrakter, je genauer man es analysiert. Dieses System ist höchst empfindlich, ja übersensibel gegenüber Störungen; sobald es jedoch gegen störende Elemente vorgeht, ist ihm unter allen Argumenten das schlagende oft am liebsten. Dennoch werden in dieser Gesellschaft, die sich am Begriff »High Tech« berauscht, die Tugenden der Nüchternheit, Rationalität, Selbstkontrolle, Selbstbeherrschung an die Spitze der Werteskala gesetzt. Spontaneität bitte nur, solange sie ›kreativ‹, sprich: gesellschaftlich nützlich ist. Nur keine unkontrollierbaren Protuberanzen! Und buntes Leben am besten nur im Kino! Um das auf eine etwas wohlfeile Art zu generalisieren: Wir steuern hin, werden hingesteuert auf die perfekt organisierte, lückenlos geordnete Gesellschaft.

Wer dies nicht im Bewußtsein hat, der hat es zumindest im Hinterkopf. Oder unter dem Zwerchfell. Und so sehe ich ein Gesetz der Komplementarität erfüllt, wenn sich – zumindest für eine Zeitphase – Menschen intensiv und extensiv dem Mittelalter zuwenden: Interesse an den ganz anderen Lebensformen jener Epoche.

Um das wahrhaft bunte Spektrum dieser Lebensformen zu beschreiben, habe ich viele Druckseiten gebraucht. Ich verweise hier auf ein Beispiel in diesem Neidhart-Buch, hebe es hervor: im Chor des Münsters zu Villingen wurde ein Skelett in scheinbar ekstatischer Tanzhaltung freigelegt. Grabbeigaben beweisen: es war ein Priester. Entsprechungen zu anderen Gräbern zeigen: dieser Priester hatte an Veitstanz gelitten. Diese Erkrankung des Zentral-Nervensystems erzeugt, in etwa, die Symptome eines Spastikers, mit unkontrollierten

Zuckbewegungen. Dieser Mann konnte sich kaum verständlich artikulieren, er war auf Hilfe angewiesen – dennoch war er ein aktiver und angesehener Priester. Heute würde er dezent aus der Öffentlichkeit zurückgezogen, käme in ein Heim, eine Krankenanstalt. In der Öffentlichkeit sehen wir heute kaum noch Symptome von schweren Erkrankungen des Geistes und der Seele. Damals hingegen gab es keine Irrenhäuser. Und: Verkrüppelungen, schwere körperliche Erkrankungen wurden nicht kaschiert – vor allem Bettler stellten ihre Gebrechen aus: Beinstümpfe, Geschwüre! So jemand würde heute sofort der Polizei gemeldet, würde von der Feuerwehr abgeholt. Wir sind, in der Öffentlichkeit, kaum noch konfrontiert mit Leben in lädierter Form.

In Fußgängerzonen vieler Städte aber werden Brunnen aufgestellt mit Bronzefiguren früherer Stadt-Originale. Gibt es hier eigentlich keinen Nachwuchs?! In kleinen Zirkeln die Penner oder Punks mit den Weißblech-Bierdosen, aber wo sind die freundlichen Spinner, die einprägsamen Originale? Auch unter Lehrern und Professoren – wo sind eigentlich die Originale geblieben, von denen man Jahrzehnte später noch erzählt? Wieso immer mehr Menschen, über die sich immer weniger erzählen läßt? Offenbar sortiert unsere Gesellschaft Auffälliges aus, isoliert es. Und: es werden Normen verinnerlicht. Das Ergebnis jedenfalls: das Spektrum von Lebensformen, Lebensäußerungen wird eingeengt. Bis hin zur Stunde des Sterbens. Etwa 98 Prozent der Bundesbürger sterben in Krankenhäusern. Und das bedeutet: sie sind vielfach allein gelassen – der Tod in den frühen Morgenstunden. Immer seltener werden Familienmitglieder rechtzeitig informiert, immer weniger harren aus. So wiederholt sich dies: erst beim Schichtwechsel des überlasteten Pflegepersonals wird Tod registriert. Daß ein Familienmitglied dann noch die Leiche der oder des Verstorbenen sehen will, ist in Krankenhäusern kaum vorgesehen, dieser Wunsch stiftet Verwirrung.

Allein zu sterben, das aber wäre für einen Menschen des Mittelalters bereits die Vorhölle gewesen. Man wollte in der Todesstunde umgeben sein von der Familie, von Freunden, Bekannten, Nachbarn – und wenn die sich bis vor die Tür drängelten!

Dies ist eins von vielen Kontrastbildern, die sich bei der Beschäftigung mit Personen, Werken, Ereignissen des Mittelalters entwickeln. Wir sehen Kontrastbilder, wir sehen Spiegelbilder, wir sehen Zerrbilder, Vexierbilder – unsere Einstellung zu Lebensformen des Mittelalters schwankt zwischen Anziehung und Abstoßung, zwischen Affinität und Distanzierung, zwischen Bewunderung und Schock. So führen Expeditionen ins Mittelalter auch zu uns selbst. Wenn wir erfahren, wie Menschen des Mittelalters gedacht, gefühlt haben, wird uns deutlicher, wie wir heute denken, wie wir fühlen. Wenn wir sehen, in welchen Gesellschaftsformen unsere Vorfahren gelebt haben, sehen wir deutlicher, in welchen Gesellschaftsformen *wir* leben – hier zeigt sich Verlust wie Gewinn. Also: wenn wir uns mit dem Mittelalter beschäftigen, geht es auch um *uns*. Und nur dann ist unser Interesse lebendig!

Dies ist meine letzte Annäherung an Neidhart; der erste Versuch war mißlungen, der zweite Versuch mußte revidiert werden. /

Genaugenommen war der erste Versuch zweifach. 1981 erschien *Herr Neidhart*. In diesem Buch dominierte noch der philologische Diskurs. Für die Taschenbuchausgabe nahm ich deshalb entschiedene Kürzungen vor, es wurde zum *Liederbuch für Neidhart* (1983).

Einige Jahre später schrieb ich das Neidhart-Buch völlig neu: als Mittelband der *Trilogie des Mittelalters*. Dieses Projekt war nicht von Anfang an geplant, es wuchs ›in progress‹. *Herr Neidhart*: 17 Kapitel. *Neidhart aus dem Reuental*: 168 Kapitel oder Textsequenzen. Dieses Buch erschien 1988. Wiederum acht Jahre später diese veränderte und gekürzte Fassung, mit einer notwendigen kleinen Änderung im Titel. Und ich gab dem Buch einen Untertitel, der zugleich seine Struktur bezeichnet: *Eine Lebensreise*. Dieser Begriff tauchte schon im vorigen Neidhart-Buch wiederholt auf.

Was nun die Revision möglich machte: nach meinem Verlagswechsel kann ich Bücher in veränderter Fassung neu vorlegen. Diese Chance wollte ich nutzen. Motivierend eingewirkt haben zwei Wissenschaftler – der eine in direktem Gespräch, der andere durch eine Publikation.

Zum weitgefächerten Programm meiner Heidelberger Poetik-Vorlesungen 1995 gehörte auch eine Lesung in einem Neidhart-Seminar. Hier entwickelte sich ein intensiver Dialog zwischen Gastgeber und Gast. Lothar Voetz setzte kritisch an bei meiner suggestiven Verbindung von Dichtername und Ortsname, sah hier noch ein Relikt biographischer Interpretation eines Werks. Das Gespräch fand seine Fortsetzungen in einem Dienstzimmer und in einem Restaurant. Als Erinnerungsgeschenk der opulente Katalog zur Heidelberger Ausstellung des *Codex Manesse* (Heidelberg 1988). In seinem Beitrag zu *Überlieferungsformen mittelhochdeutscher Lyrik* schrieb Lothar Voetz: »Die scheinbar gesicherten biographischen Kenntnisse über den Dichter wurden durch starke Differenzierung zwischen dem Sänger-Ich der Lieder Neidharts einerseits und dem Autor andererseits weitgehend in Frage gestellt.« Und: »Eine ältere Forschung hat in dem verarmten Ritter der Neidhartschen Lieder den Autor selbst sehen wollen und den Dichter als Neidhart von Reuental bezeichnet, was sich von der handschriftlichen Überlieferung her aber nicht rechtfertigen läßt.«

Lothar Voetz hatte mich auf ein Buch hingewiesen, das erst nach *Neidhart aus dem Reuental* erschienen war: Günther Schweikle, *Neidhart*, Stuttgart 1990 (Sammlung Metzler, Band 253). Ein Forschungsbericht, eine konzentrierte Zusammenfassung wichtigster Ergebnisse. Und ein spezieller Beitrag über die »dörper«. Damit wurden einige meiner Ausführungen über Neidhart und die Bauern überflüssig. Und es wurden gelegentlich neue Formulierungen in den Übertragungen notwendig.

Wichtig bei der Revision waren auch ästhetische, formale Aspekte. Ich änderte vor allem die Abfolge, die Koordination von Kapiteln, von Textsequenzen. Ich konzentrierte mich dabei auf die Lebensreise – selbstverständlich mit Abstechern, mit Exkursen. Noch deutlicher herausgearbeitet ist nun das Wechselspiel von narrativer und diskursiver Prosa. Nun steht sich dieses Buch nicht mehr selbst im Weg, es hat zu sich gefunden.

Auch während dieser Revisionen dachte ich zuweilen an einen Satz von Jean Paul, den ich nur sinngemäß zitiere, ich fand ihn nicht wieder: Es sei nicht einzusehen, weshalb Inspiration nur bei der Erstfassung walten solle und nicht auch bei einer Überarbeitung.

Ermutigung auch durch den souveränen Umgang eines Michel Foucault mit früheren Büchern, dokumentiert in seiner Einleitung der *Archäologie des Wissens*. Man denke: ein Wissenschaftler, der eigene Arbeiten (sogar berühmt gewordene) selbstkritisch einschätzt! »Es bedrückt mich, daß ich nicht in der Lage war, diese Gefahren zu vermeiden, tröste mich jedoch damit, daß ich« – auf Einzelheiten seiner Argumentation muß ich hier nicht eingehen. Ich adaptiere und adoptiere statt dessen einen weiteren Satz: »Man sage mir nicht, ich solle der gleiche bleiben: das ist eine Moral des Personenstandes; sie beherrscht unsere Papiere.« Also: Abschied von der Moral der unveränderlichen Kennzeichen.

Ein Insistieren auf unveränderlichen Kennzeichen wäre bei einem Buch über Neidhart auch paradox! Seine Liedtexte, die Lebensspuren zuweilen andeuten und sogleich wieder verwischen, sie sind instabil, liegen meist in verschiedenen Vortragsversionen vor. Um dies zu pointieren: in wechselnden Fassungen von Liedtexten hat Neidhart changierende Lebensspuren angedeutet und zugleich über-spielt. Das wirkt nach, das überträgt sich, und so hat dieses Buch verschiedene Formen angenommen auf dem Weg zu Neidhart, den Schweikle als Proteus bezeichnet. Weil ein biographischer Erzähler in einer Symbiose lebt mit seiner (jeweiligen) Hauptfigur, ist es kaum überraschend, daß dieses Neidhart-Prinzip der Verwandlung (im breiten Spektrum seiner Artikulation) zurückwirkte, einwirkte auf mein Buch.

Doch nun ist dieses Wechselspiel beendet. Ich greife eine Formulierung auf, die ich im Anhang einer Werkedition fand: »Maßgeblich ist jeweils der letzte autorisierte Druck.« Ja, dies ist die letzte Druckfassung des Neidhart-Buchs.

Zur Methode

Am Beispiel Neidhart führen einige Philologen vor, was umfassender Skeptizismus ist. Befragt nach Neidharts Biographie, werden sie höchstens die Schultern zucken: Wir wissen nichts Sicheres. Im ersten Neidhart-Buch hatte ich mich zu ihnen gesellt, ebenfalls achselzuckend. In diesem Buch nun versuche ich es mit einer Methode, die über die scheinbar unanfechtbare Position eines grundsätzlichen Kannitverstan hinausführt. Das wird methodische Puristen stören. Sie bleiben lieber in den gewohnten Kreisen; wie in Göpelmühlen produzieren sie vorwiegend das Weizenauszugsmehl der Textinterpretation. Alles außerhalb: nicht relevant, weil nicht dokumentierbar. Vor allem Aussagen, Anmerkungen des Dichters (des Erzähler-Ich) zur Biographie werden grundsätzlich in Frage gestellt, ja meist verworfen.

Ja, dreimal ja: bei Neidhart finden sich zahlreiche Topoi, aber es sind Topoi, die mit Realitäten korrelieren. Also korrelierende Topoi. Als Beispiel R 2, VII.

> Wa von sol man hine vur min geplaetz erchennen
> hie enphor do chande man iz wol be Riwental
> da von solt man mich noch von allem rehte nennen
> aigen vnde lehen sint mir da gemezzen smal
> chint ir heizzet iv den singen der sin nv gewaltich si
> ich bin sin verstozzen ane schulde
>   mine vrivnt nv lazzet mich des namen vri

Werte Damen und Herren, so schreibt man nicht über eine Allegorie! Hier muß, trotz zeittypischer Stilisierungen, ein Kern biographischer Realität vorhanden sein! Wenn wir weiterkommen wollen in der Rekonstruktion der Biographie eines Dichters, der leider keine justitiablen Dokumente hinterlassen hat, müssen wir solchen Hinweisen nachgehen, müssen wir seine mehr oder weniger verschlüsselten Informationen mit dem Kontext der Zeit vergleichen, müssen wir erwägen und abwägen, was biographisch möglich und was sogar wahrscheinlich gewesen sein dürfte.

Denn Neidhart hat stilisiert mit Sichtkontakt zur Realität. Durch kombinatorische Verfahrensweisen läßt sich hier das Mögliche und das Wahrscheinliche erschließen. Mehr ist nicht zu leisten, mehr wird aber auch nicht vorgegeben oder vorgetäuscht. Nie sage ich: So war es – außer in betont fiktiven Einschüben. Möglichst genau, in möglichst vielen Einzelheiten will ich mir bewußt machen, vor Augen führen, was gewesen sein könnte. Gedichtetes wird nicht im Verhältnis eins zu eins in Realität zurückübersetzt, ständig wird hingewiesen auf Topoi, die ich jedoch vielfach als korrelierende Topoi sehe.

Der puristische Skeptizismus (der mich oft schon bei der Wolfram-Sekundärliteratur geärgert und zugleich herausgefordert hat) ist offenbar ein zeitgebundenes Phänomen (gewesen). Es ist nicht nur charakteristisch für Wolfram- und für Neidhart-Philologie, für die Exegese mittelhochdeutscher Literatur, es war (ist) offenbar grenzüberschreitend. In der Vergil-Biographie des französischen Alt-philologen Pierre Grimal lese ich einige Anmerkungen, die ich mit Vergnügen hervorhebe. »Auf diesem Felde tummelten sich wie auch anderwärts die hyper-kritischen Geister, weil sie der eigenen Urteilskraft mehr vertrauten als den Aus-sagen der Überlieferung und weil sie froh darüber waren, daß es ihnen allein mit ihrem Scharfsinn gelang, wenn schon nicht alle Probleme zu lösen, so doch we-nigstens eine Beweisführung zu ersinnen, die alle Gewißheit ins Wanken zu brin-gen vermochte. (...) Das Verfahren besteht darin, systematisch die sachliche Richtigkeit der in der Überlieferung enthaltenen Nachrichten anzuzweifeln.«

Charakteristisch für die Arbeitsweise von Grimal sind Formulierungen fol-gender Art: »Dennoch läßt sich in dieser ganzen diskordanten Ablagerung eine Reihe von gesicherten oder wahrscheinlichen oder auch in hohem Maße glaub-haften Elementen erahnen... Unsere dergestalt gewonnenen Erkenntnisse sind das Ergebnis einer Rekonstruktion... Die Beispiele lassen sich unschwer auf die Realität beziehen... All diese Einzelheiten sind gewiß nicht gesicherte Überliefe-rung. Doch ist nicht einzusehen, weshalb sie hätten erfunden werden sollen.« Genau das habe ich mir zuweilen auch gesagt: es »ist nicht einzusehen, weshalb sie hätten erfunden werden sollen«!

Zu den Übertragungen

Wichtiger als die Frage nach der Methode des Übersetzens ist für dieses Buch die Frage nach den Textgrundlagen, den literarischen Quellen: ältere Editionen, die früher kanonisiert waren, sie werden heute von immer mehr Forschern kritisch beurteilt.

Bei den meisten Liedtexten von Neidharts Zeitgenossen, die ich in dieses Buch aufgenommen habe, verließ ich mich auf die neue Edition durch Werner Höver und Eva Kiepe. Sie haben ihre Sammlung *Gedichte von den Anfängen bis 1300* nach Handschriften ediert. Zudem haben sie, im Fußnotensockel, zu jedem Liedtext eine Prosa-Übersetzung vorgelegt – selbstverständlich habe ich sie nicht ignoriert.

Jürgen Kühnel stellte mir seine Transkriptionen der Tannhäuser-Texte zur Verfügung, auch seine Prosa-Übertragungen.

Und nun zu den Übertragungen von Neidhart-Liedtexten. Hier mußte ich eine grundsätzliche Entscheidung treffen: ich habe nicht übersetzt nach wissenschaftlichen Ausgaben (hier bietet sich vor allem Wießner an, in der ATB), sondern nach Handschriften, die transkribiert wurden von Ingrid Bennewitz-Behr. Um meine Entscheidung verständlich zu machen, einige Informationen.

Die Überlieferung zeigt, wie außerordentlich groß und anhaltend der Erfolg von Neidhart-Liedern war: sie sind in 22 Handschriften tradiert – meist sind es freilich nur jeweils einige Lieder und Strophen. Aber in immerhin drei großen Handschriften ist ein umfangreiches Neidhart-Œuvre überliefert.

Handschrift R: der »zweiteilige Pergamentkodex aus der Schloßbibliothek der Starhemberger Grafen zu Riedegg« ist wahrscheinlich »um 1280 in Niederösterreich geschrieben« worden (Simon). In dieser Handschrift sind noch drei Minnelieder von Kollegen, vier Versepen veröffentlicht, sonst nur Neidhart – also ein spezielles Interesse des österreichischen Adligen, der diese Handschrift erstellen ließ. 56 Lieder, 383 Strophen.

Handschrift C: die Große Heidelberger Liederhandschrift, auch Manessische Handschrift genannt. Rüdiger Manesse, ein Zürcher Patrizier, war einer der Bürger, die sammeln und aufzeichnen ließen, was für Adlige gedichtet und komponiert worden war; vor allem mit seinem Namen ist die wichtige Rolle des Bürgertums bei der Überliefung mittelalterlicher Dichtung dokumentiert – ohne ihr Interesse, ihr Engagement wäre wohl der größte Teil mittelalterlicher Dichtung verlorengegangen. In dieser Prachtanthologie aus dem ersten Drittel des 14. Jahrhunderts ist Neidhart mit 215 Strophen repräsentiert – dabei fehlen noch drei Blätter, ausgerechnet in den Neidhart-Lagen, sie waren im 16. Jahrhundert herausgetrennt worden. Wahrscheinlich lag die Gesamtzahl der Strophen bei 295.

Handschrift c: eine Papierhandschrift, um 1450 in (oder bei) Nürnberg geschrieben, später in der Bibliothek des Kaufmanns Spengler. In dieser Handschrift sollte offenbar die gesamte Neidhart-Überlieferung zusammengefaßt werden – an zwei Stellen notierte der Schreiber: »Nichil deficit«, nichts mehr fehlt. 133 Lieder, 1098 Strophen. Diese Handschrift liegt heute in der Staatsbibliothek Preußischer Kulturbesitz Berlin – deshalb wird sie auch als Berliner Handschrift c bezeichnet.

Doch ist nicht diese ›Gesamtausgabe‹, sondern die Riedegger Handschrift von Neidhart-Philologen des vorigen Jahrhunderts, vor allem von Moriz Haupt, kanonisiert worden: als »Leithandschrift«. Das heißt: man richtete sich bei der Herausgabe der Liedtexte primär nach dieser Handschrift. Was vor allem für R spricht: hier ist die früheste Überlieferung von Neidhart-Liedern.

Dennoch: 56 Lieder in der Handschrift R, dagegen 133 Lieder in c, durchnumeriert, mit Überschriften versehen, vielfach mit vorangestellten Noten: ein schon durch den Umfang beeindruckend reiches Angebot. Jedoch: auf Papier. Schon das setzte offenbar für viele Philologen den Wert dieser Neidhart-Überlieferung herab. Und diese auf Papier statt auf Pergament geschriebenen Neidhart-Lieder sind zum großen Teil länger als in R – ebenfalls verdächtig. Am verdächtigsten: die Handschrift wurde mehr als zwei Jahrhunderte nach Neidhart geschrieben. Damit schien alles einfach, klar: die Handschrift c ist weniger vertrauenswürdig in Sachen Neidhart. Und das schien sich zu bestätigen mit etlichen Liedern, die ältere Philologen nicht ins Neidhart-Programm, ins Neidhart-Schema zu passen schienen.

Zugegeben: in diese Handschrift wurden beispielsweise auch Neidhart-Schwänke aufgenommen, Texte, die wahrscheinlich erst nach Neidharts Tod geschrieben wurden. Hier ist also kritische Auswahl notwendig. Nicht aber: dogmatische Ausgrenzung. Es gibt einen Satz von Haupt, der in jedem Beitrag zu dieser Frage zitiert wird: »Was in R nicht steht das hat keine äussere gewähr der echtheit.« Also nur 56 Lieder? Haupts Diktum wirkte ein Jahrhundert nach. Edmund Wießner hat in der heutigen wissenschaftlichen Neidhart-Ausgabe die schwarzen und die weißen Schafe genau getrennt: 395 echte Neidhart-Strophen in der Handschrift c und 703 unechte. Sollte dies das letzte Wort sein?

Neidhart hat in zwei Liedstrophen die Zahl seiner Lieder genannt – in beiden Fällen liegt sie deutlich höher als das Limit dieser Wissenschaftler. So heißt es in c 88, V – ich hebe es noch einmal hervor:

> Achczig newer weis
> da lauffent nu ledig bej die ich zu hohem preis
> meiner frawen zu dinste gesungen han.

Achtzig Lieder, und zwar neue, und er scheint hier allein die Liebeslieder zu zählen. Eine sehr hoch, zu hoch gegriffene Zahl? Ich weise noch einmal hin auf die Angabe in c 90, XII.

> vier vnd hundert weis die ich gesungen han
> von newn die der werlt noch nicht volkumen sein
> vnd ein tagweis nicht mer meins gesanges ist

Ich zweifle nicht: hier hat der Liederdichter Neidhart seine jeweilige Opuszahl genannt. So wird man sich entschiedener als früher mit den Werküberlieferungen befassen müssen.

Allerdings, die technischen Voraussetzungen dazu sind noch eingeschränkt. Es gab Anfang 1987 im Buchhandel nur fotografische Repro-Drucke der Handschriften R und C, und es gab die grundlegende Edition der Handschrift c. Eine verläßliche Transkription der Neidhart-Texte aus der Manessischen Handschrift liegt in Buchform also noch nicht vor, die Transkription der Handschrift R wird künftig publiziert. (*Die Berliner Neidhart-Handschrift R.* Hrsg. von Ingrid Bennewitz, unter Mitwirkung von Ulrich Müller. Voraussichtlich in der Reihe Göppinger Arbeiten zur Germanistik.)

Das heißt: wer bisher mit C und R arbeiten wollte, war angewiesen auf die Auswahl beispielsweise von Wießner; dessen Ausgabe ist allerdings für exakte, quellennahe Arbeit nicht mehr brauchbar. Es gibt zwar die deutlich überlegene Ausgabe von Beyschlag, aber auch er hat viel, zu viel an den überlieferten Texten verändert.

Dies sind Nachwirkungen, Folgen einer wissenschaftlichen Methode des vorigen Jahrhunderts. Großphilologen jener Zeit waren vielfach unzufrieden mit der Sprachform von Liedtexten, wie sie in Handschriften überliefert sind, sie fanden zu viele metrische Unregelmäßigkeiten, Fehler und Schwächen. Schuld daran konnten ihrer Meinung nach allein die Schreiber sein. Dies waren zwar gebildete, zuweilen hochgebildete Mönche, aber sie hatten – in den Augen späterer Philologen – die ihnen vorliegenden Texte (Einzelblatt-Aufzeichnungen? Schreibrollen?) immer wieder mißverstanden, entstellt, verballhornt, haben also den Dichtern (nachträglich) ins Handwerk gepfuscht. Und so griffen, zum gerechten Ausgleich, die Großmeister damaliger Philologie in die Texte ein, um sie – nach ihrer Überzeugung – wieder zu verbessern. Einige unter diesen Wissenschaftlern (wie vor allem Karl Lachmann) haben das mit Fingerspitzengefühl, mit großem Können gemacht, ohne Zweifel, im Fall Neidhart aber sind die Änderungen durch Philologen so zahlreich, daß man, mit einem Vergleich, von einer Neu-Orchestrierung der überlieferten Partitur sprechen könnte. Die Großmeister haben die kritisch-produktive Arbeit von Lektoren geleistet, traten auf Buchumschlägen und Titelseiten aber fast als Co-Autoren auf. Und so dokumentierten sie selbstbewußt: sie wußten es besser als alle, die vor ihnen mit diesen Liedtexten zu tun hatten.

Moriz Haupt und Edmund Wießner vor allem gingen davon aus, daß es jeweils ein Original eines mittelhochdeutschen Gedichtes gegeben haben muß, so wie es in Goethes Zeit in einem Autographen dokumentiert oder in einem Druck letzter Hand sanktioniert ist. Und die Philologen versuchten, dieses fiktive Original zu rekonstruieren, anhand des überlieferten Sprachmaterials. Haupt: »Mir lag zunächst daran, die echte gestalt der neidhartischen lieder nach kräften herzustellen.« So überarbeitete man die Liedtexte (geleitet vom Zeitgeschmack, vom eigenen Geschmack), wollte die unvollkommenen Texte der Überlieferung zu möglichst vollkommenen Gedichten der wissenschaftlichen Edition läutern.

Selbstverständlich gibt es in den handschriftlichen Überlieferungen von Neidhart-Liedtexten zahlreiche »verderbte Stellen«: Beschädigungen des Pergaments, Verschreibungen, Verständnisfehler. An solchen Stellen lassen sich Parallel-Überlieferungen heranziehen: sie können zeigen, was gemeint war. Ich muß bei dieser Gelegenheit darauf hinweisen, daß ich in einigen Fällen ein Wort der Überlieferung gegen ein Wort einer anderen Überlieferung austauschen mußte. Aber solche kleinen (im Verzeichnis der Übertragungen erwähnten) Konjekturen sind seltene Ausnahmen.

Derart zurückhaltend waren Philologen früher kaum: sie wählten eine Leithandschrift aus, machten Anleihen bei anderen Handschriften, führten sprachliche Transfusionen durch. Was Neidharts Werk in dieser Hinsicht angetan wurde, ist höchst erstaunlich. Zwar wurde die Handschrift R heiliggesprochen als Leithandschrift, aber die sündige Schwester c wurde fleißig benutzt: man holte sich bei ihr, was man bei der gestrengeren Schwester nicht bekam – Wörter, Zeilen, Strophen. Ich übertreibe nicht: kaum ein Liedtext der kanonisierten Handschrift R steht so in den wissenschaftlichen Ausgaben, wie sie in R überliefert ist. Haupt schrieb von einer »langen Pflege« der Texte. Die wurde nach seinem Tod fortgesetzt, vor allem von Wießner. Und es entstand, mit Verlaub, ein derartiges Kuddelmuddel, daß mir nur eines blieb: jeweils Transkriptionen der Liedtexte aus R und c und C nebeneinander legen, sie vergleichen, mich für eine Fassung entscheiden, sie übersetzen ohne Anleihen bei der Parallelüberlieferung. Das Herumjonglieren mit Wörtern, Zeilen, Strophen wollte ich nicht mitmachen.

Beim Vergleich der beiden wichtigsten Neidhart-Überlieferungen hatte ich keine Vorliebe, auch keine geheime oder insgeheime; die Entscheidung fiel jeweils nach dem Text. Mal prägnantere Formulierungen in R, mal in c. Mal ein Strophendurcheinander (in unseren Augen!) in R, mal in c. Mal eine (mich) überzeugende Strophenfolge in R, mal in c. Wie man R zur Leithandschrift erheben konnte, ist mir unklar. Wer Augen und Ohren für Texte hat, wird in den Texten allein die Antwort nicht finden. Nur auf dem doppelten ›Leitstrahl‹ dieser *beiden* Handschriften kommen wir Neidhart näher.

Aber welchem Neidhart? Es sind keine Gedicht-Autographen von Neidhart überliefert, es gibt keine Ausgabe erster oder letzter Hand, es gibt nur überlieferte Neidhart-Texte. Und diese Texte nicht in autorisierten Fassungen, sondern in wechselnden Zustandsformen. Für diese Bearbeitungen sind nicht nur Nachfolger verantwortlich, sehr wahrscheinlich hat Neidhart selbst verschiedene Vortragsfassungen erstellt.

Dies ist ein sehr wichtiger Punkt. ›Gedichte‹ des Mittelalters sind nicht immer in eindeutig fixierter Version überliefert. So schreiben Werner Höver und Eva Kiepe im Nachwort ihrer Anthologie, jüngste Untersuchungen ließen es »als möglich erscheinen, daß auch in diesem Textbereich mit freier Strophenkombination und Textbearbeitungen durch den Verfasser selbst, mit Aufführungsvarianten, also einem unfesten Original, zu rechnen ist«. In gleichem Sinne äußern sich die Herausgeber der neuen Edition *Des Minnesangs Frühling*: »Der neuen Forschung ist es zweifelhaft, ob bei mittelalterlichen Liedern prinzipiell eine endgültige Fassung, eine ›Fassung letzter Hand‹ erwartet werden darf. Gerade bei der Lyrik liegt es doch nahe zu vermuten, daß nicht nur während des Überlieferungsvorganges, sondern auch schon beim Vortrag durch den Dichter selbst Umformungsprozesse stattfanden, so daß mehrere ›originale‹ Fassungen eines Liedes kursieren konnten.« So Hugo Moser und Helmut Tervooren. Und weiter: »Die Überlieferung kennt zwar das Lied, jedoch in unfesten Formen, vor allem auch was Zahl und Auswahl der Strophen anbelangt.« Und so schreiben die Herausgeber, die Editoren, in ihren »Bemerkungen zu den Texten« von einer »Instabilität (und Variabilität) der Lieder, mag sie nun auf dem improvisierenden Vortrag des Sängers selbst oder eines späteren Rezitators, auf mehr oder minder planvoller Redaktionstätigkeit eines Sammlers oder auf gewollten oder ungewollten Eingriffen eines Schreibers beruhen.« Die editorischen Konsequenzen: »Unser Text (...) bietet nicht das authentische Dichterwort, sondern höchstens Bausteine dazu, historische Existenzformen. Will man diesen Text mit einem Prädikat versehen, kann man ihn als vorläufig beschreiben, als offen, insofern, als er nicht auf ein künstlerisches, ästhetisches oder wissenschaftliches Ideal hin ›gebessert‹ ist. Freilich wird auch der Benutzer sich zu einem solchen Text anders verhalten müssen. Unser Text ist ein *Arbeitstext*, der ihm durch die Aufbereitung des handschriftlichen und kritischen Materials die Möglichkeit an die Hand gibt, *selbst* textkritisch tätig zu werden und *seinen* Text aufzubauen.« Das habe ich praktiziert, allerdings nicht durch Überarbeiten der Texte, auch nicht durch Umstellen von Strophen, sondern allein durch Kürzen.

Joachim Bumke, der sich im Doppelbuch *Höfisches Leben* auch mit verschiedenen Formen mittelalterlicher Aufführungspraxis befaßt, kommt zum herausfordernden Ergebnis, »daß für das Literaturverständnis im Mittelalter offenbar andere Kategorien gelten als die uns vertraute Methode der literarischen Interpretation, die ein Kunstwerk ›als Ganzes‹ zu erfassen sucht«.

Verschiedene Fassungen, verschiedene Vortragsversionen also, auch in unterschiedlicher Textlänge. Solche Varianten können im Fall Neidhart auch von anderen Dichterkomponisten, Vortragskünstlern erstellt worden sein. Neidhart-Lieder waren derart populär, daß sie zur Gattungsbezeichnung wurden: »Ain Neidhart«. Wurde »ein Neidhart« angekündigt, so wußte das Publikum sofort: nun wird es vor allem um Tanz, um Liebe, um Tölpel gehen. Die Textprodukte waren sofort identifizierbar, wurden reproduzierbar.

Bei manchen der im Neidhart-Corpus überlieferten Liedtexte frage ich mich also durchaus, ob sie vom Dichterkomponisten Neidhart verfaßt wurden, verfaßt worden sein konnten. Aber welche Kategorien hätte ich zur Antwort auf die Frage »echt oder unecht«? Und wohin führt solch ein Sortieren, Aussortieren?

Ich habe nicht zu entscheiden versucht, was echt oder unecht sein könnte, ich hatte nur *ein* Kriterium: die literarische Qualität. Nur sie hat mich (bis auf ein paar notwendige Ausnahmen, als Gegenbeispiele) zum Übersetzen motiviert.

Bei den Übertragungen hielt ich mich an das metrische Schema der Liedtexte, wenn auch nicht pedantisch. Die Reime bildete ich freilich auch bei Neidhart nicht nach: oft genug ist die Verformung früherer Gedichtübertragungen durch den Reimzwang beklagt worden.

Ich habe übersetzt nach unbearbeiteten, unredigierten Zeugnissen der Überlieferung. Das machte die Arbeit schwieriger: es sind Texte ohne Kommas, Strichpunkte, Doppelpunkte, Fragezeichen, Ausrufezeichen, Anführungsstriche, Punkte; die Schreibweise ist nicht purgiert, normiert; bei etlichen Wörtern mußte ich rätseln, unter welcher Lautform sie eventuell im Lexer stehen könnten. Zuweilen kam es mir so vor, als hätte ich Trockengemüse vor mir, das erst wieder Feuchtigkeit ziehen muß. Andererseits: da war beflügelnd das Bewußtsein, an einer Pionierarbeit teilzunehmen.

Und so bedanke ich mich bei Ingrid Bennewitz und Ulrich Müller, weil ich die noch unveröffentlichten Transkriptionen von R und C benutzen durfte.

Verzeichnis

434

Bibliographie

I. Literarische Quellen

Die Berliner Neidhart-Handschrift c (mgf 779). Transkriptionen der Texte und Melodien von Ingrid Bennewitz-Behr unter Mitwirkung von Ulrich Müller. Göppingen 1981 (= Göppinger Arbeiten zur Germanistik, Nr. 356. Neidhart-Materialien, hrsg. von Ulrich Müller und Franz Viktor Spechtler. Bd. 1).

Beyschlag, Siegfried: Die Lieder Neidharts. Der Textbestand der Pergament-Handschriften und die Melodien. Text und Übertragung, Einführung und Worterklärungen, Konkordanz. Darmstadt 1975.

Carmina Burana. Texte und Übersetzungen. Hrsg. von Benedikt Konrad Vollmann. Frankfurt 1987 (= Bibliothek des Mittelalters Band 13).

Carmina Burana. Die Lieder der Benediktbeurer Handschrift. Zweisprachige Ausgabe. München 1979.

Deutsche Spielmannserzählungen des Mittelalters. Nacherzählt und hrsg. von Gretel und Wolfgang Hecht. Frankfurt 1983.

Gedichte von den Anfängen bis 1300. Nach den Handschriften in zeitlicher Folge hrsg. von Werner Höver und Eva Kiepe. München 1978 (= Epochen der deutschen Lyrik Bd. I).

Hartmann von Aue, Iwein. Hrsg. von G. F. Benecke und K. Lachmann. Neu bearbeitet von Ludwig Wolff. Berlin 1968.

Heinrich von Veldeke, Aeneasroman. Mit einem Stellenkommentar und einem Nachwort von Dieter Kartschoke. Stuttgart 1986.

Neidharts Lieder. Unveränderte Nachdrucke der Ausgaben von 1858 und 1923. Bd. I. Moriz Haupts Ausgabe von 1858. Bd. II. Edmund Wießners Ausgabe von 1923. Hrsg. von Ulrich Müller, Ingrid Bennewitz-Behr und Franz Viktor Spechtler. Stuttgart 1986.

Renart, Jean: Der Roman von der Rose oder Wilhelm von Dole. Aus dem Altfranzösischen übers. von Helmut Birkhan. Wien 1982 (= Fabulae medievales 1).

Ulrich von Liechtenstein, Frauendienst. Hrsg. von Reinhard Bechstein. Leipzig 1888.

Usama ibn Munqid, Buch der Belehrung durch Beispiele (= Die Erlebnisse des syrischen Ritters Usama ibn Munqid). München 1985.

Walther von der Vogelweide, Gedichte. Mittelhochdeutscher Text und Übertragung. Ausgewählt, übersetzt und mit einem Kommentar versehen von Peter Wapnewski. Frankfurt 1962.

Zimmermann, Manfred: Die Sterzinger Miszellaneen-Handschrift. Kommentierte Edition der deutschen Dichtungen. Innsbruck 1980 (= Innsbrucker Beiträge zur Kulturwissenschaft. Germanistische Reihe Bd. 8).

Barthel, Thomas S.: Maya-Hieroglyphen. Eine Schrift im alten Amerika. In: Kunst der Maya. Ausstellungskatalog, Köln 1966.

Bäuerliche Sachkultur des Mittelalters. Veröffentlichungen des Instituts für Mittelalterliche Realienkunde Österreichs Nr. 7. Österreichische Akademie der Wissenschaften, Philosophisch-historische Klasse, Sitzungsberichte, 439. Bd. Wien 1984.

Bauer, Veit Harold: Das Antonius-Feuer in Kunst und Medizin. Berlin, Heidelberg, New York 1973.

Bertau, Karl: Neidharts ›Bayerische Lieder‹ und Wolframs ›Willehalm‹. In: ZfdA 100, 1971.

Bennewitz-Behr, Ingrid: Original und Rezeption. Funktions- und überlieferungsgeschichtliche Studien zur Neidhart-Sammlung R. Göppingen 1987 (= Göppinger Arbeiten zur Germanistik Nr. 437).

Binding, Günther: Baumeister und Handwerker im Baubetrieb. In: Ornamenta Ecclesiae, Bd. 1.

Birkhan, Helmut: Zur Datierung, Deutung und Gliederung einiger Lieder Neidharts von Reuental. Wien 1971. (Österreichische Akademie der Wissenschaften. Philosophisch-historische Klasse. Sitzungsberichte, 273. Band, 1. Abhandlung.)

Borst, Arno: Lebensformen im Mittelalter. Frankfurt–Berlin 1973.

Brunner, Herbert und Schmid, Elmar D.: Landshut. Burg Trausnitz. München 1981.

Bullock-Davies, Constance: Menestrellorum Multitudo. Minstrels at a Royal Feast. Cardiff 1978.

Bumke, Joachim: Höfische Kultur. Literatur und Gesellschaft im hohen Mittelalter. 2 Bde. München 1986.

Bumke, Oswald: Lehrbuch der Geisteskrankheiten. Berlin, Göttingen, Heidelberg 1948.

Caesarius von Heisterbach: Wunderbare und denkwürdige Geschichten. Köln 1968.

Curschmann, Fritz: Hungersnöte im Mittelalter. Ein Beitrag zur deutschen Wirtschaftsgeschichte des 8. bis 13. Jahrhunderts. Leipzig 1900.

Denecke, Dietrich: Straße und Weg im Mittelalter als Lebensraum und Vermittler zwischen entfernten Orten. In: Mensch und Umwelt im Mittelalter. Hrsg. von Bernd Herrmann. Stuttgart 1986.

Diry, Alfred und Öllerer, Anton: Die Herren von Lengenbach. Neulengbach 1949.

Douglas, Norman: Reisen in Süditalien. München 1969.

Dünnbeinig mit krummem Horn. Die Geschichte der Eifeler Kuh. Hrsg. Arbeitskreis Eifeler Museen (AEM). Meckenheim 1986.

Dünninger, Eberhard: Johannes Aventinus. Leben und Werk des bayerischen Geschichtsschreibers. Rosenheim 1977.

Elias, Norbert: Über den Prozeß der Zivilisation. Soziogenetische und psychogenetische Untersuchungen. Erster Band: Wandlungen des Verhaltens in den weltlichen Oberschichten des Abendlandes. Zweiter Band: Wandlungen der Gesellschaft. Entwurf zu einer Theorie der Zivilisation. Frankfurt 1976 (= suhrkamp taschenbuch wissenschaft 158, 159).

Ennen, Edith: Frauen im Mittelalter. München 1985.

Die Erforschung von Alltag und Sachkultur des Mittelalters. Methode – Ziel – Verwirklichung. Internationales Round-Table-Gespräch Krems an der Donau. Veröffentlichungen des Instituts für Mittelalterliche Realienkunde Österreichs Nr. 6. Österreichische Akademie der Wissenschaften, Philosophisch-historische Klasse, Sitzungsberichte, 433. Band. Wien 1984.

Foucault, Michel: Archäologie des Wissens. Frankfurt 1981 (= suhrkamp taschenbuch wissenschaft 356).

Foucault, Michel: Wahnsinn und Gesellschaft. Frankfurt 1973 (= suhrkamp taschenbuch wissenschaft 39).

Goez, Werner: Von Pavia über Parma – Lucca – San Gimignano – Siena – Viterbo – nach Rom. Ein Reisebegleiter entlang der mittelalterlichen Kaiserstraße Italiens. Köln 1972.

le Goff, Jacques: Das Hochmittelalter. Frankfurt 1965 (= Fischer Weltgeschichte Bd. 11).

Grimal, Pierre: Vergil. Biographie. Zürich und München 1987.

Handbuch der bayerischen Geschichte. Zweiter Band: Das alte Bayern. Der Territorialstaat vom Ausgang des 12. Jahrhunderts bis zum Ausgang des 18. Jahrhunderts. Hrsg. von Max Spindler. München 1966.

Handbuch der historischen Stätten Österreich (!). Erster Band: Donauländer und Burgenland, hrsg. von Karl Lechner. Stuttgart 1970. Zweiter Band: Alpenländer mit Südtirol, hrsg. von Franz Huter. Stuttgart 1978.

Heizer, Wilhelm: Landshut. Geschichte und Kunst. Landshut o. J.

Hell, Vera und Helmut: Die große Wallfahrt des Mittelalters. Kunst an den romanischen Pilgerstraßen durch Frankreich und Spanien nach Santiago de Compostela. Tübingen 1964.

Hildegard von Bingen: Naturkunde. Das Buch von dem inneren Wesen der verschiedenen Naturen in der Schöpfung. Salzburg 1959.

His, Rudolf: Das Strafrecht des deutschen Mittelalters. Erster Teil: Die Verbrechen und ihre Folgen im allgemeinen. Leipzig 1920.

Historischer Atlas von Bayern. Teil Altbayern. Heft 33. Hochstift von Freising, bearbeitet von Helmuth Stahleder. München 1974. Heft 35. Passau. Das Hochstift. Von Ludwig Veit. München 1978. Regensburg I. Bearbeitet von Diethard Schmid. München 1976. Heft 41.

Der Jakobsweg. Mit einem mittelalterlichen Pilgerführer unterwegs nach Santiago de Compostela. Ausgewählt, eingeleitet, übersetzt und kommentiert von Klaus Herbers. Tübingen 1986.

Kerntke, Wilfried H.: Taberna, Ortsherrschaft und Marktentwicklung in Bayern. In: Gastfreundschaft, Taverne und Gasthaus im Mittelalter. Hrsg. von

Hans Conrad Peyer unter Mitarbeit von Elisabeth Müller-Luckner. München, Wien 1983 (= Schriften des Historischen Kolleges 3).

Ketsch, Peter: Frauen im Mittelalter. Hrsg. von Annette Kuhn. 2 Bde. Düsseldorf 1983.

Körber-Grohne, Udelgard: Pflanzliche und tierische Reste aus dem Fürstengrab von Hochdorf. Die Biologie als Hilfswissenschaft der Archäologie. In: Der Keltenfürst von Hochdorf. Stuttgart 1985.

Die Kreuzzüge aus arabischer Sicht. Aus den arabischen Quellen ausgewählt und übersetzt von Francesco Gabrieli. Zürich und München 1973.

Kroos, Renate: Vom Umgang mit Reliquien. In: Ornamenta Ecclesiae. Köln 1985.

Lechner, Karl: Die Babenberger. Markgrafen und Herzöge von Österreich 976–1246. Wien, Köln, Graz 1976 (= Veröffentlichungen des Instituts für österreichische Geschichtsforschung Band XXIII).

Legnaro, Aldo: Alkoholkonsum und Verhaltenskontrolle – Bedeutungswandlungen zwischen Mittelalter und Neuzeit in Europa. In: Rausch und Realität. Drogen im Kulturvergleich. Hrsg. von Gisela Völger. Köln 1981.

Lomnitzer, Helmut, Hrsg.: Neidhart von Reuental. Lieder. Stuttgart 1966.

Mayer, Hans Eberhard: Geschichte der Kreuzzüge. Stuttgart, Berlin, Köln, Mainz 1965.

Des Minnesangs Frühling. Unter Benutzung der Ausgaben von Karl Lachmann und Moriz Haupt, Friedrich Vogt und Carl von Kraus bearbeitet von Hugo Moser und Helmut Tervooren. 2 Bde. Stuttgart 1977.

Mohr, Wolfgang: Tanhusers Kreuzlied. In: DVjs 34. 1960.

Mollat, Michel: Die Armen im Mittelalter. München 1984.

Mück, Hans-Dieter: Walthers Propaganda gegen Neidharts Publikum. In: Zur gesellschaftlichen Funktionalität mittelalterlicher deutscher Literatur. Greifswald 1984 (= Deutsche Literatur des Mittelalters 1).

Müller, Ulrich: Überlegungen zu einer neuen Neidhart-Ausgabe. In: Österreichische Literatur zur Zeit der Babenberger. Vorträge der Lilienfelder Tagung 1976. Hrsg. von Alfred Ebenbauer, Fritz Peter Knapp und Ingrid Strasser. Wien 1977.

Nienhoff, Franz: Umbilicus mundi – Der Nabel der Welt. Jerusalem und das Heilige Grab im Spiegel von Pilgerberichten und -karten, Kreuzzügen und Reliquiaren. In: Ornamenta Ecclesiae, Bd. 3. Köln 1985.

Ohler, Norbert: Reisen im Mittelalter. München 1986.

Okken, Lambertus: Das Goldene Haus und die Goldene Laube. Wie die Poesie ihren Herren das Paradies einrichtete. Amsterdam 1987 (= Amsterdamer Publikationen zur Sprache und Literatur, 72. Band).

Okken, Lambertus und Mück, Hans-Dieter: Die satirischen Lieder Oswalds von Wolkenstein wider die Bauern. Untersuchungen zum Wortschatz und zur literaturhistorischen Einordnung. Göppingen 1981 (= Göppinger Arbeiten zur Germanistik Nr. 316).

Otto, Bischof von Freising, und Rahewin: Die Taten Friedrichs oder richtiger

Chronika. Übersetzt von Adolf Schmidt. Hrsg. von Franzjosef Schmale. Darmstadt 1974.

Otto, Bischof von Freising: Chronik oder Die Geschichte der zwei Staaten. Übersetzt von Adolf Schmidt. Hrsg. von Walther Jammers. Darmstadt 1974.

Österreichisches Zinnfigurenmuseum im Schloß Pottenbrunn. Katalog der ständigen Ausstellung. Pottenbrunn 1984.

Pöchhacker, Herbert: Burgen und Herrensitze im Bezirk Scheibbs in der Zeit von 1000 bis 1500. Scheibbs 1986 (= Heimatkunde des Bezirkes Scheibbs, Band V).

Prawer, Joshua: Die Welt der Kreuzfahrer. Wiesbaden 1974.

Pryor, John H.: The Naval Architecture of Crusader Transport Ships. In: The Mariner's Mirror 70 (1984).

Riezler: Ludwig I., Herzog von Bayern. In: Allgemeine Deutsche Biographie. Leipzig 1885.

Röhrig, Floridus: Klosterneuburg. Wien, Hamburg 1972 (= Wiener Geschichtsbücher Bd. 11).

Runciman, Steven: Geschichte der Kreuzzüge. 3. Bd. München 1960.

Schäffer, Gottfried: Passau. Die alte Bischofsstadt an den drei Flüssen. München, Zürich 1982.

van Schaik, Martin: Musik, Aufführungspraxis und Instrumente im Tristan-Roman Gottfrieds von Straßburg. In: Kommentar zum Tristan-Roman Gottfrieds von Straßburg, von Lambertus Okken.

Scholz, Manfred Günther: Hören und Lesen. Studien zur primären Rezeption der Literatur im 12. und 13. Jahrhundert. Wiesbaden 1980.

Schmugge, Ludwig: Zu den Anfängen des organisierten Pilgerverkehrs und zur Unterbringung und Verpflegung von Pilgern im Mittelalter. In: Gastfreundschaft, Taverne und Gasthaus im Mittelalter. Hrsg. von Hans Conrad Peyer unter Mitarbeit von Elisabeth Müller-Luckner. München, Wien 1983 (= Schriften des Historischen Kolleges 3).

Steuer, Heiko: Zur Erforschung des Alltagslebens im mittelalterlichen Köln. In: Stadtspuren – Denkmäler in Köln. Köln 1984.

Inhalt

Dieter Kühn
Ich Wolkenstein
Biographie

Band 13334

Dieter Kühns berühmtes Buch über Oswald von Wolkenstein, den Tiroler Ritter und Abenteurer, Handels- und Weltreisenden, den Dichter, Komponisten und Sänger an der Wende vom Spätmittelalter zur Frühen Neuzeit, ist beides: durch wissenschaftliche Forschungen abgesichert und voll sprühender Phantasie. Oswald von Wolkenstein (1377 - 1445), der neben Wolfram von Eschenbach und Walther von der Vogelweide als bedeutendster deutscher Autor des Mittelalters gilt, wird aus den verschiedensten Blickwinkeln beleuchtet und inmitten seiner Lebensumstände als Haudegen, Frauenheld und Künstler geschildert. Dieter Kühns Biographie mit zahlreichen eigenen Wolkenstein-Übertragungen, die »einem rote Ohren machen« (A. Muschg), ist ein Lesevergnügen, belehrend und unterhaltend, Abenteuer- wie Kulturgeschichte.

Fischer Taschenbuch Verlag

Dieter Kühn
Beethoven und der schwarze Geiger
Roman

Band 13170

Genua, 1813. Ludwig van Beethoven und der dunkelhäutige Gei-
genvirtuose George Bridgetower besteigen die *Southern Cross*,
einen Dreimaster mit Kurs auf Westafrika. Mit an Bord sind ein
maskierter Gentleman in geheimer Mission und eine junge Adlige mit ihrer Tante. Während der Schiffsreise, von Piraten bedroht, kommt es zu einer Annäherung zwischen Beethoven und
der jungen Charlotte von Trebnitz. Das empfindsame Hin und
Her setzt sich auch nach der Ankunft am Kap Verde fort: Spa-
ziergänge in der afrikanischen Nacht, Gespräche im Morgen-
schatten eines Kapokbaumes unter den rhythmischen Klängen
schwingender Stampfhölzer – und doch ist nicht abzuwenden,
was Bridgetower von Anfang an vor Augen stand. Dieser Roman ist ein Meisterwerk der Fabulierkunst und der Sprachmusik. Dieter Kühn erzählt die Geschichte historischer Figuren im
Spielraum des Wahrscheinlichen, setzt sich über die Schranken
des Faktischen phantasievoll hinweg. Daß Beethoven in Afrika
war, ist nicht überliefert – sicher ist hingegen, daß seine zunächst
Bridgetower gewidmete A-Dur-Sonate letztlich als Kreutzer-
Sonate in die Musikgeschichte eingegangen ist. Kühn läßt den
gekränkten Mulatten auf Möglichkeiten sinnen, Beethoven zur
Komposition einer neuen *Sonata mulattica* zu bewegen. Mit dem
Entwurf eines afrikanischen *Reisebuchs* will er den Komponisten
für sich gewinnen.

Fischer Taschenbuch Verlag

fi 188 / 3